文化ファッション大系
服飾造形講座 ❾

メンズウェア Ⅰ
（体型・シャツ・パンツ）

文化服装学院編

序

　文化服装学院は今まで『文化服装講座』、前書をもとに内容を改めた『文化ファッション講座』をテキストとしてきました。

　1980年ごろからファッション産業の専門職育成のためのカリキュラム改訂に取り組んできた結果、各分野の授業に密着した内容の、専門的で細分化されたテキストの必要性を感じ、このほど『文化ファッション大系』という形で内容を一新することになりました。

　それぞれの分野は次の五つの講座からなっております。

　「服飾造形講座」は、広く服飾類の専門的な知識・技術を教育するもので、広い分野での人材育成のための講座といえます。

　「アパレル生産講座」は、アパレル産業に対応する専門家の育成講座であり、テキスタイルデザイナー、マーチャンダイザー、アパレルデザイナー、パタンナー、生産管理者などの専門家を育成するための講座といえます。

　「ファッション流通講座」は、ファッションの流通分野で、専門化しつつあるスタイリスト、バイヤー、ファッションアドバイザー、ディスプレイデザイナーなど各種ファッションビジネスの専門職育成のための講座といえます。

　以上の3講座に関連しながら、それらの基礎ともなる、色彩、デザイン画、ファッション史、素材のことなどを学ぶ「服飾関連専門講座」、トータルファッションを考えるうえで重要な要素となる、帽子、バッグ、シューズ、ジュエリー、アクセサリーなどの専門的な知識と技術を修得する「ファッション工芸講座」を合わせて、五つの講座を骨子としています。

　このテキストが属する「服飾造形講座」では、被服に関する総合的な知識と製作技術を修得し、さらに創造力と美的感性の開発を目指し、学習できるようになっています。

　まず、服飾造形の基礎知識から入り、それぞれの基本的な服種（アイテム）の「服作り」を通して、服飾全般の知識と応用を学びます。

　さらには、ますます専門分化が進んでいるアパレル産業からのニーズに応えられるように高度な専門知識と技術を身につけます。

　〝作ることは、商品を創ること〟の意識のもと、技術の修得を主とするこの講座でスキルを磨いていただきたいと思います。

目次

メンズウェアⅠ
体型・シャツ・パンツ

序………………………………………3
はじめに………………………………8
カラー口絵……………………………9

第1章　男子服製作のための計測法 … 13

Ⅰ．衣服製作のための人体について……………14
　1. 人体の方位………………………………14
　2. 人体のプロポーション…………………15
　　（1）側面から見たバランス　（2）整ったバランスの例
　3. 衣服製作のための人体構造……………16
　　（1）骨格　（2）筋　（3）皮膚
Ⅱ．衣服製作のための人体計測…………………20
　1. 計測姿勢…………………………………20
　2. 計測の着衣………………………………20
　3. 計測方法…………………………………20
　　（1）計測点　（2）計測項目と方法
　4. 計測機器と計測方法……………………26
　　（1）マルチン計測器　（2）スライディングゲージ
　　（3）シルエッター計測装置　（4）三次元形状計測装置
　　（5）石こう計測
Ⅲ．文化メンズヌードボディ……………………30
　1. ボディ開発の流れ………………………30
　2. 文化メンズヌードボディと文化式メンズ原型の適合………31
　3. 参考寸法…………………………………32

第2章　男子原型 … 35

Ⅰ．男子原型について……………………………36
Ⅱ．男子原型の作図法……………………………36
Ⅲ．体型と原型……………………………………40
　1. 原型の縫合せ方…………………………40
　　（1）原型の修正　（2）原型の縫い代のつけ方
　　（3）原型の縫合せ順序
　2. 原型の試着と点検の仕方………………43
　3. 原型の補正方法…………………………43
　4. 体型別補正方法…………………………44
　　（1）反身体　（2）屈身体　（3）いかり肩　（4）なで肩
　5. 体型特徴…………………………………52
　　（1）反身体　（2）屈身体　（3）いかり肩　（4）なで肩

第3章　シャツ　　53

Ⅰ．シャツについて　　54
　1．シャツとは　　54
　2．シャツの変遷　　56
Ⅱ．シャツの名称とデザイン　　58
　1．形態による名称　　58
　2．カラーの種類　　58
　3．カフスの種類　　60
Ⅲ．デザイン展開と作図　　61
　1．ドレスシャツ　　61
　2．カジュアルシャツ　　64
　3．オープンカラーのシャツ　　67
　4．衿のデザインと作図　　70
　　（1）イタリアン・カラー　　（2）ホリゾンタルカラー
　　（3）マイターカラー　　（4）ラウンドカラー
　　（5）ウィングカラー
Ⅳ．シャツの縫製法　　72
　台衿つきシャツカラーのシャツ　　72
　　（1）裁断　　（2）本縫い前の準備　　（3）本縫い
Ⅴ．シャツの部分縫い　　85
　1．クラシックシャツの前立て　　85
　　（1）作図　　（2）裁断と芯はり　　（3）本縫い
　2．ガジェット　　89
　　（1）作図　　（2）裁断　　（3）本縫い
　3．比翼　　90
　　（1）作図　　（2）裁断と芯はり　　（3）＜比翼A＞の本縫い
　　（4）＜比翼B＞の本縫い
　4．オープンカラー　　95
　　（1）裁断と芯はり　　（2）本縫い
　5．イタリアン・カラー　　97
　　（1）表衿と見返しの展開　　（2）裁断と芯はり　　（3）本縫い

第4章　パンツ　101

- Ⅰ．パンツについて……………………102
  - 1．パンツとは……………………102
  - 2．パンツの変遷……………………104
- Ⅱ．パンツの名称とデザイン……………………106
  - 1．形態による名称……………………106
  - 2．ボトムのスタイル……………………107
  - 3．ポケットの種類……………………108
  - 4．天狗の種類……………………108
- Ⅲ．デザイン展開と作図……………………109
  - 1．ノータックパンツ……………………109
  - 2．ワンタックパンツ（アウトタック）……………………112
  - 3．ツータックパンツ（アウトタック）……………………114
  - 4．ワンタックパンツ（インタック）……………………116
  - 5．ツータックパンツ（インタック）……………………118
  - 6．ジーンズ……………………120
  - 7．ワークパンツ……………………122

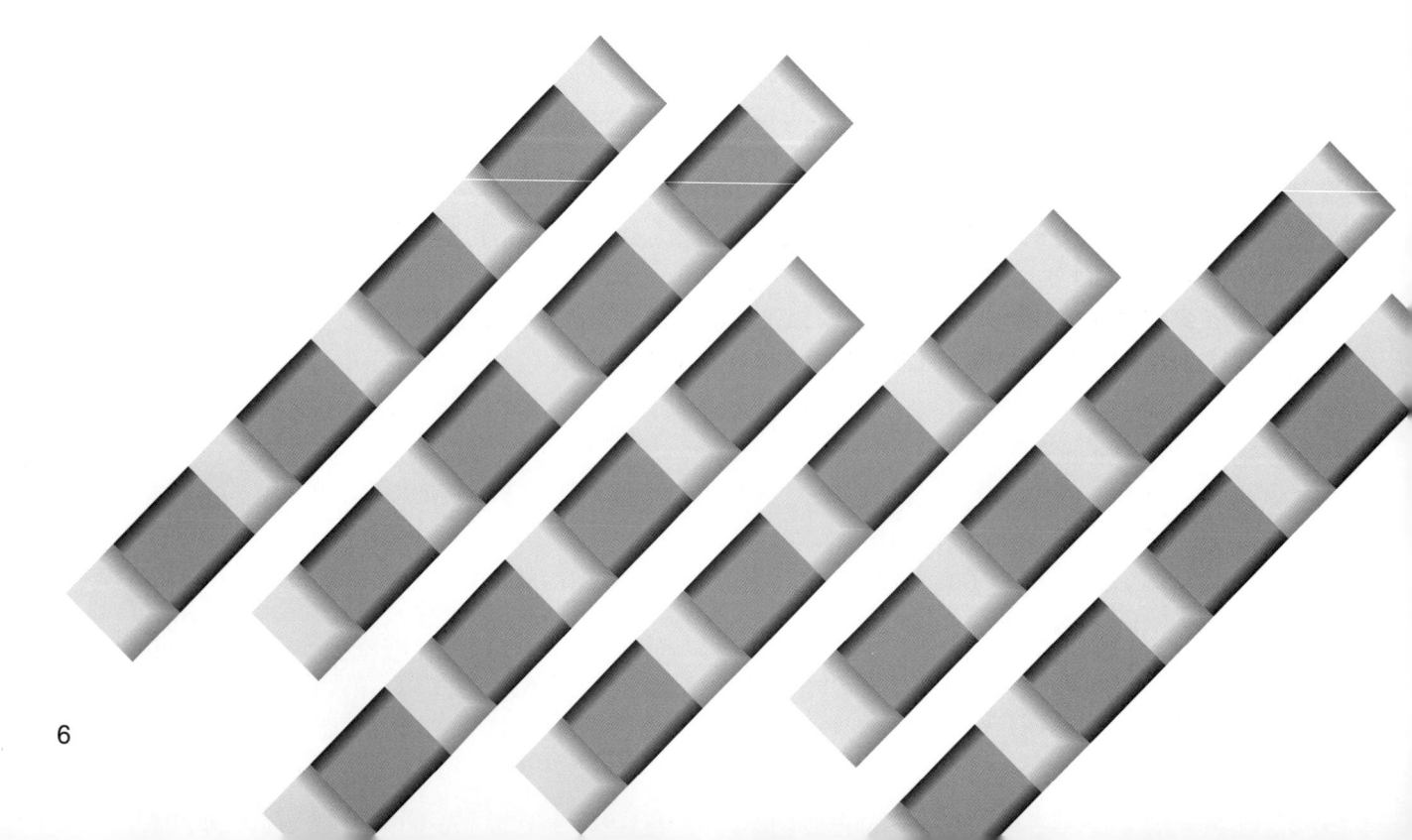

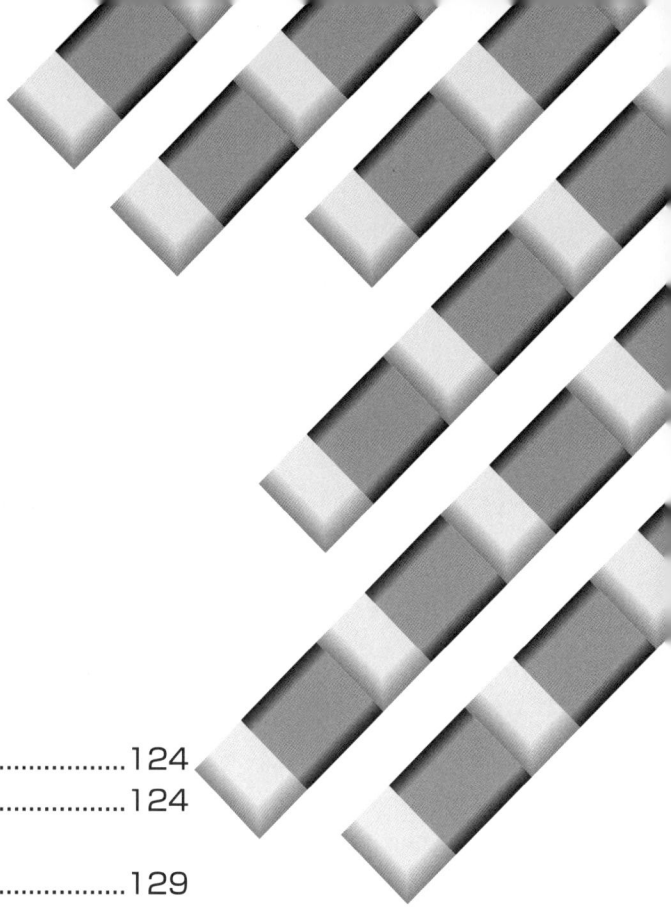

Ⅳ. パンツの仮縫い合せと補正法 124
1. パンツの仮縫い合せ 124
　（1）裁断　　（2）仮縫い
2. 試着補正 129
　（1）パンツの正常なあり方　　（2）腹部反身（平尻）
　（3）腹部屈身（出尻）　　（4）後ろの引きじわ
　（5）折り山線の外逃げ

Ⅴ. パンツの縫製法 134
1. パンツの本縫い 134
　（1）縫い代整理　　（2）くせとり　　（3）膝裏　　（4）本縫い

Ⅵ. パンツの部分縫い 167
1. 斜め切替えの脇ポケット 167
　（1）袋布、口布、脇布を裁断する　　（2）本縫い
2. 両玉縁の腰ポケット 170
　（1）袋布、口布、力布、向う布を裁断する　　（2）本縫い
3. 縦ポケット 172
　（1）口布、袋布、向う布を裁断する　　（2）本縫い
4. ダブル裾上げ 177
5. チケットポケット（縦ポケットの場合） 178
　（1）袋布、向う布を裁断する　　（2）本縫い
6. チケットポケット（斜め切替えポケットの場合） 180
　（1）本縫い
7. マーベルト 182
　（1）ベルト布、腰芯を裁断する　　（2）本縫い
8. ボタン止めの比翼あき 187
　（1）見返し、比翼布を裁断する　　（2）本縫い

はじめに

　ファッション産業は、今や人々の生活全体を対象とした大きな広がりを持つようになりました。中でもアパレルに関する分野は広く、これからの仕事に携わる人たちにとって、服作りについての専門的な知識は欠くことのできない大切なことといえます。

　近年、ライフスタイルの変化にともない、日本人全体の体位が向上し、特に若年層を中心にした男性の体型に大きな変化が現われています。その実状を的確に把握した服作りが考えられなくてはならないことを切実に感じています。

　「文化ファッション大系」として講座を一新するにあたり、学院では独自に「衣服製作のための計測項目」を検討し、学生を被験者として人体計測を実施しました。一方、サイズ別に原型の試着実験を行ない、若年層の男性を対象として原型と標準サイズの改訂をしました。

　作図法に関しては、これらの年齢層への適合を重点に検討し展開してあります。

　この『メンズウェアⅠ（体型・シャツ・パンツ）』編では多様化するメンズウェアにおいて、日本人の体型や美意識に基づいた服作りを目指し、デザイン的な知識、パターン製作の基本となる採寸法、その寸法に基づく作図理論、各種シルエットへの展開方法を併用して解説をしました。特に原型を使用した作図法は今まで不明確であったダーツの分量や位置が理論的に解明できたことで、教育現場での指導性やアパレル業界での活用効率を考えたデザイン展開に大いに貢献するものと考えております。

　実物製作の技術解説については、個々の体格、体型に合わせて作るテーラード的な方法を基本にして、服作りの基礎を知ってもらうことを第一の目的として細かく解説してあります。

　また、裁断、仮縫い、試着、縫製のプロセスの部分は図解を多く取り入れて、わかりやすくし、一段と内容を充実させてあります。

　服作りを学び、将来プロフェッショナルを目指すかたがたが、この本から基本的な知識や技術を習得し、自己能力の開発に役立てていただけるよう願っています。

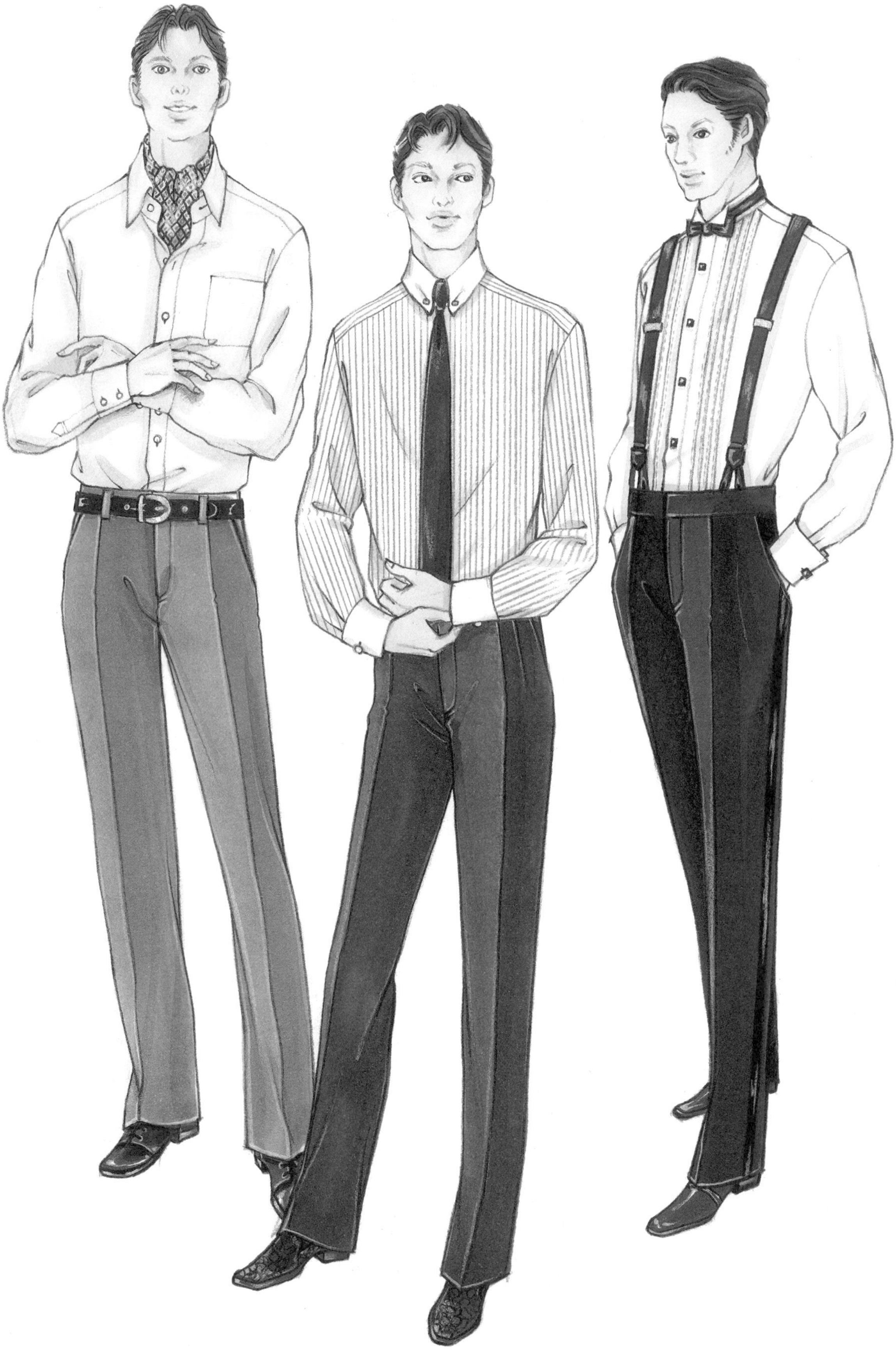

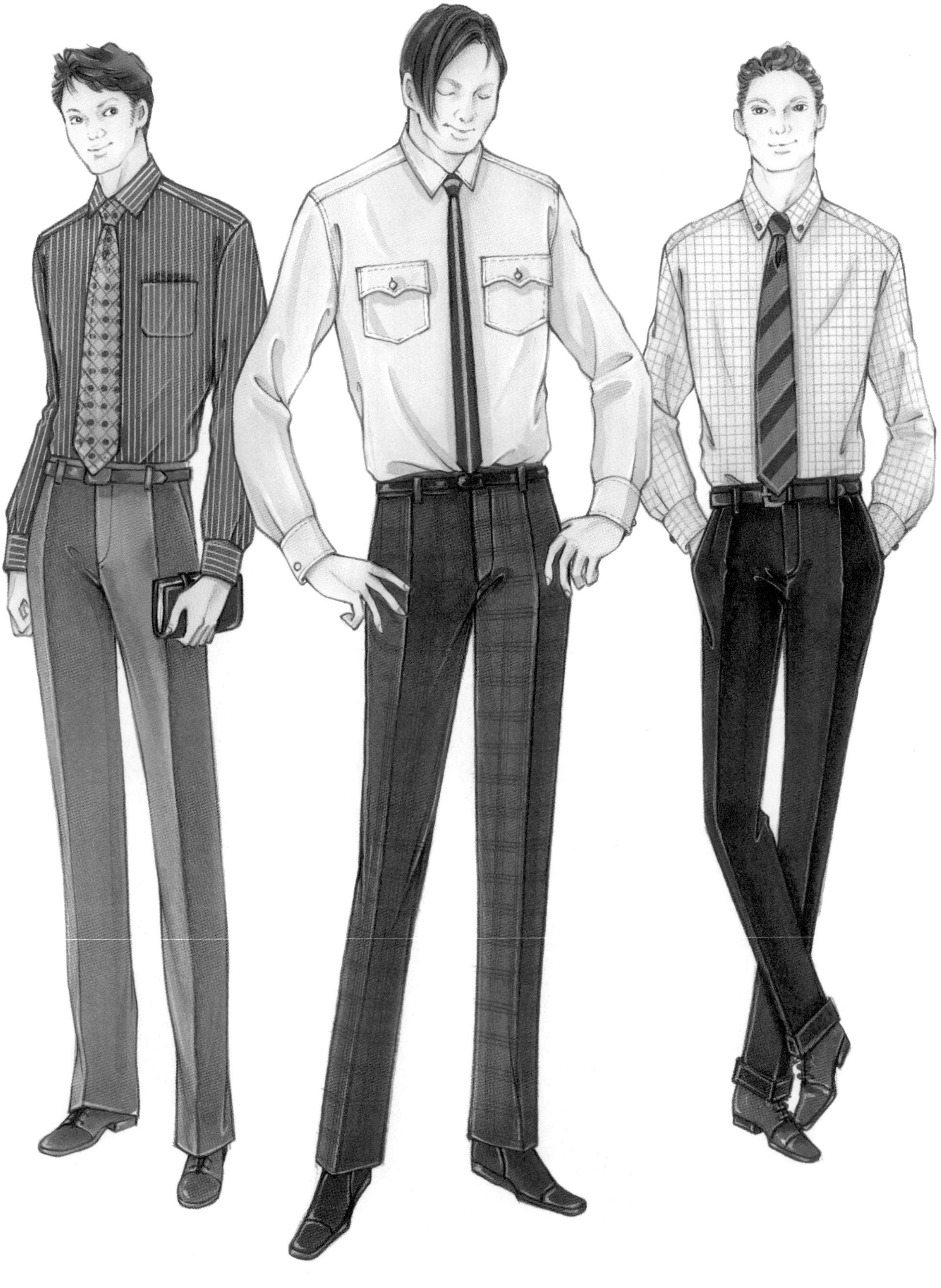

11

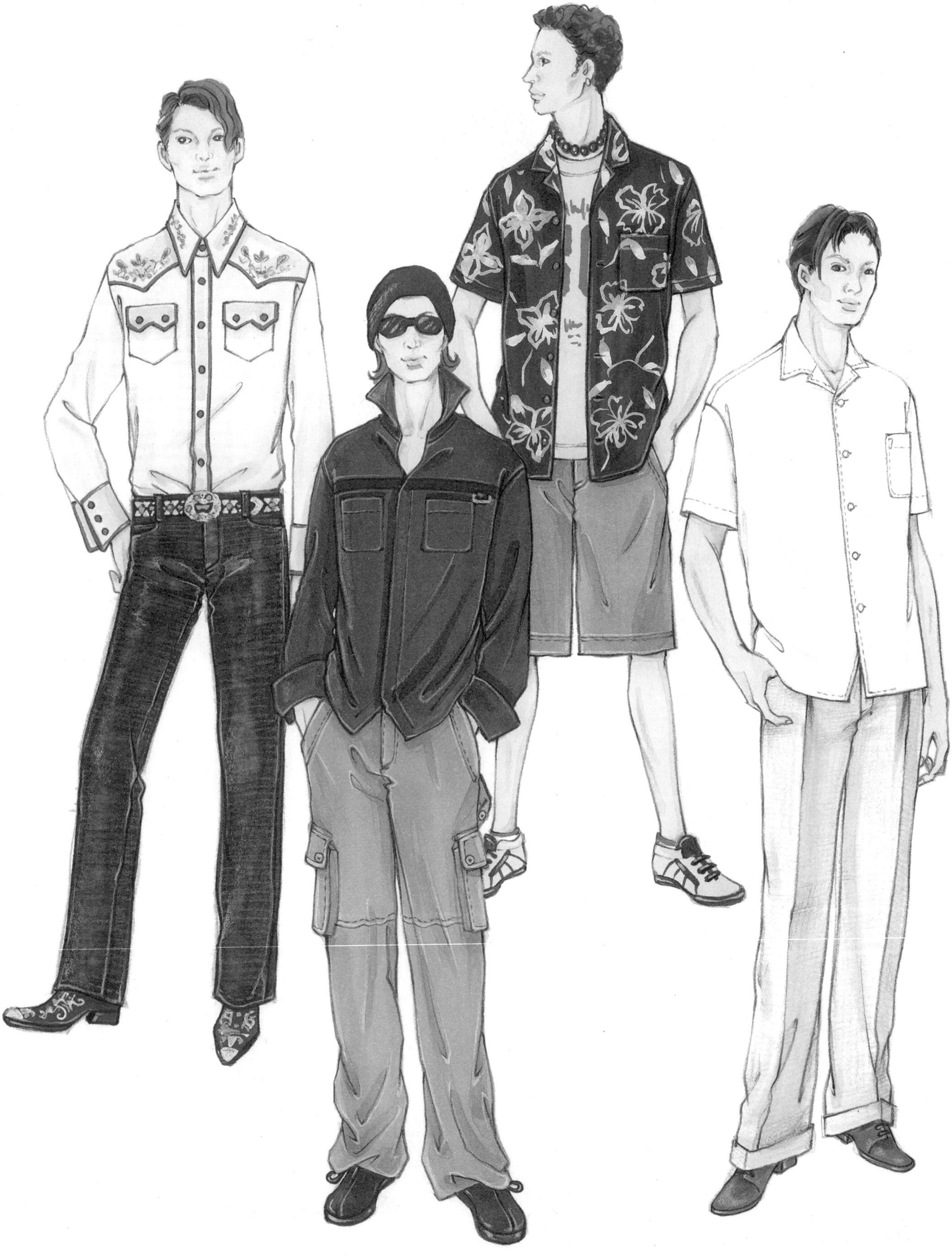

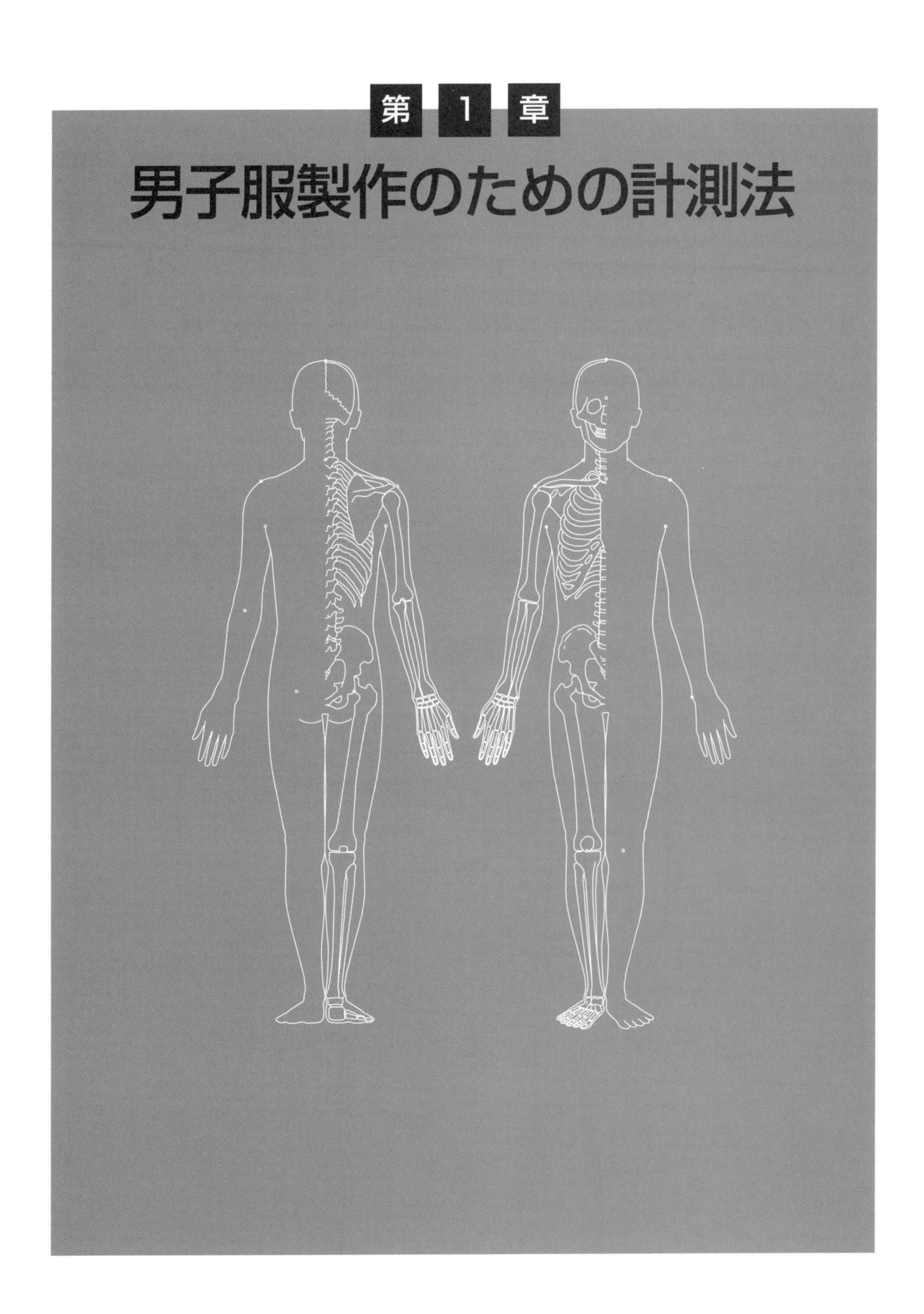

第1章 男子服製作のための計測法

Ⅰ. 衣服製作のための人体について

メンズ衣料において男性の体は長い間、背広という型の中にはめ込まれ、体型そのものを注目されることが少なかった。しかし服を着る土台は人間の体であり、その形や動きに適合することが衣服の重要な要素である。

着心地のよい服とは体に適合し、動きやすく、着る人の体をより美しいバランスに見せるものである。美しいバランスに見せるためには、現実の体をよりリアルに把握することが大切である。人体の骨格、筋、皮下脂肪の大きさ、量、つき方でその体型に個人差を生じ、また年齢、性別、人種によっても異なってくる。成長による変化もあり、高齢になれば骨格の形にも変化が現われ、体型は大きく変わってくる。

ここでは衣服製作において土台となる人体の内部の構造と、体表から観察、計測し、その寸法や形のバランスを理解する方法を説明する。

1. 人体の方位

人体の表面はひと続きの皮膚で覆われ、衣服のような境界線がない。そこで皮膚の上に基準となる線を設定し名称をつけたものが人体の方位である。

方位に関する用語

前面………顔、胸、腹、膝等のある面。
後面………うなじ、背、殿部等のある面。
側面………前面と後面の間の両側の面。
正中線……皮膚の上で体の中央を通る線。
　　　　　前正中線、後ろ正中線がある。
矢状線（しじょう）……正中線に平行な線。
水平線……床面に平行な線。
正中断面…前後の正中線で切られた断面。
矢状断面…正中断面と平行な断面。
水平断面…床面に平行な断面。

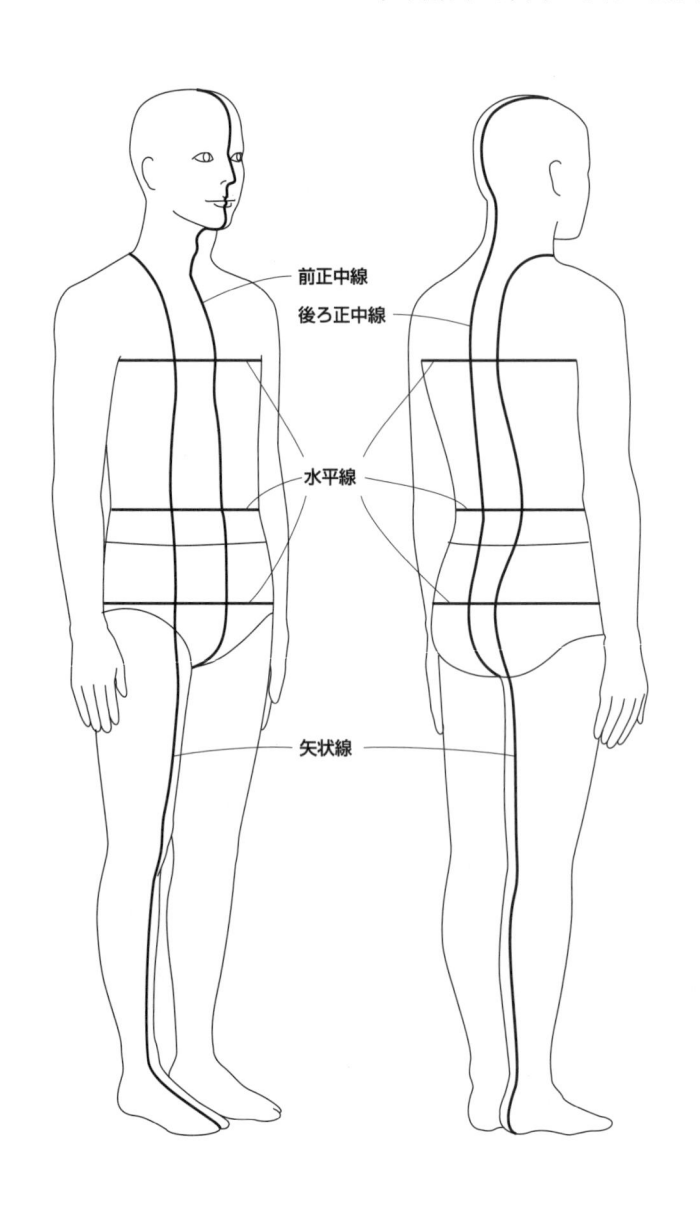

2. 人体のプロポーション

　人体をマルチン計測器やシルエッター計測装置（26、27ページ参照）で計測し、体の傾きや形、幅、厚み、高さのバランスなど体型特徴を正しく認識し、衣服でどの部分をどのように表現するかを工夫することが大切である。ここでは文化服装学院の計測データを基にした成人男子（18～24歳）の指標となるいくつかのプロポーションについて示す。ただし人の体は個人差も大きく一定ではないので、目安として衣服製作やデッサンに利用するとよい。

（1）側面から見たバランス

　体軸の設定：体を側面から見たとき、FNP（フロントネックポイント）とBNP（バックネックポイント）（21ページ参照）を結ぶ線の中点aと、ウエストの厚みの中点bを結ぶ線をa～bとする。これに対しbから垂直に上げた線をc、二つの線の間の角度をxとする。このxの角度によって側面から見た体の傾き度合いの違いが明確になる。またこの体軸を中心に前と後ろの体の形を見ることで体型特徴が明瞭に現われる。

図①……体軸が垂直に近く、前では大胸筋が発達し、後ろでは背中からウエストにかけての彎曲の少ないタイプ。

図②……体軸の後傾が大きく、前では胸より腹部が出て、後ろでは背中からウエストにかけての彎曲が強いタイプ。

（2）整ったバランスの例

　文化服装学院の男子学生の中から標準的で整ったバランスをもつ学生を選出し、その形態を数値に置き換えると、幅と厚みと高さのバランスは図③のようになる。基準をウエストに決め、その値を1とした場合の各部の比率で比較することができる。

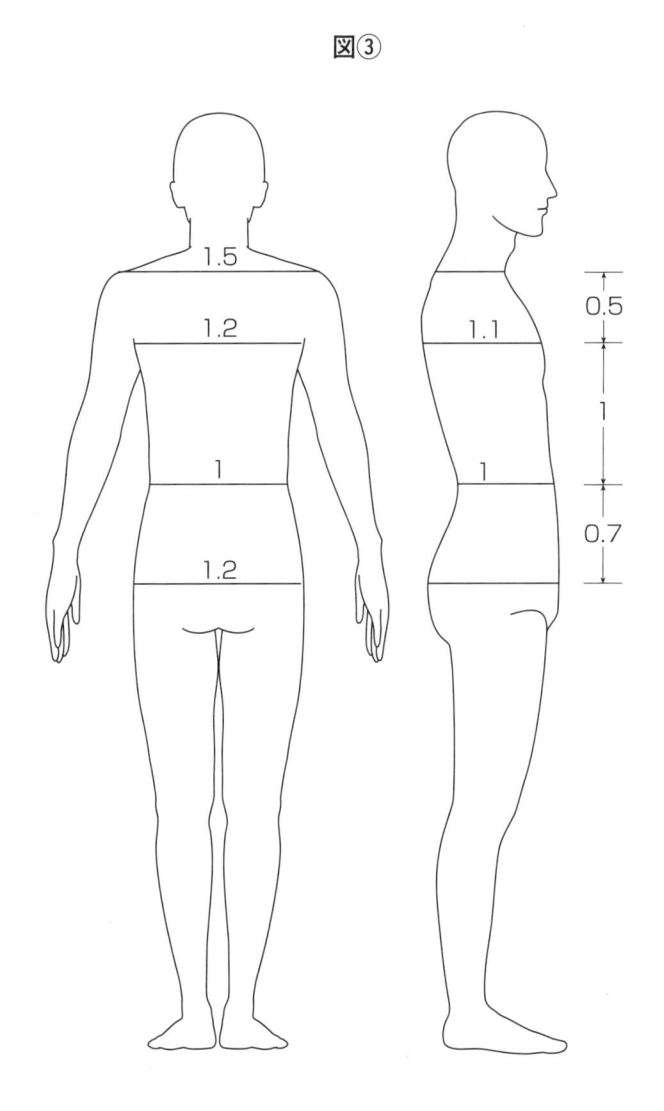

3. 衣服製作のための人体構造

人体の内部には骨格、内臓、筋、皮下脂肪、神経、血管、そして最も外側には皮膚があり、これらはすべて衣服製作と深くかかわりをもっている。

(1) 骨格

骨格は体の支柱となり形を保持しているもので、人体には200余りの骨があり、骨と骨が結合して動く関節で運動が行なわれる。衣服を作るときには、この関節がどの部位にあり、どの方向にどのくらい動くのかを理解することが大切である。

人体の骨格は大きく四つの部分に分けることができる。
① **頭蓋**………頭蓋骨、顔面骨
② **胴の骨**……脊柱、胸郭
③ **上肢骨**……上肢帯、自由上肢骨
④ **下肢骨**……下肢帯、自由下肢骨

①頭蓋

頭蓋骨は後頭骨、蝶形骨(ちょうけい)、側頭骨、頭頂骨、前頭骨の5種の骨で大切な脳を保護する働きがある。骨と骨の結合は縫合(ほうごう)といい、骨と骨がぎざぎざの形でしっかりかみ合って動かない。

②胴の骨

<脊柱>…頸椎7個、胸椎12個、腰椎5個、仙骨1個、尾骨1個からなる。前面と後面から見ると垂直に立っているのが正常であるが、側面から見るとS字状のカーブになっている。これは人間が直立2足歩行することから生まれた特有のカーブであり、加齢とともにこのカーブは変化する。このうち頸椎は前屈、後伸、側屈、回旋し、腰椎は前屈、後伸、側屈し、ともに大きく動くので衣服製作をするうえでこの部分の運動を理解することが大切である。

<胸郭>…胸椎に肋骨が左右12本ずつつき、肋骨は胸の中央にある胸骨についてかごのような形の胸郭を作り、その中に肺や心臓など生命維持に関係の深い内臓を納めている。胸郭の後ろには腕を動かす重要な役割をする肩甲骨があり、衣服製作に欠かせない部分の土台となる骨である。

③上肢骨

<上肢帯>…鎖骨と肩甲骨が胸郭の上に左右1組みずつのり、胴の骨の位置にあるが上肢骨に属し、この上を覆う筋とともに衣服製作にとって重要な肩を構成する。鎖骨は肩の傾斜(いかり肩、なで肩)を決める重要な骨である。肩甲骨は上部を中心に胸郭の上を回転しながら移動し、さらに肩関節は肩甲骨と上腕骨が連絡するところである。複雑で大きな運動が行なわれるため袖つけと関係の深い大切な部分でもある。

<自由上肢骨>…上腕骨、前腕骨(橈骨(とうこつ)、尺骨)、手骨とから構成される。肘と手首の関節で運動が行なわれ、肘では上腕骨と尺骨で屈伸運動が、橈骨と尺骨とで回旋運動が行なわれる。

④下肢骨

<下肢帯>…寛骨が脊柱の仙骨の左右に1個ずつ固く結合し、骨盤を形作っている。寛骨には大腿骨と連結する寛骨臼というくぼみがあり、股関節を作り、下肢の運動が行なわれる。

<自由下肢骨>…大腿骨、膝蓋骨、下肢骨(脛骨、腓骨)、足骨とから構成され、膝と足首の関節で運動が行なわれる。

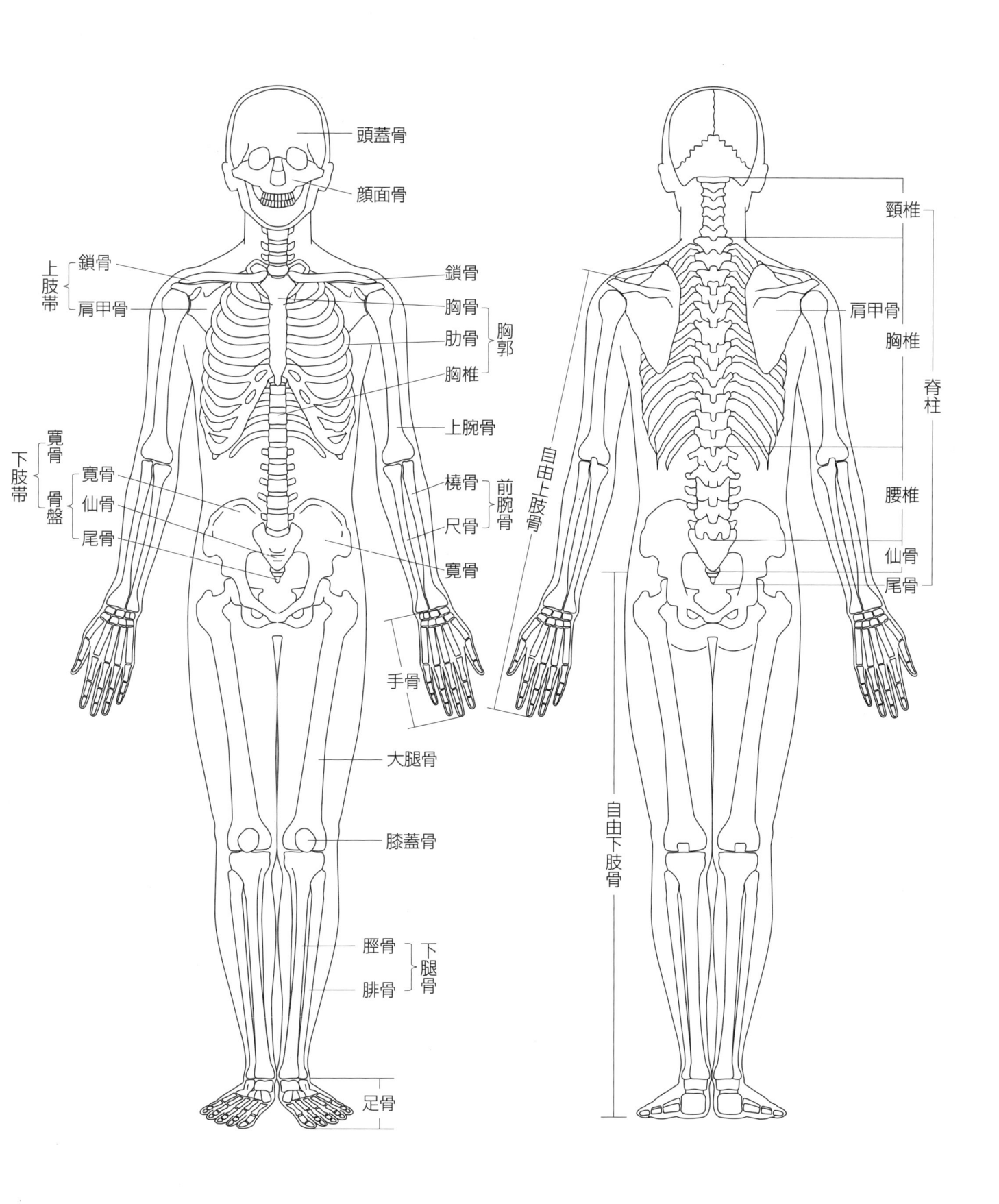

第1章　男子服製作のための計測法

(2) 筋

　筋は神経の刺激で収縮することにより、骨格、皮膚、内臓を動かす。人体には多くの筋があるが衣服製作に関係の深い筋は、関節で骨を動かす骨格筋である。筋がどの骨からどの骨について、どの方向に走るかがわかれば主な作用を理解することができる。

　衣服の運動量を考えるとき、関節で片方の筋が収縮し、もう片方の筋が伸びることにより屈伸運動が行なわれ、長さが変化するとともに収縮した筋はふくらむので、周囲径も変化する。

　ここでは衣服製作に関係の深い筋を説明する。

① 頸部の筋……胸鎖乳突筋
② 胸部の筋……大胸筋、前鋸筋
③ 背部の筋……僧帽筋、広背筋
④ 腹部の筋……腹直筋、外腹斜筋
⑤ 上肢部の筋…三角筋、上腕二頭筋、上腕筋、上腕三頭筋
⑥ 下肢部の筋…大殿筋、大腿四頭筋、大腿二頭筋

① 頸部の筋

＜胸鎖乳突筋＞…胸骨と鎖骨から起こり耳の後ろの乳様突起につく筋で、首を動かすと皮膚の上からその形があらわれる。両側が同時に働くと首をすくめる形となり、片方が働くと耳の後ろが胸骨に近づくような動きとなる。

② 胸部の筋

　胸部の筋は、胸骨、肋骨（一部鎖骨）から起こり、背部の筋は脊柱から起こり上肢帯または上腕骨につく。胸部の筋が収縮して背部の筋が伸びると腕は内方に動き、背部の筋が収縮して胸部の筋が伸びると腕は後方に引き寄せられるというように、腕を動かす重要な筋である。

　大胸筋は鎖骨、胸骨、肋骨から起こり上腕骨につく筋で、腕を内方へ引き寄せる働きがある。また胸部の前面を大きく覆い、男性美の特徴でもある胸のふくらみを作る筋である。

　前鋸筋は肋骨から起こり、胸部の側面を覆い肩甲骨につく筋で、肩甲骨を胸郭にそって回しながら前方に引き寄せる働きがある。

③ 背部の筋

＜僧帽筋＞…後頭骨、頸椎、胸椎から起こり肩甲骨につき、背面を広く覆いながら肩の上を通り鎖骨につき、肩の傾斜を作る筋である。

＜広背筋＞…僧帽筋の下方で広く背面を覆い、脊柱、寛骨から起こり上腕骨につく筋である。

④ 腹部の筋

　腹直筋は恥骨から起こり肋骨につく筋で、腹部を縦に走り、この筋が収縮することにより体を前に曲げる働きがある。また腹部に力を入れると皮膚の上から筋のふくらみがあらわれる。

　腹部前面では腹直筋が縦に走るが、体側にかけては外腹斜筋、内腹斜筋、腹横筋がそれぞれ斜めや横に走り、腹部前面から側面にかけての骨格のない部位の内臓を覆い、保護の役目をしている。

⑤ 上肢部の筋

　三角筋は鎖骨と肩甲骨から起こり上腕骨につき、腕を上げる働きがある。袖山の丸みはこの三角筋上端のふくらみに合わせるためである。

　上腕の前面には肩甲骨から前腕骨につく上腕二頭筋があり、後面には上腕骨・肩甲骨から前腕骨につく上腕三頭筋がある。上腕二頭筋とその下にある上腕筋が働くと肘が曲がり、上腕三頭筋が働くと肘を伸ばすことができ、肘が曲がったときには上腕二頭筋と上腕筋のふくらみが力こぶとなってあらわれる。

⑥ 下肢部の筋

　大殿筋は寛骨から大腿骨につく筋で下肢を後ろに引く働きがあり、歩行のときに働く筋である。また胴体部後面で殿部を形作る。

　大腿の前面には寛骨と大腿骨から膝蓋骨につく大腿四頭筋があり、後面には寛骨と大腿骨から起こり下腿骨につく大腿二頭筋がある。大腿二頭筋が働くと膝が曲がり、大腿四頭筋が働くと膝を伸ばすことができる。

(3) 皮膚

　皮膚は人体の最も外側にあり、人体を外界の刺激から保護したり、外界の状況を知る感覚器でもある。また体内の不要な物質を外に出したり、体温を調節するなどの働きがあり、皮下脂肪を蓄えることもできる。皮下脂肪の厚さは人体各部で一定ではなく、年齢、性別、人種によっても異なり、そのつき方によって体型の特徴を最も表現しやすいので、衣服製作上重要な要因である。また皮膚は弾性やしわ、下層とのずれが生じることで、骨格や筋の働きを妨げることなく伸縮し対応している。この皮膚の上を覆うものが衣服であり、皮膚の伸縮の度合いと衣服パターンは深いかかわりがある。

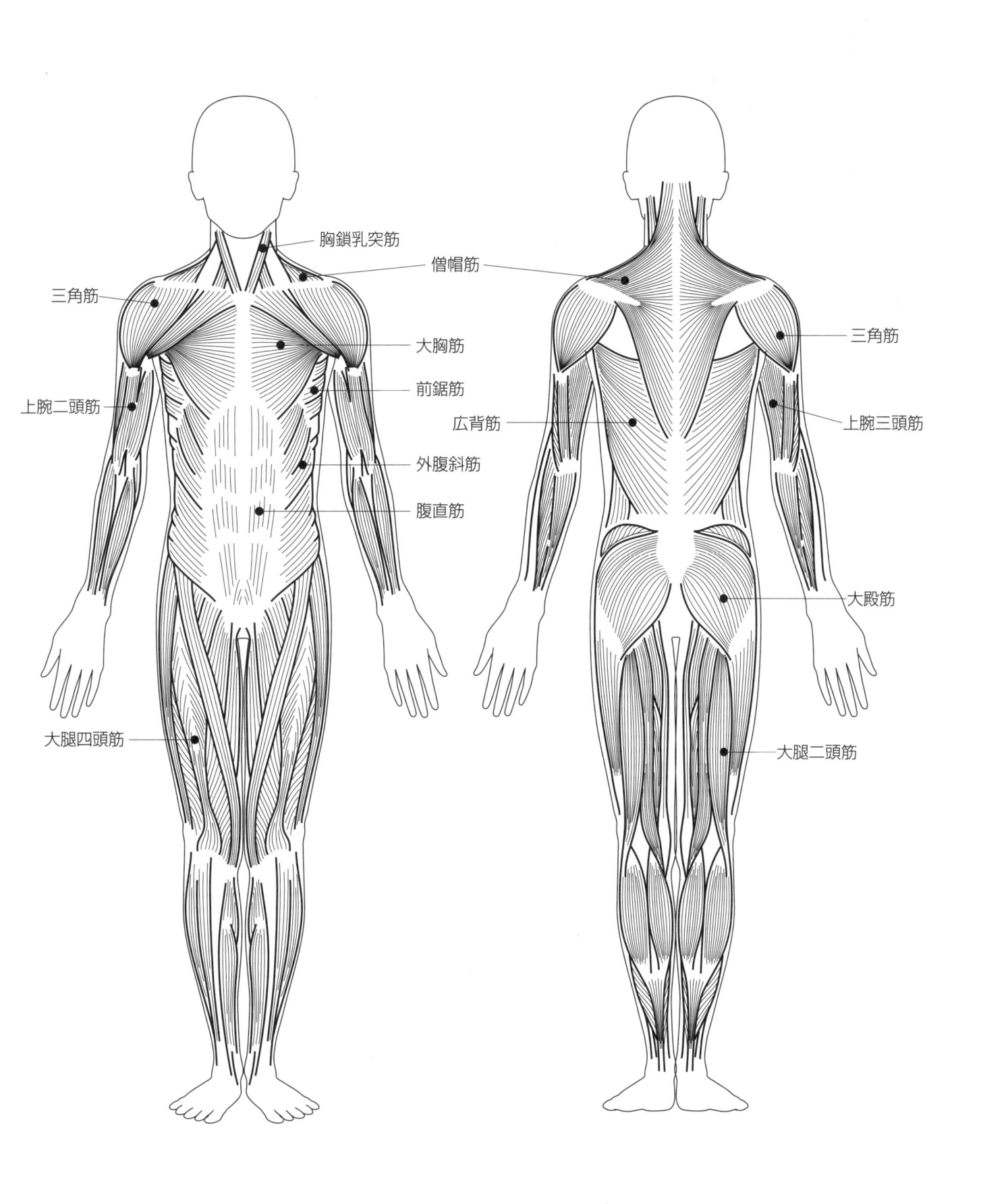

第1章 男子服製作のための計測法　19

Ⅱ. 衣服製作のための人体計測

着心地よく美しいバランスの衣服を作るためには、人体を正しく知ることが必要であり、そのためには人体を正確に計測し寸法や形を求めることが大切である。

計測で重要なことは計測者、被験者（計測される人）ともに適度な緊張とゆとりをもつことである。これは計測者が緊張しすぎても被験者を過度に緊張させたり、姿勢が変化するからである。姿勢は長い時間一定に保つことは無理なので、短時間で正確に計測を行なう必要がある。また背丈の基準になるバックネックポイントや服の前後のバランスの決め手となるサイドネックポイントなどは骨や筋を基準にしてあるが、定めにくい部位でもある。ここでは衣服製作（アウターウェア）を目的として皮膚の上から確認できる計測点を定め、必要な計測項目に絞って正しい計測方法について説明をする。

1. 計測姿勢

・頭は耳眼水平に保つ。
・背すじを自然に伸ばし、肩に力を入れない。
・両腕はまっすぐ下ろし、手のひらは内側に向ける。
・左右のかかとをつけ、足先は自然に開く。

〈耳眼水平〉

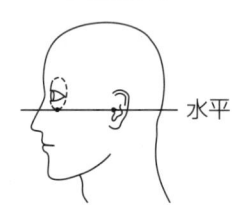

2. 計測の着衣

生体計測の場合は裸体かそれに近い状態で計測を行なう。パンツはトランクスタイプとブリーフタイプがあるが、トランクスタイプは殿部の形状がわかりにくいのでブリーフまたはボクサーパンツが適する。

3. 計測方法

身体各部の形状を知るための計測では、細部を精密に計測する必要上、後述（26ページ）のようにさまざまな計測機器を使った計測方法がある。ここでは衣服製作に必要な項目に限り、計測点も最小限に定め、主にメジャーを使用する計測方法について説明する（一部マルチン計測器の身長計を使用することもある）。

（1）計測点

正しい計測を行なうために、計測するポイントを皮膚の上に定めた点のことで、骨を基準にして定めた点はわかりやすいが、首回りや腕回り、肩などは計測点が求めにくい。しかし衣服製作上ではたいへん重要な部分なので、皮膚の上から充分観察をして決めることが大切である。

計測点

NO	計測点	定義
1	頭頂点	頭部を耳眼水平に保ったときに頭部の中央で最も上の点
2	眉間点	左右の眉毛の中央で前方に突出している点
3	バックネックポイント（BNP）	7番目の頸椎の突起の先端
4	サイドネックポイント（SNP）	僧帽筋の前縁と肩の稜線の交点
5	フロントネックポイント（FNP）	左右の鎖骨の上縁を結ぶ線と前正中線の交点
6	ショルダーポイント（SP）	腕つけ根線と肩の稜線の交点で側面から見て上腕のほぼ中央になる位置
7	前腋点	定規を腋窩にはさみ腕つけ根の最前方に突出している位置の垂直下で定規の上縁にあたる位置
8	後腋点	定規を腋窩にはさみ腕つけ根の最後方に突出している位置の垂直下で定規の上縁にあたる位置
9	肘点	尺骨肘頭の最も突出している点
10	手首点	尺骨下端の突出している点
11	殿突点	殿部の最も突出している点
12	膝蓋骨下点	膝蓋骨の下縁の点

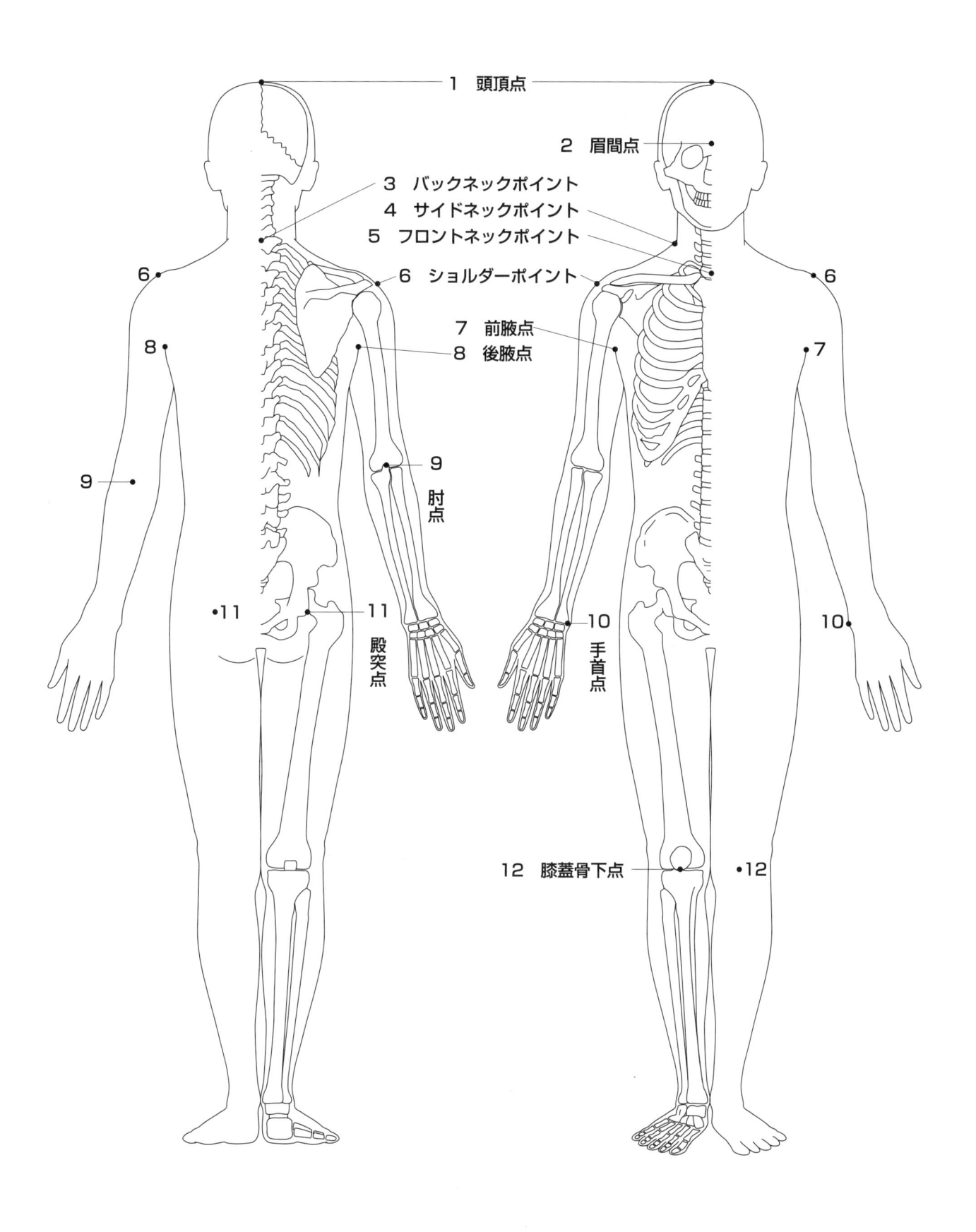

1 頭頂点
2 眉間点
3 バックネックポイント
4 サイドネックポイント
5 フロントネックポイント
6 ショルダーポイント
7 前腋点
8 後腋点
9 肘点
10 手首点
11 殿突点
12 膝蓋骨下点

第1章 男子服製作のための計測法

(2) 計測項目と方法

衣服製作に必要な項目の中で、体の周囲、幅、丈、その他に分けて、それぞれのはかり方を説明する。

1 チェスト回り……後ろから後腋点を確認し、腕を少し上げて低いほうの後腋点を通るようにメジャーを回し、腕を下げて床面に対して水平に一周してはかる。後腋点は腕を大きく上げると皮膚が伸びて位置が変化するのでシールをはるなど印をつけておくとわかりやすい。また、体の軸がウエストから上では後ろに少し傾斜している場合もあるため、体軸に対して直角にメジャーを当てやすい。さらに背中は肩甲骨からウエストにかけての傾斜が強く、その傾斜にメジャーの面を合わせやすい。いずれの場合も後ろ下がりになり、水平のチェスト回り寸法より小さくなりやすい（a＞b）。チェストは上衣を作るときに最も重要な寸法であり、原型でも基準となる部位なので正確に計測するよう注意することが必要である。

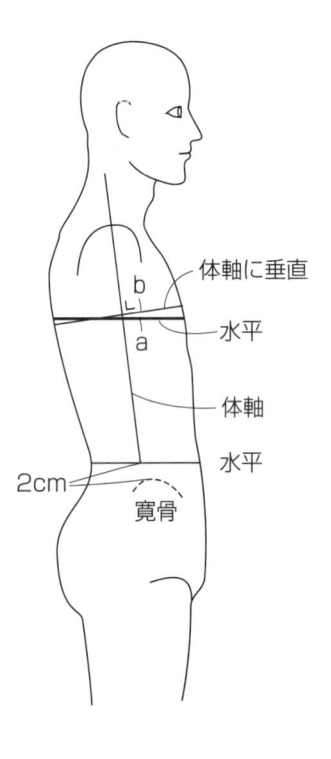

2 ウエスト回り……男性の場合、ウエストは定めにくい部位であり生体で細くなるのは肋骨のすぐ下のあたりであるが、ここではベルトを締める位置を基準にウエストを設定した。ベルトの位置も流行により変動するが、寛骨の上縁の上にベルトがおさまるとし、寛骨上縁2cm上を通り、床面に対して水平にメジャーを一周してはかる。

3 ヒップ回り……殿部の最も突出している位置にメジャーを当て、床面に水平に一周してはかる。

4 腕つけ根回り……前腋点から腕の下、後腋点、ショルダーポイントを通り前腋点までメジャーを回すが、腕の下は腕を上げることにより位置や形が変化しやすいところで、少し力を入れてメジャーを引き上げすぎると前腋点、後腋点ともに上がるので注意が必要である。少し腕を上げ、メジャーを腕の下に回し、腕を下げてからショルダーポイントでメジャーを合わせるとよい。メジャーは幅の細いもののほうが正確にはかれる。

5 上腕回り……前腋点の少し下で腕の最も太いところを、上腕の軸に対して水平にはかる。

6 肘回り……肘頭の位置は肘を曲げて突出点を探すが、はかるときには腕をまっすぐ下げてメジャーを回す。

7 手首回り　前腕の2本の骨（尺骨、橈骨）が手首で突出している親指側と小指側の点を通る一周をはかる。

8 手のひら回り……親指を手のひらに軽くつけた状態で、親指のつけ根と4本指のつけ根の骨の突出したところを一周はかる。

9 頭回り……眉間点を通り後頭部の最も突出しているところを髪の上から手で触れて探し、メジャーを一周するが、髪の毛の多い場合はメジャーを引き加減にしてはかる。

10 首回り……のどぼとけの突出部のすぐ下の位置で首の軸に垂直にメジャーを回してはかる。シャツの衿ぐりに関係の深い部位で作図で使うカラー寸法は、首回り寸法に指1本を入れてメジャーを当てた寸法、約2cm追加した寸法である。

11 首つけ根回り……首つけ根回りはカーブの強いところなので、メジャーを立ててはかる。バックネックポイントは首を前に傾けて骨（第7頸椎）の突起を探すが、首を動かすと皮膚の下で第7頸椎の位置が移動するので、計測するときは頭を耳眼水平に戻してはかることが大切である。サイドネックポイントは骨がないところで、筋の位置と形状からそのポイントを決めなければならない。肩の位置に目の高さを合わせ、前面と後面から見て肩の稜線上にあり、指で皮膚の上から僧帽筋の前縁を確認し、首の立上がりの位置をサイドネックポイントと決める。フロントネックポイントからサイドネックポイント、バックネックポイント、フロントネックポイントまでメジャーを立てて少しずつ移動しながらはかる。

12 大腿回り……かかとを少し開き、足のつけ根で大腿部の最も太い位置にメジャーを水平に一周してはかる。

13 下腿回り……ふくらはぎの最も太い位置を一周はかるが、このとき左右の足に均等に体重をかけておく。

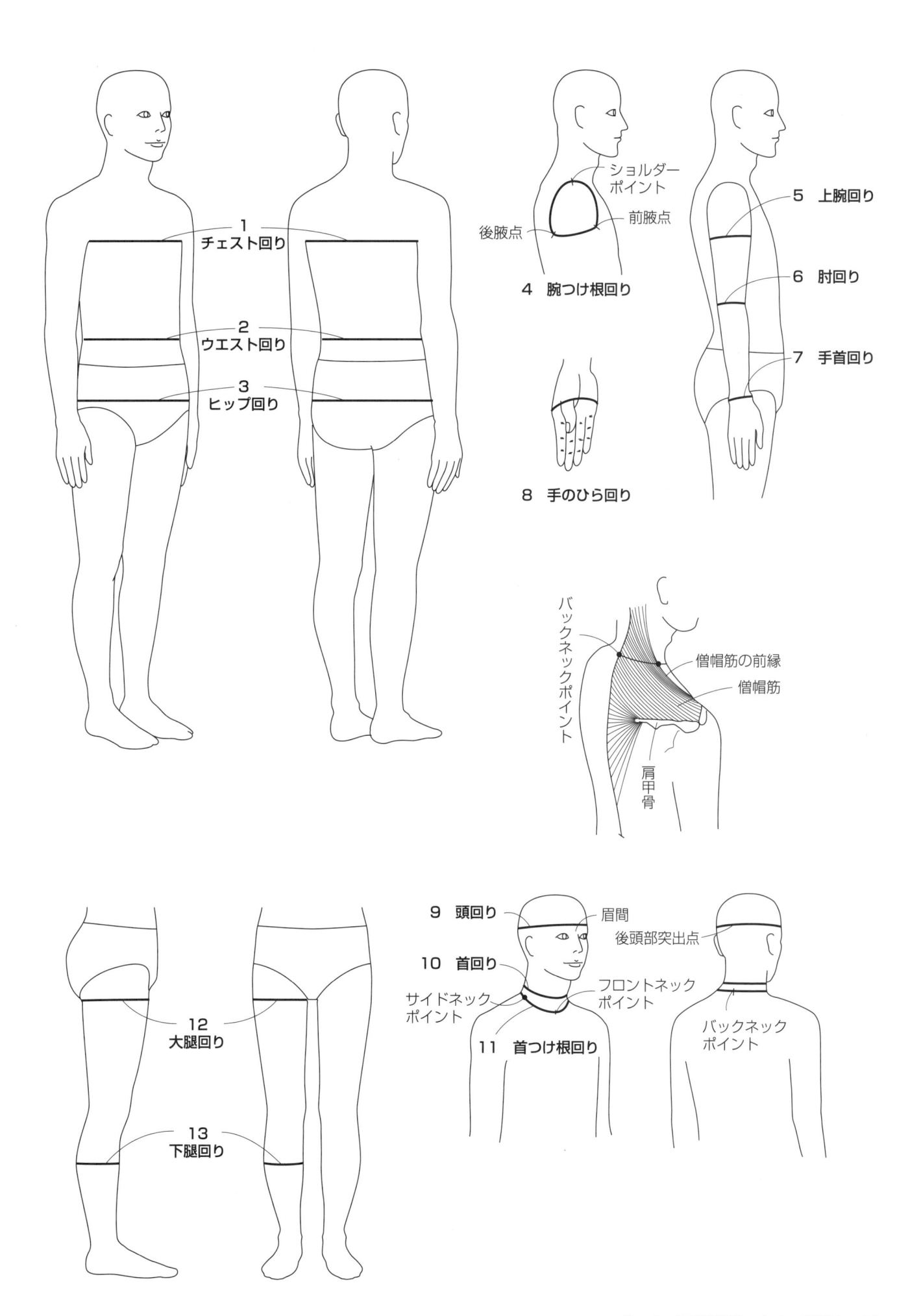

1 チェスト回り
2 ウエスト回り
3 ヒップ回り

ショルダーポイント
前腋点
後腋点
4 腕つけ根回り

5 上腕回り
6 肘回り
7 手首回り

8 手のひら回り

バックネックポイント
僧帽筋の前縁
僧帽筋
肩甲骨

12 大腿回り
13 下腿回り

9 頭回り
眉間
後頭部突出点
10 首回り
サイドネックポイント
フロントネックポイント
11 首つけ根回り
バックネックポイント

第1章 男子服製作のための計測法　23

14 背肩幅……左のショルダーポイントにメジャーのゼロの目盛りを合わせ、バックネックポイントで一度手で押さえ、持ち直して右のショルダーポイントまではかる。このときもバックネックポイント（首回りを参照）がわかったら頭部を耳眼水平に保って体表にメジャーを当てる。

15 肩幅……左右のショルダーポイントの間にメジャーを当ててはかる。首から肩甲骨にかけてのふくらみにひかれ上にカーブしないように水平にしてはかる。

16 背幅……左右の後腋点間にメジャーを当ててはかる。

17 胸幅……左右の前腋点間にメジャーを当ててはかる。

18 身長……頭頂点から床面までの直線距離を、マルチン計測器の身長計ではかる。

19 総丈……バックネックポイントにメジャーのゼロの目盛りを合わせ、床面までの直線距離をはかる。

20 背丈……バックネックポイントから後ろ正中のウエストまではかる。肩甲骨の突出があるので、はかった長さに0.7～1cmくらい加えるとよい。

21 後ろ丈……サイドネックポイントから肩甲骨の最も突出している部位を通り、真下のウエストまでをはかる。

22 前丈……サイドネックポイントから大胸筋のふくらみの部位を通り、真下のウエストまでの長さをはかる。

23 袖丈……腕をまっすぐ下ろした状態で、ショルダーポイントから小指側の手首の突出した骨までの長さをはかる。衣服の袖は流行により丈が変化するので、はかった袖丈に追加して決めるとよい。

24 ウエスト高……ウエスト前正中の位置にメジャーのゼロの目盛りを合わせ、床面までの直線距離をはかる。

25 ヒップ高……殿部の最も突出している位置にメジャーのゼロの目盛りを合わせ、床面までの距離をはかる。

26 股下丈……股の位置にものさしを当て、ものさしの上部から床面までの距離をはかる。

27 膝丈……ウエストから膝蓋骨の下縁までメジャーを当て、前面ではかる。

28 股上前後長……前ウエストから後ろウエストまでを、股にメジャーをくぐらせてはかる。

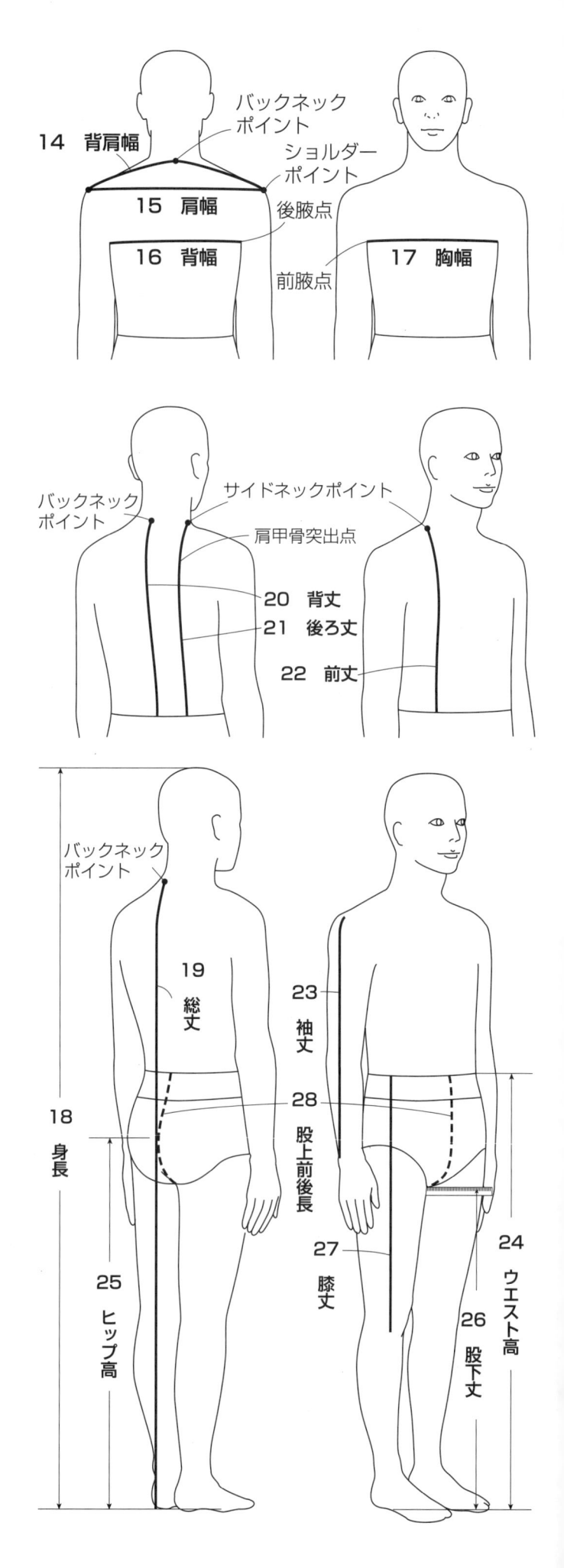

計測項目

	NO	計測項目	計測方法
回り寸法	1	チェスト回り	左右の後腋点の低いほうを通る水平な周径
	2	ウエスト回り	寛骨の最上点の2cm上を通る水平な周径
	3	ヒップ回り	殿部の最も突出した位置を通る水平な周径
	4	腕つけ根回り	前腋点、ショルダーポイント、後腋点を通る腕つけ根の周径
	5	上腕回り	上腕の最も太い位置の周径
	6	肘回り	肘点を通る肘の最も太い位置の周径
	7	手首回り	手首点を通る手首の最も太い位置の周径
	8	手のひら回り	親指を手のひらに軽くつけ、指のつけ根の最も太い位置の周径
	9	頭回り	眉間点を通り後頭部の最も突出した位置を通る周径
	10	首回り	のどぼとけの直下で首の軸に直交するような周径(カラー寸法＝首回り寸法＋2cm)
	11	首つけ根回り	バックネックポイント、サイドネックポイント、フロントネックポイントを通る周径
	12	大腿回り	足のつけ根で大腿の最も太い位置の周径
	13	下腿回り	ふくらはぎの最も太い位置の周径
幅寸法	14	背肩幅	左のショルダーポイントからバックネックポイントを通り、右のショルダーポイントまでの体表の長さ
	15	肩幅	左のショルダーポイントから右のショルダーポイントまでの体表の長さ
	16	背幅	左の後腋点から右の後腋点までの体表の長さ
	17	胸幅	右の前腋点から左の前腋点までの体表の長さ
丈寸法	18	身長	頭頂点から床面までの長さ
	19	総丈	バックネックポイントから床面までの長さ
	20	背丈	後ろ正中でバックネックポイントからウエストまでの体表の長さ（原型の背丈ははかった長さに0.7～1加える）
	21	後ろ丈	サイドネックポイントから肩甲骨の突出点を通りウエストまでの長さ
	22	前丈	サイドネックポイントから下垂し、ウエストまでの長さ
	23	袖丈	ショルダーポイントから手首点までの長さ
	24	ウエスト高	ウエストから床面までの長さ
	25	ヒップ高	殿突点から床面までの長さ
	26	股下丈	股の位置から床面までの長さ
	27	膝丈	前面でウエストから膝蓋骨の下縁までの長さ
	28	股上前後長	前ウエストから股をくぐらせ後ろウエストまでの長さ
		腰丈	ウエスト高からヒップ高を引いた長さ
		股上丈	ウエスト高から股下丈を引いた長さ
他		体重	計測用下着着用での身体の重さ

4. 計測機器と計測方法

　人体を計測するためにはさまざまな計測機器が開発されているが、いずれの計測機でも一つだけでは人体の特性を完全に把握することは難しい。そこで計測の目的に合わせていくつかの計測機器を併用することが望ましい。

　人体計測は計測結果として得られるデータの種類によって下記のように分類される。

人体計測 ─┬─ 一次元計測 ── マルチン計測器
　　　　　├─ 二次元計測 ┬ スライディングゲージ
　　　　　│　　　　　　　└ シルエッター計測装置
　　　　　└─ 三次元計測 ┬ 三次元形状計測装置
　　　　　　　　　　　　└ 石こう計測

（1）マルチン計測器

　人類学者ルドルフ・マルチン（Rudolf Martin）により考案された計測器。人体のサイズを数量的にあらわすための計測器セット（写真❶）で、国際的に統一されている。計測項目、部位に応じてそれぞれの計測器を使い分ける。

①**身長計**…床面から計測点までの高さをはかる計測器で、床面に垂直に立て、定規の先端を計測点に合わせて計測する（写真❷）。
　　　　　身長計の最上部に定規を2本差して、幅径や厚径を計測する（写真❸）。
②**触角計**…写真のような計測器で体の凹凸に関係なく左右径（直線距離・写真❹）や厚径を計測することができる。
③**滑動計**…手や足、指など小さい部位の計測に使われる（写真❺）。
④**定規**……15cm定規で部分的な直線距離の計測ができる。
⑤**巻尺**……テープメジャーで周囲径や体表の長さを計測することができる。

　このほかに目的に応じて、体重計、角度計（肩傾斜などの角度をはかる）、ハイトゲージ（床からくるぶしの位置をはかる）などを用いる。

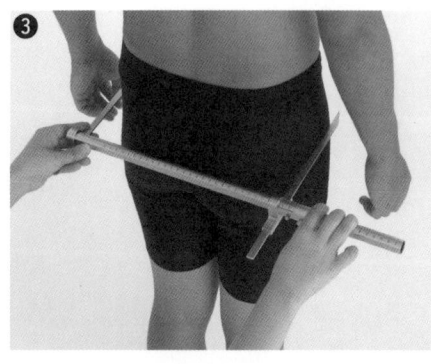

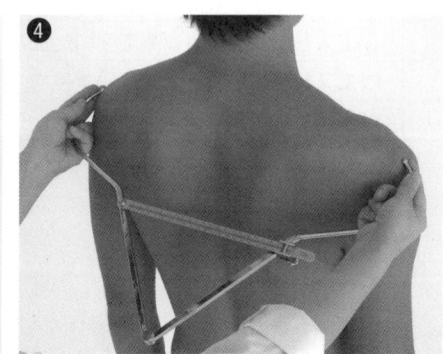

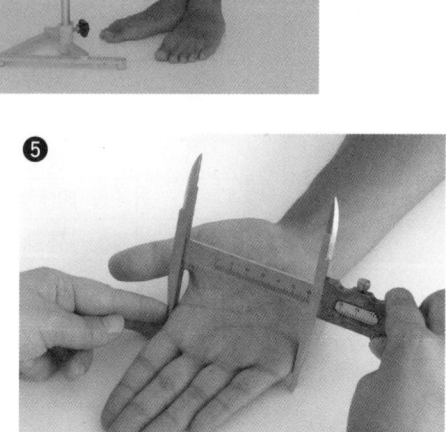

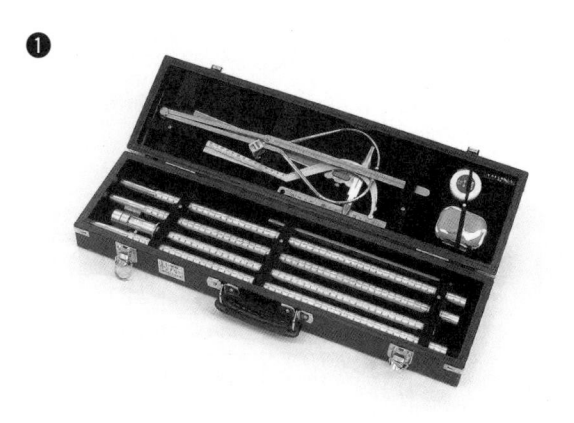

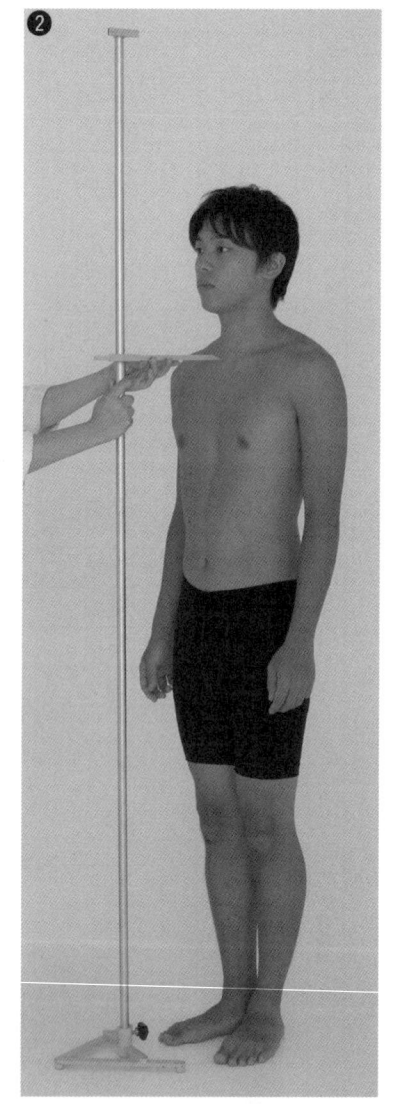

(2) スライディングゲージ

　人体の断面形状を計測するもので、水平断面を計測する横断面型と矢状（正中）断面を計測する縦断面型がある。計測したい人体の部位に可動棒を前後から軽く当て、断面形状を用紙に記録する。このとき横断面型は前後の正中位置を、縦断面型は前後の高さを基準として記録しておくことが大切である。計測後、前後の記録用紙を突き合わせて断面形状が完成される。

縦断面型

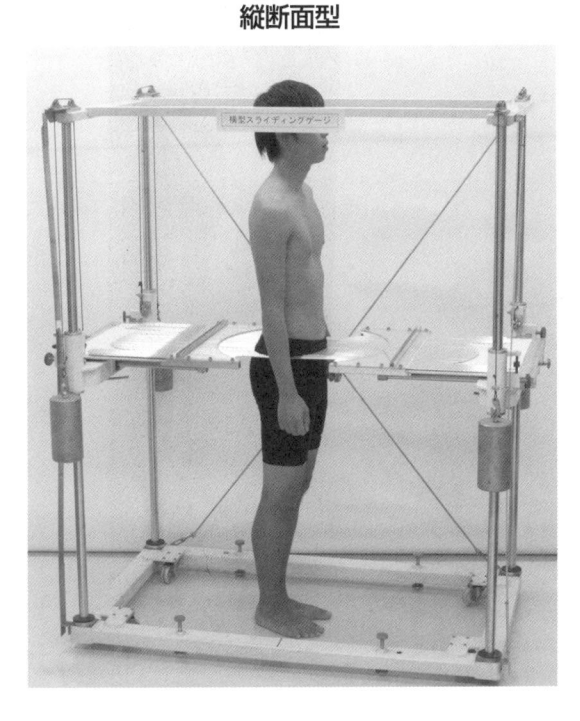

縦断面型

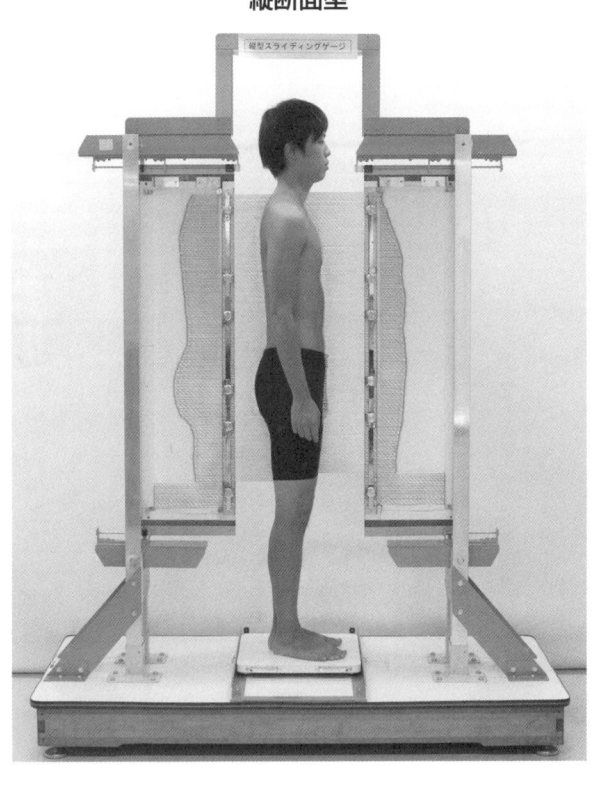

(3) シルエッター計測装置

　人体のシルエット写真を短時間で撮影し、$\frac{1}{10}$の写真（透視図）データが得られる方法で、姿勢や体型、体のゆがみなどの特徴観察に適している。計測データがデジタルとして保存される。

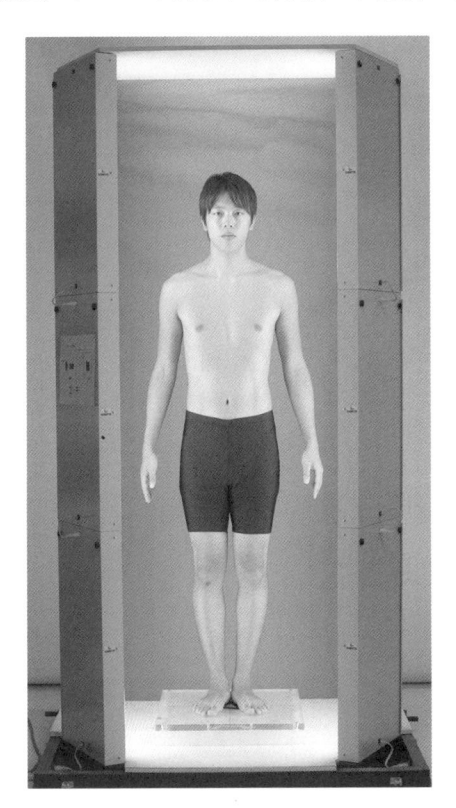

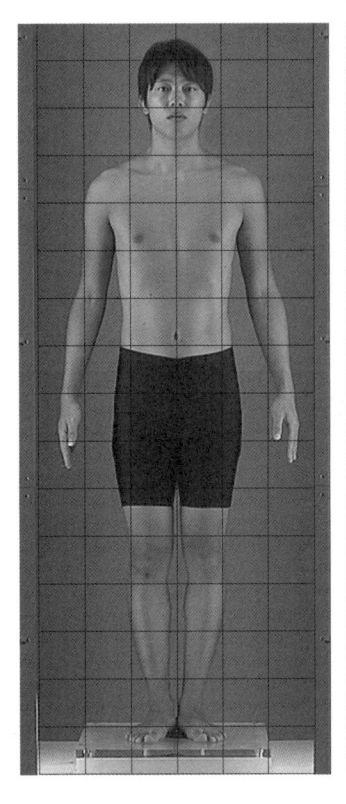

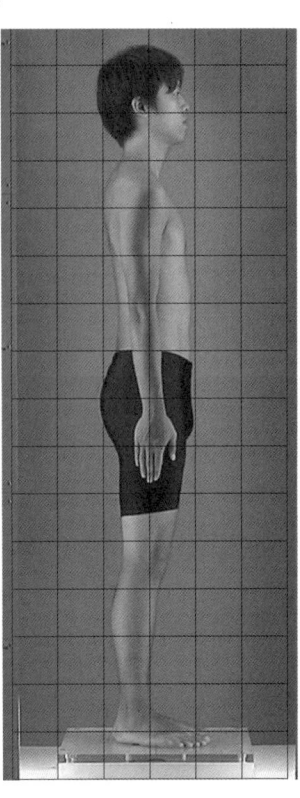

第1章　男子服製作のための計測法　27

（4）三次元形状計測装置

　人体の立体形状を非接触で計測することができる装置。人体にレーザー光をあて、その画像をカメラで撮影し、画像解析することによって三次元座標を算出する。計測データは距離計算（幅径、厚径、周囲径）、角度、断面形状を知ることができる。

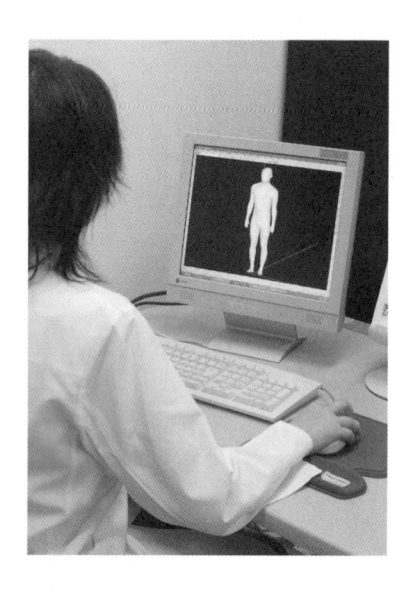

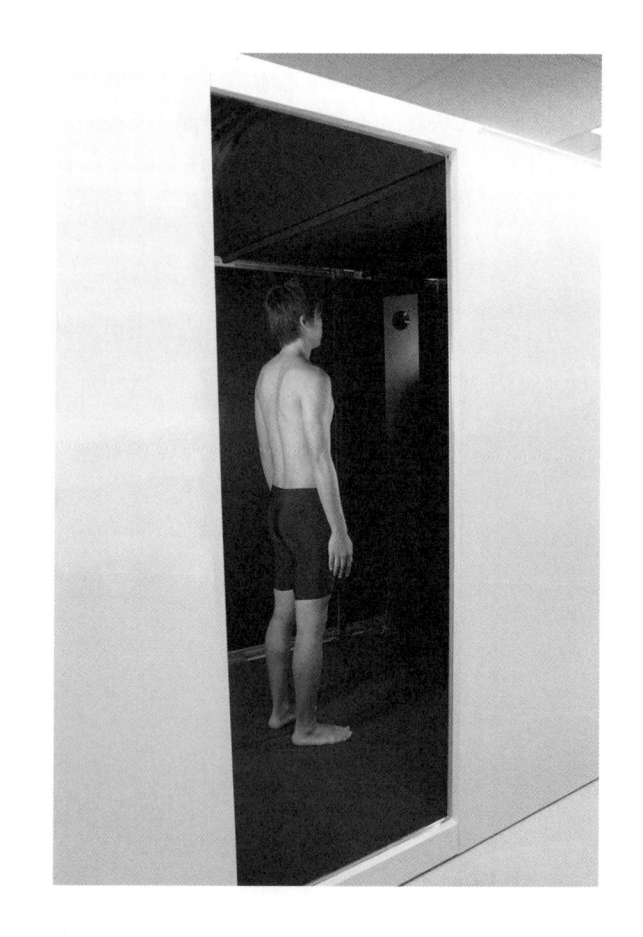

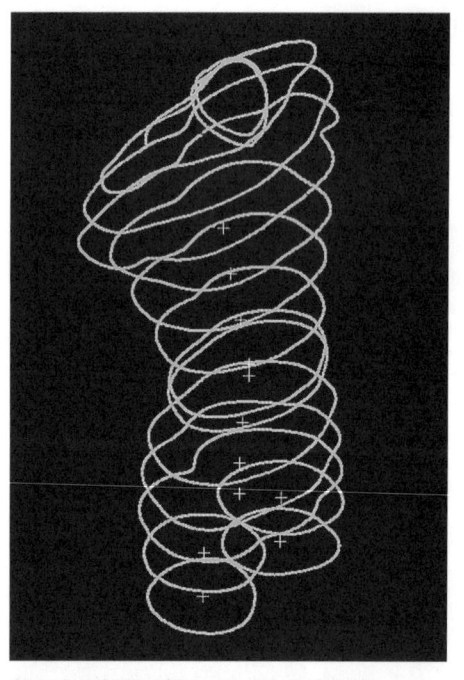

体の水平断面を斜めから見た三次元データ

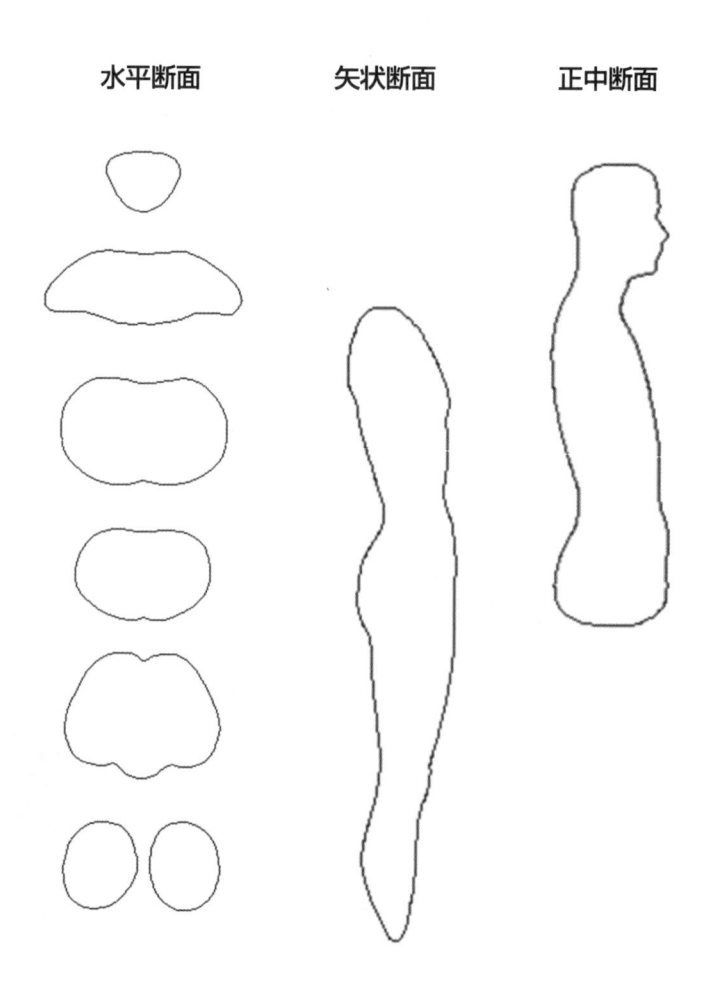

水平断面　　矢状断面　　正中断面

(5) 石こう計測

　石こう包帯を水に浸し、人体にはりつけて型をとる方法で石こう型の内側が人体の皮膚と同じ形であり人体の立体形状を取得することができる。石こう型の内側に和紙を水に浸してなじませ、和紙の上から水に溶いたのりをハケで塗って固定させる。この和紙を展開することにより、切開きの部位、分量を見ることで体型特徴を把握することができる。

石こう包帯法による人体形状
（内側が体表）

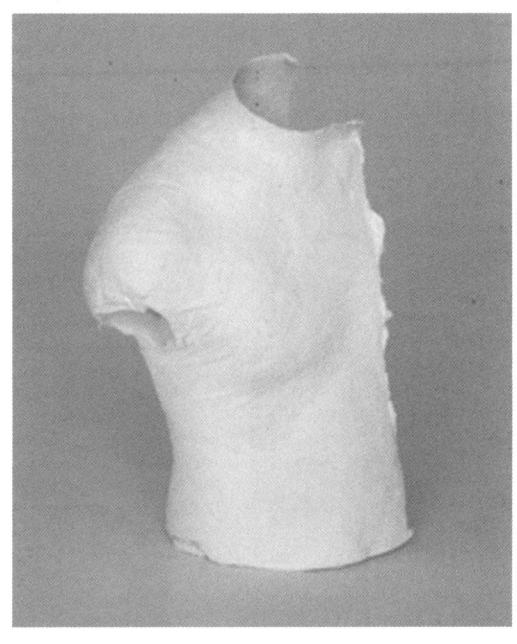

石こう型を基にしたFRP素材による人体形状
（外側が体表）

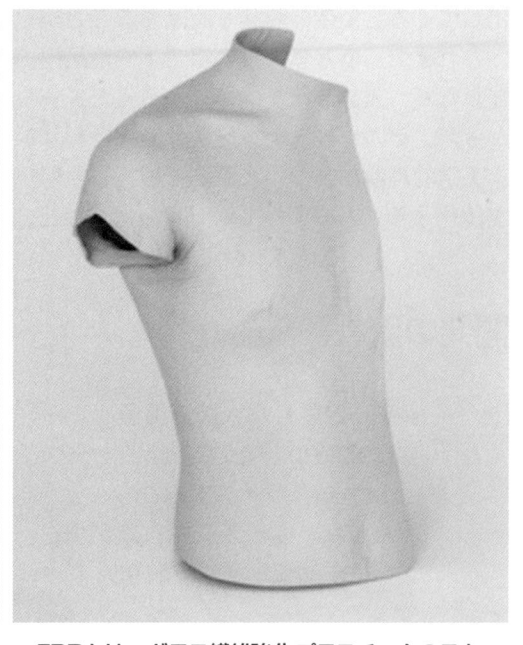

※FRPとは、ガラス繊維強化プラスチックのこと

石こう包帯法による和紙の展開
（体型の違いにより展開された和紙の切開き位置や量が異なる）

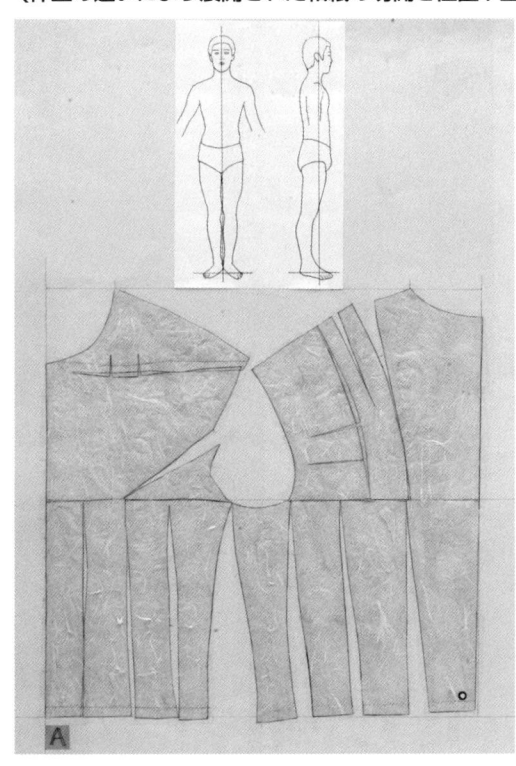

A　大胸筋が発達し、体軸垂直タイプ

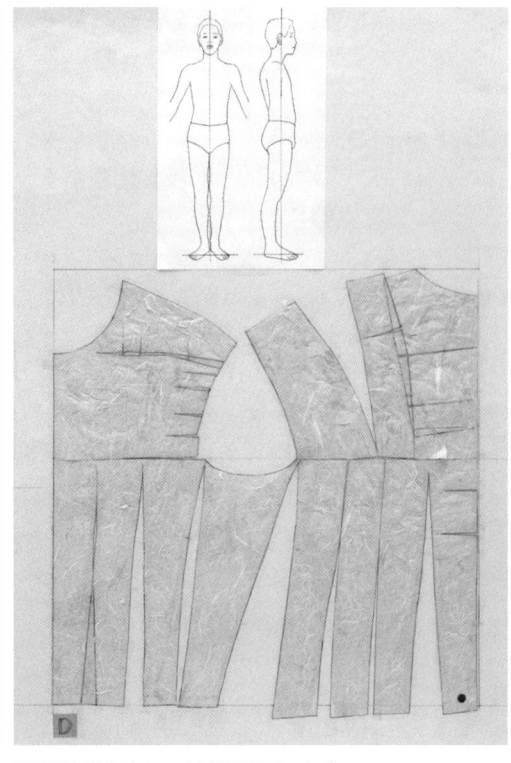

D　肩甲骨が突出し、体軸後傾タイプ

第1章　男子服製作のための計測法

Ⅲ. 文化メンズヌードボディ

　メンズアパレル業界または教育現場では、これまでジャケットやシャツの基型を中心に作図展開して物作りをすることが中心で、ヌードボディを使い、人体の形状を確認しながら製作を進めたり立体裁断を行なうことが少なかった。しかし、タイトシルエットが主流になり、アイテムも多様化してくると生体の形状を認識することが重要となった。これまで、ゆとり入りのボディや検品用のボディは存在したが、人体形状を的確にとらえたヌードボディがなかった。そのため三次元形状計測機の形状データを基に、工学的理論に基づいた手法で解析し、形を平均化して実体化することによってボディを完成させた。

1. ボディ開発の流れ

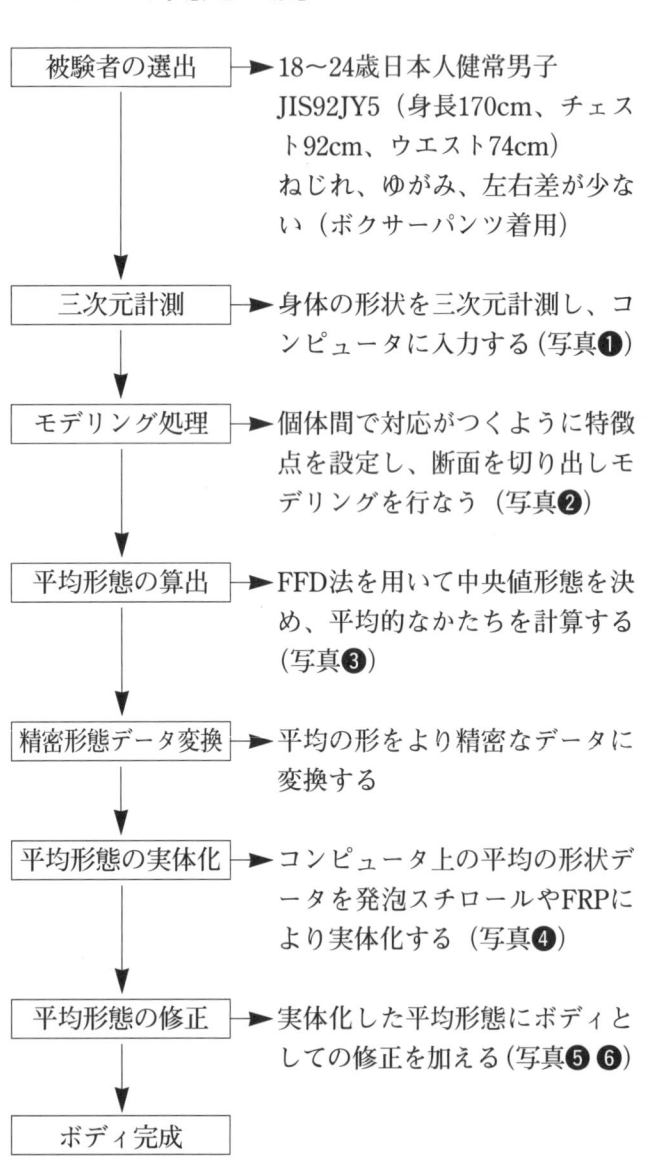

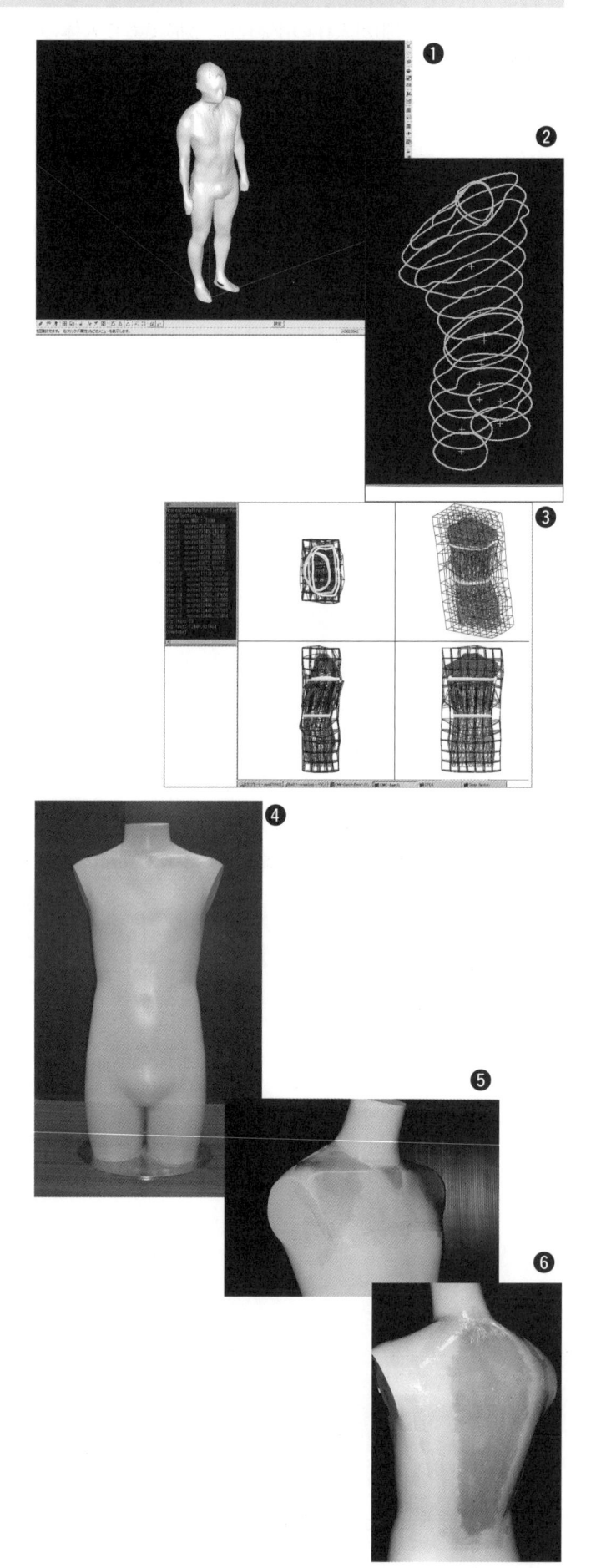

被験者の選出	→	18～24歳日本人健常男子 JIS92JY5（身長170cm、チェスト92cm、ウエスト74cm）ねじれ、ゆがみ、左右差が少ない（ボクサーパンツ着用）
三次元計測	→	身体の形状を三次元計測し、コンピュータに入力する（写真❶）
モデリング処理	→	個体間で対応がつくように特徴点を設定し、断面を切り出しモデリングを行なう（写真❷）
平均形態の算出	→	FFD法を用いて中央値形態を決め、平均的なかたちを計算する（写真❸）
精密形態データ変換	→	平均の形をより精密なデータに変換する
平均形態の実体化	→	コンピュータ上の平均の形状データを発泡スチロールやFRPにより実体化する（写真❹）
平均形態の修正	→	実体化した平均形態にボディとしての修正を加える（写真❺❻）
ボディ完成		

完成ボディ（前面）

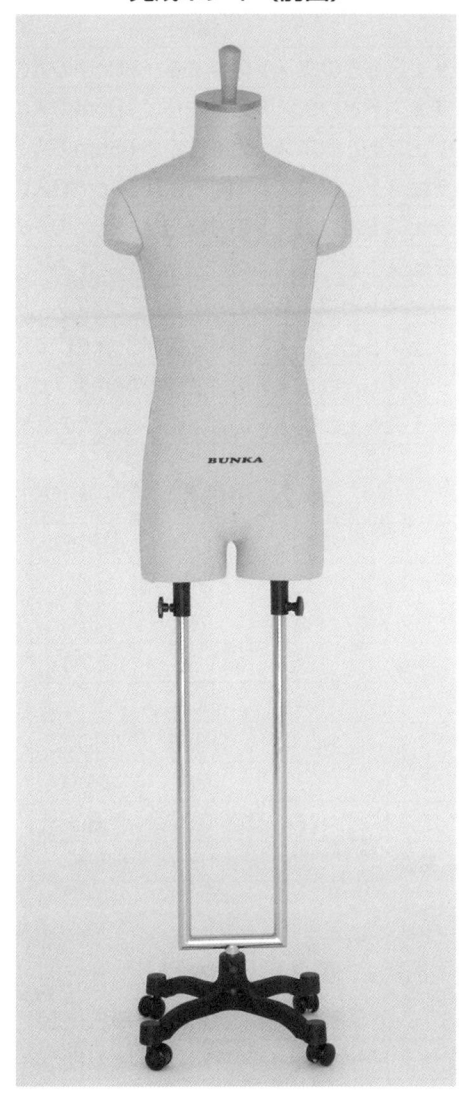

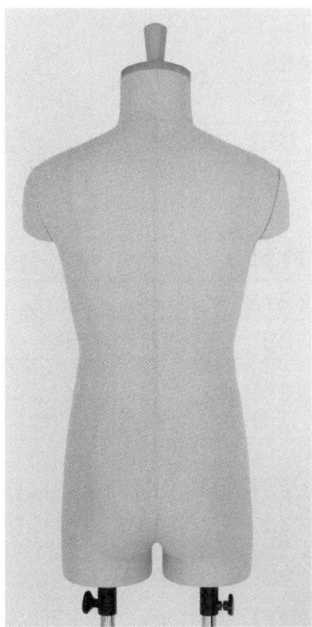

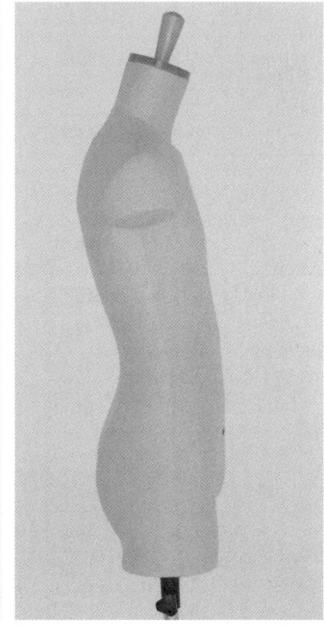

2.文化メンズヌードボディと文化式メンズ原型の適合

　文化メンズヌードボディ開発に合わせて、文化式メンズ原型の改訂も行なった（36ページ参照）。原型はサイズ・体型別の被験者への着用実験の補正結果から割出し寸法を決定し、ボディにも適合するように作られたものである。ボディに原型を着用させた三次元計測データを見ると、服は肩で着ると言われるように、肩の水平断面では、ほぼ適合していることがわかる。

　チェスト、ウエストの断面では体の形状に合わせて適量なゆとりが入り、水平におさまっていることがわかる。ヌードボディと原型が完成したことで、メンズ衣服製作においても、レディス同様に立体裁断から平面への展開が容易に行なえるようになり、人体形状中心の的確な服作りができることになる。

原型の着装

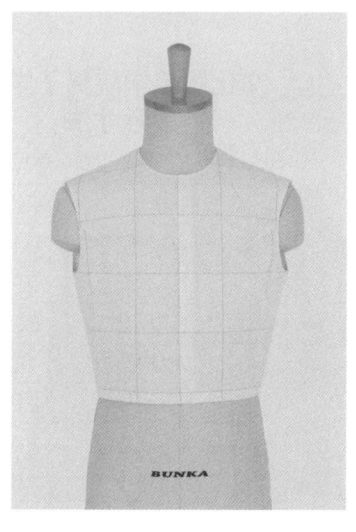

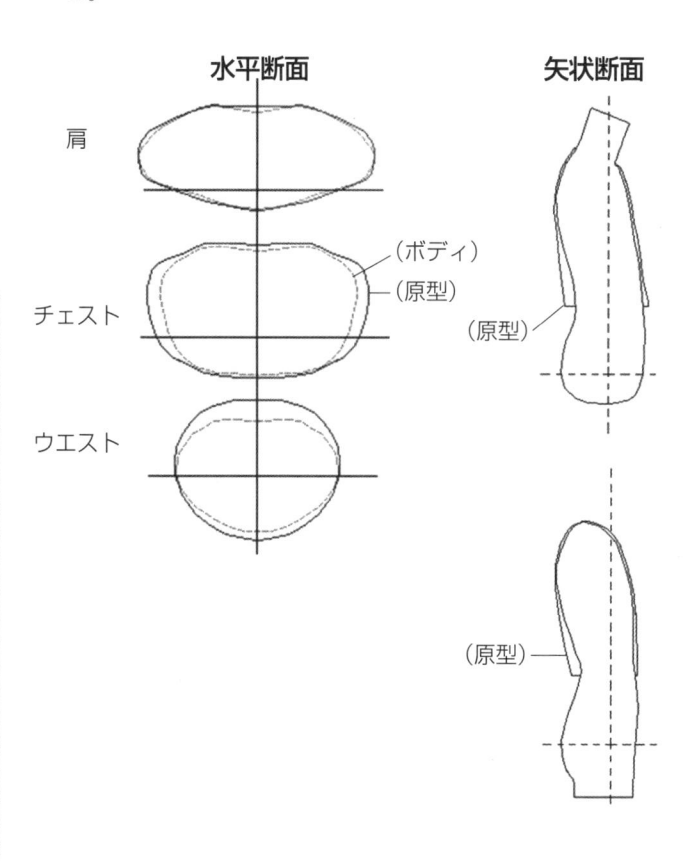

完成ボディ（後面）　　完成ボディ（側面）

水平断面　　　矢状断面

肩

チェスト　（ボディ）
　　　　　（原型）
　　　　　（原型）

ウエスト

（原型）

第1章　男子服製作のための計測法

3.参考寸法

既製服の製作に必要となる平均的な計測値として、全国的な計測結果を基に制定された日本産業規格（JIS）のサイズ表成人男子用衣料のサイズ（JIS L 4004：2023）を示す。サイズ表では身長、チェスト、ウエストのみの表示となるので、衣服製作に必要な身体各部の寸法に関しては文化服装学院の2002年の計測結果を基にした参考寸法表を示す。

文化服装学院男子学生 参考寸法

92JY5対象の平均値（単位cm）

	計測項目	平均値
回り寸法	チェスト回り	91.8
	ウエスト回り	73.6
	ヒップ回り	89.7
	腕つけ根回り	40.4
	上腕回り	29.2
	肘回り	24.3
	手首回り	16.5
	手のひら回り	25.0
	頭回り	58.3
	首回り	35.4
	首つけ根回り	42.1
	大腿回り	53.4
	下腿回り	36.7
幅寸法	背肩幅	45.6
	肩幅	49.2
	背幅	37.3
	胸幅	34.3
丈寸法	身長	170.7
	総丈	145.0
	背丈	44.5
	後ろ丈	47.4
	前丈	45.4
	袖丈	55.5
	ウエスト高	102.4
	ヒップ高	85.3
	腰丈	17.1
	股上丈	24.1
	股下丈	78.4
	膝丈	58.2
他	股上前後長	70.4
	体重	61.9

表1　体型区分

体型	意味
J体型	チェストとウエストの寸法差が20cmの人の体型
JY体型	チェストとウエストの寸法差が18cmの人の体型
Y体型	チェストとウエストの寸法差が16cmの人の体型
YA体型	チェストとウエストの寸法差が14cmの人の体型
A体型	チェストとウエストの寸法差が12cmの人の体型
AB体型	チェストとウエストの寸法差が10cmの人の体型
B体型	チェストとウエストの寸法差が8cmの人の体型
BB体型	チェストとウエストの寸法差が6cmの人の体型
BE体型	チェストとウエストの寸法差が4cmの人の体型
E体型	チェストとウエストの寸法差がない人の体型

表2　J体型
（単位cm）

呼び方		88J3	90J4	92J5	94J6
基本身体寸法	チェスト	88	90	92	92
	ウエスト	68	70	72	74
	身長	160	165	170	175

呼び方		96J7	98J8	100J9
基本身体寸法	チェスト	96	98	100
	ウエスト	76	78	80
	身長	180	185	190

表3　JY体型
（単位cm）

呼び方		88JY3	90JY4	92JY5	94JY6
基本身体寸法	チェスト	88	90	92	94
	ウエスト	70	72	74	76
	身長	160	165	170	175

呼び方		96JY7	98JY8	100JY9
基本身体寸法	チェスト	96	98	100
	ウエスト	78	80	82
	身長	180	185	190

表4　Y体型
（単位cm）

呼び方		86Y2	88Y3	90Y4	92Y5
基本身体寸法	チェスト	86	88	90	92
	ウエスト	70	72	74	76
	身長	155	160	165	170

呼び方		94Y6	96Y7	98Y8	100Y9
基本身体寸法	チェスト	94	96	98	100
	ウエスト	78	80	82	84
	身長	175	180	185	190

表5　YA体型

(単位cm)

呼び方		86YA2	88YA2	88YA3	90YA3	90YA4	92YA4	92YA5	94YA5
基本身体寸法	チェスト	86	88	88	90	90	92	92	94
	ウエスト	72	74	74	76	76	78	78	80
	身長	155		160		165		170	

呼び方		94YA6	96YA6	96YA7	98YA7	98YA8	100YA8	102YA9
基本身体寸法	チェスト	94	96	96	98	98	100	102
	ウエスト	80	82	82	84	84	86	88
	身長	175		180		185		190

表6　A体型

(単位cm)

呼び方		86A2	88A2	90A2	88A3	90A3	92A3	90A4	92A4	94A4
基本身体寸法	チェスト	86	88	90	88	90	92	90	92	94
	ウエスト	74	76	78	76	78	80	78	80	82
	身長	155			160			165		

呼び方		92A5	94A5	96A5	94A6	96A6	98A6	96A7	98A7	100A7
基本身体寸法	チェスト	92	94	96	94	96	98	96	98	100
	ウエスト	80	82	84	82	84	86	84	86	88
	身長	170			175			180		

呼び方		98A8	100A8	102A8	102A9
基本身体寸法	チェスト	98	100	102	102
	ウエスト	86	88	90	90
	身長	185			190

表7　AB体型

(単位cm)

呼び方		88AB2	90AB2	92AB2	90AB3	92AB3	94AB3	92AB4	94AB4	96AB4
基本身体寸法	チェスト	88	90	92	90	92	94	92	94	96
	ウエスト	78	80	82	80	82	84	82	84	86
	身長	155			160			165		

呼び方		94AB5	96AB5	98AB5	96AB6	98AB6	100AB6	98AB7	100AB7	102AB7
基本身体寸法	チェスト	94	96	98	96	98	100	98	100	102
	ウエスト	84	86	88	86	88	90	88	90	92
	身長	170			175			180		

呼び方		100AB8	102AB8	104AB8	104AB9
基本身体寸法	チェスト	100	102	104	104
	ウエスト	90	92	94	94
	身長	185			190

第1章　男子服製作のための計測法

表8 B体型
(単位cm)

呼び方		90B2	92B2	92B3	94B3	94B4	96B4
基本身体寸法	チェスト	90	92	92	94	94	96
	ウエスト	82	84	84	86	86	88
	身長	155		160		165	

呼び方		96B5	98B5	98B6	100B6	100B7	102B7
基本身体寸法	チェスト	96	98	98	100	100	102
	ウエスト	88	90	90	92	92	94
	身長	170		175		180	

表9 BB体型
(単位cm)

呼び方		92BB2	94BB2	94BB3	96BB3	96BB4	98BB4
基本身体寸法	チェスト	92	94	94	96	96	98
	ウエスト	86	88	88	90	90	92
	身長	155		160		165	

呼び方		98BB5	100BB5	100BB6	102BB6	102BB7	104BB7
基本身体寸法	チェスト	98	100	100	102	102	104
	ウエスト	92	94	94	96	96	98
	身長	170		175		180	

表10 BE体型
(単位cm)

呼び方		94BE2	96BE3	98BE4	100BE5	102BE6	104BE7
基本身体寸法	チェスト	94	96	98	100	102	104
	ウエスト	90	92	94	96	98	100
	身長	155	160	165	170	175	180

表11 E体型
(単位cm)

呼び方		94E2	96E3	98E4	100E5	102E6	104E7
基本身体寸法	チェスト	94	96	98	100	102	104
	ウエスト	94	96	98	100	102	104
	身長	155	160	165	170	175	180

第 2 章 男子原型

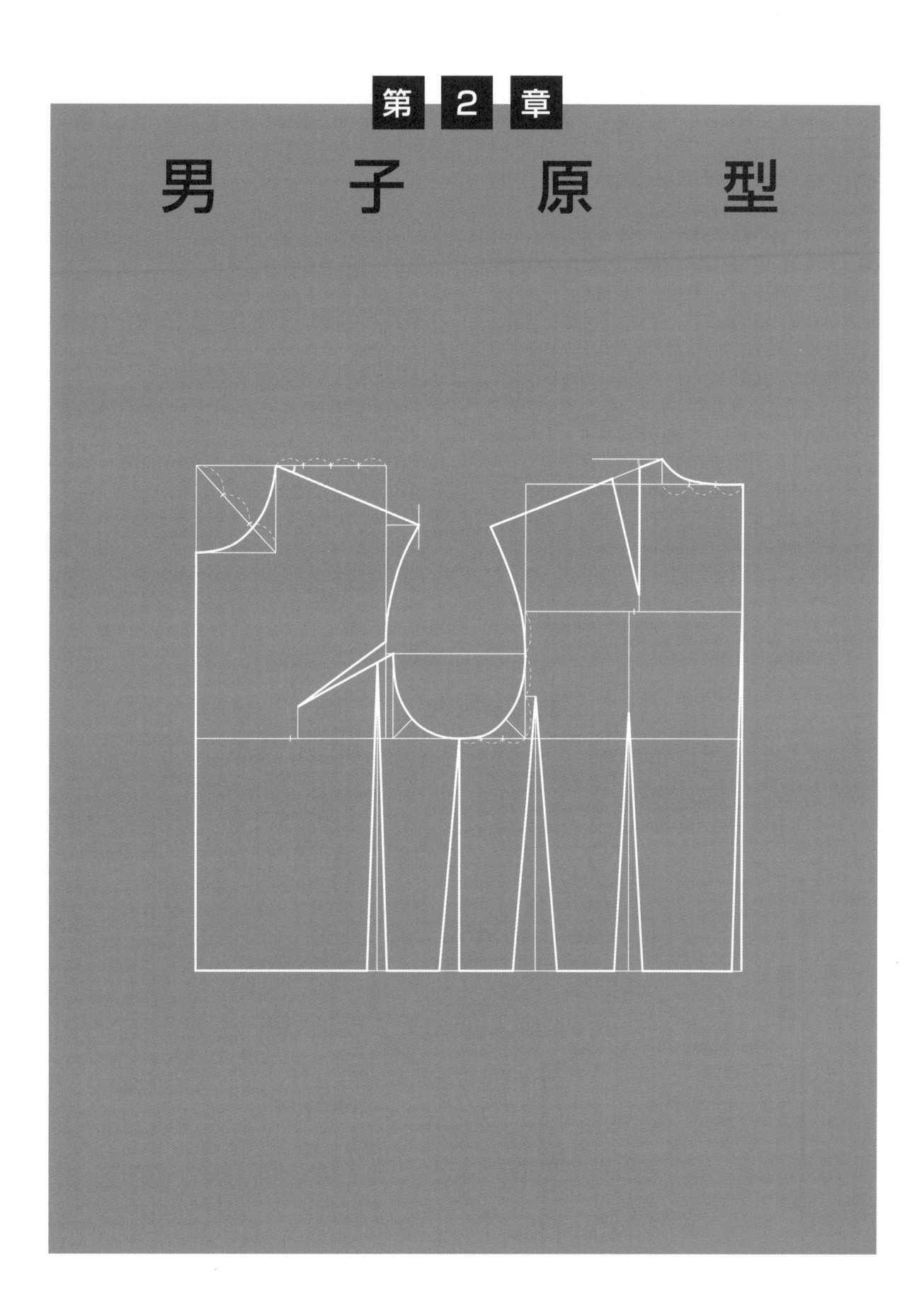

Ⅰ. 男子原型について

　原型は、どのような体型の人にも比較的合いやすく、またパターンの作製を簡易化し、あらゆるデザインの作図の基本となるものである。

　男子服は、婦人服ほどデザインの変化が多くなく、特に下半身はごく特殊な例を除いては、パンツと決まっている。したがって男子服の原型は、上半身を主として考え、一般に左身頃が上前になるので、左半身を作図する。なお袖は、服種により一枚袖、二枚袖など、そのつど作図するので特に原型はない。原型は、寸法上基準となるものを決めてから作図するが、チェストを基準にした作図法が簡単で、体型にも合いやすく、形も作りやすいので、チェスト寸法と背丈寸法を基準として作図する。細部の割出しはチェスト寸法の割合によって求める方法で、このような作図を胸度式（バストメジャーシステム）という。またこの原型は、動作機能を妨げない適度なゆとりが入ったセミタイトフィット型で、デザインに合わせて着丈や幅のゆとりを加え、シルエットによってデザイン線を入れて作図展開をする。さらに、チェストダーツや肩ダーツを明確にしたことにより、ダーツの展開法がよりわかりやすくなり、デザイン展開がしやすくなったことが最大の利点である。

Ⅱ. 男子原型の作図法

1　基礎線をかく

　①～⑭の順に各部の寸法を正確にとり、Ⓐ～Ⓘの点を記入し、等分線をかく。

① 水平線をかきWLとし、この位置から背丈＋0.5cmをとってⒶ点とし後ろ中心線をかく。Ⓐ点より0.5cm下がった点をⒷ点とする。
② WL上で$\frac{C}{2}$＋6.7cm（身幅）をとる。
③ Ⓑ点より後ろ中心線上に$\frac{C}{6}$＋8cmをとりCLの位置とする。
④ 前中心線をかき、CLを水平にかく。
⑤ 後ろ中心線からCL上に$\frac{C}{6}$＋5.8cm（背幅）をとりⒹ点とする。
⑥ Ⓓ点から直上線をかき、背幅線とする。
⑦ Ⓐ点から水平線を入れ長方形をかく。
⑧ Ⓐ点からCLまでの長さの2等分点から水平線をかき、背幅線との交点をⒺ点とする。後ろ中心線とⒺ点の2等分点から0.5cm後ろ中心線よりの位置をⒻ点とし、肩ダーツの案内点とする。
⑨ 前中心線のCLから上に$\frac{C}{4}$＋2.5cmをとりⒸ点とする。
⑩ Ⓒ点より水平線をかく。

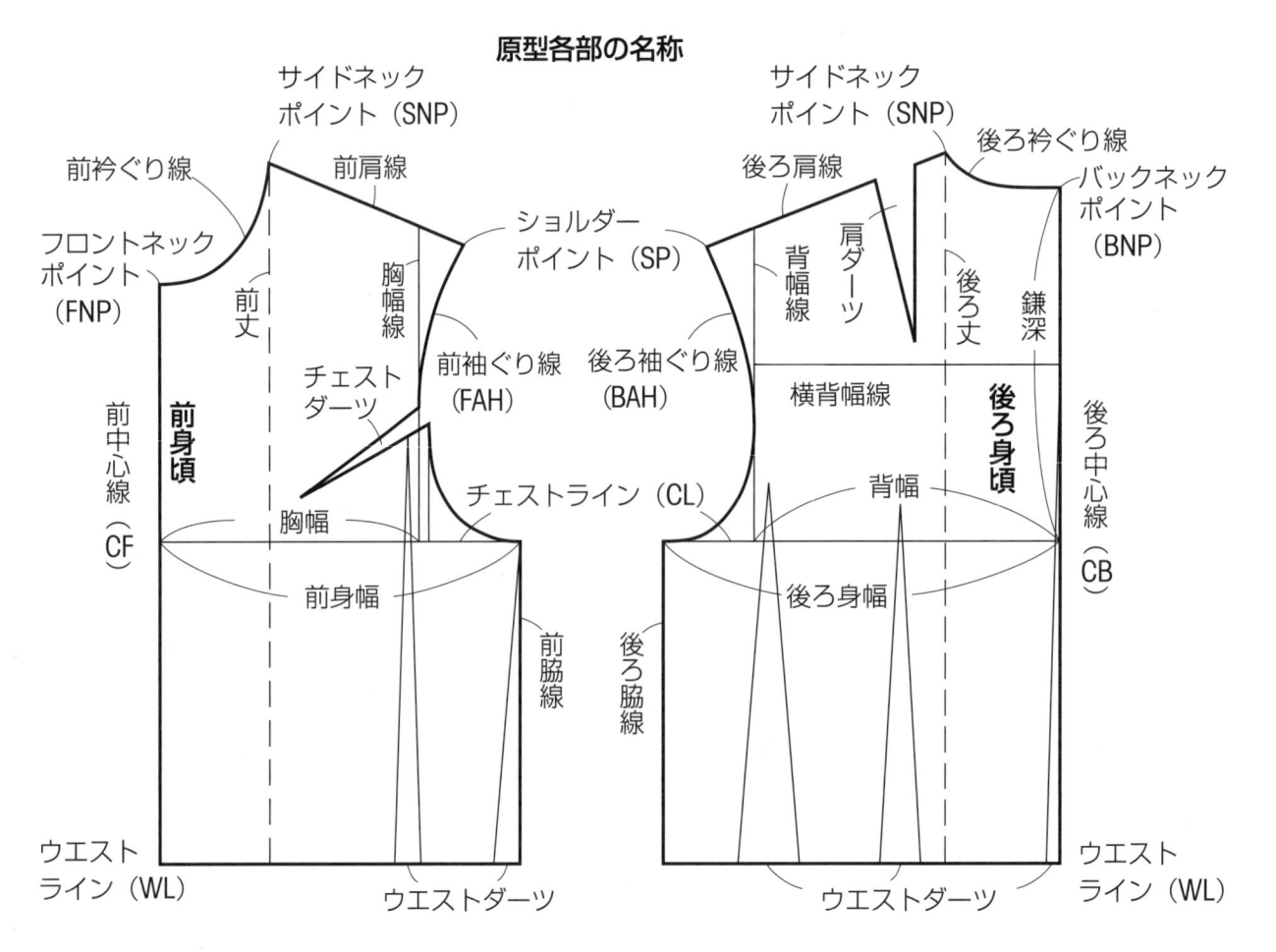

原型各部の名称

⑪ 前中心線からCL上に$\frac{C}{6}+2.9$cm（胸幅）をとり、胸幅の2等分点から0.7cm脇寄りの位置を❻点とし、チェストダーツの案内点とする。

⑫ 胸幅線を入れ、長方形をかく。

⑬ ❹点～❺点間を3等分し、❺点から$\frac{1}{3}$下がった位置より水平線を胸幅線までかく。CL上で胸幅線より0.7cm脇寄りの位置を❽点とし、❽点を直上した水平線との交点を❾点とする。

⑭ ❹点～❽点間を2等分し脇線とする。

各寸法の早見表 (単位cm)

C	身長(JIS)	身幅 $\frac{C}{2}+6.7$	❷～CL $\frac{C}{6}+8$	背幅 $\frac{C}{6}+5.8$	CL～❸ $\frac{C}{4}+2.5$	胸幅 $\frac{C}{6}+2.9$
76		44.7	20.7	18.5	21.5	15.6
77		45.2	20.8	18.6	21.8	15.7
78		45.7	21.0	18.8	22.0	15.9
79		46.2	21.2	19.0	22.3	16.1
80		46.7	21.3	19.1	22.5	16.2
81		47.2	21.5	19.3	22.8	16.4
82		47.7	21.7	19.5	23.0	16.6
83		48.2	21.8	19.6	23.3	16.7
84		48.7	22.0	19.8	23.5	16.9
85		49.2	22.2	20.0	23.8	17.1
86		49.7	22.3	20.1	24.0	17.2
87		50.2	22.5	20.3	24.3	17.4
88	160	50.7	22.7	20.5	24.5	17.6
89		51.2	22.8	20.6	24.8	17.7
90	165	51.7	23.0	20.8	25.0	17.9

C	身長(JIS)	身幅 $\frac{C}{2}+6.7$	❷～CL $\frac{C}{6}+8$	背幅 $\frac{C}{6}+5.8$	CL～❸ $\frac{C}{4}+2.5$	胸幅 $\frac{C}{6}+2.9$
91		52.2	23.2	21.0	25.3	18.1
92	170	52.7	23.3	21.1	25.5	18.2
93		53.2	23.5	21.3	25.8	18.4
94	175	53.7	23.7	21.5	26.0	18.6
95		54.2	23.8	21.6	26.3	18.7
96	180	54.7	24.0	21.8	26.5	18.9
97		55.2	24.2	22.0	26.8	19.1
98	185	55.7	24.3	22.1	27.0	19.2
99		56.2	24.5	22.3	27.3	19.4
100	190	56.7	24.7	22.5	27.5	19.6
101		57.2	24.8	22.6	27.8	19.7
102		57.7	25.0	22.8	28.0	19.9
103		58.2	25.2	23.0	28.3	20.1
104		58.7	25.3	23.1	28.5	20.2

●寸法

チェスト　92cm
ウエスト　74cm
背丈　　　45cm

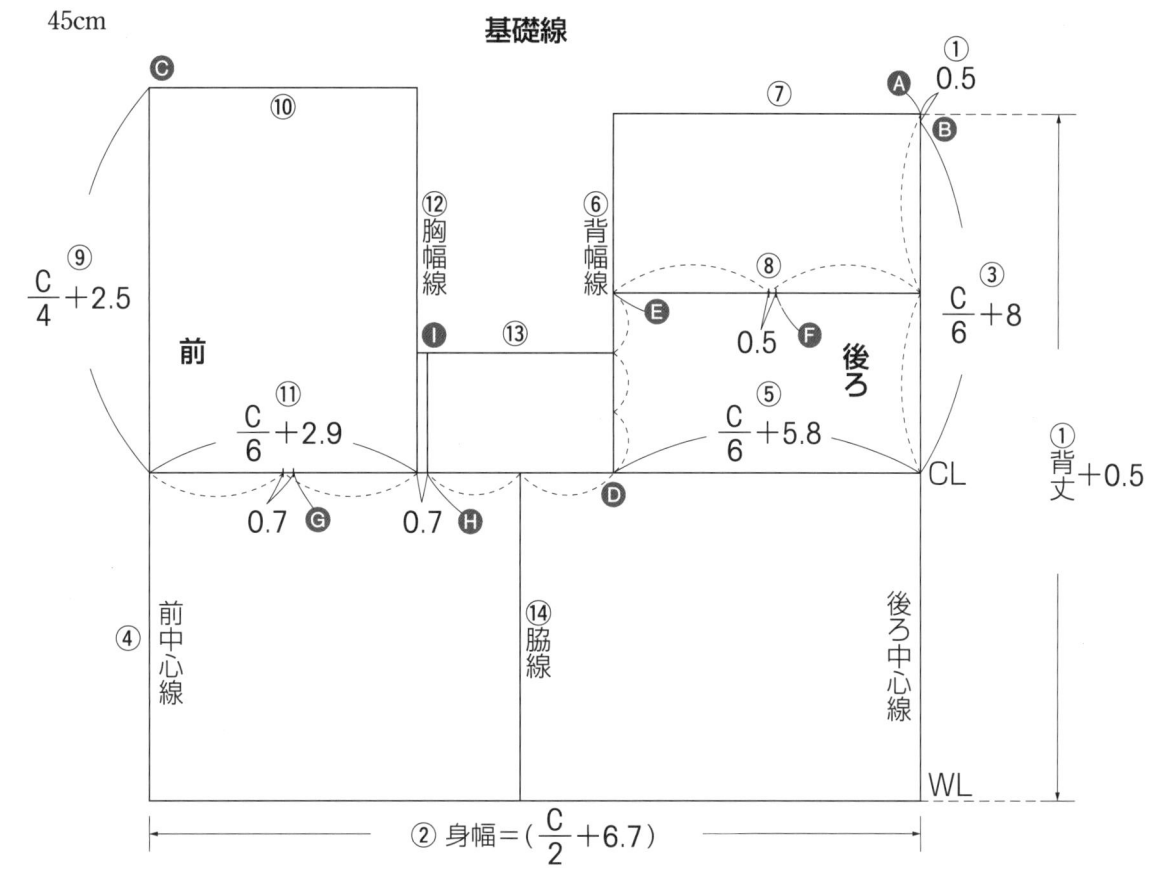

第2章　男子原型

2 衿ぐり、肩線、袖ぐりの輪郭をかき、ダーツをかく

① 前衿ぐり線をかく……Ⓒ点水平線上に $\frac{C}{16}+1.9$cm＝◎（前衿ぐり幅）をとり、SNPとする。Ⓒ点から垂直線上に◎+0.5cm（衿ぐり深さ）をとり長方形をかき、対角線上を3等分し、0.5cm下がった位置を案内点として前衿ぐり線をかく。

② 前肩線をかく……SNPから胸幅線までを4等分し、その長さをはかる（＝○）。SNPを基点として水平線に対して22°の肩傾斜をとり、胸幅線より水平距離で○+0.5cm延長した線との交点をみつけ、前肩線をかく。

③ チェストダーツと前袖ぐり線上部をかく……Ⓓ点～Ⓔ点間の $\frac{1}{3}$（∅）-1cmの長さをⒼ点から直上し、Ⓘ点と結ぶ。この線の長さと同寸法で胸幅線にぶつかるように線を引き、チェストダーツとする。前肩先から胸幅線に接するように前袖ぐり線をかく。

④ 前袖ぐり底をかく……Ⓓ点と脇線間の $\frac{1}{3}$（▲）+0.5cmをⒽ点より45°の線上にとって案内点とし、そこを通ってⒾ点から脇線までの袖ぐり線をかく。

⑤ 後ろ衿ぐり線をかく……Ⓐ点より水平線上に◎+0.3cm（後ろ衿ぐり幅）をとり、その $\frac{1}{3}$（●）-0.3cmを直上した位置をSNPとし、後ろ衿ぐり線をかく。

⑥ 後ろ肩線をかく……SNPから水平線をかき、SNPを基点に水平線に対して21°の後ろ肩傾斜をとり、後ろ肩線とする。

⑦ 背ろ肩ダーツを入れる……SNPから肩線上に前肩寸法に肩ダーツ分量（$\frac{C}{32}$cm）を加えて後ろ肩寸法をとる。Ⓕ点より直上し、後ろ肩線との交点から肩ダーツ分量をとり、Ⓕ点より1.5cm上を止りにして肩ダーツをかく。

⑧ 後ろ袖ぐり線をかく……Ⓓ点から45°の線上に▲+0.5cmをとり案内点とし、後ろ肩先から背幅線に接し、案内点を通って脇まで後ろ袖ぐり線をかく。

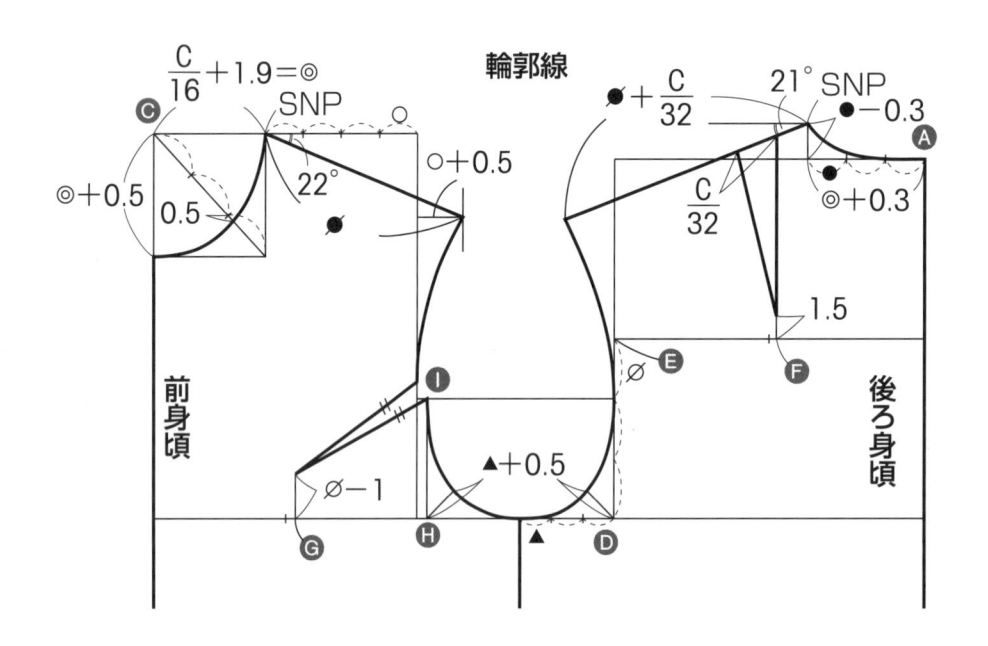

各寸法の早見表 (単位cm)

C	身長(JIS)	前衿ぐり幅 $\frac{C}{16}+1.9=$◎	前衿ぐり深さ ◎+0.5	後ろ衿ぐり幅 ◎+0.3	後ろ肩ダーツ $\frac{C}{32}$
76		6.7	7.2	7.0	2.4
77		6.7	7.2	7.0	2.4
78		6.8	7.3	7.1	2.4
79		6.8	7.3	7.1	2.5
80		6.9	7.4	7.2	2.5
81		7.0	7.5	7.3	2.5
82		7.0	7.5	7.3	2.6
83		7.1	7.6	7.4	2.6
84		7.2	7.7	7.5	2.6
85		7.2	7.7	7.5	2.7
86		7.3	7.8	7.6	2.7
87		7.3	7.8	7.6	2.7
88	160	7.4	7.9	7.7	2.8
89		7.5	8.0	7.8	2.8
90	165	7.5	8.0	7.8	2.8

C	身長(JIS)	前衿ぐり幅 $\frac{C}{16}+1.9=$◎	前衿ぐり深さ ◎+0.5	後ろ衿ぐり幅 ◎+0.3	後ろ肩ダーツ $\frac{C}{32}$
91		7.6	8.1	7.9	2.8
92	170	7.7	8.2	8.0	2.9
93		7.7	8.2	8.0	2.9
94	175	7.8	8.3	8.1	2.9
95		7.8	8.3	8.1	3.0
96	180	7.9	8.4	8.2	3.0
97		8.0	8.5	8.3	3.0
98	185	8.0	8.5	8.3	3.1
99		8.1	8.6	8.4	3.1
100	190	8.2	8.7	8.5	3.1
101		8.2	8.7	8.5	3.2
102		8.3	8.8	8.6	3.2
103		8.3	8.8	8.6	3.2
104		8.4	8.9	8.7	3.3

⑨ ウエストダーツをかく

　ダーツ a …… 胸幅線より0.8cm前中心寄り
　ダーツ b …… 脇線とチェストラインの交点
　ダーツ c …… Ⓓ点より（∅）上がった位置から1cm
　　　　　　　後ろ中心寄り
　ダーツ d …… Ⓕ点より1cm脇寄り
　ダーツ e …… 後ろ中心線と横背幅線の交点

　これらの点を通る垂直線をダーツの中心線とする。ダーツ b は脇線より前身頃側に、ダーツ e は後ろ中心線より後ろ身頃側にそれぞれダーツ分量をとる。各ダーツ量は、総ダーツ量に対する比率（右表参照）で計算する。総ダーツ量は、身幅−($\frac{W}{2}$+4cm)となる。

各ウエストダーツ量の早見表 （単位cm）

総ダーツ量 (100%)	a (16%)	b (16%)	c (36%)	d (24%)	e (8%)
4	0.64	0.64	1.44	0.96	0.32
5	0.80	0.80	1.80	1.20	0.40
6	0.96	0.96	2.16	1.44	0.48
7	1.12	1.12	2.52	1.68	0.56
8	1.28	1.28	2.88	1.92	0.64
9	1.44	1.44	3.24	2.16	0.72
10	1.60	1.60	3.60	2.40	0.80
11	1.76	1.76	3.96	2.64	0.88
12	1.92	1.92	4.32	2.88	0.96
13	2.08	2.08	4.68	3.12	1.04
14	2.24	2.24	5.04	3.36	1.12
15	2.40	2.40	5.40	3.60	1.20

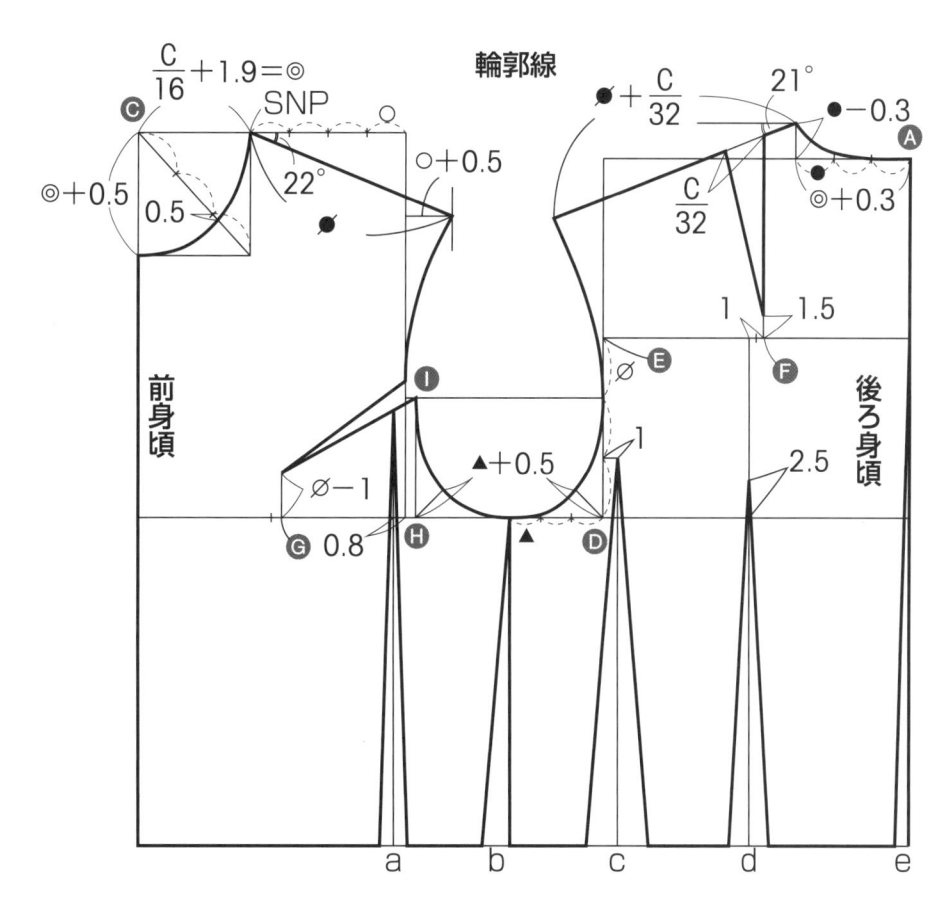

<分度器を使用しない前後肩線のかき方>

・前肩線

　SNPより水平線上に10cmとり、直角に4.05cm下がった位置とSNPを結び、前肩線をかく。

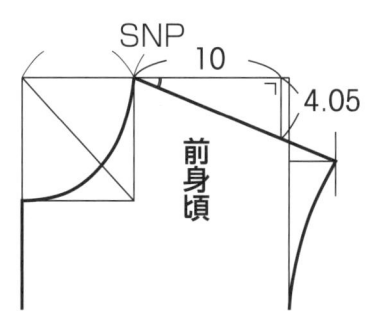

・後ろ肩線

　SNPより水平線上に10cmとり、直角に3.84cm下がった位置とSNPを結び、後ろ肩線をかく。

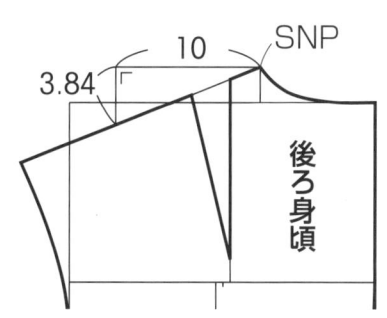

Ⅲ. 体型と原型

1. 原型の縫合せ方

人体は計測した寸法が同じでも、体型には個人差があり、全く同じ体型の人はほとんどいない。

原型は、日常動作に必要なゆとりが加えられているので、ある程度の許容範囲があり、標準に近い体型に美しく適合するようにできている。平面作図によるパターン作製はこの原型をもとにしてアイテム別のデザインパターンを作図するが、この場合、体型に合った原型を用いることが望ましい。そのためには原型を立体の形に縫い合わせて着用し、体型に合っているかを点検し、合わないところは修正しなければならない。

（1）原型の修正

原型の前後身頃内にある各ダーツは、縫った状態でつながりのよい線に修正し、縫い合わせるそれぞれの寸法が同寸法になるよう調節する。

①肩ダーツの長さを中心側と同寸法にして袖ぐり側の肩線を修正する。

②肩ダーツを縫い合わせるとくぼみができるのでダーツを縫った状態でつながりのよい線に修正し、前肩線と同寸法にそろえる。衿ぐり、袖ぐり線も突合せにして、つながりのよい線に修正する。

③ウエストラインは、ウエストダーツを縫った状態にして、つながりのよい線に修正する。前後脇、後ろ中心、袖ぐり線も同様に修正する。

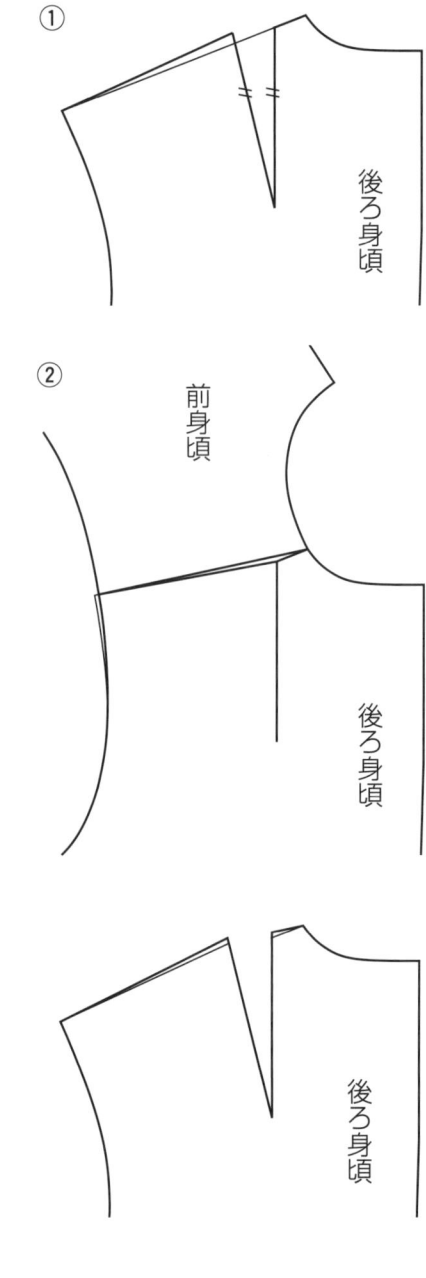

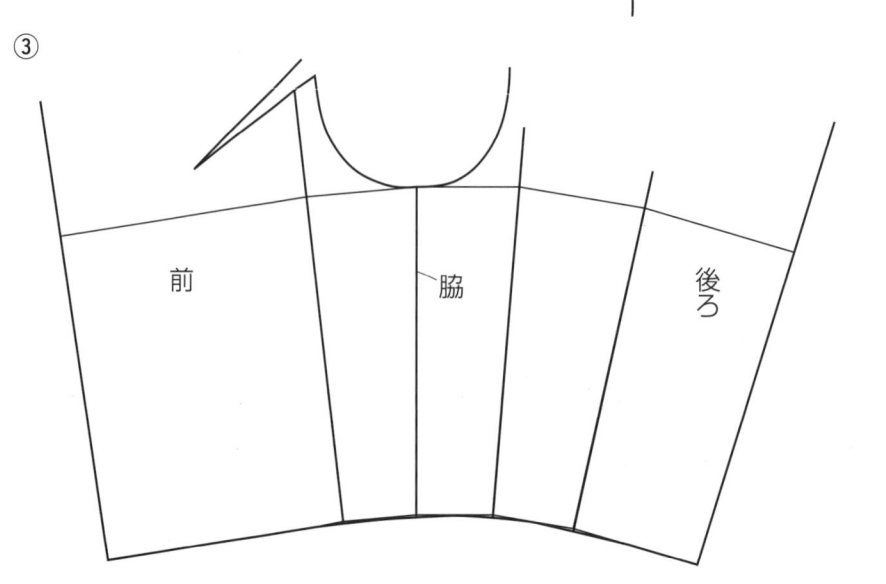

（2）原型の縫い代のつけ方

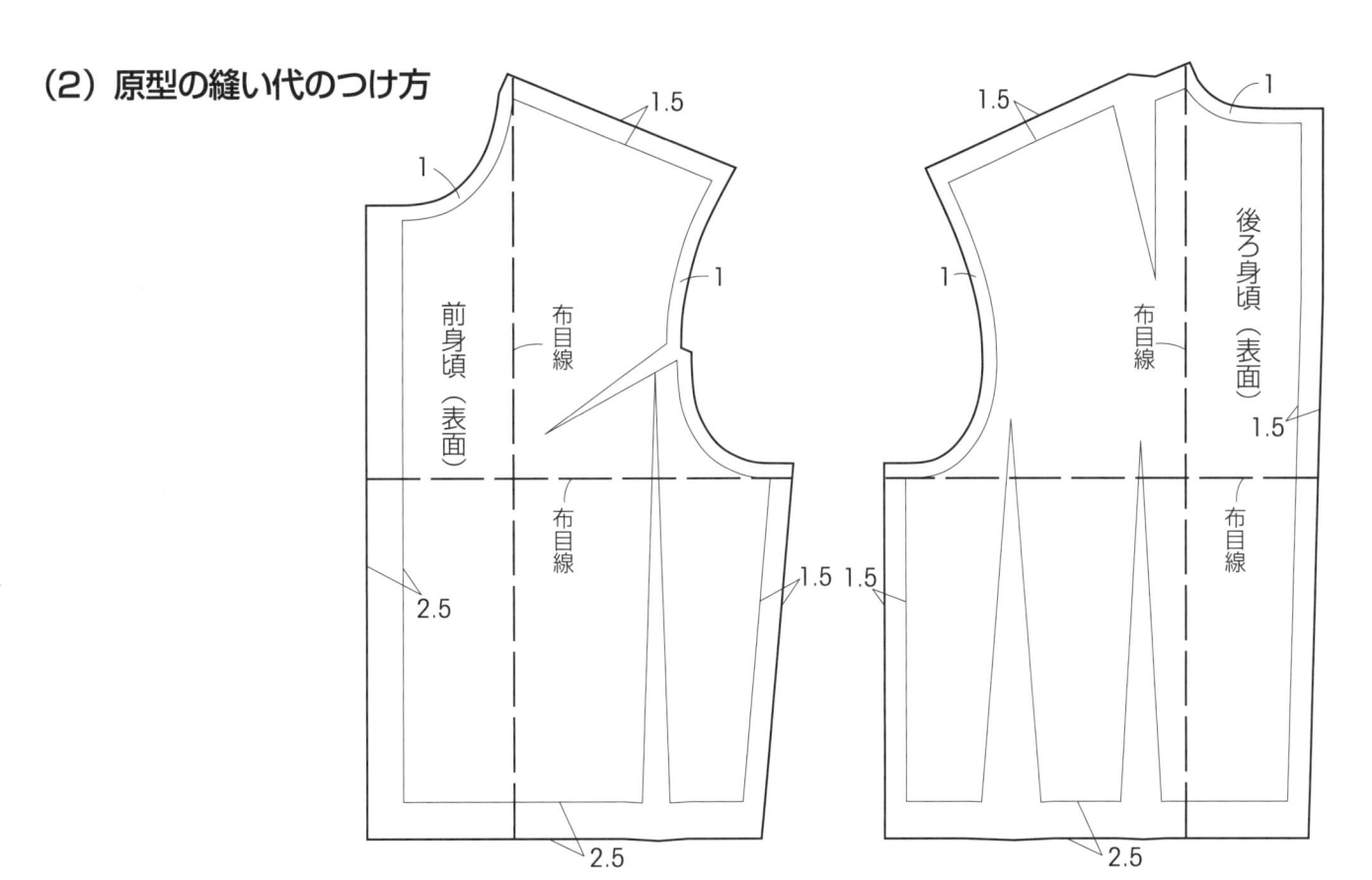

（3）原型の縫合せ順序

縫合せはしろも1本どりで、並縫いまたは1目落し縫いで縫う。

① ダーツを縫う

ウエストダーツ、肩ダーツ、チェストダーツを縫う。ダーツはいずれも出来上りの線より1針（約0.3cm）縫い代側から返し縫いで縫い始める。ウエストダーツ、肩ダーツは中心側に、チェストダーツは下側に、それぞれ倒す。

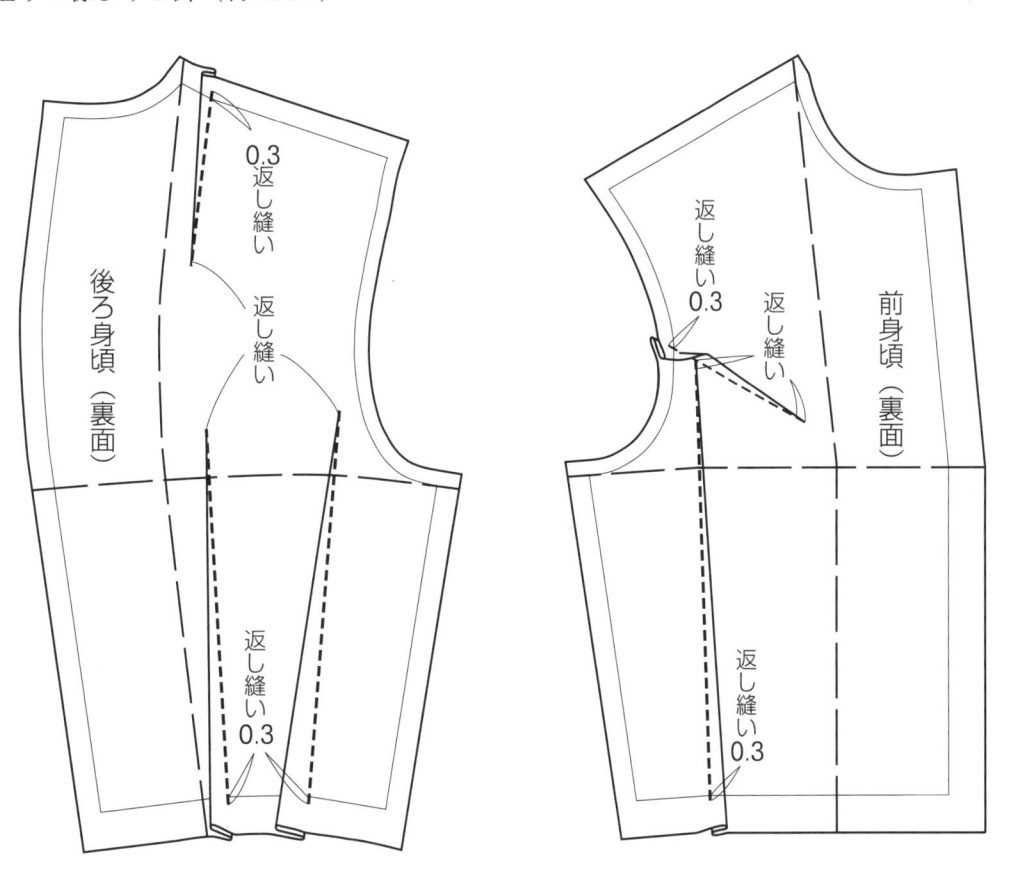

第2章 男子原型

②背中心を縫う
　背中心は、ウエストダーツの位置を縫い合わせ、縫い代は左身頃側に倒す。

③肩を縫う
　中表に合わせて、衿ぐりの出来上り線より1針縫い代側から返し縫いで縫い始める。肩ダーツははずして縫う。縫い代は前身頃側に倒す。

④脇を縫う
　袖ぐり、裾とも出来上りより1針縫い代側へ返し縫いして縫う。縫い代は前身頃側に倒す。

⑤裾を縫う
　裾を出来上りに折り上げて、しつけで押さえる。

⑥前中心を縫う
　左身頃は出来上りに折り、しつけで押さえる。右身頃はそのままにしておく。

⑦衿ぐり線、袖ぐり線を縫う
　衿ぐり線と袖ぐり線はいろも（しつけ糸）1本どりで縫い印を入れる。

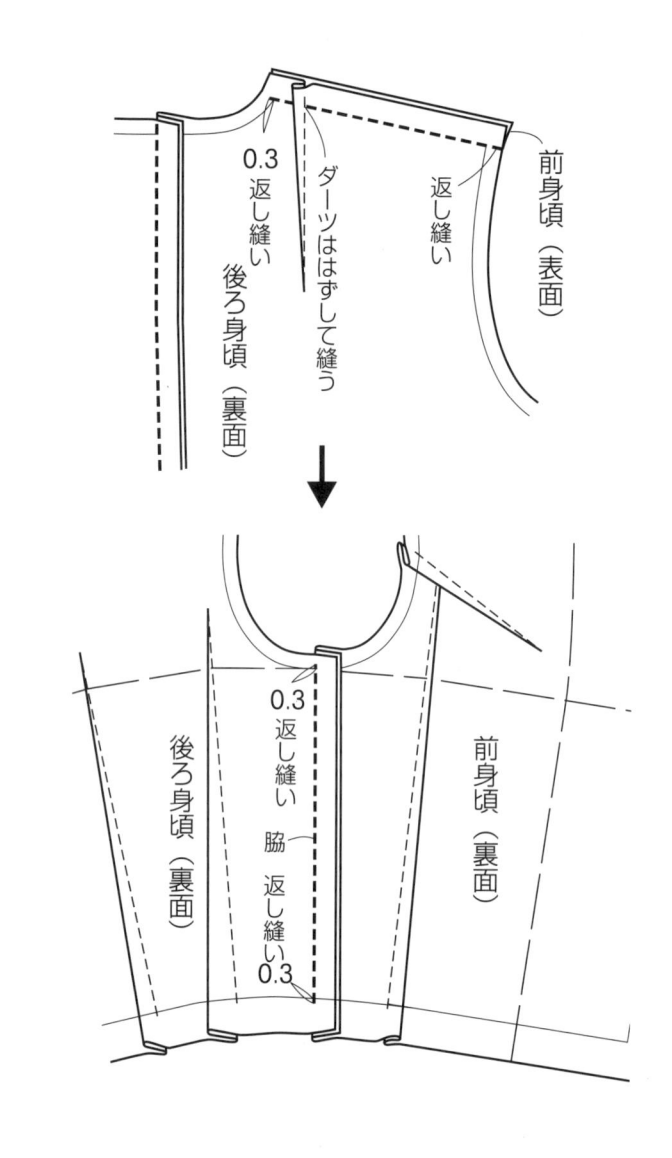

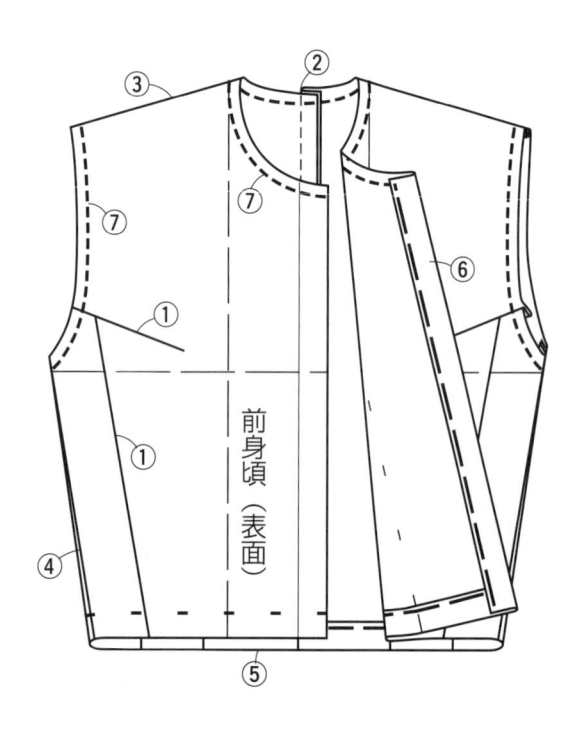

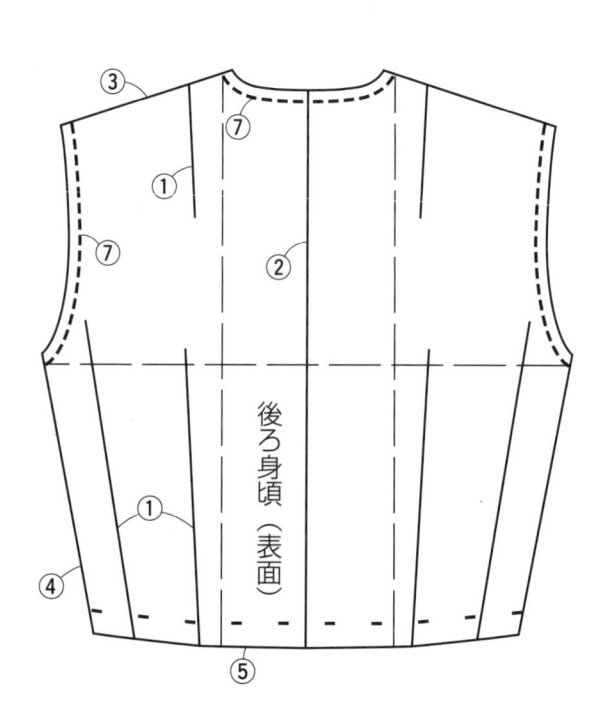

2. 原型の試着と点検の仕方

着用基本としては、バックネックポイントを人体と正しく合致させ、前中心を合わせてピンで止め、原型の適合状態を観察する。このとき、背丈に0.5cm追加されていることに注意する。着用時のチェックリストは次のとおりである。

① 衿ぐり線は首つけ根にそっていて、むだな浮きや突張りがない。
② 袖ぐり線は腕つけ根またはその周辺で、袖ぐり位置と設定したところにそっていて、むだな浮きや体表への圧迫がない。袖ぐり底（CL）が腋窩最下端より3cmくらい下の位置にある。
③ ウエストの位置に目の高さを合わせ、側面から見てウエストラインが水平に落ち着いている。
④ 身幅は動作機能を妨げない適度なゆとりが入っており、背幅、胸幅、脇幅のバランスが体型に合っている。
⑤ 肩縫い目線の位置はサイドネックポイントからショルダーポイントに至る線で、肩稜線上にあり、肩傾斜にそって落ち着いている。肩の位置に目の高さを合わせて見たとき、サイドネック側の縫い目線は見えるが、ショルダーポイント側ではほとんど見えない。なお、サイドネックポイント、ショルダーポイントの設定は次のようにする。
・サイドネックポイント：首つけ根線と肩稜線との交点。ただし稜線が頸部に対して後方に逃げている体型では、原則として首つけ根線と交わる僧帽筋の前縁とする。
・ショルダーポイント：腕つけ根線の最高点。すなわち肩稜線と交わる点とする。
⑥ 全体に局部的な斜めじわやつれがなく、布目が正しく通っている。

3. 原型の補正方法

バックネックポイントは原則として動かさない。背丈の変更は行なわず、ほかの部位を補正する（背丈に0.5cm追加されていることに注意する）。

補正は通常、左身頃を主に行なうが、左右差の大きい場合は左右とも補正をし、寸法の大きいほうを最終補正線とする。特に肩傾斜や肩甲骨の張りは左右差のある体型が多い。

体型に適合しない部位の補正方法は次のとおりである。

① 前丈
前丈不足でウエストラインが前上がりになる場合は、脇縫い目を解き、前後ウエストラインが水平になるまで前丈を追加して脇線をピンで止める。
前丈が余ってウエストラインが前下がりになる場合は、チェストダーツより上の位置で余っている分量を布目にそって平行につまんでピンで止める。
② 肩線
衿ぐり幅が前後不つり合いの場合、肩縫い目を解いてサイドネックポイントの位置を平行移動するが、高さの補正はなるべくしない。サイドネックポイントの位置で高さの補正をすると背丈寸法が変わり、各部のライン修正が必要となってくる。
肩ダーツ量、肩傾斜の補正はサイドネックポイントまで解かないで分量や長さの増減を行なう。
③ 袖ぐり線（アームホール）
袖ぐり底は、腋窩最下端より3cm下とする。3cm幅の定規を脇に水平に入れて上端が腋窩最下端に接するようにし、その下端をマークして袖ぐりの深さを決める。

補正終了後、パターン操作によって補正線を作図上に記入して各部の寸法を確認する。前後脇丈寸法、前後肩線寸法、前後袖ぐり寸法のバランス（前後差1cm前後）。またチェストダーツ、肩ダーツ量の補正があった場合は、ダーツを閉じてつながりのよい線に訂正する。

修正されたパターンで再度縫い合わせて着用し、正しく補正されたかを確認する。

次に体型の違いによる補正法をいくつか挙げて説明する。

4. 体型別補正方法

人体の体型特徴は個人によりさまざまな要素をもっており、複雑であり、1か所の補正だけで終わるものは少なく、複数の補正をほどこす場合が多い。ここでは、補正法が複雑になりすぎることを防ぐために代表的な四つの体型特徴を挙げて、その部分の補正方法を解説する。

(1) 反身体

体型特徴 反身体型は胸幅が広く、身体に厚みのある体型である。体の側面から見ると、上半身が反って胸に張りがあり、背は平らで体の軸が後ろに傾斜した体型である。したがって前丈が長くなり、後ろ丈が短くなる。首は前の首入りが多くなり、後ろつきになる立ち首の状態となる。また腕の位置も後ろつきになる。

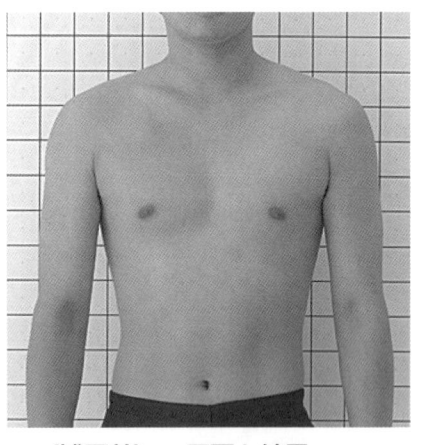

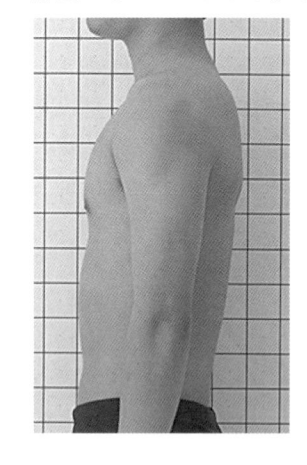

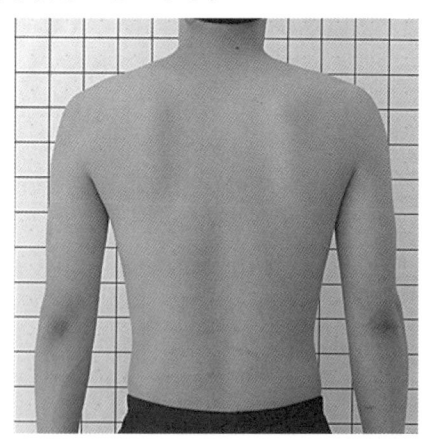

〈補正前〉 原因と結果

・胸に張りがあるために前丈が不足する。それによって前身頃の裾が上方へ引かれ、体から離れる。
・胸の高さに対してチェストダーツが不足し、前袖ぐりが浮く。
・背が平らなため、背幅が狭く余りじわがでる。
・腕が後ろつきになるため、後ろ袖ぐりがつかえる。

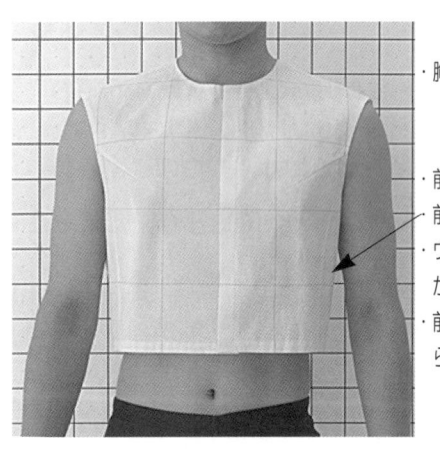

原因
・胸に張りがある
↓
結果
・前袖ぐりが浮く
・前方へ引かれる
・ウエストラインが上がる
・前身頃裾が体から離れる

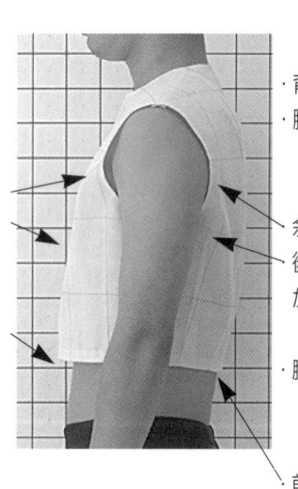

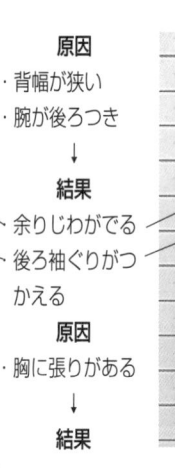

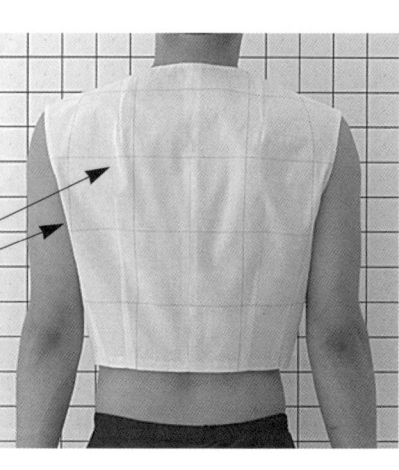

原因
・背幅が狭い
・腕が後ろつき
↓
結果
・余りじわがでる
・後ろ袖ぐりがつかえる

原因
・胸に張りがある
↓
結果
・前方へ引かれ、後ろ身頃裾が体につく

〈補正後〉

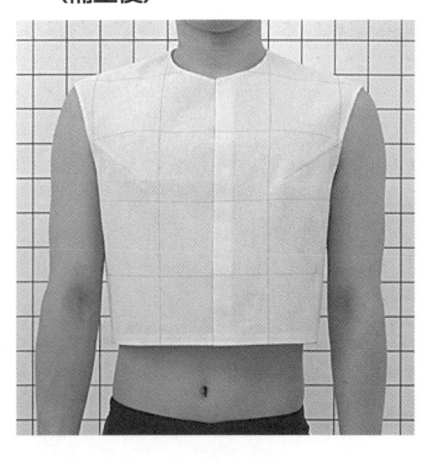

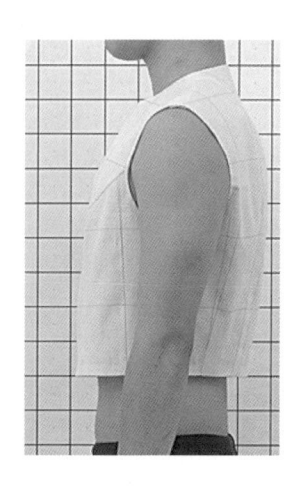

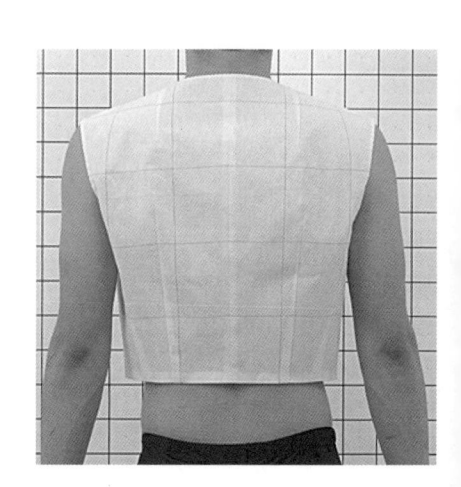

補正法

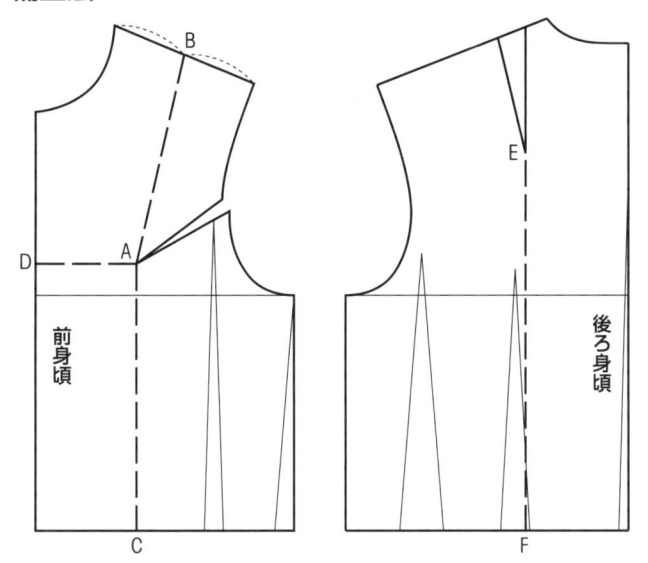

〈図①〉

前身頃
- 前肩線の2等分の位置からチェストダーツの頂点（A）に向かって直線を引き、さらにA点からウエストラインに直下する線を引く（B～A～C）。
- 前中心線よりA点までチェストラインに平行に直線を引く（D～A）。

後ろ身頃
- 肩ダーツの頂点（E）よりウエストラインまで直下する線を引く（E～F）。

〈図②〉

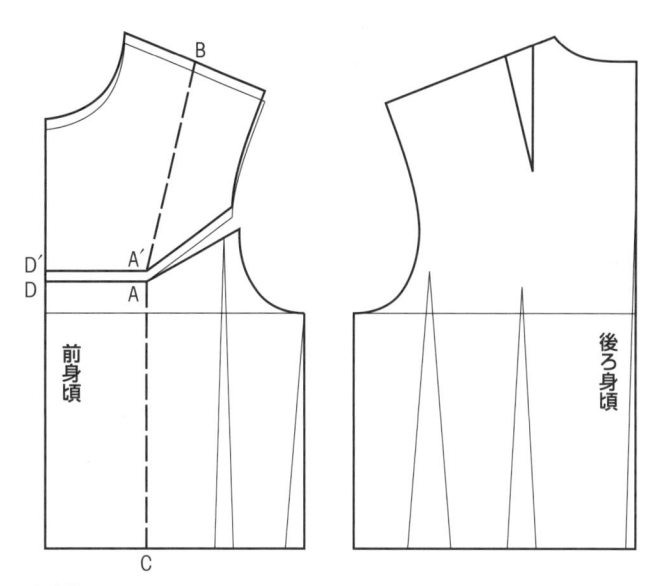

前身頃
- 追加した前丈の分量をD～Aで切り開く（D'～A'）。

〈図③〉

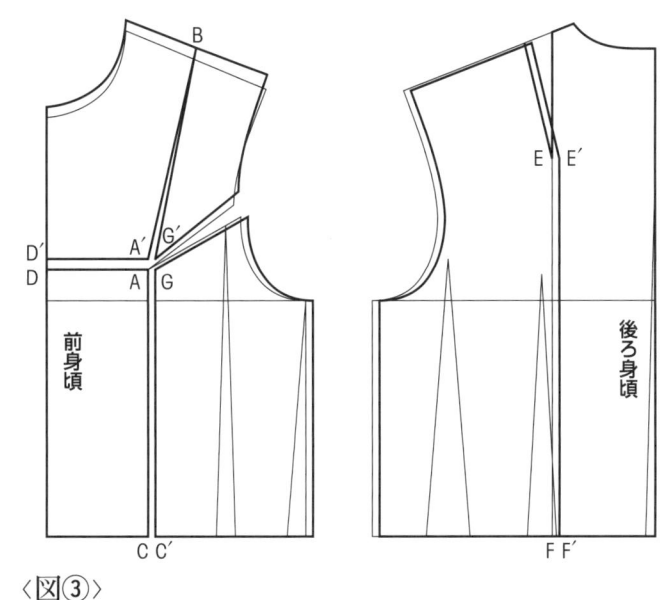

前身頃
- 胸幅で不足した分量を、チェストラインに平行移動して切り開く（A～G＝C～C'）。
- B点を基点にA～Gと同寸法だけ切り開く（A'～G'）。

後ろ身頃
- 胸幅で広げた分量（A～G）を背幅で重ねる（E～E'＝F～F'）。

〈図④〉

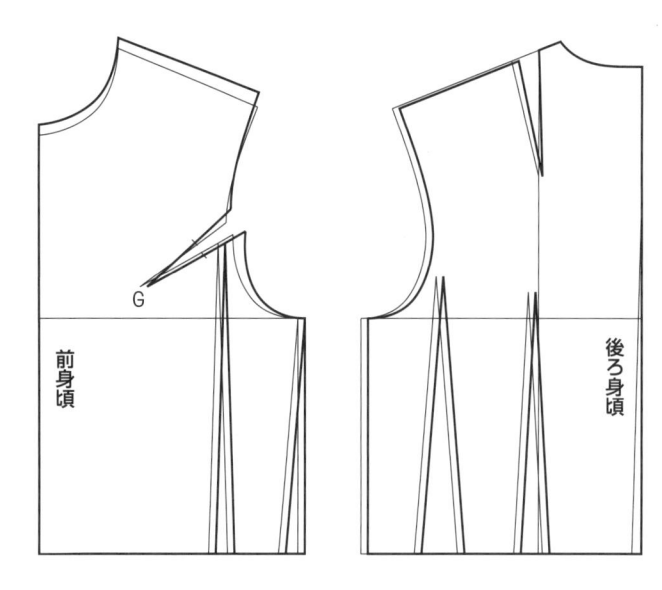

前身頃
- チェストダーツの頂点をG点にとり、ダーツ線の長さを上方の線に合わせ、袖ぐりを引き直す。

後ろ身頃
- 肩ダーツの頂点をE～E'の中間にとり、ダーツ線を引き直す。

第2章 男子原型　45

（2）屈身体

体型特徴　屈身体型は胸幅が狭く、身体に厚みのない体型である。体の側面から見ると、上半身の背が丸く、体の軸が前方に湾曲した体型である。したがって前丈が短くなり、後ろ丈が長くなる。首の位置は首入りが多く前つきになり前首の状態となる。また腕の位置も前つきになる。

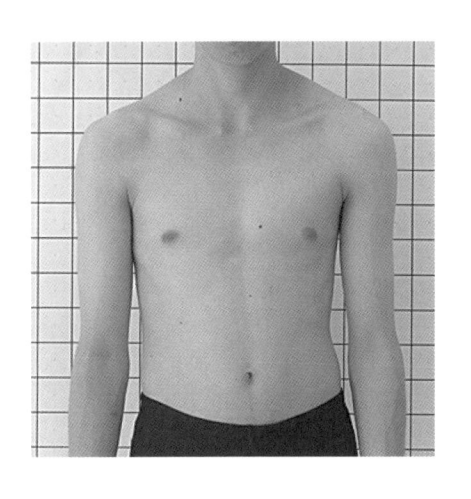

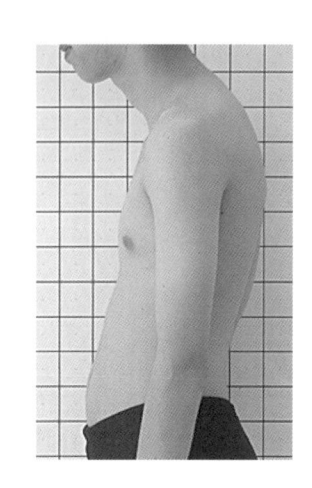

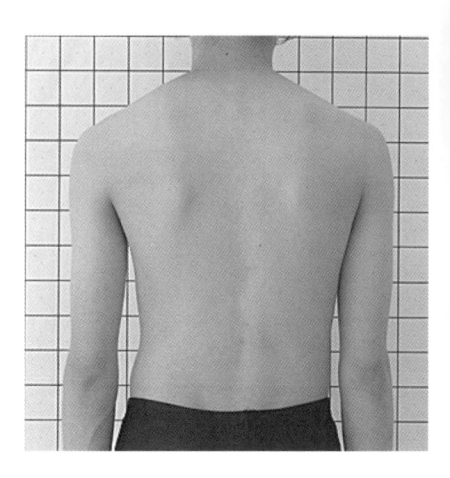

〈補正前〉　原因と結果

・側面の体軸が前方へ傾斜し、胸の厚みがないため前丈が余り、前身頃の裾が下がって体につく。
・背が丸く腕が前つきになるため、後ろ袖ぐりが浮く。
・背が丸いため背幅が広く、寸法不足が生じる。

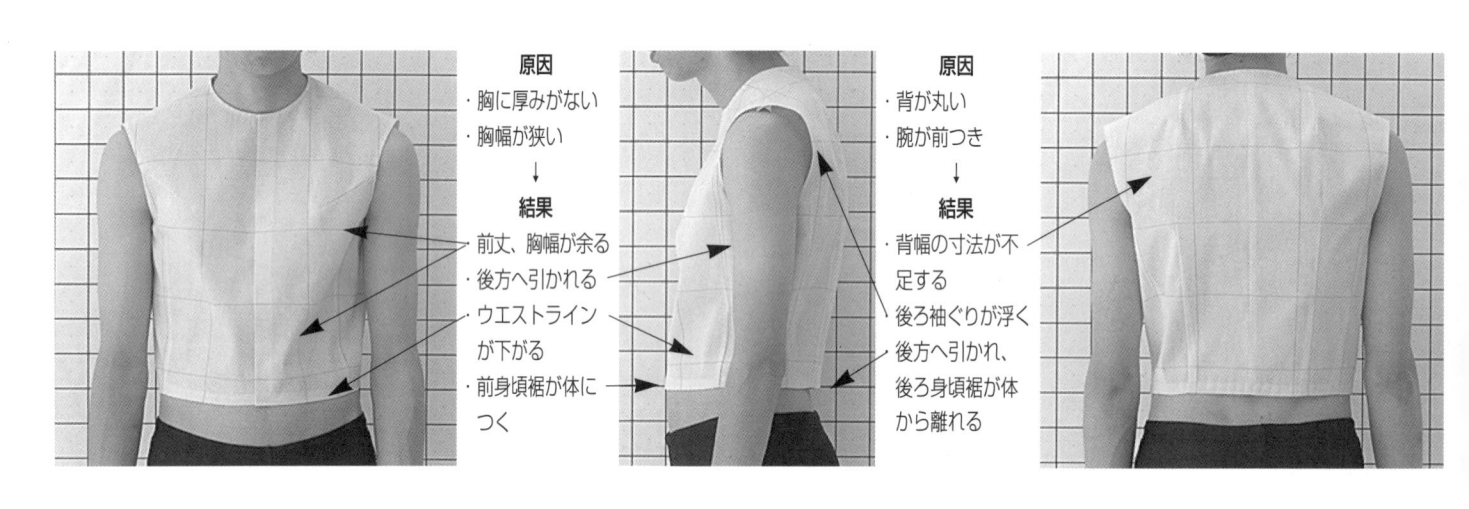

原因
・胸に厚みがない
・胸幅が狭い

結果
・前丈、胸幅が余る
・後方へ引かれる
・ウエストラインが下がる
・前身頃裾が体につく

原因
・背が丸い
・腕が前つき

結果
・背幅の寸法が不足する
・後ろ袖ぐりが浮く
・後方へ引かれ、後ろ身頃裾が体から離れる

〈補正後〉

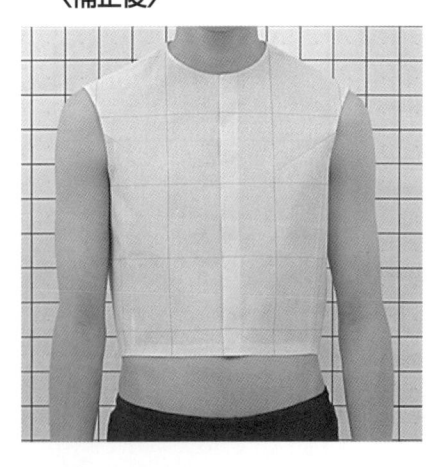

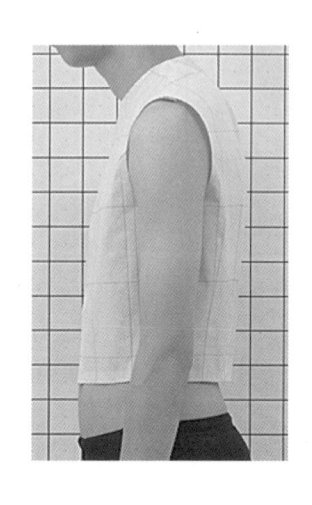

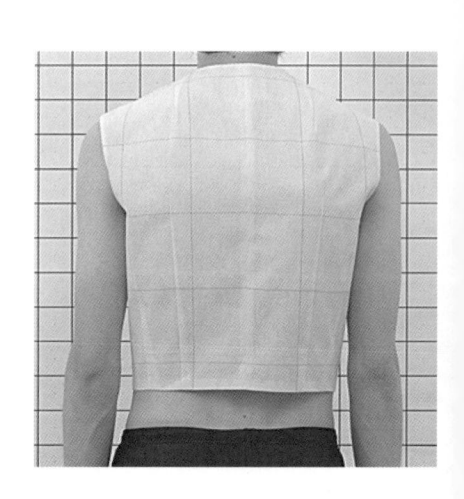

補正法

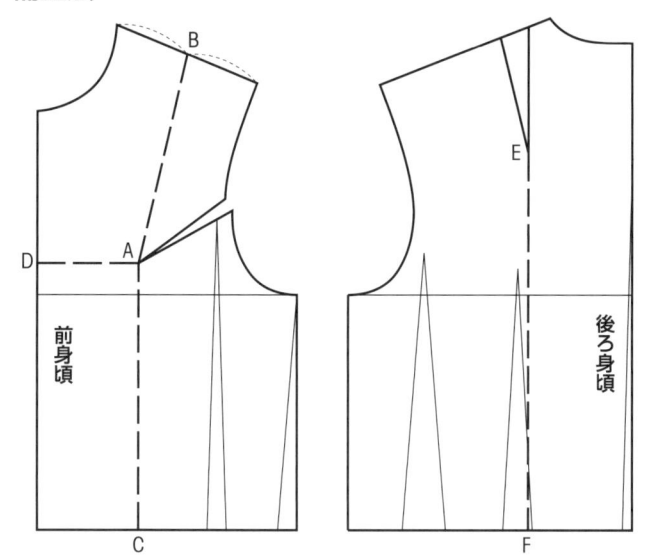

〈図①〉

前身頃
- 前肩線の2等分の位置からチェストダーツの頂点（A）に向かって直線を引き、さらにA点からウエストラインに直下する線を引く（B～A～C）。
- 前中心線よりA点までチェストラインに平行に直線を引く（D～A）。

後ろ身頃
- 肩ダーツの頂点（E）よりウエストラインまで直下する線を引く（E～F）。

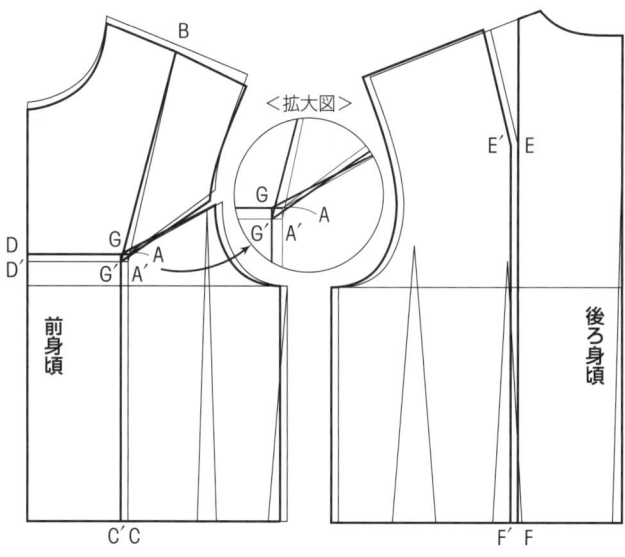

〈図②〉

前身頃
- 余ってつまんだ分量をD～Aで重ねる（D'～A'）。

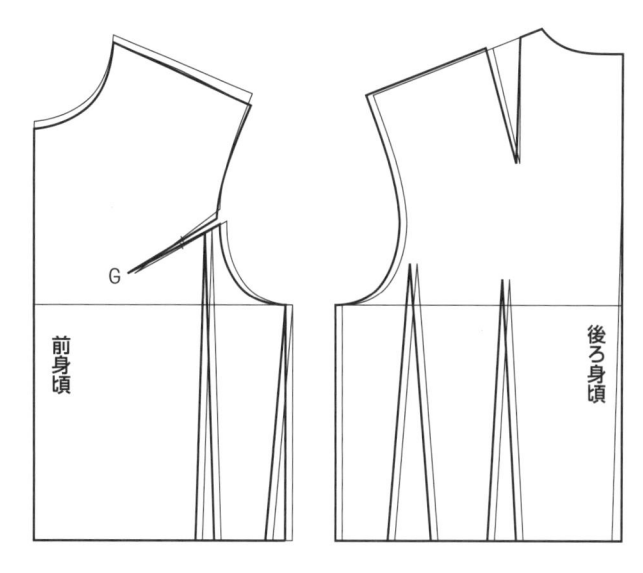

〈図③〉

前身頃
- 胸幅で余った分量を、チェストラインに平行移動して重ねる（A～G＝C～C'）。
- B点を基点にA～Gと同寸法だけ重ねる（A'～G'）。

後ろ身頃
- 胸幅で重ねた分量（A～G）を背幅で切り開く（E～E'＝F～F'）。

〈図④〉

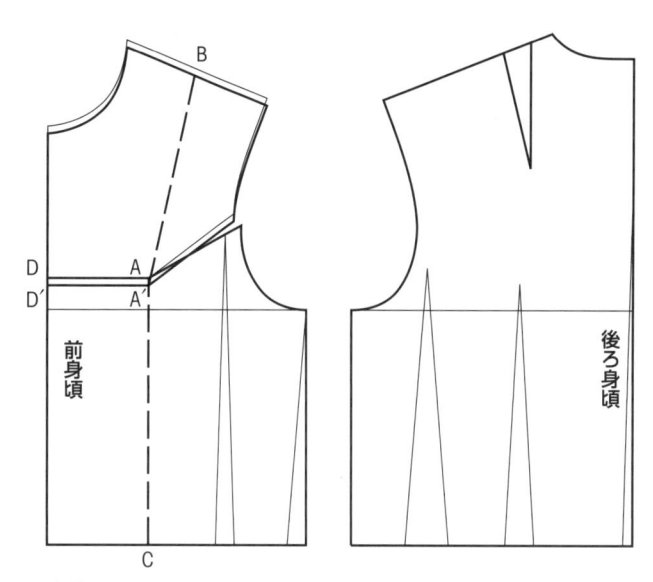

前身頃
- チェストダーツの頂点をG点にとり、ダーツ線の長さを下方の線に合わせ、袖ぐりを引き直す。

後ろ身頃
- 肩ダーツの頂点をE～E'の中間にとり、ダーツ線を引き直す。

第2章　男子原型　47

（3）いかり肩

体型特徴　いかり肩体型はやせ型の人に多くみられ、腕つけ根位置が平均より上方にあり、肩傾斜角度が小さい体型である。背中心がくれて肩甲骨の位置が高く、鎌深が浅い。

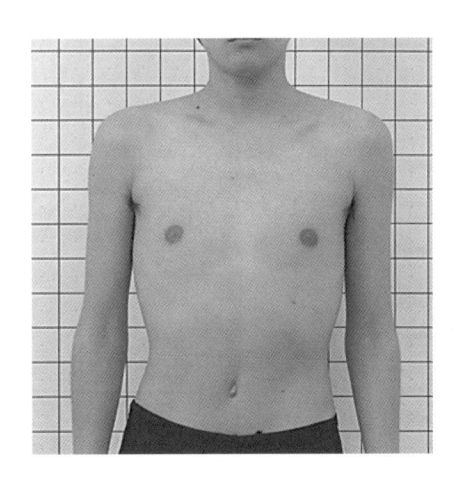

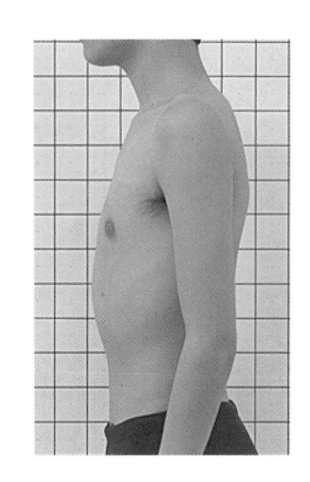

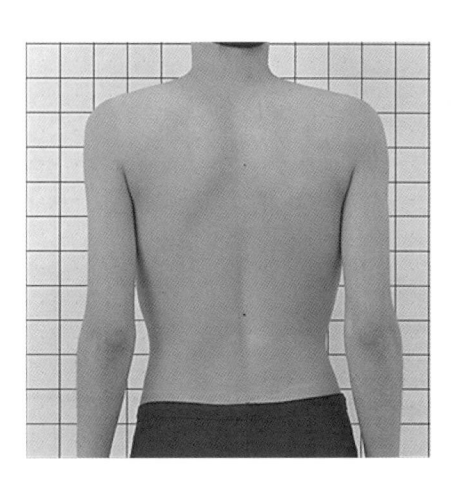

〈補正前〉　原因と結果

・肩傾斜角度が小さいため、肩先がつかえ衿ぐりが浮く。

・背面は浮いた衿ぐりの分量が余り、つきじわとなってでてくる。

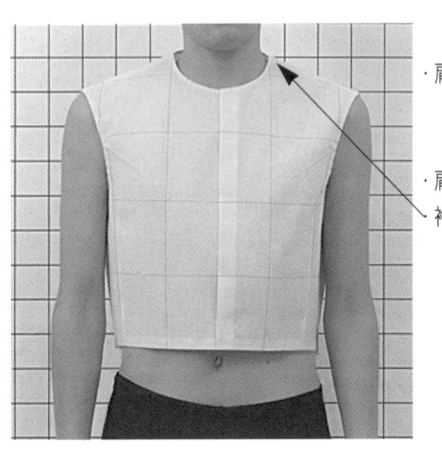

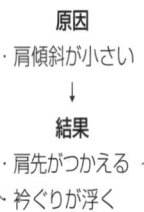

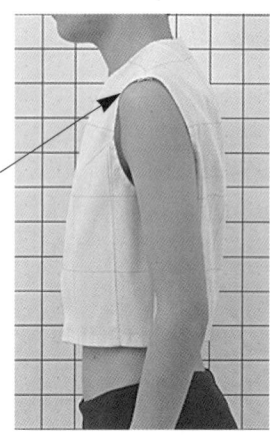

原因
・肩傾斜が小さい
↓
結果
・肩先がつかえる
・衿ぐりが浮く

原因
・肩傾斜が小さい
↓
結果
・つきじわでる

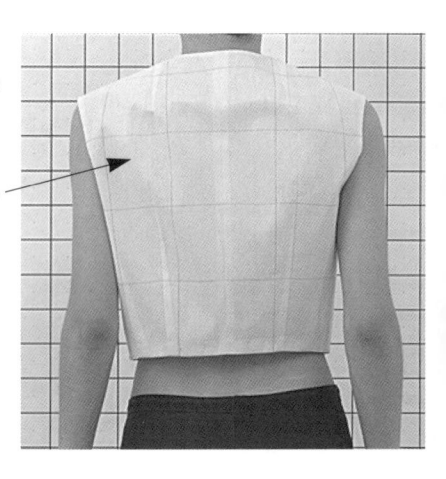

〈補正後〉

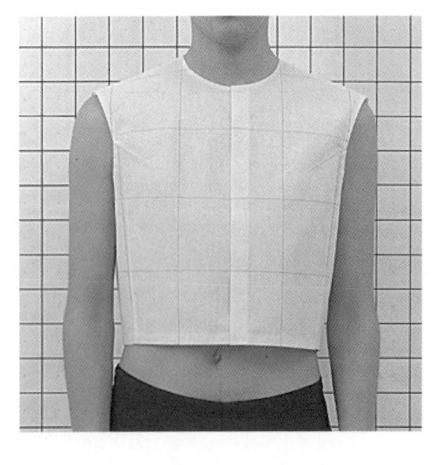

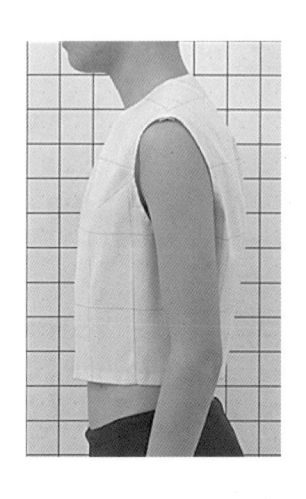

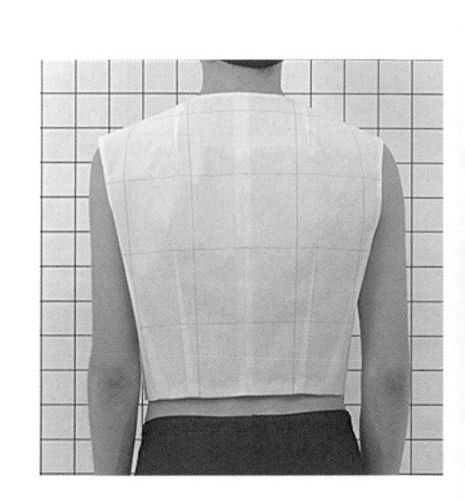

補正法

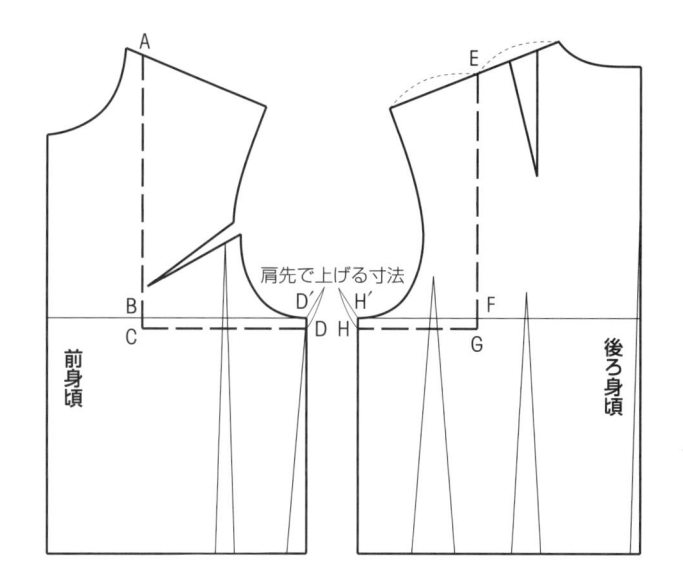

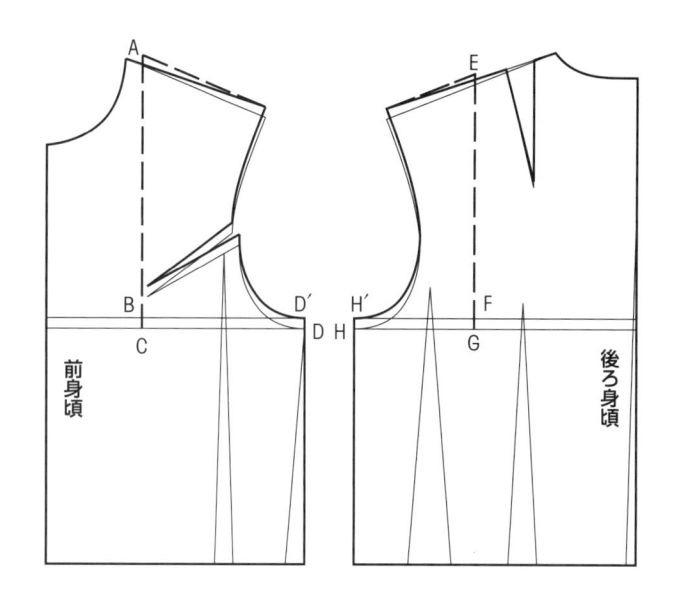

〈図①〉

前身頃
・チェストダーツにかからないように肩線までを直上する線を引く（A～B）。
・肩先で不足する分量を脇線にとり、チェストラインに平行にA～Bの延長線上にぶつける（C～D）。

後ろ身頃
・肩線の2等分の位置からチェストラインまで直下する線を引く（E～F）。
・肩先で不足する分量を脇線にとり、チェストラインに平行にE～Fの延長線上にぶつける（G～H）。

〈図②〉

前身頃
・C～Dの線をチェストライン上に移動して、追加された肩先とサイドネックポイントを結んで肩線とする。
・チェストラインはB～D'を通る線となり、上方へ移動する。

後ろ身頃
・G～Hの線をチェストライン上に移動して、追加された肩先とサイドネックポイントを結んで肩線とする。
・肩ダーツの頂点を上方へ移動してダーツ線を引き直す。
・チェストラインはF～H'を通る線となり、上方へ移動する。

(4) なで肩

体型特徴　なで肩体型は身体に厚みのある人に多くみられ、腕つけ根位置が平均より下方にあり、肩傾斜角度が大きい体型である。肩甲骨の位置が低く、鎌深が深い。

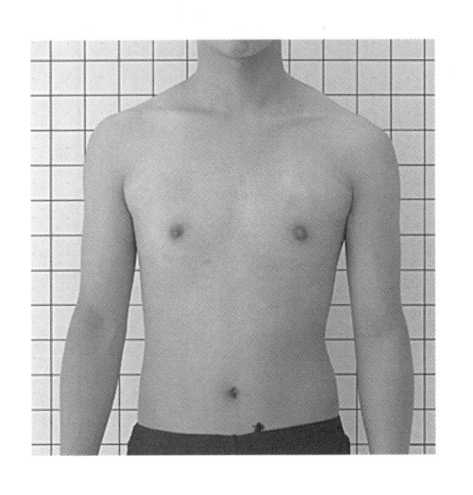

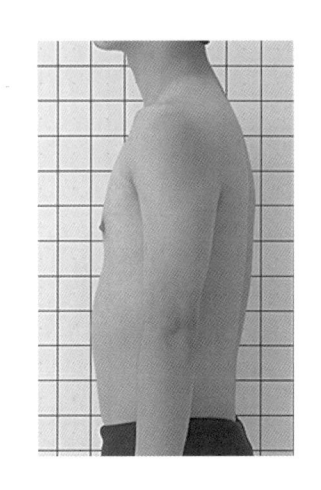

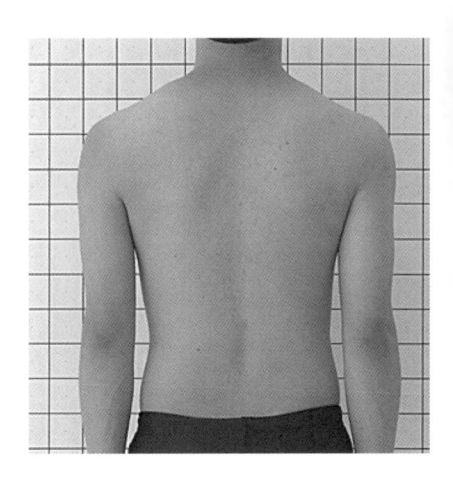

〈補正前〉　原因と結果

・肩傾斜角度が大きいため、肩先が浮く。
・背面は肩先で浮いた分量が余り、しわとなってでてくる。
・前後の腕つけ根位置が下がるため、袖ぐりが圧迫する。

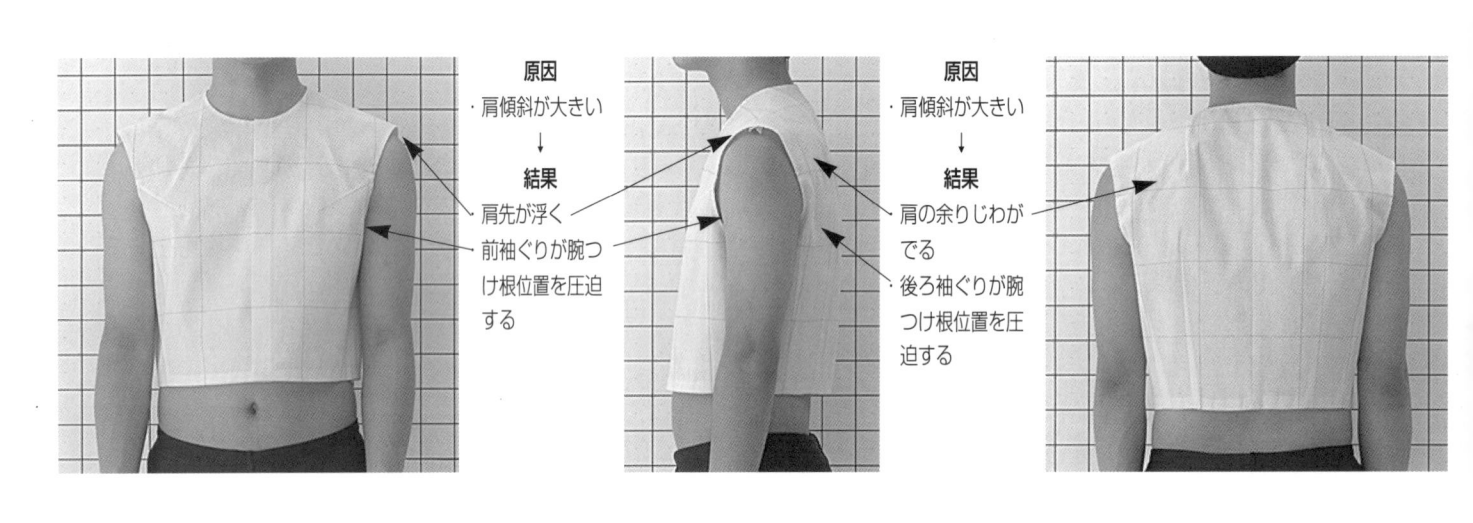

原因
・肩傾斜が大きい
↓
結果
・肩先が浮く
・前袖ぐりが腕つけ根位置を圧迫する

原因
・肩傾斜が大きい
↓
結果
・肩の余りじわがでる
・後ろ袖ぐりが腕つけ根位置を圧迫する

〈補正後〉

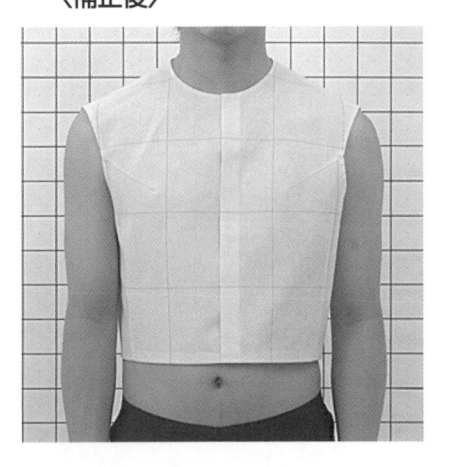

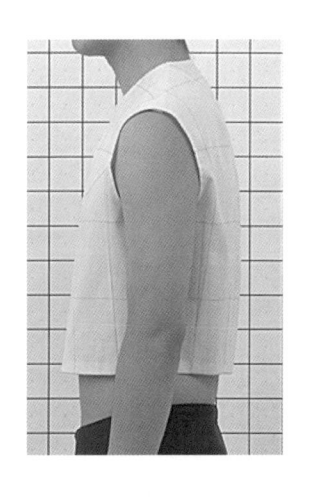

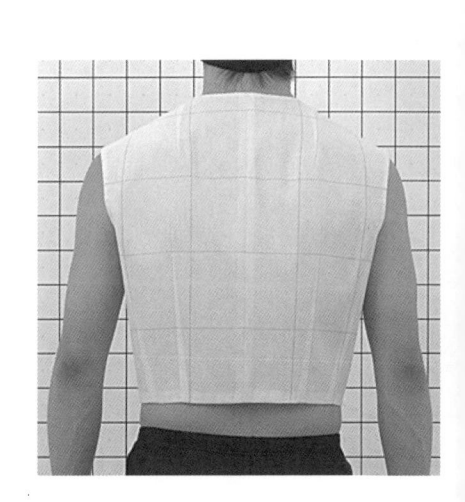

補正法

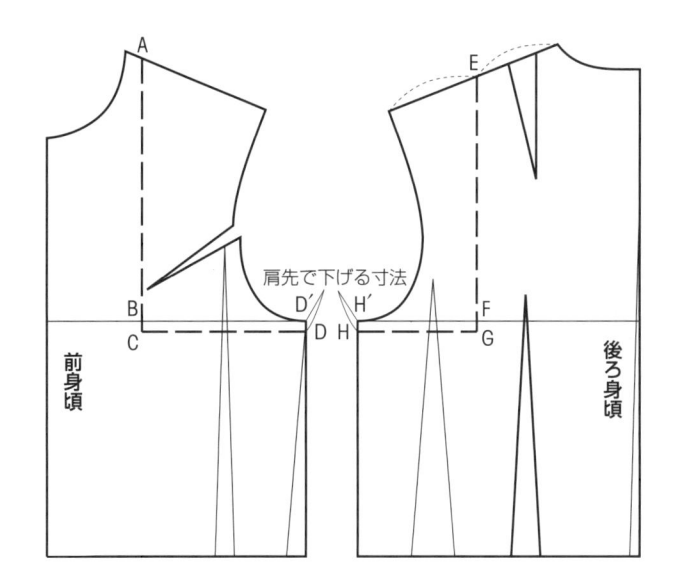

〈図①〉

前身頃
- チェストダーツにかからないように肩線までを直上する線を引く（A〜B）。
- 肩先であまる分量を脇線にとり、チェストラインに平行にA〜Bの延長線上にぶつける（C〜D）。

後ろ身頃
- 肩線の2等分の位置からチェストラインまで直下する線を引く（E〜F）。
- 肩先で余る分量を脇線にとり、チェストラインに平行にE〜Fの延長線上にぶつける（G〜H）。

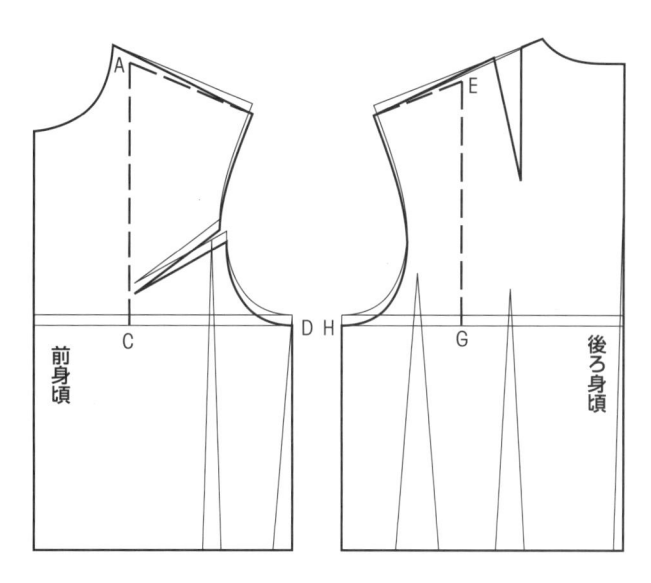

〈図②〉

前身頃
- B〜D'の線をC〜D上に移動してカットされた肩先とサイドネックポイントを結んで肩線とする。
- チェストラインはC〜Dを通る線となり、下方へ移動する。

後ろ身頃
- F〜H'の線を、G〜H上に移動して、カットされた肩先とサイドネックポイントを結んで肩線とする。
- 肩ダーツの頂点を下方へ移動して、ダーツ線を引き直す。
- チェストラインはG〜Hを通る線となり、下方へ移動する。

5. 体型特徴

（1）反身体

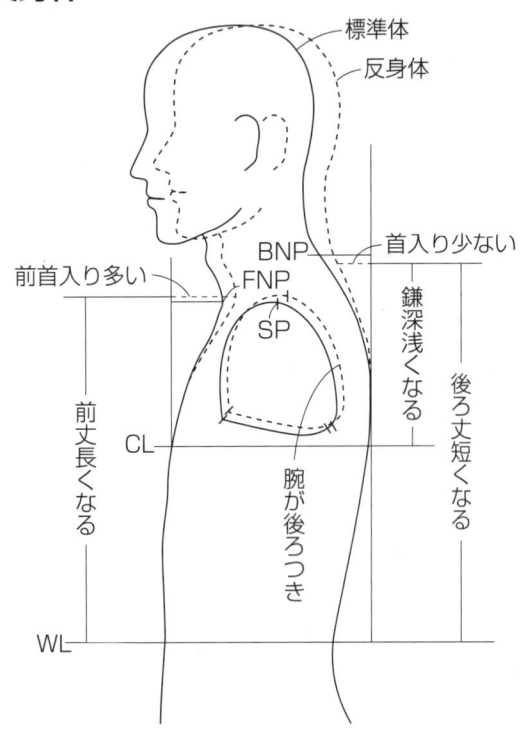

- 標準体
- 反身体
- BNP
- 首入り少ない
- 前首入り多い
- FNP
- SP
- 鎌深浅くなる
- 前丈長くなる
- CL
- 腕が後ろつき
- 後ろ丈短くなる
- WL

（2）屈身体

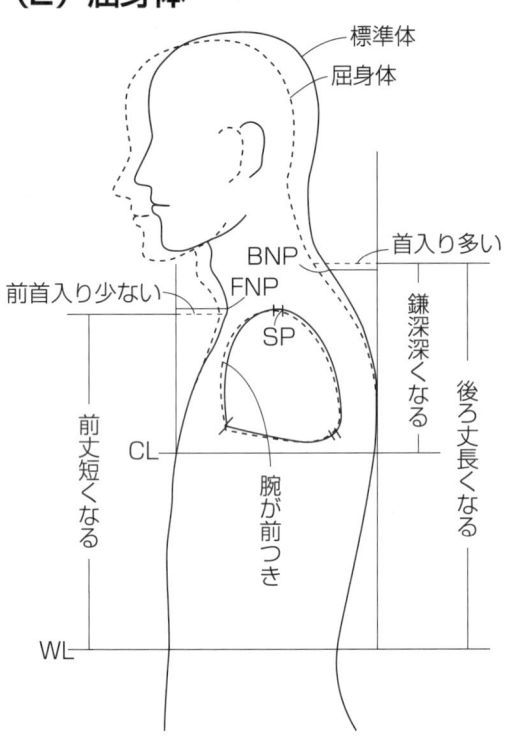

- 標準体
- 屈身体
- BNP
- 首入り多い
- 前首入り少ない
- FNP
- SP
- 鎌深深くなる
- 前丈短くなる
- CL
- 腕が前つき
- 後ろ丈長くなる
- WL

（3）いかり肩

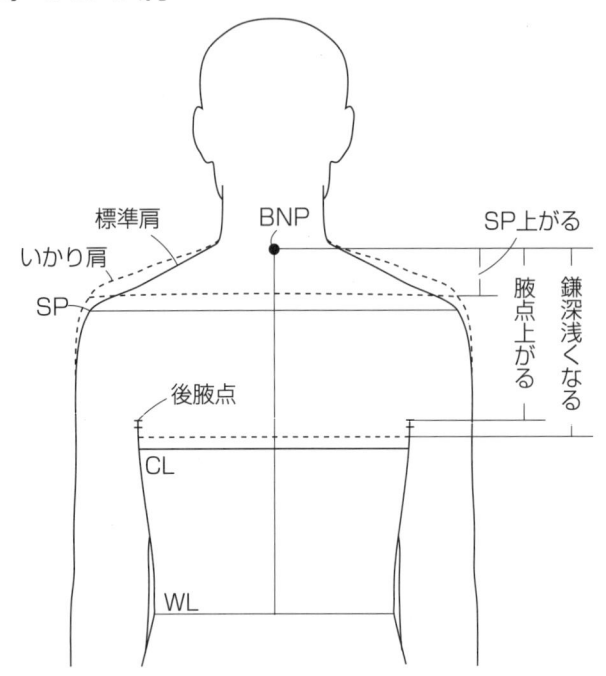

- 標準肩
- いかり肩
- BNP
- SP上がる
- SP
- 鎌深浅くなる
- 腋点上がる
- 後腋点
- CL
- WL

（4）なで肩

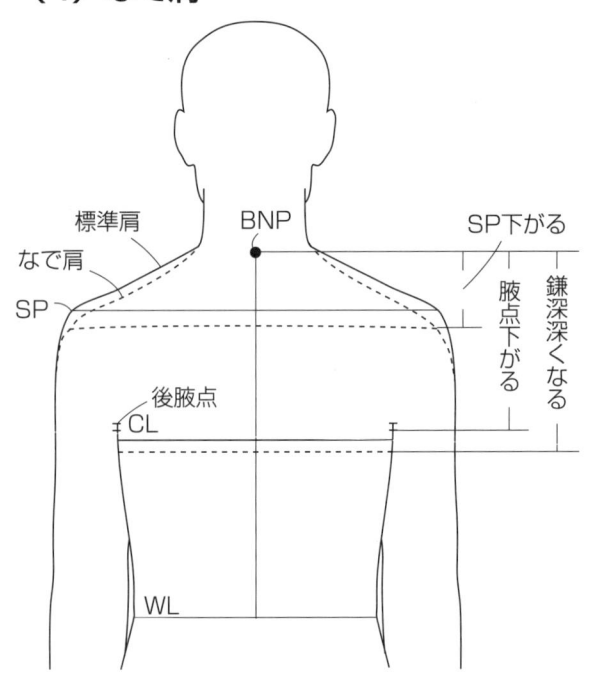

- 標準肩
- なで肩
- BNP
- SP下がる
- SP
- 鎌深深くなる
- 腋点下がる
- 後腋点
- CL
- WL

第 3 章
シャツ

Ⅰ. シャツについて

1. シャツとは

　シャツは本来、素肌の汚れや汗を上着につけないための下着の役目を果たしていたもので、考案された当初は高級素材である麻で作られていた。しわのよりやすい麻を、いつも清潔に白く保ち、のりづけし、アイロンをかけることはとても手間のかかることだった。そのためか、衿とカフスを取外しできるようにして簡単に洗えるようにしたデタッチャブル式のシャツが主流であった。背のヨーク部分についているハンガーループは、身頃だけを掛けておくためのもので、その名残が背中のアクセントとして残っている。

　また、シャツは日本に初めて登場したころから長い間白が主流で、古くからドレスシャツのことをワイシャツ（ホワイトシャツがなまったもの）と呼んでいる。関西地方ではこれをカッターシャツと表現することもあるが、最近ではワイシャツのほうが主流になっている。

　メンズシャツを着装の仕方から分類すると、「ドレスシャツ」と「カジュアルシャツ」に大きく分けられる。さらにドレスシャツは礼装用の「フォーマルシャツ」とネクタイを着用目的とする「ビジネスシャツ」に用途分けできる。カジュアルシャツは自由で活動的なデザインを主とするところから「スポーツシャツ」とも呼ばれている。

フォーマルシャツ

　シャツの中で最も格式があり、伝統的に厳しいルールのもとで着装しなければならないのがフォーマルシャツである。夜の正礼装である燕尾服のシャツは白地の堅胸（いか胸ともいう）にシングルカフスでカフスボタンのつく両穴式のものが正式で、折返しになったダブルカフスは少しカジュアルになるので好ましくない。衿は前折れ式のウィングカラーに白のボウタイを着用する。準礼装であるタキシードの場合は白地のひだ胸にダブルカフスのシャツを用いる。衿は本来ウィングカラーであったが、最近は普通型の折り衿式のカラーに黒いボウタイを着用する人も多くなっている。

昼の正礼装であるモーニングコートは白地のウィングカラーか普通の折り衿式のドレスシャツを用いる。カフスはシングル、ダブルどちらでもよいとされる。準礼装であるディレクターズスーツと昼夜の略礼装のブラックスーツのシャツはモーニングコートに準じる。

ビジネスシャツ

　スーツの下にネクタイをしめて着用されることが多く、衿は折り衿式でデザインも豊富である。カフスはシャツボタンで留めるものとダブルにしてカフスボタンで留めるもの、またシングルカフスでシャツボタンとカフスボタンの両用のものがある。色は白無地、色無地または淡色の縞、ドビー（細かな模様を織り出したもの）などバラエティに富んでおり、ジャケットの形や色、柄そしてネクタイとの調和を考えなければならない。原則として色物のシャツはジャケットよりも薄い色を着用する。また既製品のシャツは店頭で試着することがほとんど不可能であり、できるかぎり多様に着装して経験を積むことが必要である。

カジュアルシャツ

　型にはまったユニフォームやスーツを脱いで、遊び着や旅行、散歩にまたは家庭用として気楽にくつろいだとき、それ自体上着として着用できる自由で活動的なデザインのシャツである。ネクタイは用いず、衿もとは開けて着用されるケースが多く、セーターやカーディガンと重ね着したり、Tシャツを中に着て上着風にコーディネートすることもできる。前あきはボタンがけ、ファスナー仕立て、またはプルオーバーなどさまざまであり、衿の形や袖のバリエーションも豊富である。最近ではシャツの裾をパンツの中に入れないで着用する傾向が見られ、シャツのアウター化がますます広がり、新しい着こなしの提案がなされている。

| フォーマルシャツ（堅胸） | フォーマルシャツ（ひだ胸） | ビジネスシャツ | カジュアルシャツ |

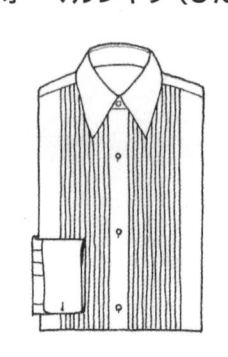

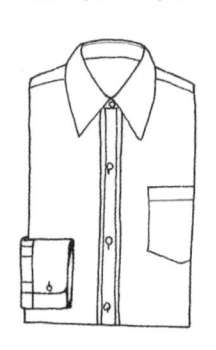

シャツ地の生地名（織物）

シャツは下着としての機能性を備えた衣類であり、吸湿性、保温性、触感性、耐久性が求められるとともに、アウターウェアとしての要素であるデザインの美しさやテキスタイルの変化等も求められ、それに応じてシャツ地も多様化してきている。主なシャツ地の素材としては綿、麻、絹、ウールなどの天然繊維、ポリエステル、アクリルなどの化学繊維、2種類以上の繊維素材を組み合わせ、それぞれの長所を生かして相乗効果を発揮させた複合繊維などがある。

次にあげるのは、主なシャツ地の生地名（織物）である。

ブロードクロス（Broadcloth）…布面に繊細な緯畝（よこうね）をあらわした平織りの綿織物のこと。シルケット加工を施してあり、手触りがソフトで光沢のある、地合いの密な織物。元来はアメリカの名称で、イギリスでは同じものをポプリンと称している。綿のほか、絹、ウール、レーヨンなどでも作られている。

オックスフォード（Oxford）…経緯糸とも綿のコーマ糸（繊維をよく梳いて短い繊維を取り除いて平行度をよくした糸）を2本ずつ引きそろえて織った（斜子織り）平織りの、比較的厚地のソフトな生地。

ローン（Lawn）…細番手の糸を用いた平織りの薄地綿織物のこと。もとはフランスのローンで産出されたリネンであったため、柔らかい手触りと麻の感触をもたせた仕上げをする。

ボイル（Voile）…経緯糸とも細い強撚糸を用いた平織りで、さらっとした感触が特徴。綿、ウール、絹、化学繊維など多くのものが使われる。双糸ボイルと単糸ボイルがあり、双糸ボイルのものを本ボイルという。

ドビー（Dobby）…ドビー織機で織られた小柄の地模様の織物をいう。ドビーは経糸を上下に開口させる装置で、規則正しい連続模様で縞模様や紋柄を織り出す。

シャツ地の柄

主なシャツ地の柄は、ストライプ柄、チェック柄、プリント柄など多種多様である。ここではその代表的な柄をあげてみる。

（1）ストライプ（Stripe）

ドレスシャツからカジュアルシャツまでシャツ柄の基本として幅広く使われている。縞の幅や織り方、配色の仕方、色づかいなどによりさまざまの異なったストライプがある。

ロンドン・ストライプ（London stripe）…やや太めの縞を等間隔に配列した単純な棒縞。一般に白地に1色づかいが多いが、2色づかいのものもみられる。ロンドンという呼称は日本だけのものである。

ペンシル・ストライプ（Pencil stripe）…鉛筆で線を描いたようにみえる単色の単純な縞柄。

オルタネート・ストライプ（Alternate stripe）…オルタネートは「交互の、互い違いの」の意味で、2種類の異なった縞を交互に配列した縞柄のこと。

ヘアライン・ストライプ（Hairline stripe）…ヘアラインは「毛のような細い線」の意味。濃淡の色糸を1本ずつ交互に経緯に配列して織った、ごく細い縦縞のこと。

（2）チェック（Check）

装飾的なイメージが強いため、ドレスシャツにはシンプルな柄がよく使われるが、カジュアルシャツには多彩なチェックが使われる。

タッタソール・チェック（Tattersall check）…地色に対し対照的な2色を使った単純な格子柄。タッタソールとは、ロンドンの馬市場の名前で、それを創設したリチャード・タッタソールにちなんだもの。馬に掛けた毛布の柄からきているので、別名、馬乗格子ともいう。

ウィンドーペーン（Windowpane）…窓ガラスのことで、窓枠のような四角形で構成される単純な格子柄。細い枠をたくさん使った窓に似ているところから、この名がつけられた。

ギンガム・チェック（Gingham check）…ギンガムとは先染め糸を使い格子柄に織った平織り綿織物のこと。このギンガムに用いられるチェック柄で、白と色1色か、または数色の経糸、緯糸で構成される格子柄の総称。

タータン・チェック（Tartan check）…スコットランドで古くから用いられてきた色格子柄の綾織物。経と緯同色、同本数の多色づかいの格子柄が特徴。元来スコットランドの氏族が独自の模様を定めて紋章などに用いたもので、これをクラン・タータンという。

マドラス・チェック（Madras check）…インドのマドラス地方の綿織物にみられる多色の格子柄。洗濯するとにじみの効果があらわれるなど、野趣のある独特の風合いが特徴であるが、現在では化学染料を用いたものが多い。

ハウンド・トゥース（Hound's-tooth）…ハウンド・トゥースは（犬の牙）の意味で、牙のようにとがった形の格子柄のこと。千鳥格子と同じ。

（3）プリント（Print）

プリント柄はあまり使われないが、カジュアルシャツではコンピュータを使ったマルチカラーのプリント柄の需要が高まっている。アロハシャツなどには大柄な派手目のプリントが使われる。

ペーズリー（Paisley）…インドのカシミア・ショールにみられる伝統柄。松かさやマンゴー、糸杉などが起源といわれ、勾玉（まがたま）模様ともよばれる。19世紀カシミア・ショールを模した毛織物産地、イギリスのペーズリー市から広まったのでこの名がある。

2. シャツの変遷

「シャツ」フランス語でいう「シュミーズ」は、本来は下着であったものである。これはいつごろ登場したのであろうか。

<13世紀>

服装の歴史において、内側に着る内衣とその上に着る外衣の区別がされるようになったのは、中世13世紀のゴシック初期のころである。それはペストなど伝染病の流行による衛生感覚の急速な向上、そして身体を不浄のものとするキリスト教的な身体感覚によって登場する。この時代男女とも、内衣であるリネンのシュミーズの上に外衣のコットを着た。またこの時代は西欧衣服における男女差が見られるようになった時代であり、内衣のシュミーズは女性よりも男性の着丈のほうが短かった。

1250年ころ、
楽器を持つ男性はコットを着ている

<14世紀～16世紀>

14世紀に入ると、衣服の男女差が明確になり男性モードは上衣のプールポワンと脚衣のショース（今でいうジャケットとパンツ）という二部形式になる。プールポワンの下に着るシュミーズは、ジャケットの下にシャツを着るという現在の感覚に近いものになる。プールポワンに切込みを入れるスラッシュの流行は、下に着るシュミーズを表面にのぞかせた。

男性モードにおけるプールポワンとシュミーズの構成は、近世17世紀の半ばまで続く。

1525年ころ、
「フランソワ1世」プールポワンのスラッシュからシュミーズがのぞく

<18世紀>

18世紀に入ると、男性モードも女性モードと同じく華やかで豪華になる。アビ・ア・ラ・フランセーズはシルクブロケードやベルベットで仕立て、たくさんの刺繍で飾られる。またその下に着るシュミーズの前面はフリルやジャボで飾った。しかし18世紀後半になると、イギリスから伝わったフロックやルダンゴトが、アビ・ア・ラ・フランセーズの代りに着られるようになる。ピーコック的な男性モードは、ダンディズム的なものへ移り変わり、紳士服における影響力は、フランスからイギリスへと移っていく。

1776年、
アビの下に
シュミーズがのぞく

<19世紀～20世紀>

<前半> ヨーロッパはイギリス産業革命とフランス革命を経て19世紀に入る。紳士服の主導は18世紀後半から形成されたロンドンのサビル・ロウへと移る。上衣にはテールコートを着て、その下にベスト、そしてパンツの丈が延長されたトラウザーズという構成になる。近代以降には、身なりや服装だけでなく、物腰や言葉づかいなどに細かい注意を払う男性「ダンディ」が登場し、その象徴的な存在がボー・ブランメルであった。彼にはいくつもの服装に対するこだわりが逸話として残されているが、シャツにおいては、毎朝の入浴の後に必ずシャツを着替える。そして脱いだ後のシャツは、水や空気のきれいなカントリーで洗濯女に、数枚のシャツを3時間あまりもかけて洗わせていた。

1801年、
フロックコート、衿もとには
クラバットを巻く

起源として9〜10世紀にかけて、リネン（麻）の下着をバイキングや修道士が身につけていたことが記録に残っている。

<17世紀>

<前半> プールポワンのデザインが目立って小さくなり、それまで表面には出てこなかったシュミーズが、プールポワンの隙間からのぞくようになる。この時代のシュミーズは上質のローンや薄手リネンで仕立てられ、たっぷりとした量感をもち、袖口にもフリルがつけられ、ウエストでたっぷりブラウジングさせて着た。

17世紀中ごろ、
シュミーズの身頃と袖口がのぞく

<後半> 現代の紳士服の構成と同じジャケット・コート、ベスト、パンツからなる三つぞろえのスタイル「ジュストコール・スタイル」が完成する。上衣のジュストコール、パンツには膝までのキュロット、ベストの下にはフリルやレースなどの装飾がついたシュミーズを着る。衿もとにはクラバット（ネクタイ）を結ぶという、現在のシャツとネクタイの関係が完成する。

1693−5年、
ジュストコール・スタイル

19世紀前半のシャツのデザインの多くは、デタッチャブル（取外し式）のウィングカラーで、そこにクラバットを巻く。カフスはダブルカフスで、デタッチャブルのものもある。胸もとは細かいタックが入り、前あきは全開ではなく途中までスタッドで留めるようになっていて、プルオーバー式で着た。また別仕立てでタックなどが入った胸飾りのディッキーをつけることもあった。素材においてジェントルマンはあくまでもリネンにこだわったが、産業革命後にはコットンのものが急速に広まっていった。

1875年、
モーニングコートの下に着た
シャツは、折返しの衿になっている

<後半> 19世紀後半になると、衿は折り返されダブルカラーになり、衿こしの高いハイカラーが主流になる。そこに1860年代から登場した結び下げのネクタイのフォア・イン・ハンドを結ぶ。衿、カフスそして裾のスリットが丸くカットされ、前あきは全開になりプルオーバーではなくなる。

現在でいうワイシャツ（ホワイトシャツから）の原型は、第二次世界大戦後アメリカを主導に誕生する。衿、カフスともに縫いつけるのが常識になり、1960年代以降ベストが省略されることが多くなり、胸にポケットがつけられるといった現在のデザインになる。

1904年、デタッチャブル・カラーのハイカラーに
フォア・イン・ハンドのネクタイを結んでいる

第3章　シャツ

Ⅱ. シャツの名称とデザイン

1. 形態による名称

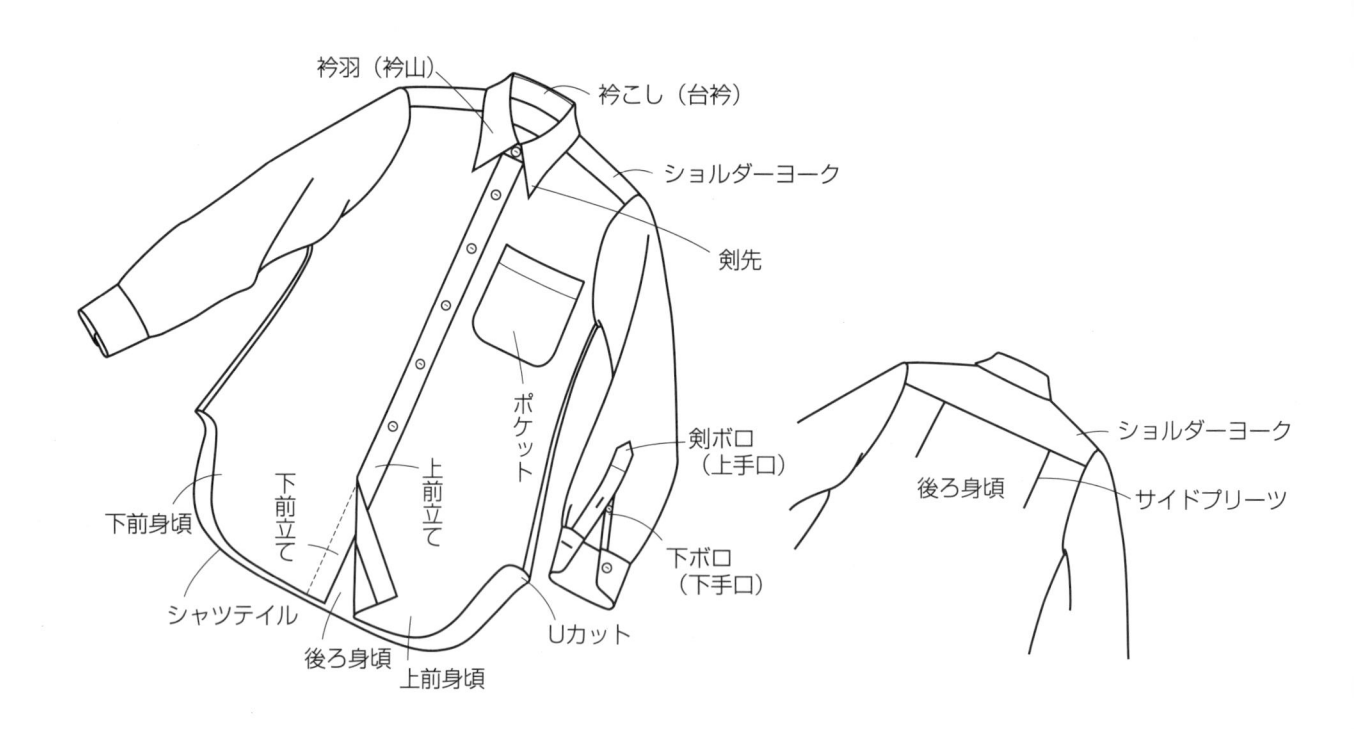

衿羽（衿山）　衿こし（台衿）　ショルダーヨーク　剣先　ポケット　剣ボロ（上手口）　下ボロ（下手口）　Uカット　上前身頃　後ろ身頃　シャツテイル　下前立て　上前立て　下前身頃　後ろ身頃　ショルダーヨーク　サイドプリーツ

2. カラーの種類

<カラーの名称>

レギュラーカラー（Regular collar）

最も標準的な衿の形で、時代の流行により多少の変化がある。衿羽の長さが70〜75mm、衿の開き角度が75〜90度、衿こしの高さが35〜40mm程度である。

ワイドスプレッドカラー（Wide-spread collar）

ウィンザーカラーとも呼ばれ、ブリティッシュスタイルのスーツによく見られる。レギュラーカラーより多少長めの衿羽とやや高めの衿こしで、衿の開き角度が100〜140度。ネクタイの結び目は太い。

ボタンダウンカラー（Button-down collar）

衿羽にボタンホールをかがり、身頃にボタンでとめる衿型。アイビーリーグルックの定番アイテム。衿羽が長く曲線的なロールボタンダウンと標準的なフラットボタンダウン、そして衿羽の短いショートボタンダウンなどがある。

ドゥエ・ボットーニ（Due-bottoni）

台衿にボタンが二つついたクラシコイタリアスタイルのシャツの総称。衿こしが高く衿羽も長めでエレガントである。ボタンダウンカラーやワイドスプレッドカラーによく使われる。イタリア語でドゥエとは二つ、ボットーニはボタンの意。

ショートポイントカラー
(Short-point collar)

レギュラーカラーとほぼ同じ衿の開き角度で、衿羽の長さが短い。スポーティなイメージをもっている。

ロングポイントカラー
(Long-point collar)

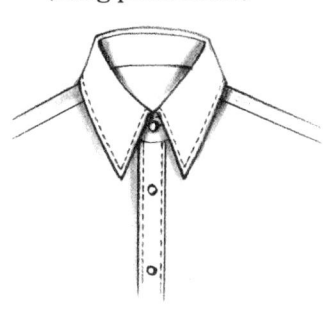

衿の開き角度が狭く、衿羽の長さが90〜100mmと長い。時代によって長さの感覚が異なり基準も違ってくる。

ラウンドカラー
(Round collar)

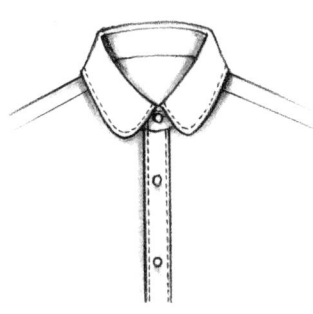

衿羽の先を丸くカットしたクラシックなスタイルの衿型。衿の開きはレギュラーとほぼ同じ。

スタンドカラー
(Stand collar)

首にそってまっすぐに立った折返しのない衿型。カジュアル感が強いがフォーマルな感じももち合せている。

ホリゾンタルカラー
(Horizontal collar)

衿の開き角度が180度に近い衿型。ワイドスプレッドカラーの一種。ホリゾンタルは水平線の意味。

スナップダウンカラー
(Snap-down collar)

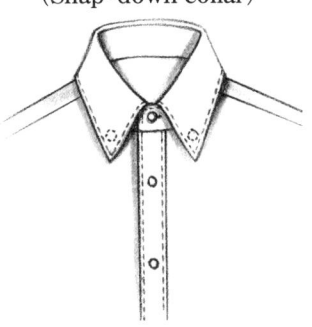

衿羽の先と身頃をスナップボタンでとめたソフトなヨーロピアン・スタイルの衿型。

オープンカラー
(Open collar)

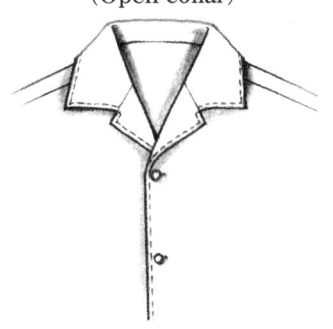

上衿につながった前見返しの上端が小さくラペル状に折り返した形状の衿型。開衿シャツともいう。

イタリアン・カラー
(Italian collar)

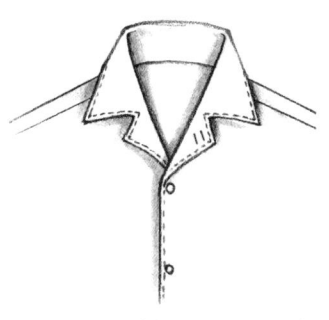

衿こしが低く見返しと表衿が一枚続きになった衿もとをあけて着用するタイプの衿型。

ウィングカラー
(Wing collar)

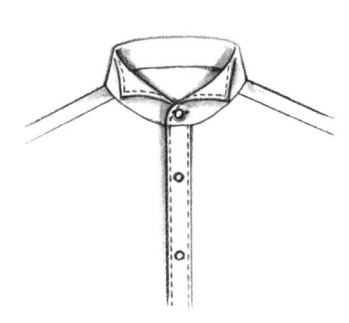

燕尾服やタキシードなどの礼服用のフォーマルシャツ。立ち衿の衿先が、鳥の翼を広げたように外に折れた衿型。

タブカラー
(Tab collar)

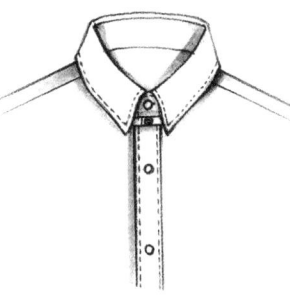

左右の衿羽にボタン（スナップ）でとめられるタブ（テープ状の持出し）のついた衿型。タブの上からネクタイを引き出し、衿を引き締めるドレッシーなスタイル。ネクタイの結び目は小さい。

ピンホールカラー
(Pinhole collar)

衿羽の中ほどにピンを通すためのハト目穴があけてあり、ピンの上からネクタイを引き出し、タブカラーと同様に衿もとを引き締めるドレッシーなスタイル。ネクタイの結び目は小さい。

マイターカラー
(Miter collar)

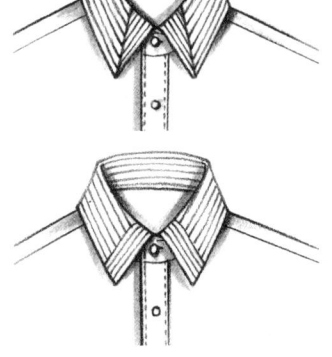

衿羽の先を異なる方向の柄ではぎ合わせた衿型。マイターとは斜めはぎの意。ジョイントカラーともいう。

第2章　シャツ

3. カフスの種類

＜カフスの名称＞

コンバーティブルカフス
（Convertible cuffs）

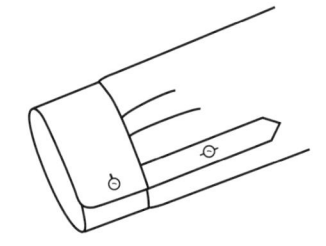

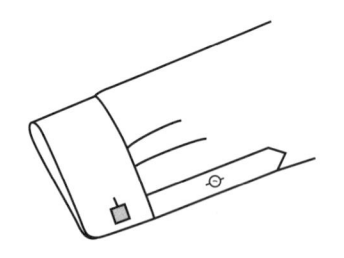

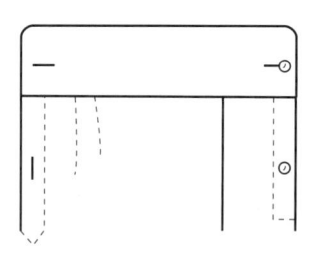

カフスの片方にボタンがつき、両方にボタンホールがあいており、ボタンでもカフスボタンでもとめ合わせられるようになっている。

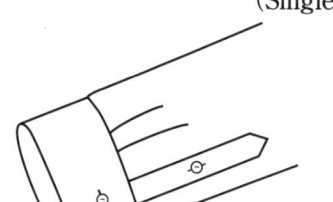

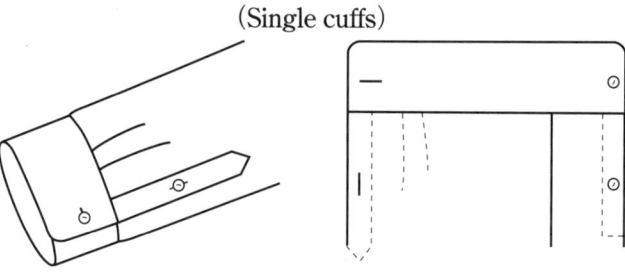

シングルカフス
（Single cuffs）

カフスの片方のボタンでとめ合わせるようになった一重の袖口。バレルカフスとも呼ばれる。

アジャスタブルカフス
（Adjustable cuffs）

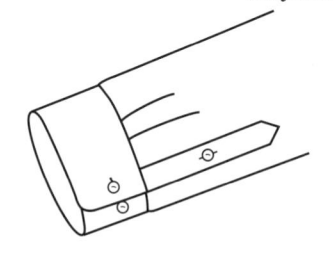

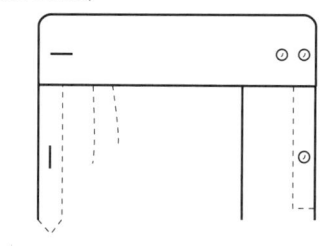

カフスの片方にボタンが二つつけられており、袖口周囲の寸法が変えられるようになっている。

ダブルカフス
（Double cuffs）

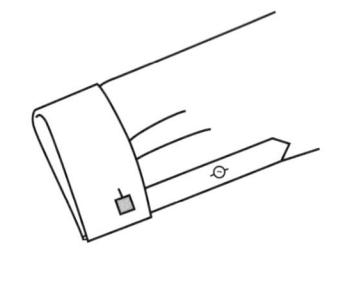

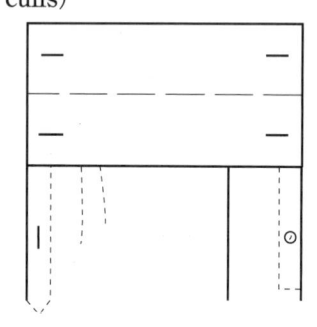

カフスを折り返してカフスボタンでとめるタイプで、フレンチ・カフスとも呼ばれる。

ターンナップカフス
（Turn-up cuffs）

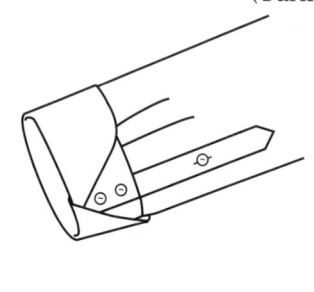

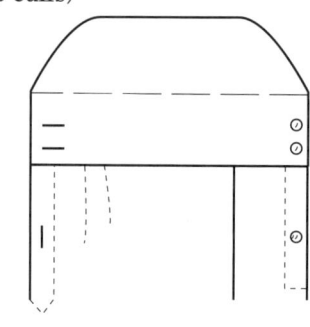

ダブルカフスと同じように折返しがあるが、シングルカフスのようにボタンでとめ合わせる。

＜カフスのバリエーション＞

- スクエアカフス（Square cuffs）
- ラウンドカフス（Round cuffs）
- カッタウェイカフス（Cutaway cuffs）
- ツーボタンカフス（Two button cuffs）

Ⅲ. デザイン展開と作図

1. ドレスシャツ

デザイン解説

基本的にネクタイを着用することを前提に考えてデザインされたシャツである。ウエストを絞り後ろ身頃にダーツを入れて、適度なフィット感をだしている。肩幅は狭く、アームホールも小さめになっており、ジャケットを着用したときに違和感のないように設計してある。

衿はレギュラー型の台衿つきシャツカラーで、作図上メンズ特有の上衿と台衿のつけ線が同一のラインを形成したものとなっている。

裾はタックインタイプでパンツの中にたくし込んで着用するように、Uカットがとられている。

袖口は元来シングルカフスに作るもので、好みによってはダブルカフスを用いてもよい。また、袖を半袖にすることにより夏用のシャツとして着用できる。

素材は、日常着として洗濯に耐え、丈夫なことが必要でオックスフォードやブロードなどの綿、麻、ポリエステルなどが適している。絹も用いられるが、綿や麻に比較して実用的ではないのでフォーマル用などの改まったときに着用される場合が多い。最近では色物や柄物などのシャツを着用することが多くなったため、ネクタイや上着との配色をよく考慮して生地を選んだほうがよい。

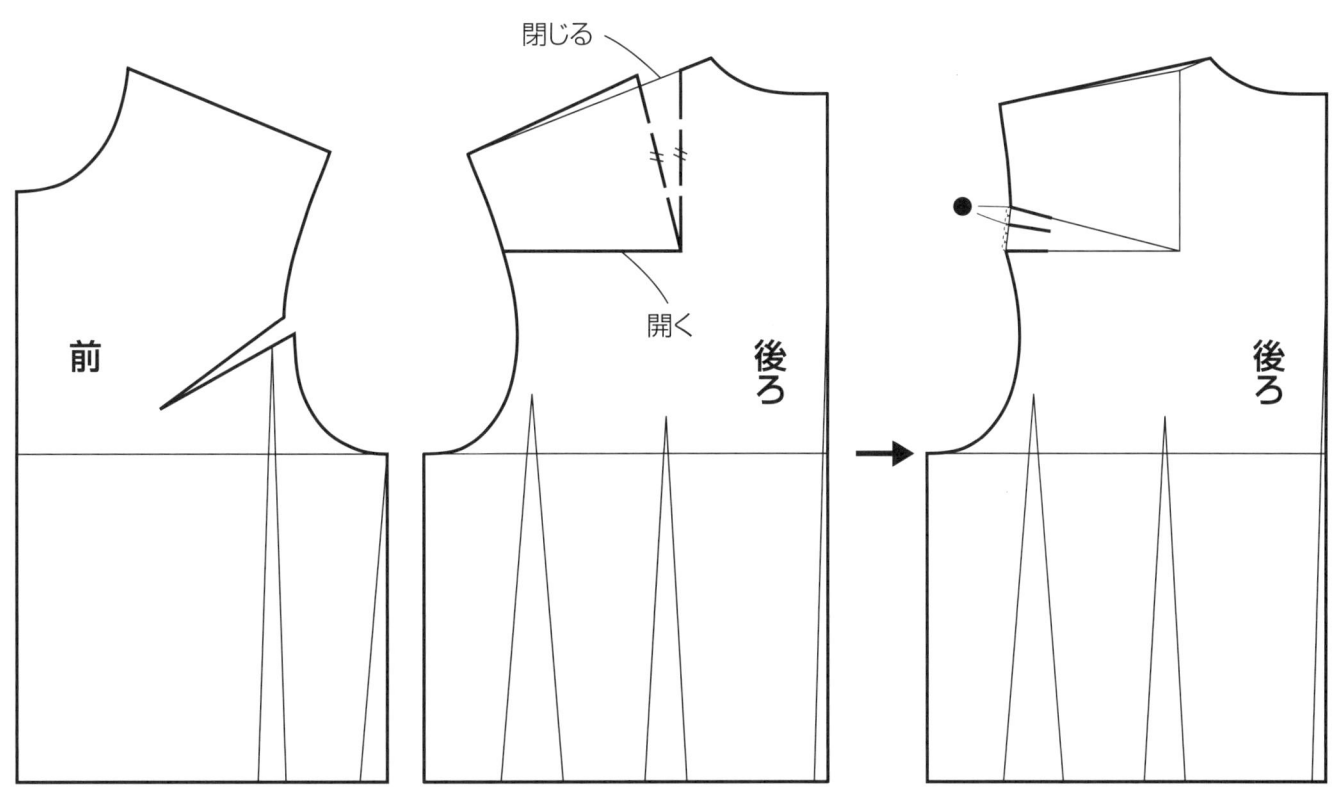

原型のダーツ操作

後ろ身頃
肩ダーツをアームホールに移動する。$\frac{3}{5}$は袖ぐりのゆとり分として残し、$\frac{2}{5}$はヨーク切替えでとる。

第3章 シャツ

作図要点

後ろ身頃
① 身頃のゆとりは原型のままで、ウエストラインからシャツ丈を引き伸ばす。
② 衿ぐりは、後ろ肩線の延長線と $\frac{カラー寸法}{5}-0.5(=○)$ のぶつかるところを天幅と決め、引き直す。肩先はあまりドロップさせず肩幅を決める（カラー寸法の求め方は、22ページ・10首回りの項を参照）。
③ 裾、脇線をかく。脇は原型よりウエストをしぼり、細身のラインにする。裾は案内線を入れ、カーブでつなぐ。
④ アームホールを引く。
⑤ 原型操作で開いたアームホールの位置から水平にヨークの切替え線を入れ、開いた $\frac{2}{5}(=●)$ をダーツとしてとる。
⑥ ウエストダーツを原型のダーツ位置に入れ、さらにしぼりを入れる。

前身頃
① 原型のウエストラインからシャツ丈を引き伸ばす。
② 前中心に打合せを加え、前肩線の延長線と天幅と同じ寸法（=○）のぶつかるところをみつけ、衿ぐり線を引き直す。後ろと同じ寸法で肩線を引く。
③ 前立て線、ボタン位置を入れる。ボタン位置は、台衿がついた状態を考慮して第一ボタンを決め、等間隔に入れていく。
④ 裾、脇線をかく。
⑤ アームホールを引く。
⑥ 前ヨークの切替え線を引く。
⑦ ポケットをかく。ポケット底は1.5cmずつ角を落とす。

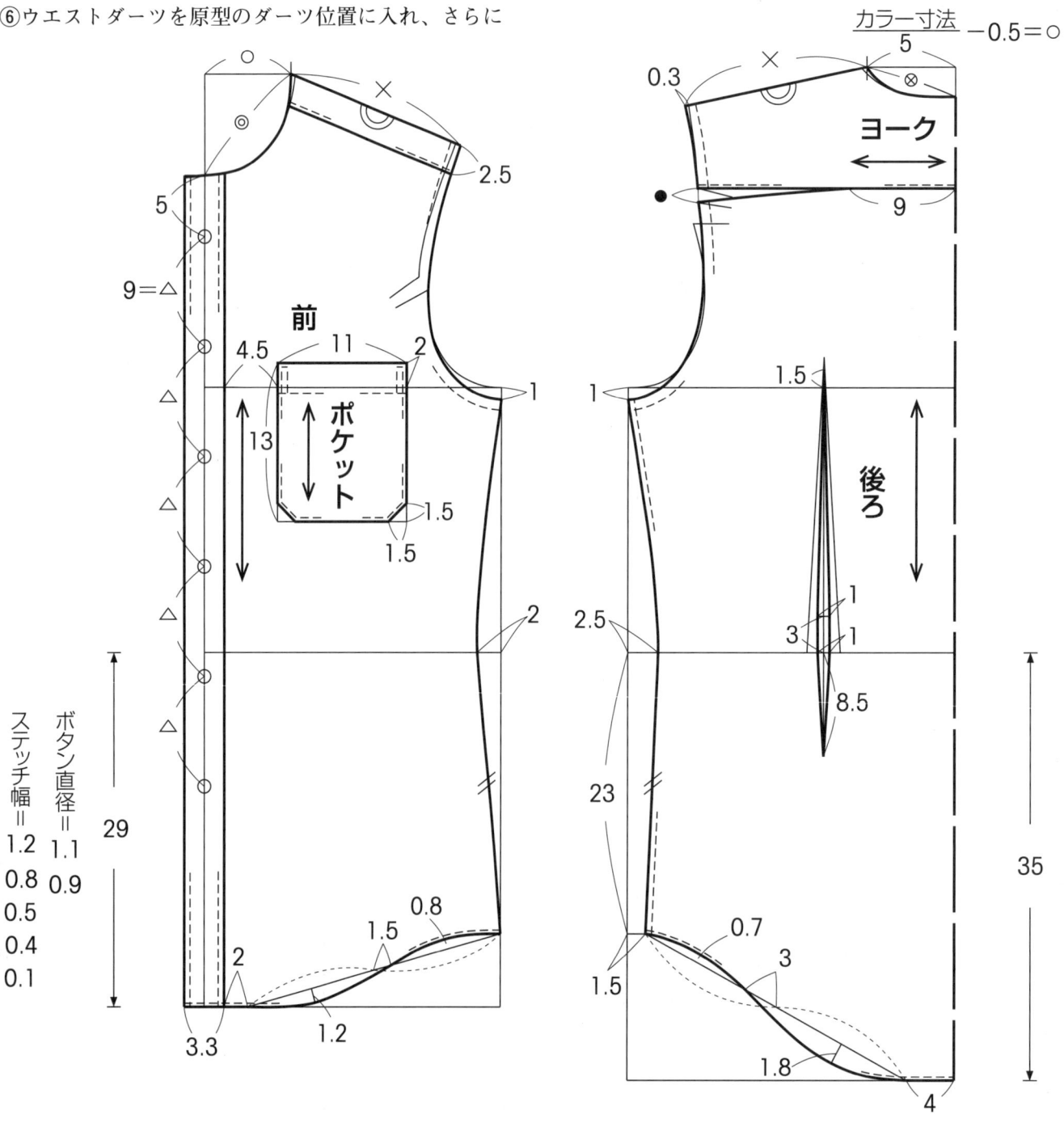

衿

① 台衿からかいていく。身頃につけたときに、前端につながるように台衿先の線を引く。
② 上衿と台衿のつけ線は同一線である。
③ $\frac{カラー寸法}{2}$＝▲の確認をする。

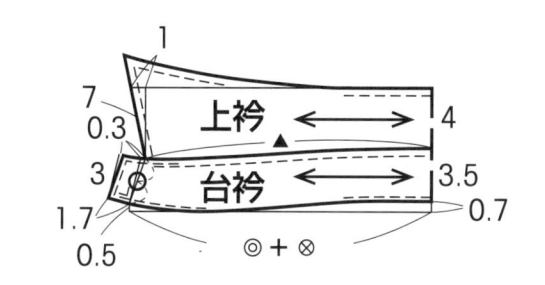

袖

① まず、カフスから決める。手首回りにゆとりを入れた寸法を袖口寸法（＝∅）とする。カフスは1.5cmずつ角を落とす。
② 袖山の高さは身頃のアームホール長の $\frac{1}{6}$＋2cmで決める。袖丈はカフス幅を引いて袖山から引き伸ばす。
③ 袖つけ線の案内線を身頃の袖ぐり線の寸法－0.5cmで引き、袖つけ線をカーブで引く（－0.5cmはいせ分量を入れないための寸法）。身頃のAHと袖つけ線の長さを確認する。
④ 袖幅より直下に案内線を引き、袖丈で四角を作る。
袖口寸法（＝∅）＋タック分6cmをはかって残った寸法を $\frac{1}{2}$ ずつ袖下でカットする。
⑤ 袖幅より2cm内側と袖口を結び、案内線を入れ、カーブで袖下をつなぐ。
⑥ 袖口にタックと剣ボロを入れる。

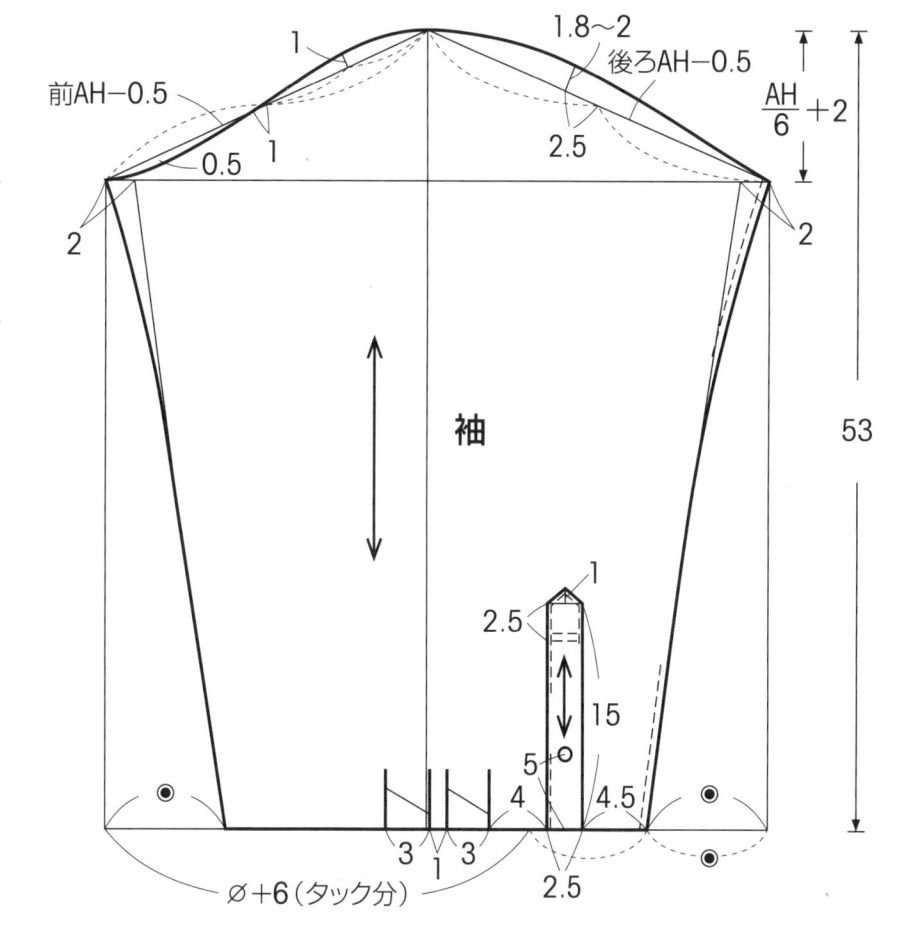

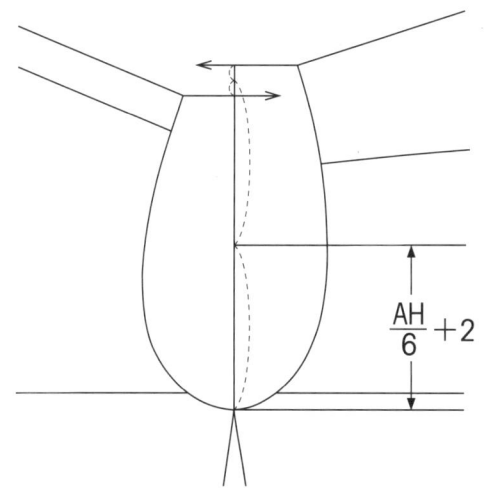

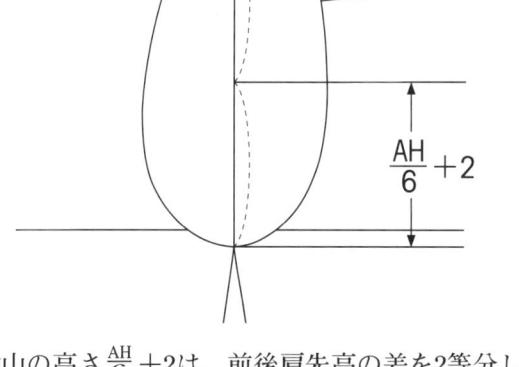

※袖山の高さ $\frac{AH}{6}$＋2は、前後肩先高の差を2等分した位置から、袖ぐり底までの寸法の $\frac{1}{2}$ に相当する。

使用量
表布　110cm幅220cm
接着芯　90cm幅50cm

第3章　シャツ

2. カジュアルシャツ

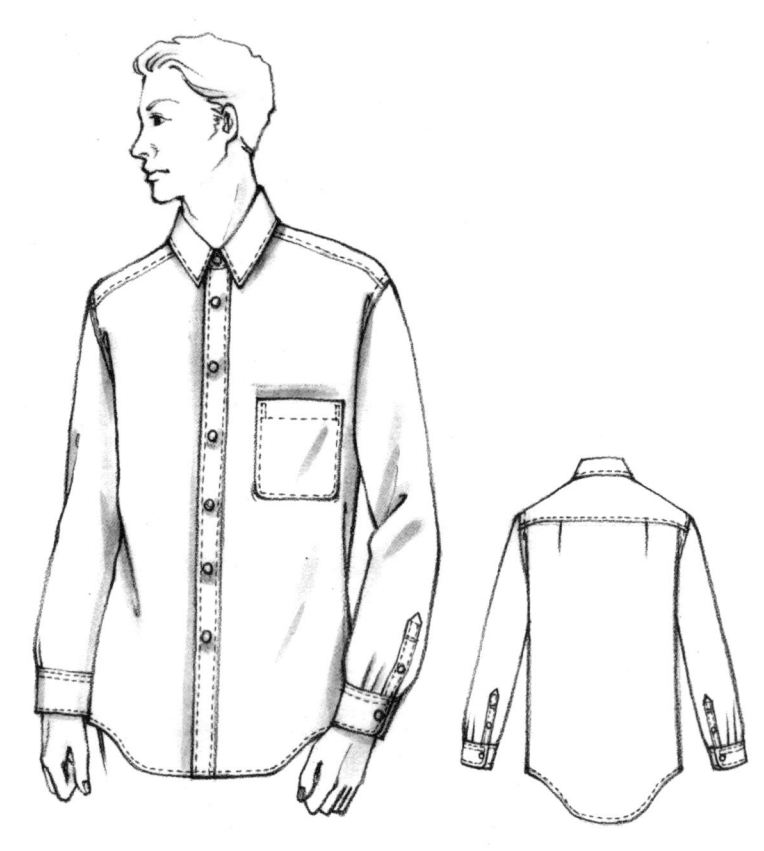

デザイン解説

ネクタイやスーツ着用をたてまえとしない自由で活動的なデザインのシャツである。ウエストの絞りはほとんどなく、肩幅を広くとってあり、アームホールも大きくカットしてある。

後ろ身頃にはサイドプリーツがとられ、ボディサイズの大きい全体的にゆったりとしたシルエットになっている。

ドレスシャツと違ってソフトな雰囲気をだすために、衿やカフスに軟らかい芯を使用したほうが適している。

裾はタックインタイプの形になっているが、最近ではパンツの外に出して着用し、上着としての着こなしも増えている。

素材は綿、麻、化合繊などが一般的であるが、薄手のウール、フランネル、コーデュロイなどや皮革などを用いてもよい。

原型のダーツ操作

後ろ身頃
肩ダーツをアームホールに移動する。$\frac{3}{5}$は袖ぐりのゆとり分として残し、$\frac{2}{5}$はヨーク切替えでとる。

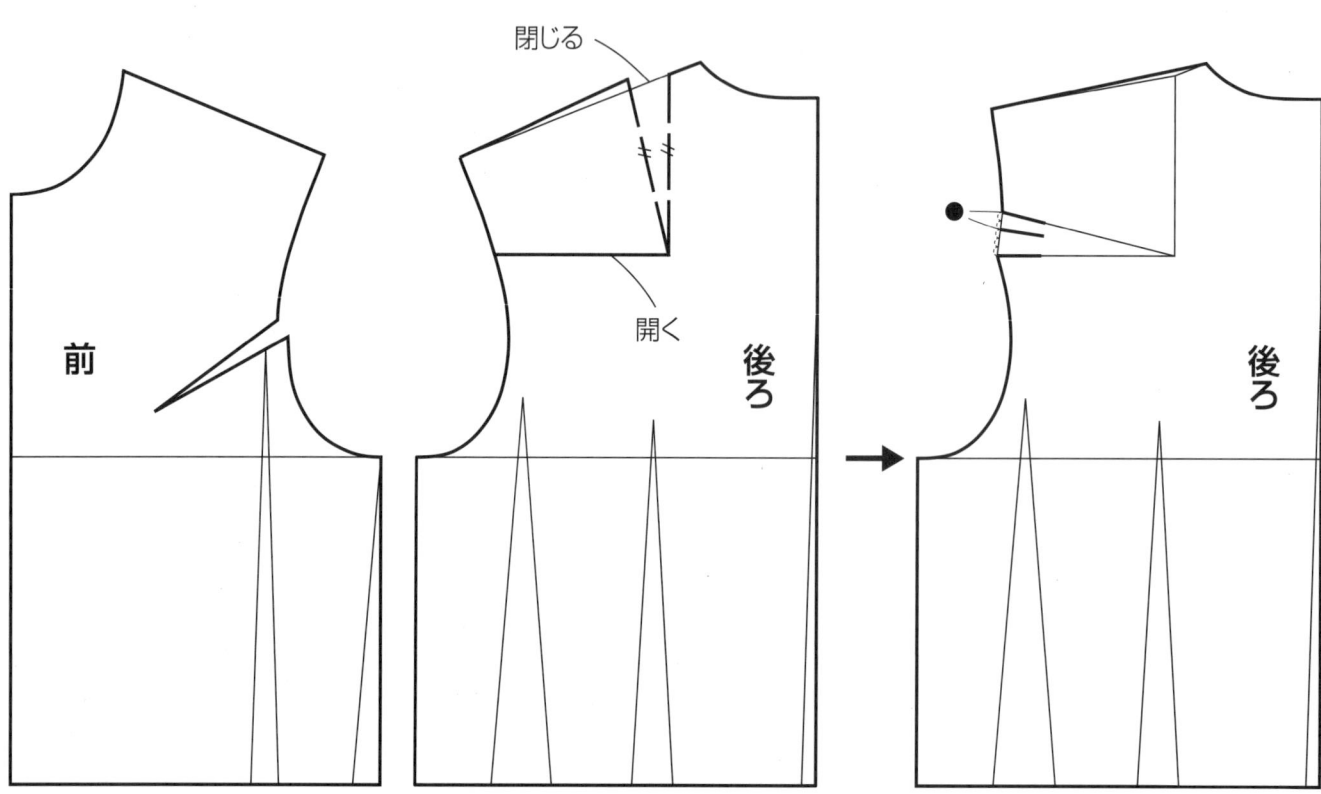

閉じる
開く
前　後ろ　後ろ

作図要点

後ろ身頃
①原型のウエストラインからシャツ丈を引き伸ばす。
②衿ぐりは、後ろ肩線の延長線と $\frac{カラー寸法}{5}-0.5$（＝○）のぶつかるところを天幅と決め、引き直す。肩先は2.5cm追加して肩幅を決める。
③裾、脇線を引く。脇は原型に2cmのゆとりを入れ、ゆったりとしたラインにする。裾はボトムにタックインした着こなしにもたつかないよう、カーブでつなぐ。
④アームホールを引く。
⑤原型操作で開いたアームホールの位置から水平にヨークの切替え線を入れ、開いた $\frac{2}{3}$（＝●）をダーツとしてとり、そのまま延長してアームホールにぶつける。
⑥ヨーク切替えで、アームホールより7cmの位置にタックをとる。タック分量は後ろ中心に平行に追加して加える。

前身頃
①原型のウエストラインからシャツ丈を引き伸ばす。
②前中心に打合せを加え、前肩線の延長線と天幅と同じ寸法（＝○）のぶつかるところをみつけ、衿ぐり線を引き直す。後ろと同寸法で肩線を引く。
③前立て線、ボタン位置を入れる。ボタン位置は、台衿がついた状態を考慮して第1ボタンを決め、等間隔に入れていく。
④裾、脇線をかく。
⑤アームホールを引く。
⑥前ヨークの切替え線を引く。
⑦ポケットをかく。ポケット底は1.5R（半径1.5cmの円が通るカーブのこと）の小丸にする。

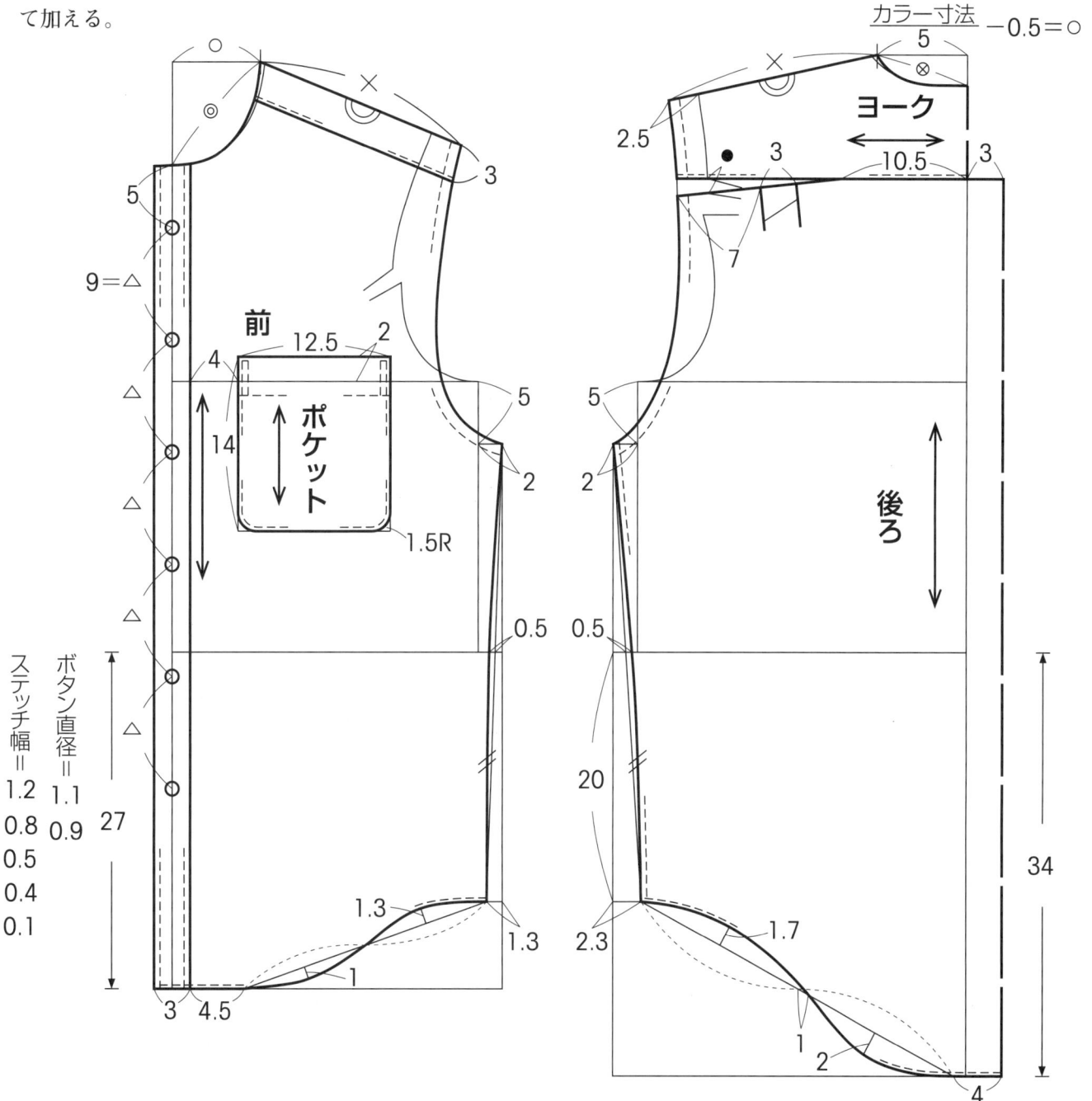

衿

① 台衿からかいていく。身頃につけたときに、前端につながるように台衿先の線を引く。台衿先を小丸にする。
② 上衿を合わせて引く。
③ $\frac{カラー寸法}{2}$ ＝▲の確認をする。

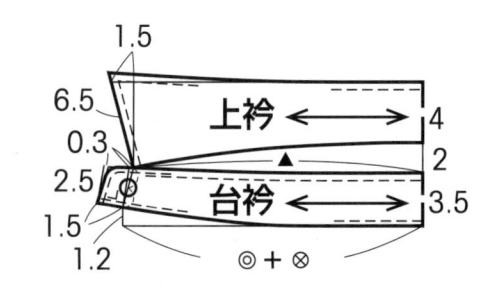

袖

① まず、カフスから決める。手首回りにゆとりを入れた寸法（＝∅）とする。カフス回りは1.5Rの小丸にする。
② 袖山の高さは身頃のアームホール長の$\frac{1}{6}$－1cmで決める。袖丈はカフス幅を引いて袖山から引き伸ばす。
③ 袖つけ線の案内線を身頃の袖ぐり線の寸法－0.5cmで引き、袖つけ線をカーブで引く（－0.5cmはいせ分量を入れないための寸法）。AHと袖つけ線の長さを確認する。
④ 袖幅より直下に案内線を引き、袖丈で四角を作る。
袖口寸法（＝∅）＋タック分6cmをはかって残った寸法を$\frac{1}{2}$ずつ袖下でカットする。
⑤ 袖幅と袖口を結び案内線を入れ、カーブで袖下をつなぐ。
⑥ 袖口にタックと剣ボロを入れる。

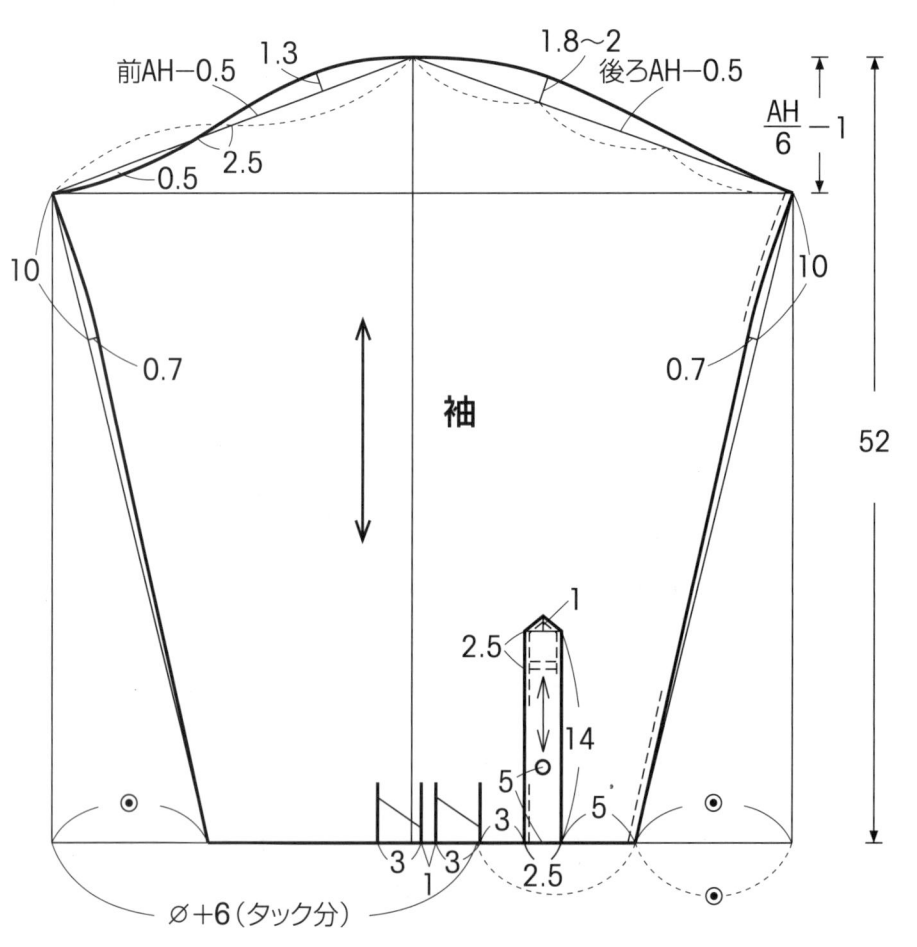

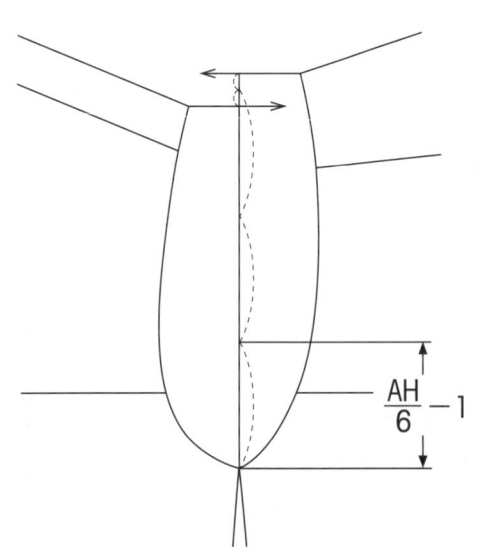

※袖山の高さ$\frac{AH}{6}$－1は、前後肩先高の差を2等分した位置から、袖ぐり底までの寸法の$\frac{1}{3}$に相当する。

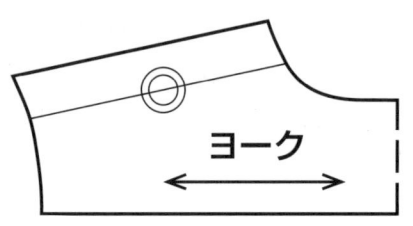

使用量
表布 110cm幅230cm
接着芯 90cm幅50cm

3. オープンカラーのシャツ

デザイン解説

夏用のカジュアルウェアでアウターとしても、また上着を着用してのインナーとしても併用できる便利なデザインである。ウエストの絞りはなく、肩幅も広めで適度なゆとりをもたせてあり、一般的に半袖の場合が多い。裾はパンツの上に出して着用するようにTカットがとられ、短めの設計になっている。

素材は薄手の綿、麻、化繊などの無地が多用されるが、チェック柄やストライプ柄を使用しても変わった感じを楽しめる。また、トロピカル柄を使用すればアロハシャツにもなる。

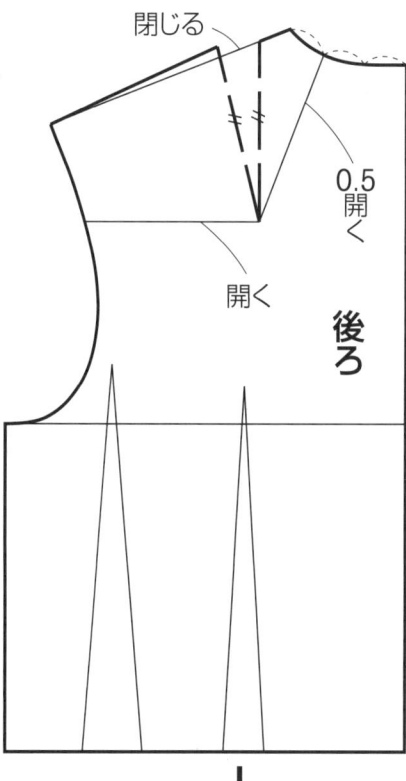

原型のダーツ操作

後ろ身頃
肩ダーツを閉じてネックラインに0.5cm開く。残りをアームホールに開き、ゆとり分量とする。

前身頃
チェストダーツを閉じてネックラインに0.5cm開く。残りをアームホールのゆとり分量とする。

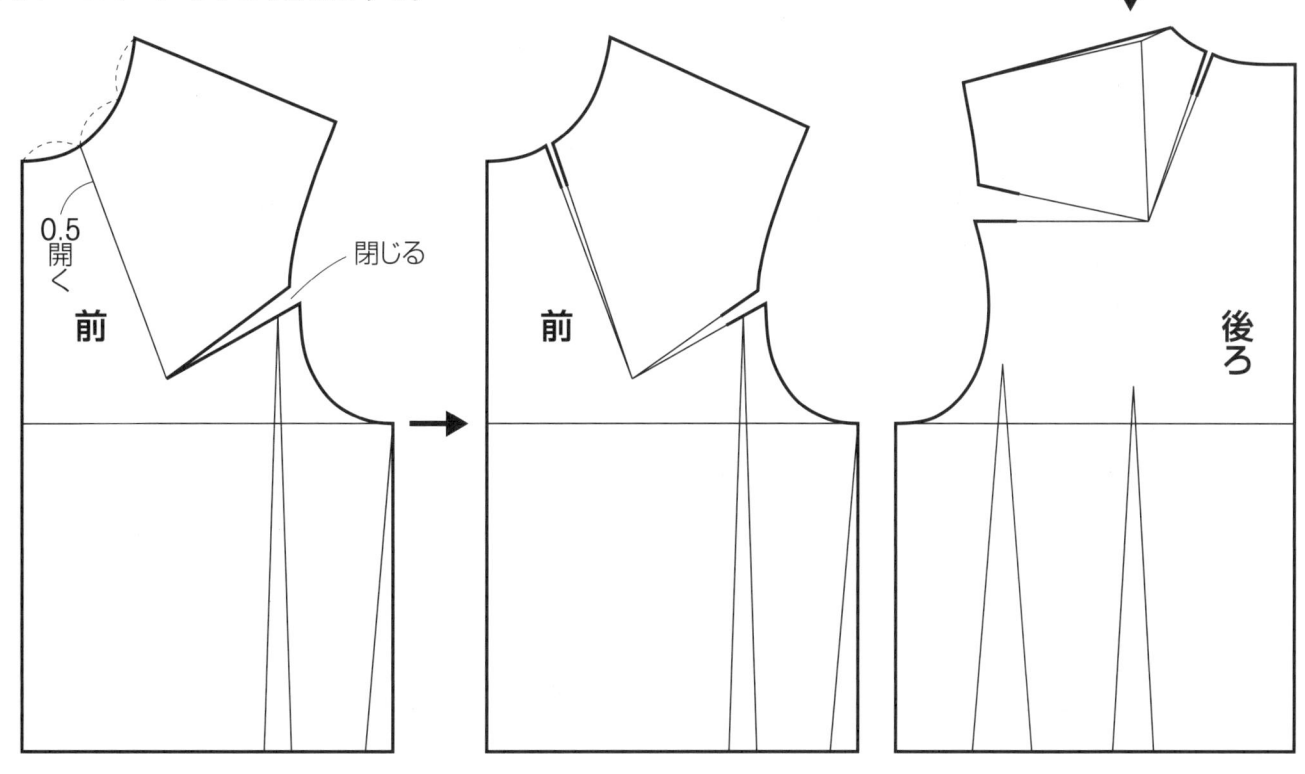

第3章 シャツ

作図要点

後ろ身頃
①身頃のゆとりは原型のままで、ウエストラインからシャツ丈を引き伸ばす。
②衿ぐりは、原型操作で開いたので新たに引き直す。
③肩先を2.5cm延長し、肩線を決める。袖下も、3cmカットしアームホールを引く。
④裾、脇線をかく。脇は原型よりウエストをしぼり、ウエストから下は直下に引く。裾は直線で脇まで引く。

前身頃
①原型のウエストラインからシャツ丈を引き伸ばす。
②前中心に打合せを加え、衿ぐりは中心で1cmおとして、衿ぐりを引き直す。
③アームホールのゆとりのバランスをとるために肩先を1cm上げ、後ろ肩線と同寸法を前肩線としてとり、アームホールを引く。
④裾、脇線をかく。脇は原型よりウエストをしぼり、ウエストから下は直下に引く。裾は直線で脇まで引く。
⑤ポケットをかく。
⑥折返り止りの位置を決め、その高さで第1ボタンをかき、ウエストラインまでを3等分し、等間隔でボタンを入れていく。
⑦見返し線を入れる。

衿
①折返り線の止りからネックラインにぶつかる位置を見つける。その位置から直角に前身頃の衿こし寸法をとる。その点と折返り止りを結び、返り線とする。
②A点から返り線に平行に後ろ衿ぐり寸法をとる。この線をA点を基点に弧線上2.7cm移動させ、衿つけ線をつながりのよい線でかく。
③移動した線に直角に衿こし、衿幅をとり、衿先、衿回りの線をかく。

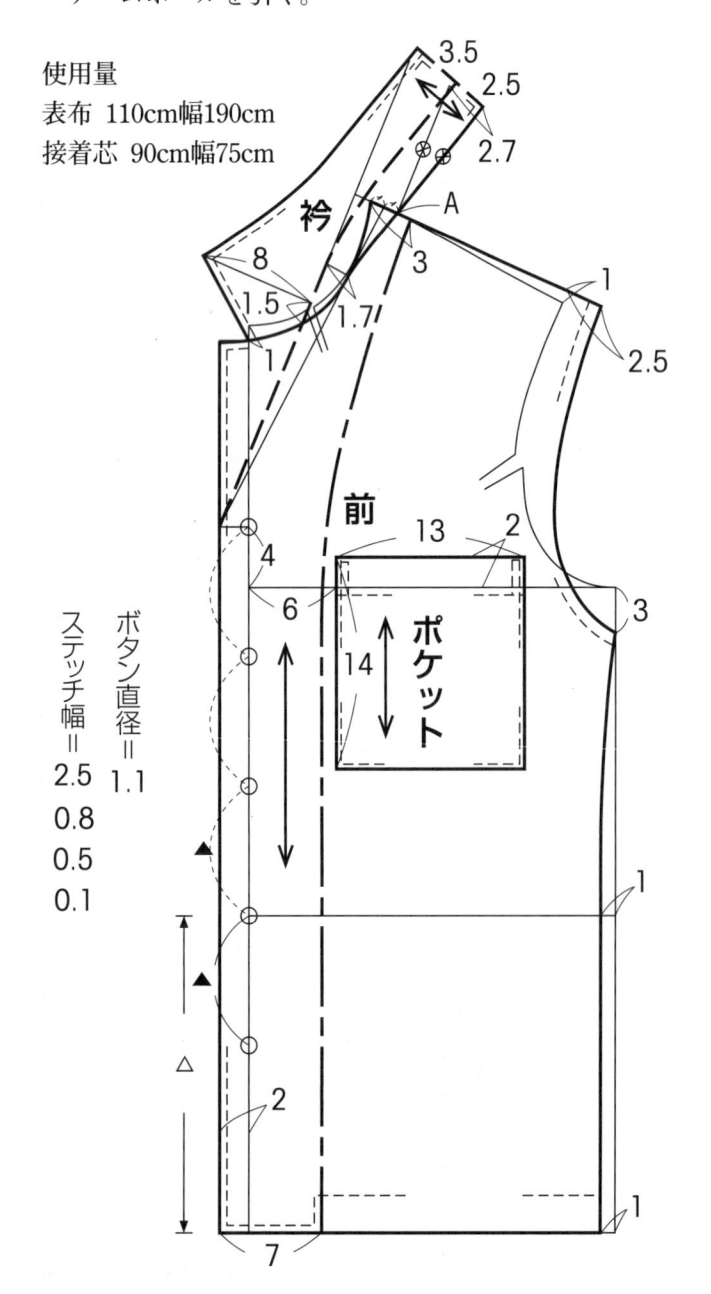

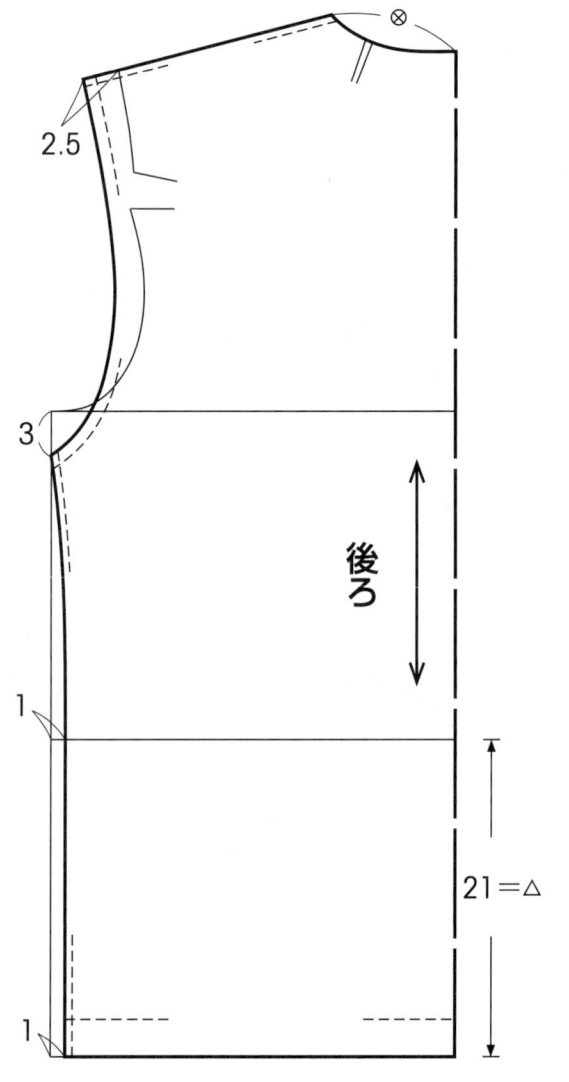

使用量
表布 110cm幅190cm
接着芯 90cm幅75cm

袖

① 袖山の高さは身頃のアームホールの長さの $\frac{1}{6}$ で決める。袖山を決めたら袖丈を引き伸ばす。

② 袖つけ線の案内線を身頃の袖ぐり寸法－0.5cmで引き、袖つけ線をカーブで引く。

③ 袖口寸法を決め、袖下をカーブでつなぐ。

④ 身頃のAHと袖つけ線の長さを確認する。

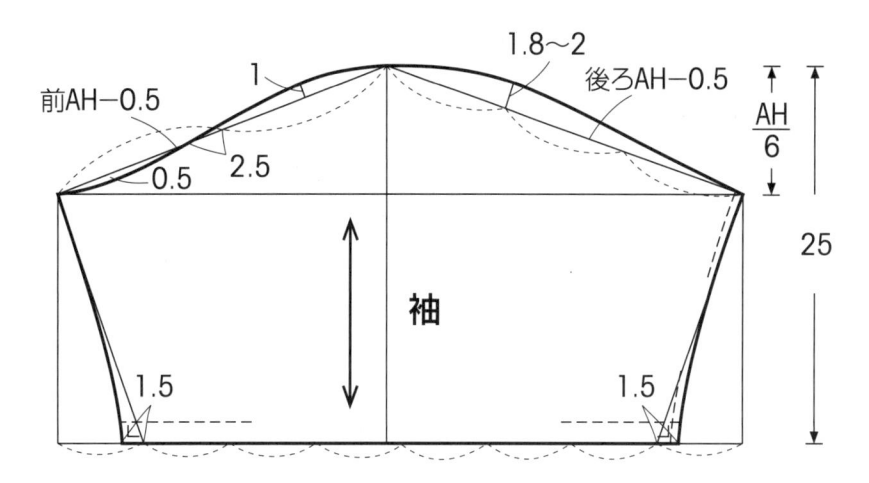

※袖山の高さ $\frac{AH}{6}$ は、前後肩先高の差を2等分した位置から、袖ぐり底までの寸法の $\frac{1}{3}$ より1cm上の位置に相当する。(66ページ参照)

衿の考え方

身頃と上衿が続きになって折り返る衿なので、衿と身頃の返り線が自然につながらなければならない。また、衿こしの幅によって寸法のとり方も変わってくる。寸法の求め方について説明する。

① 前身頃の肩線に後ろ身頃の肩線を突き合わせてうつす。返り止りからネックラインにぶつかる線を引く。

② 返り線の案内線とネックラインの交点から垂直に前衿こし寸法をとる。前衿こし寸法は後ろ衿こし寸法の約70％を目安に決める。この点と折返り止りを結ぶ線を返り線とする。

③ 返り線を軸にして身頃の前端部分をうつす。うつした身頃をもとに上衿の外回りの形をかいていく。衿つけ止りは前中心にする。オープンカラーは身頃を閉じてシャツカラーのようにして着ることがあるためである。肩線をはさんで、後ろの衿つけ寸法（⊗）と外回り寸法（▲）をはかる（図1）。

④ 返り線を軸にして上衿の外回りの肩線から前を反転してうつし、肩線の延長線との交点をBとする。

⑤ 返り線を引くための案内線の肩線との交点からSNPまでの長さをはかり、同寸法を案内線から肩線上にとり（A）、その点から後ろ衿つけ寸法を弧線にとる。反転して衿外回り寸法をB点より弧線にとる。

⑥ 両方の弧線にぶつかるように線を引く。この線が後ろ中心線になる（図2）。

⑦ 後ろ中心線と後ろ衿つけ寸法の交点Cから直角に引き出しながらネックラインにつながるように線を引く。

⑧ 衿つけ線から後ろ中心線上に後ろ衿こし、後ろ衿幅をとり、返り線、外回りそれぞれをつながりよくつないでいく（図3）。返り線と平行にA点から線を引き、この線から衿つけ線までの寸法がねかし寸法になる。

図1 図2 図3

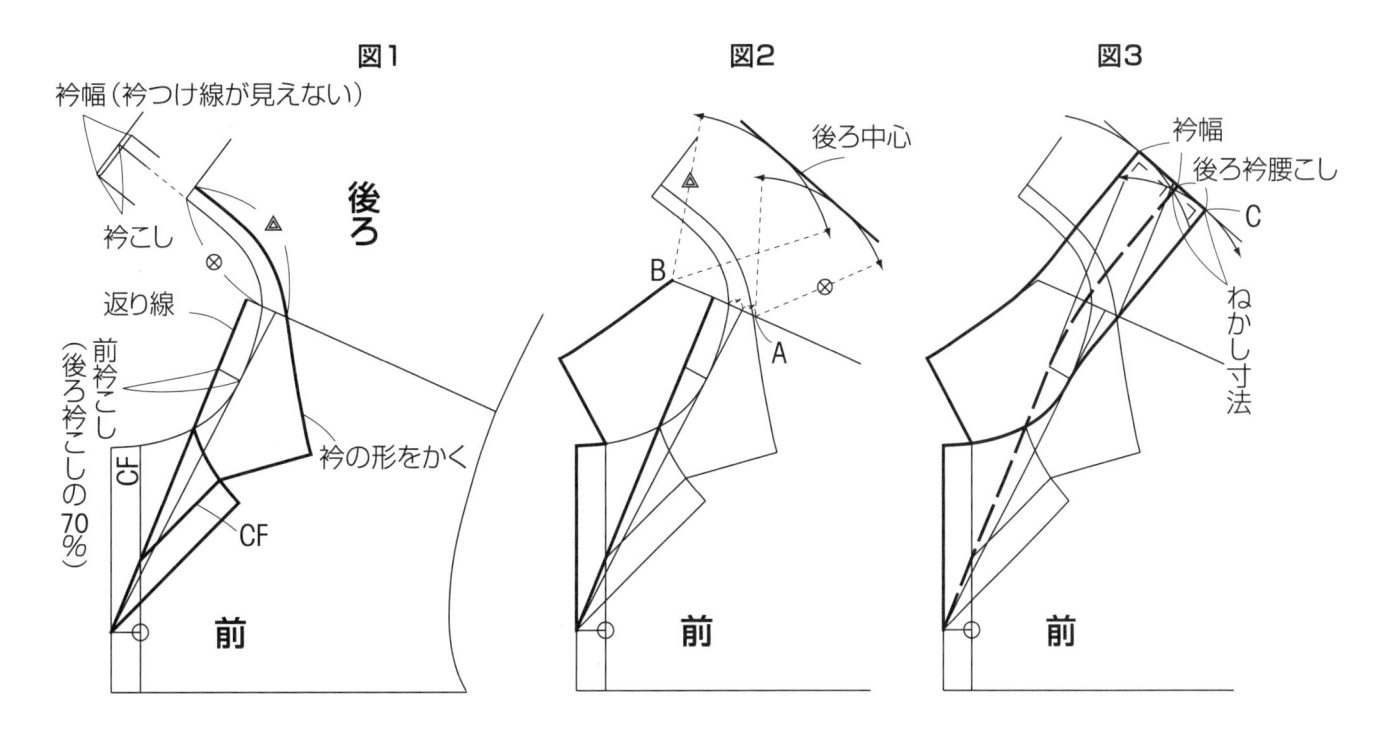

4. 衿のデザインと作図

身頃の作図はすべて同じとする（61ページのドレスシャツ参照）。衿ぐりや持出しの決め方も、いままでの作図どおりである。

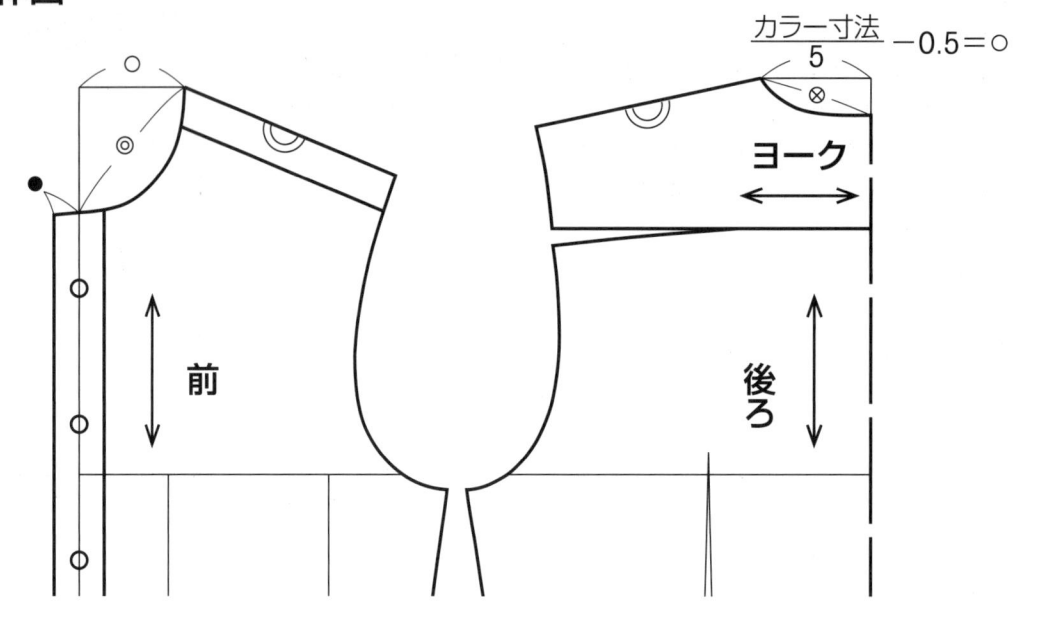

$$\frac{カラー寸法}{5} - 0.5 = ○$$

前

後ろ

ヨーク

(1) イタリアン・カラー

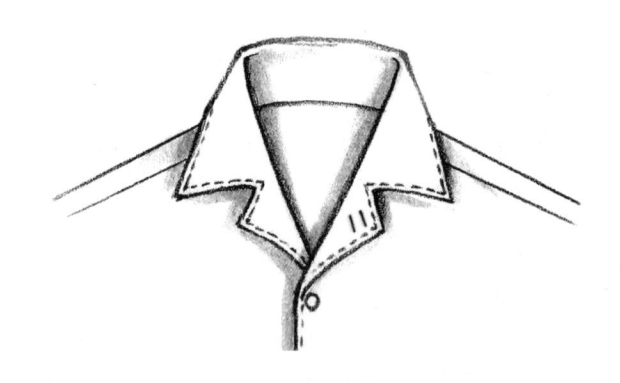

作図要点

① 台衿にあたる部分から作図していく。
② 返り線を決め、上衿部分を作図する。(97ページ参照)
③ ボタンは二つボタンなので、台衿幅を3等分し、つけ位置を決め、0.9cmのボタンをかく。

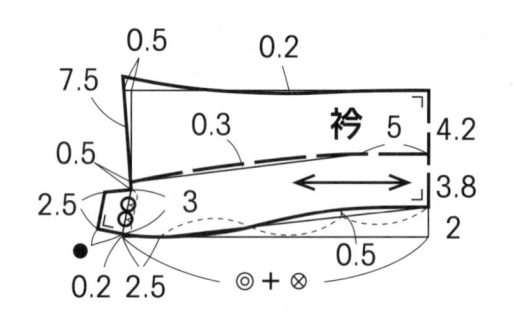

衿　0.5　0.2　7.5　0.3　5　4.2　0.5　3.8　2.5　3　2　0.5　0.2　2.5　◎ + ⊗

(2) ホリゾンタルカラー

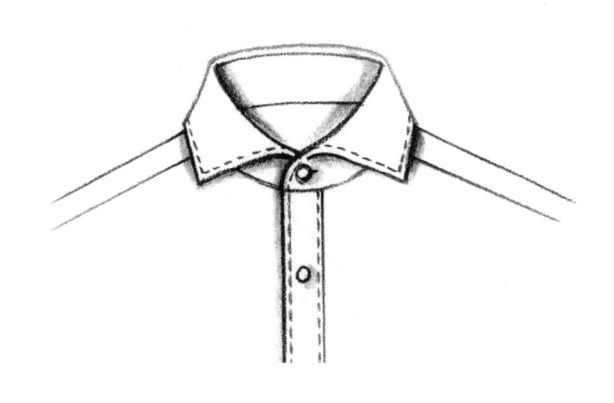

作図要点

① 台衿にあたる部分から作図していく。
② 台衿に合わせ、上衿を作図する。

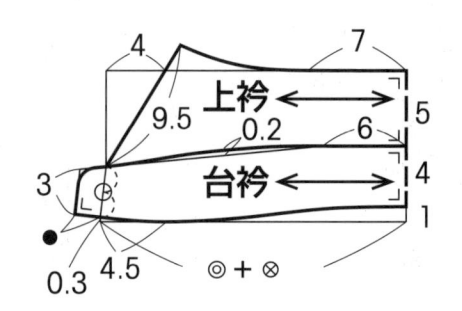

上衿　4　7　5　9.5　0.2　6　台衿　3　4　1　0.3　4.5　◎ + ⊗

(3) マイターカラー

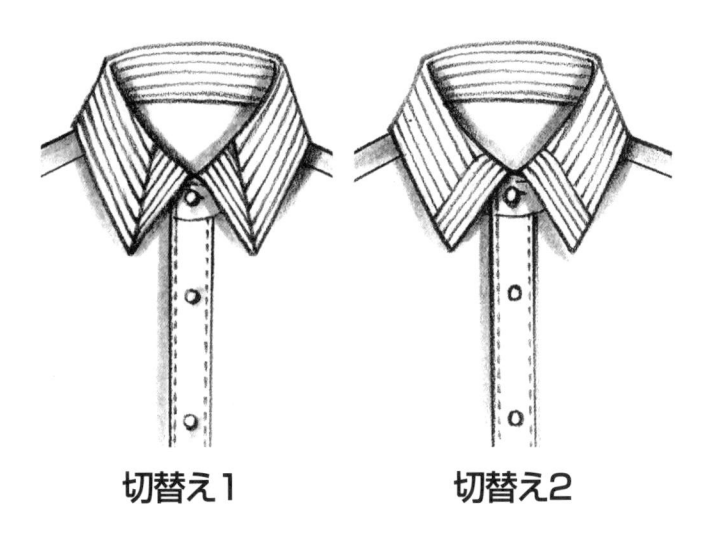

作図要点

①台衿にあたる部分から作図していく。
②台衿に合わせ、上衿を作図する。
③上衿に切替え線を入れる。

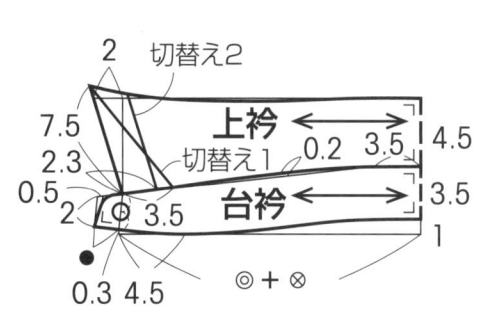

切替え1

切替え2

(4) ラウンドカラー

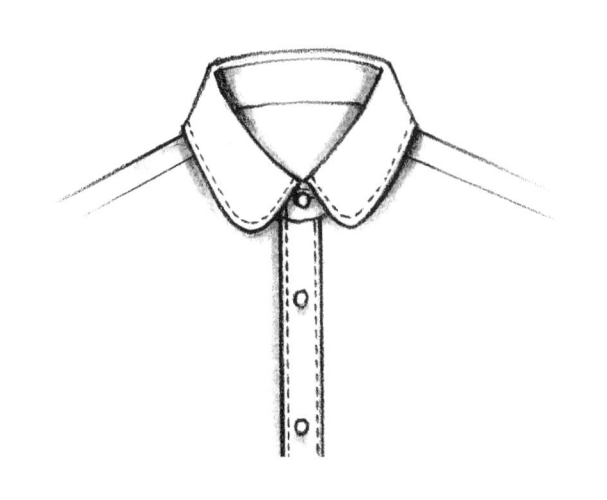

作図要点

①台衿にあたる部分から作図していく。
②台衿に合わせ、上衿を作図する。

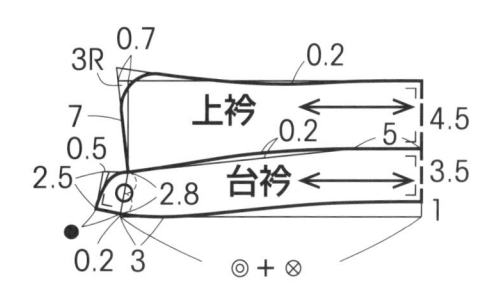

(5) ウィングカラー

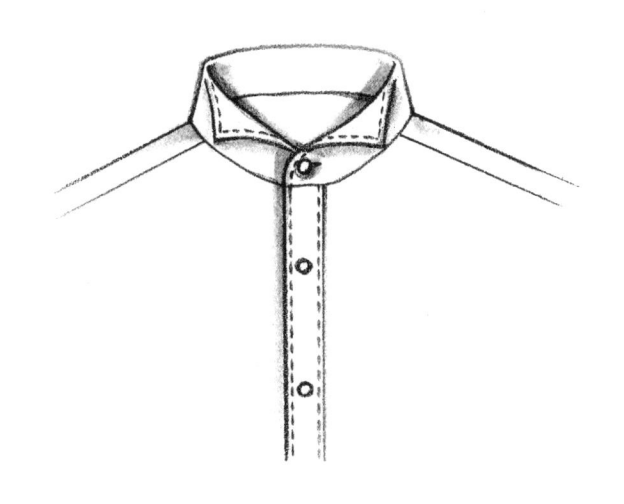

作図要点

①台衿にあたる部分から作図していく。
②返り線を決め、衿先を作図する。

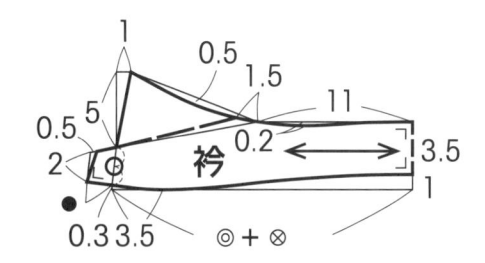

Ⅳ. シャツの縫製法

台衿つきシャツカラーのシャツ

(1) 裁断

裁合せは、布のむだを少なくし裁断がしやすいようにパターンを配列する。

まず、前後身頃、ヨーク、袖などの大きなパターンを配置する。次に衿、カフス、ポケット、剣ボロなどの小さいパターンを配置する。

小さいパターンは、それぞれ粗裁ちをしてから各パーツごとに正確に裁ち直す。

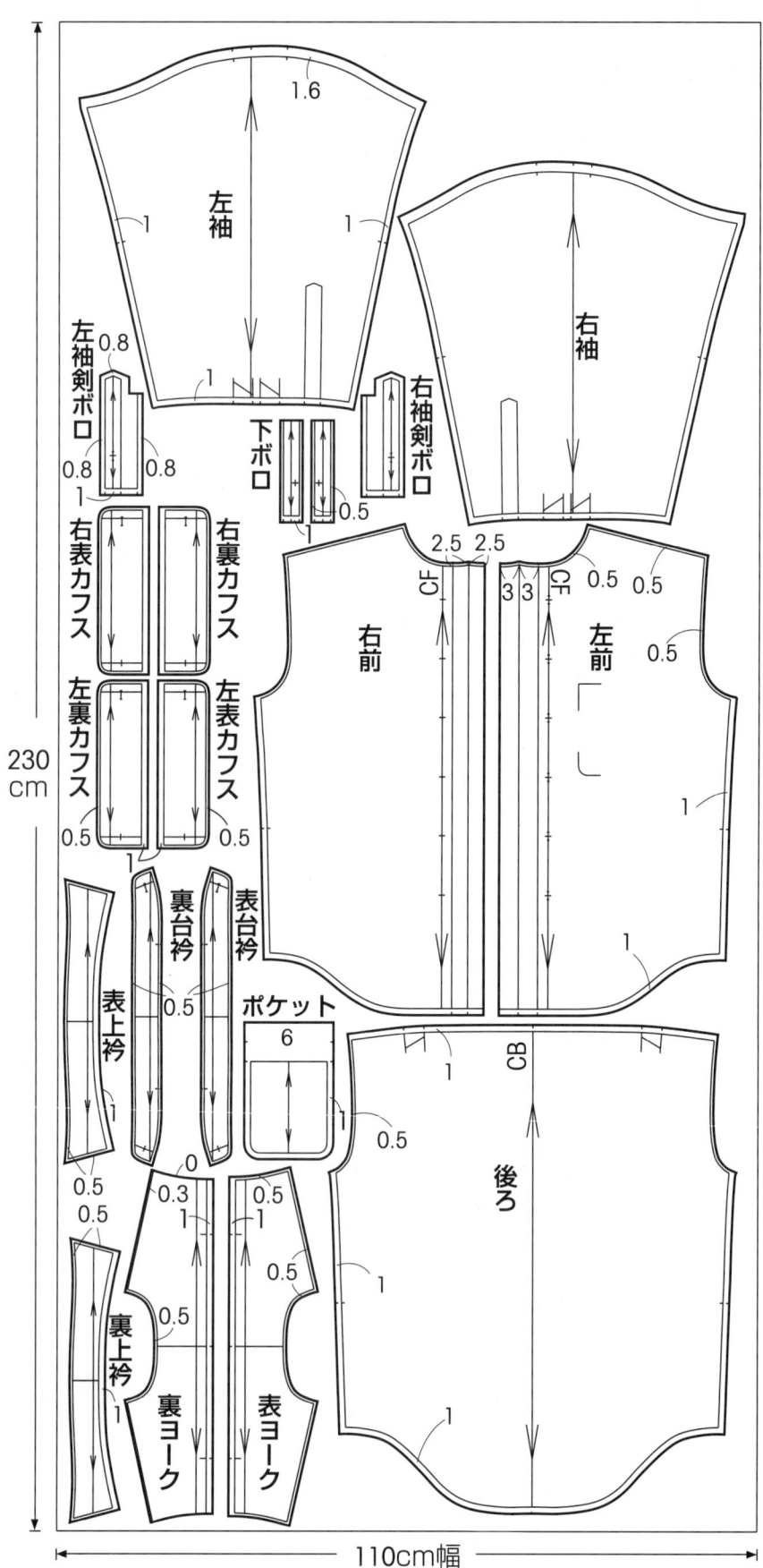

裁合せ図

(2) 本縫い前の準備

接着芯を裁断し、アイロンで接着する。

裁合せ図

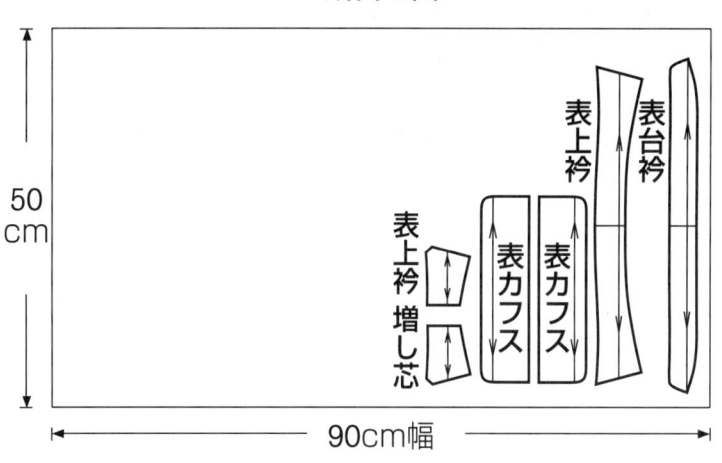

(50cm × 90cm幅に、表台衿・表上衿・表カフス・表上衿増し芯を配置)

上衿の接着芯はつけ側を出来上り線より0.5cm縫い代にかけ、その他はすべて出来上りの大きさではる。

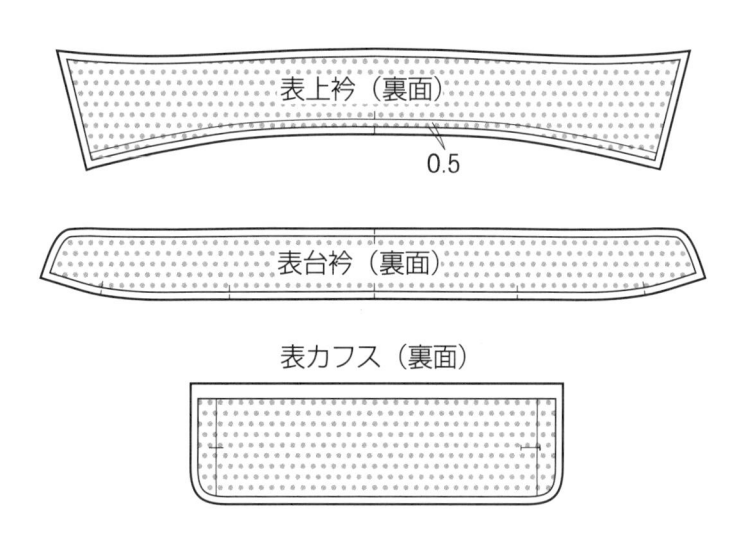

表上衿（裏面） 0.5

表台衿（裏面）

表カフス（裏面）

さらに表上衿には、同じ接着芯を衿先に増し芯としてはる。増し芯は衿先から8cmくらいまでの大きさで衿先の角を裁ち落とし、先にはった接着芯の上に同様にはる。

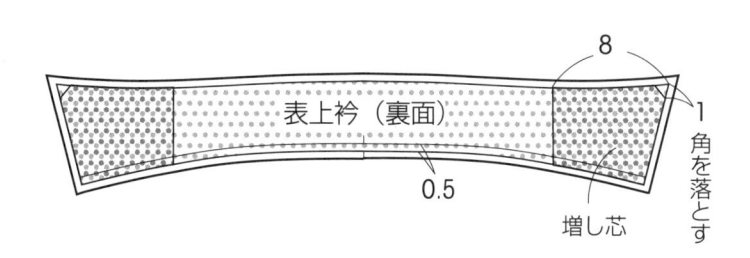

表上衿（裏面） 8　1 角を落とす　0.5　増し芯

第3章　シャツ　73

(3) 本縫い

1 前身頃の前立てと見返しを始末する

　身頃から裁ち出した前立てと見返しは、それぞれ右図のように折る。左右の折り幅と折り返す方向が異なるので注意する。

右前（下前側）の見返しは、身頃の裏面に2.5の完全三つ折りにする。
左前（上前側）の前立ては、身頃の表面に3の完全三つ折りにする。前立ての部分には表布の裏面が出る（表裏の表情の違う布には不向き）。

右前（下前側）は身頃の裏面をみて、見返し奥の折り山から0.2〜0.3のステッチで押さえる。
左前（上前側）は身頃の表面をみて、前立ての両折り山から0.5のステッチで押さえる。

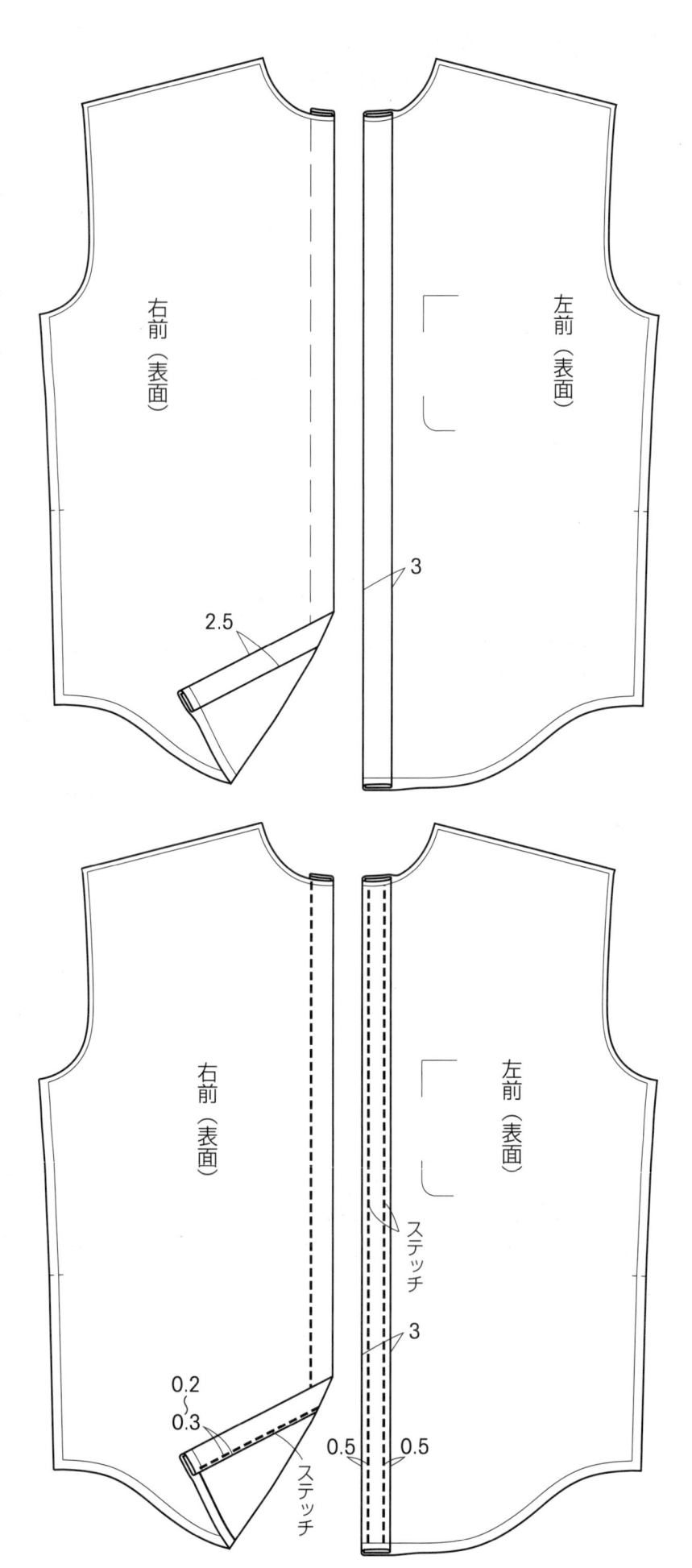

2 ポケットを作る

3 ステッチ
0.1
ポケット（裏面）

ポケット口の縫い代を完全三つ折りに折り、ステッチをかける

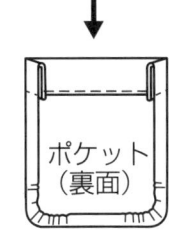

↓

ポケット（裏面）

ポケット回りを出来上りに折る

3 ポケットをつける

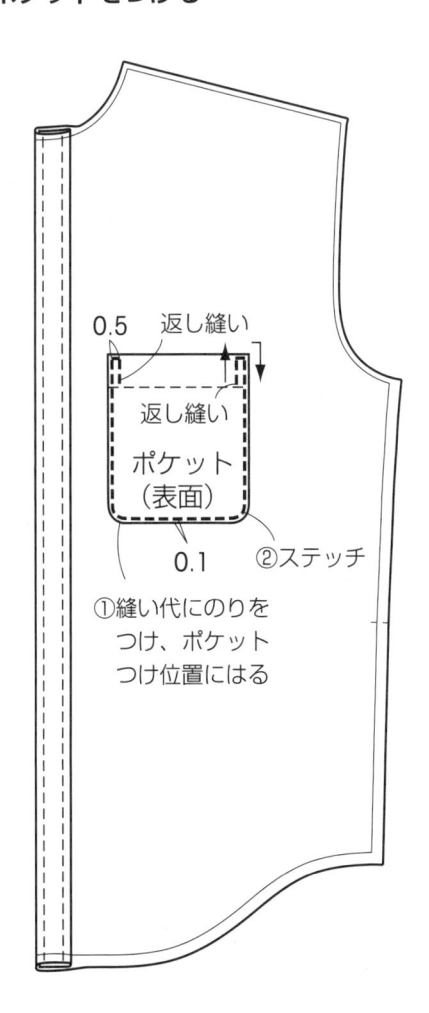

0.5 返し縫い
返し縫い
ポケット（表面）
0.1　②ステッチ

①縫い代にのりをつけ、ポケットつけ位置にはる

4 ヨークをつける

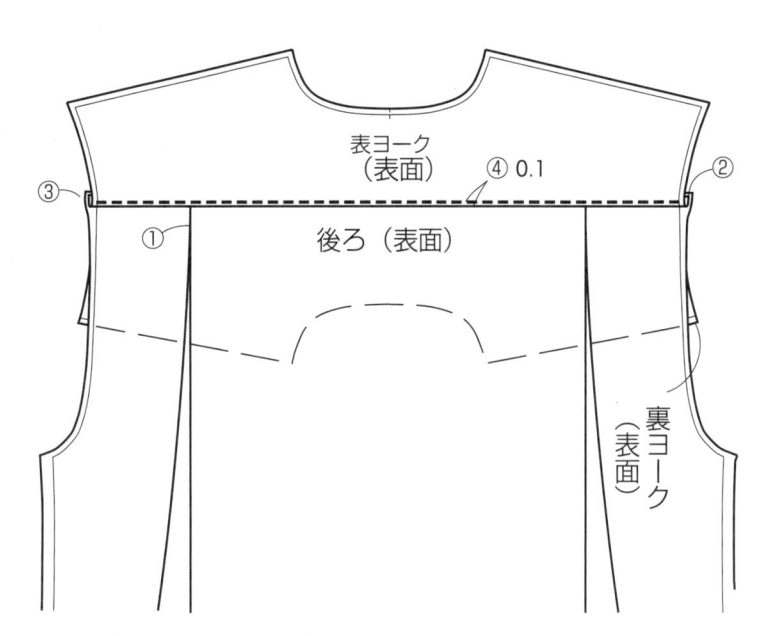

表ヨーク（表面）
③　④0.1　②
①
後ろ（表面）
裏ヨーク（表面）

①後ろ身頃のタック分を出来上りにたたんで、のりではる。（のりは洋裁用ののりを水でうすめて使う。）

②表ヨークの身頃つけ縫い代を出来上りに折り、図のように縫い代をのりではり合わせる。

③裏ヨークは後ろ身頃の裏面に中表になるように裁ち端を合わせ、縫い代をのりではる。

④0.1のステッチをかける。このステッチで表、裏ヨークが止まる。

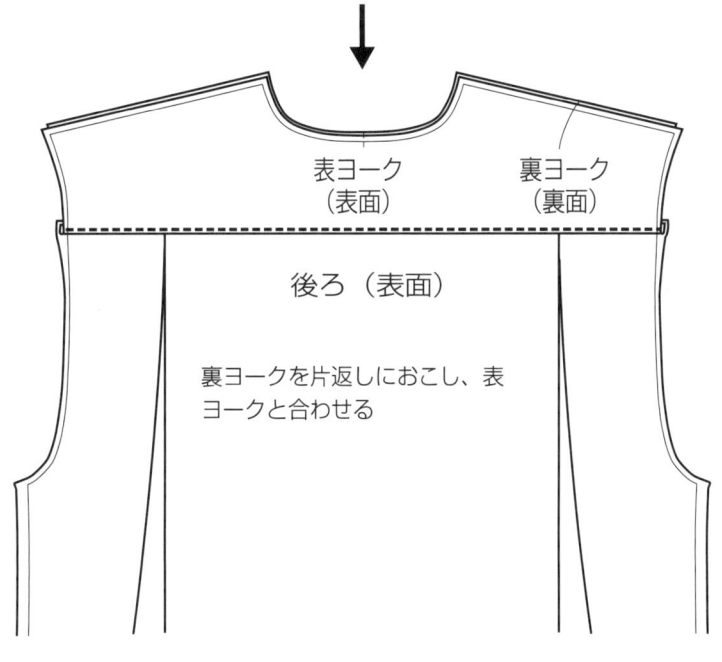

↓

表ヨーク（表面）　裏ヨーク（裏面）
後ろ（表面）

裏ヨークを片返しにおこし、表ヨークと合わせる

第3章　シャツ

0.5　　　　　　　　0.5

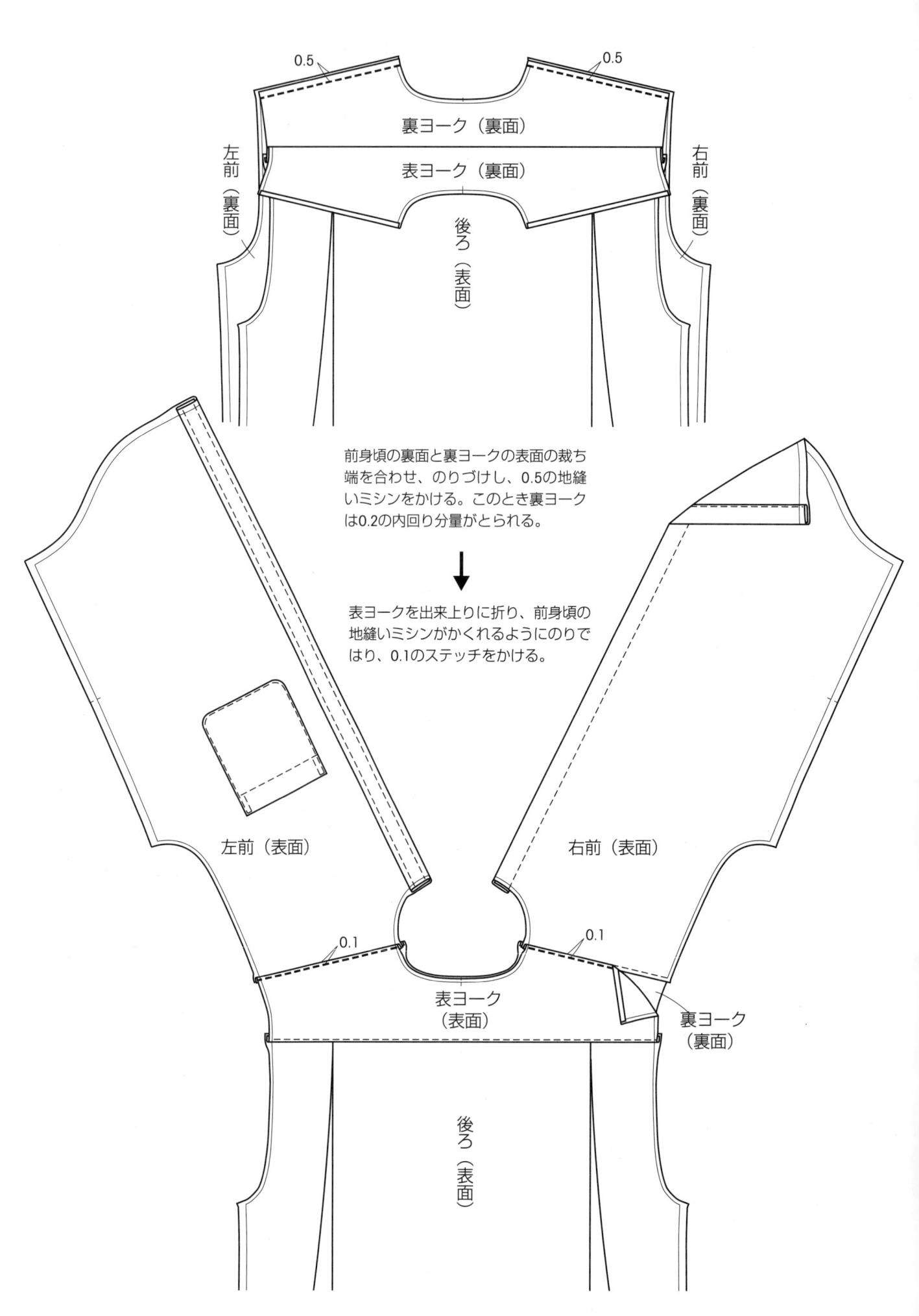

裏ヨーク（裏面）

表ヨーク（裏面）

左前（裏面）　　右前（裏面）

後ろ（表面）

前身頃の裏面と裏ヨークの表面の裁ち端を合わせ、のりづけし、0.5の地縫いミシンをかける。このとき裏ヨークは0.2の内回り分量がとられる。

↓

表ヨークを出来上りに折り、前身頃の地縫いミシンがかくれるようにのりではり、0.1のステッチをかける。

左前（表面）　　　右前（表面）

0.1　　　　　0.1

表ヨーク（表面）

裏ヨーク（裏面）

後ろ（表面）

5 衿を作る

①表上衿と裏上衿を中表に合わせ、縫い代をのりではり合わせる。

②出来上りにミシンをかける。

上衿

①〜②の順に縫い代をミシン目の際から表上衿側へ折る。

③衿先の縫い代はつき合せになるようにカットする。

①衿を表に返し、毛抜き合せにアイロンで整える。このとき衿先は目打ちなどを使い縫い代を押し出すようにする。

②衿回りを0.5のステッチで押さえる。

③つけ側の縫い代をのりではり合わせる。このとき、裏衿を少し引き出してつらせぎみにはる。飛び出した余分な縫い代は、表衿の縫い代の裁ち端に合わせてカットする。

表台衿のつけ側の縫い代を出来上りに折ってのりではる。

台衿

①裏台衿と表上衿が中表になるように合わせ、さらに裏上衿と表台衿を中表に合わせる。上衿を少しいせぎみにしながら縫い代をのりではり合わせる。

②上衿のつけ側の縫い代1と台衿の縫い代0.5の裁ち端を合わせ、端から0.5の位置にミシンをかける。上衿と台衿の縫い代の差の0.5が、上衿を折るときのゆとりになる。

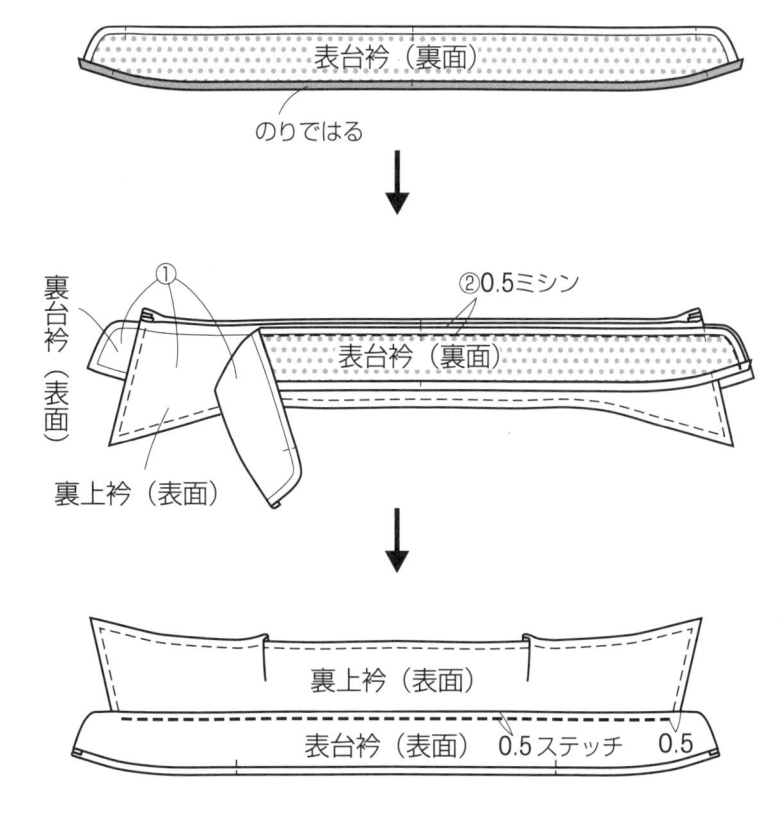

表に返し、台衿の回りにきせがかからないようにアイロンで整える。
上衿のつけ止りから0.5控えた位置に、0.5のステッチをかける。

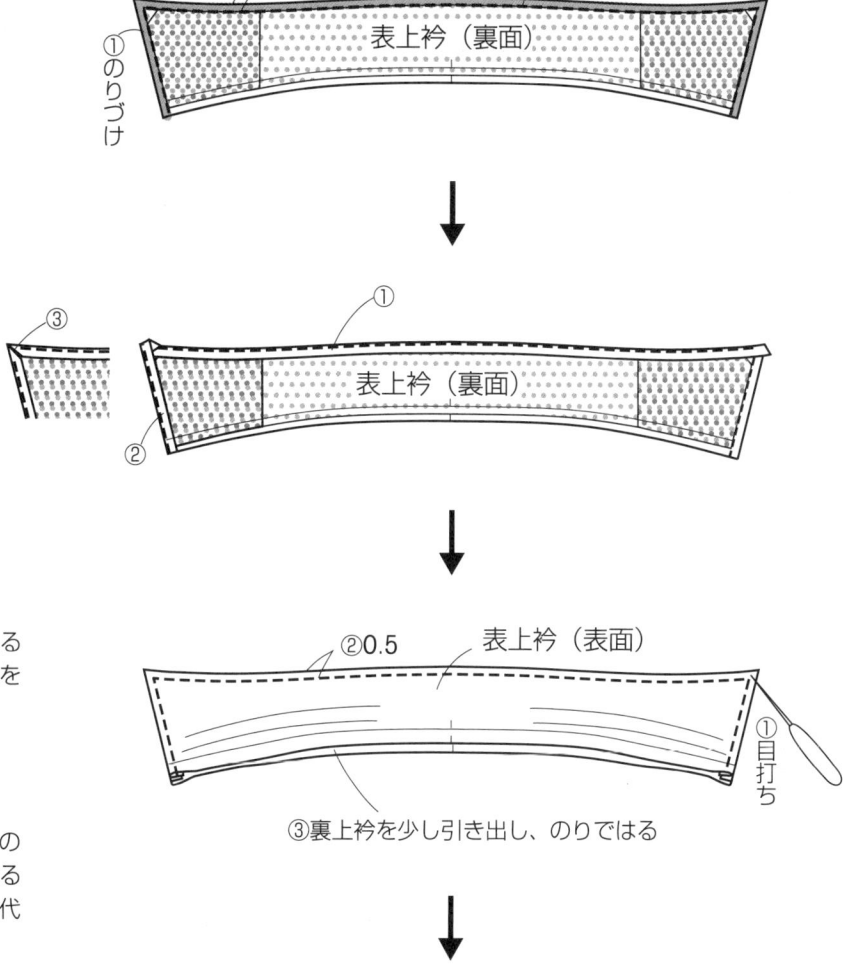

第3章 シャツ

6 衿をつける

①身頃裏面と裏台衿表面を合わせる。このとき、台衿の前端を身頃の前端より0.1出して合わせて、しつけをする。

②衿ぐりの出来上りに裏台衿つけミシンをかける。身頃の衿ぐりの布目がバイアスになるので、伸ばさないよう注意して縫う。

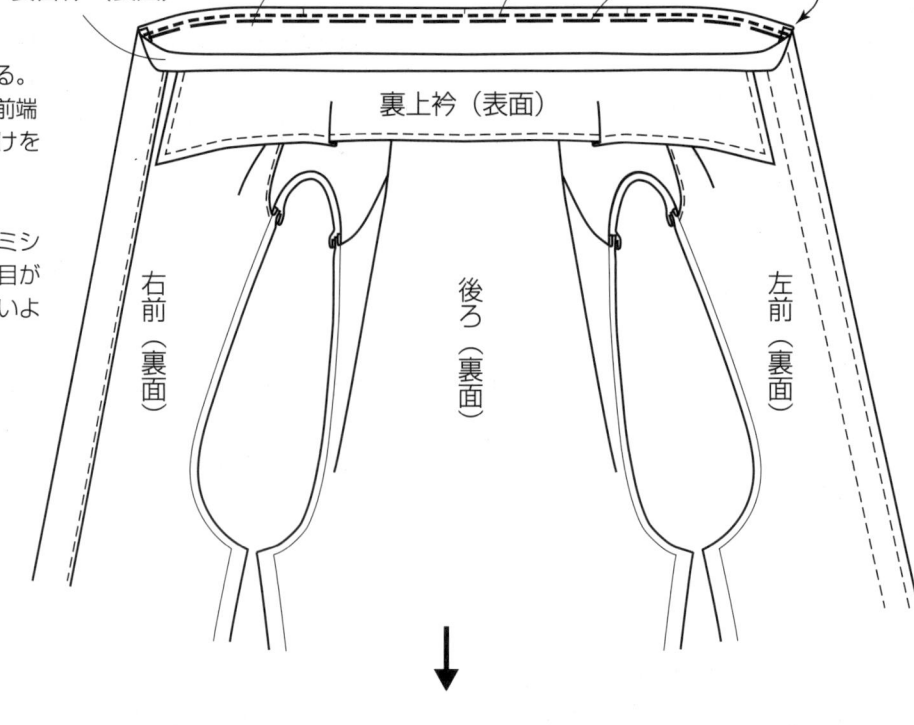

表台衿（表面）　裏台衿（裏面）　②ミシン　①しつけ　0.1台衿を出す

裏上衿（表面）

右前（裏面）　後ろ（裏面）　左前（裏面）

↓

2.5　裏上衿（表面）

①しつけ　表台衿（表面）

② 0.1ステッチ

左前（表面）　後ろ（表面）　右前（表面）

①裏台衿をおこして衿ぐりの縫い代を台衿側に片返す。裏台衿つけミシンがかくれるように表台衿をのせ、しつけをする。

②台衿回りを0.1のステッチで押さえる。ステッチは上衿つけ止りの2.5奥からかけ始め、台衿のつけ側を通り、もう一方の上衿つけ止りの奥2.5で終わる。

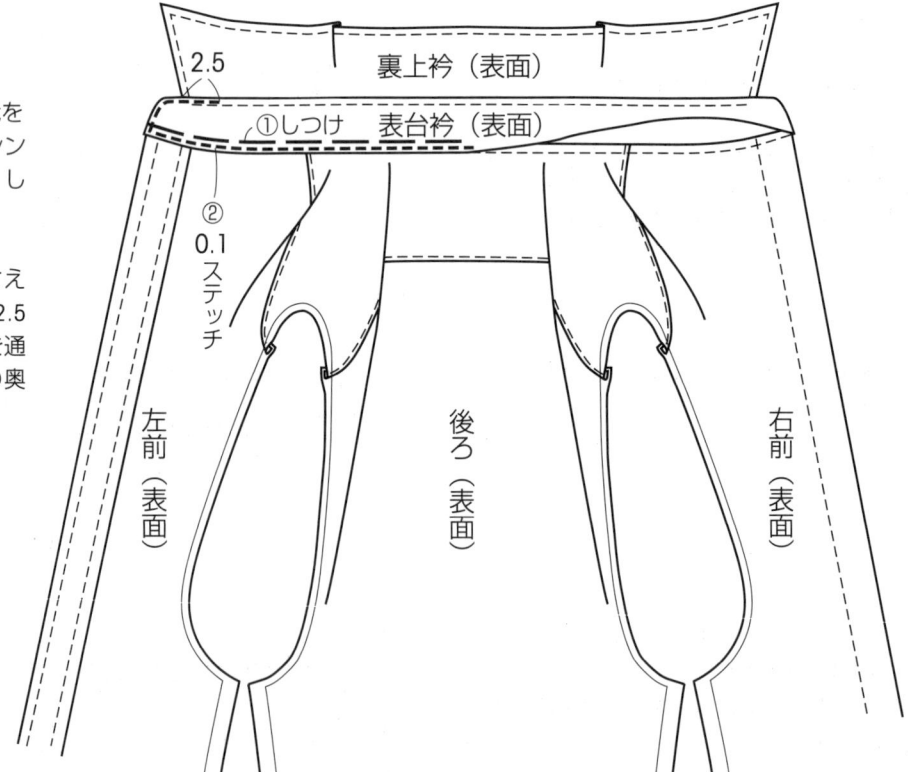

7 袖口の剣ボロあきを作る

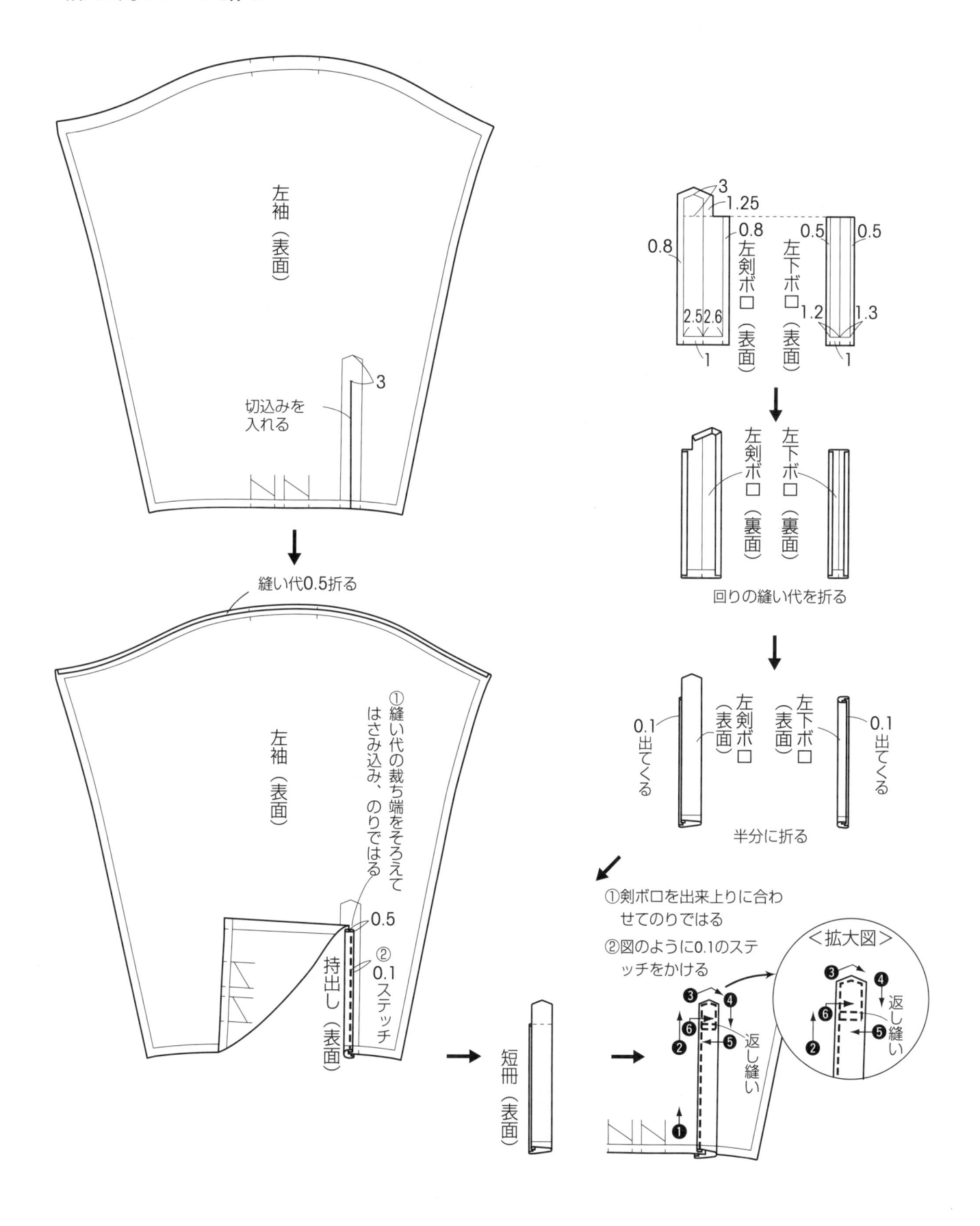

左袖（表面）

切込みを入れる

3

縫い代0.5折る

左袖（表面）

① 縫い代の裁ち端をそろえてはさみ込み、のりではる

0.5

持出し（表面）

② 0.1 ステッチ

3
1.25
0.8
0.8
左剣ボロ（表面）
2.5 2.6
1

0.5 0.5
左下ボロ（表面）
1.2 1.3
1

回りの縫い代を折る

左剣ボロ（裏面）
左下ボロ（裏面）

0.1 出てくる
左剣ボロ（表面）
左下ボロ（表面）
0.1 出てくる

半分に折る

① 剣ボロを出来上りに合わせてのりではる
② 図のように0.1のステッチをかける

短冊（表面）

返し縫い

＜拡大図＞

返し縫い

第3章　シャツ　79

8 袖をつける

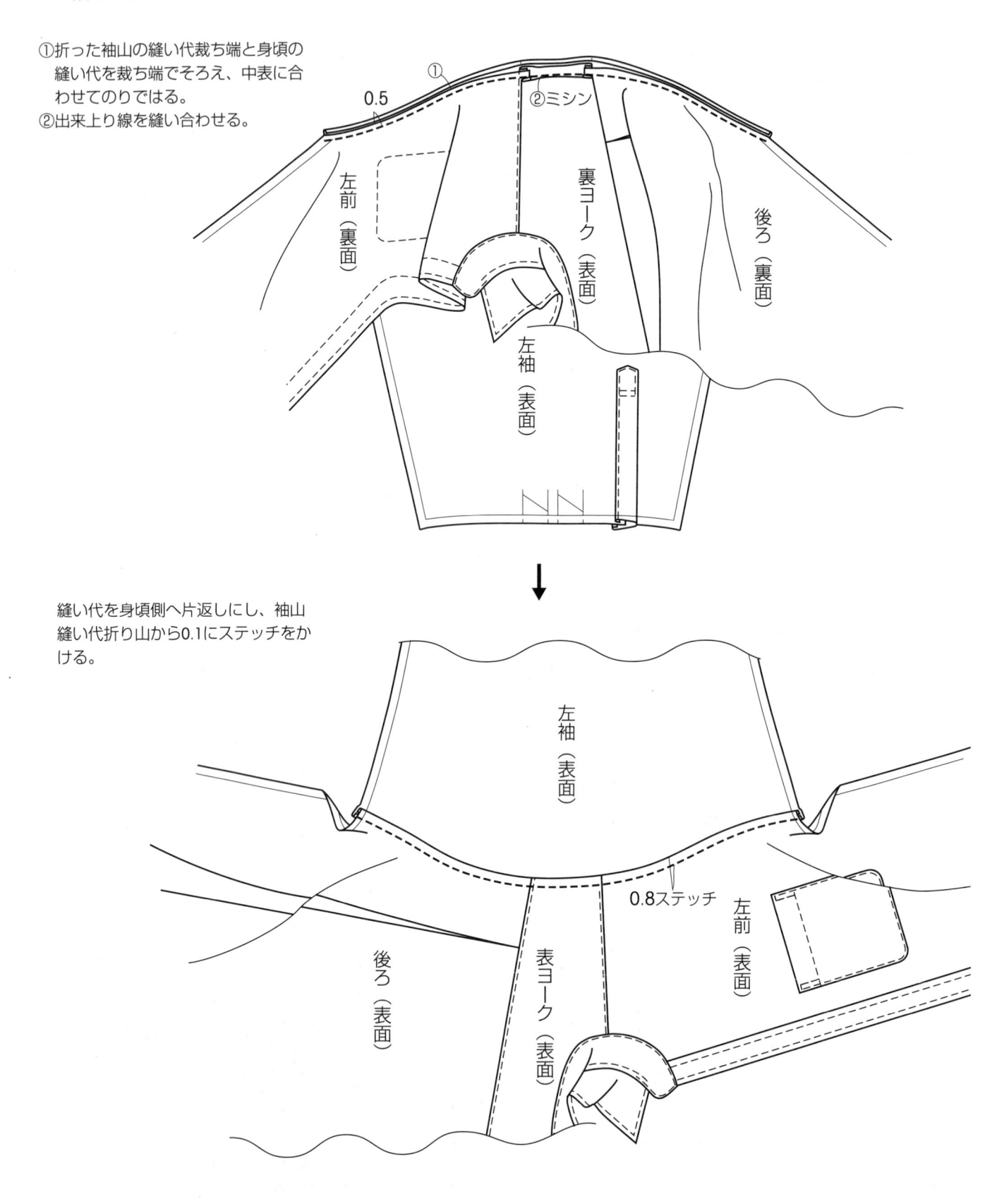

①折った袖山の縫い代裁ち端と身頃の縫い代を裁ち端でそろえ、中表に合わせてのりではる。
②出来上り線を縫い合わせる。

① 0.5
②ミシン
左前（裏面）
裏ヨーク（表面）
後ろ（裏面）
左袖（表面）

縫い代を身頃側へ片返しにし、袖山縫い代折り山から0.1にステッチをかける。

左袖（表面）
0.8ステッチ
左前（表面）
後ろ（表面）
表ヨーク（表面）

9 袖下から脇を続けて縫う

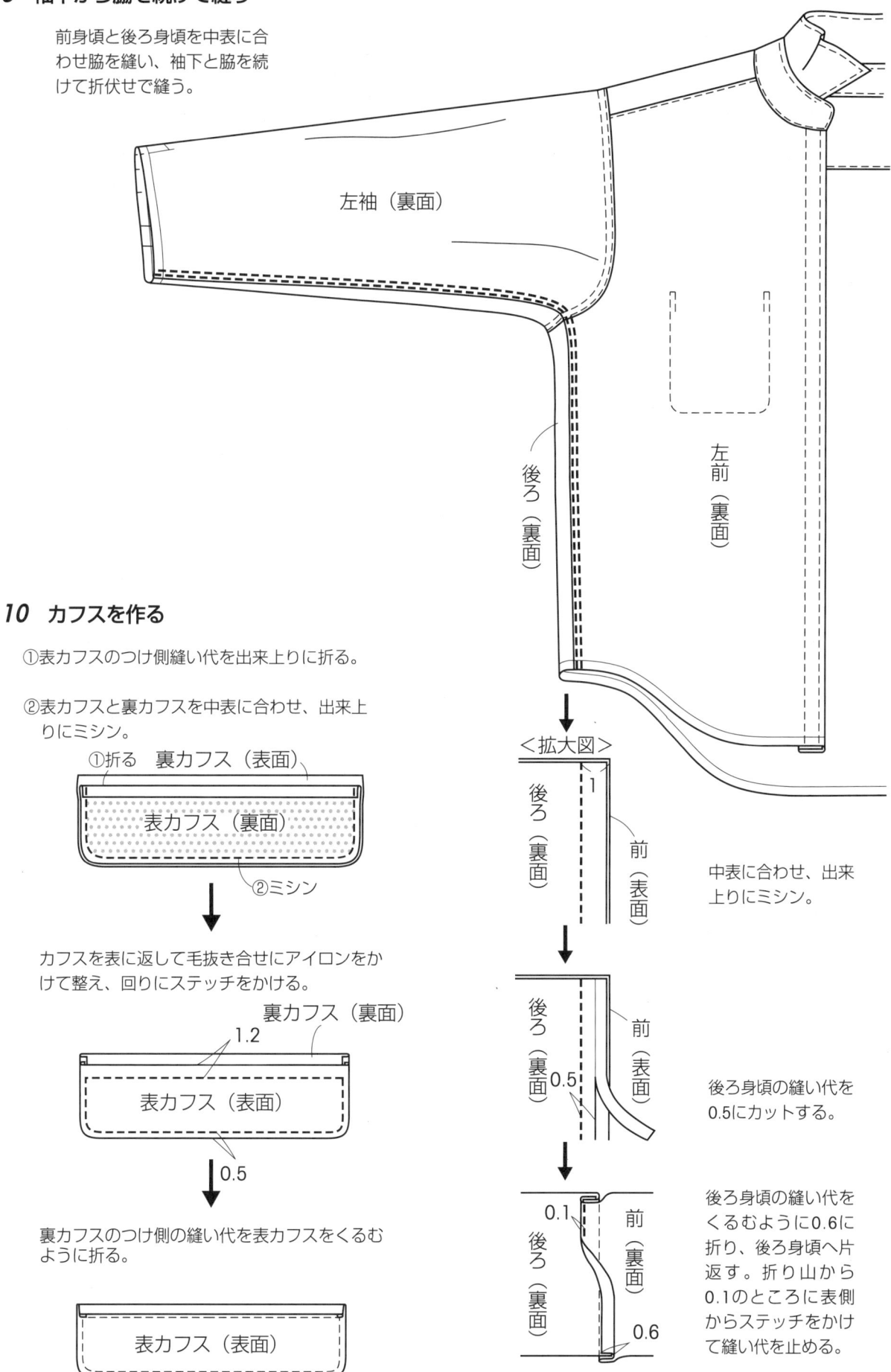

前身頃と後ろ身頃を中表に合わせ脇を縫い、袖下と脇を続けて折伏せで縫う。

10 カフスを作る

①表カフスのつけ側縫い代を出来上りに折る。

②表カフスと裏カフスを中表に合わせ、出来上りにミシン。

カフスを表に返して毛抜き合せにアイロンをかけて整え、回りにステッチをかける。

裏カフスのつけ側の縫い代を表カフスをくるむように折る。

＜拡大図＞

中表に合わせ、出来上りにミシン。

後ろ身頃の縫い代を0.5にカットする。

後ろ身頃の縫い代をくるむように0.6に折り、後ろ身頃へ片返す。折り山から0.1のところに表側からステッチをかけて縫い代を止める。

第3章 シャツ

11 カフスをつける

①袖口のタックをたたみ、縫い代をのりではり合わせる。

②表カフスの上に袖の表面がのるように置き、裏カフスの縫い代と袖口の縫い代をのりではり合わせる。

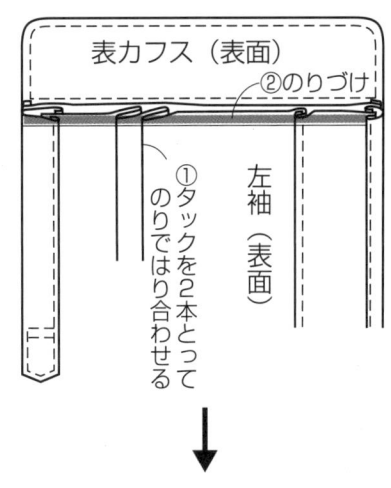

①はり合わせた縫い代はカフスの中に押し込み、表カフスの縫い代を袖口縫い代にのりではる。

②表カフスの折山に0.1のステッチをかけて押さえる。

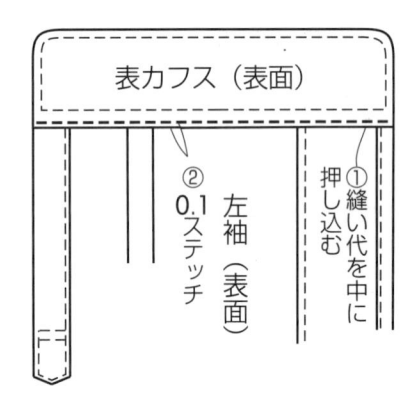

12 裾の始末

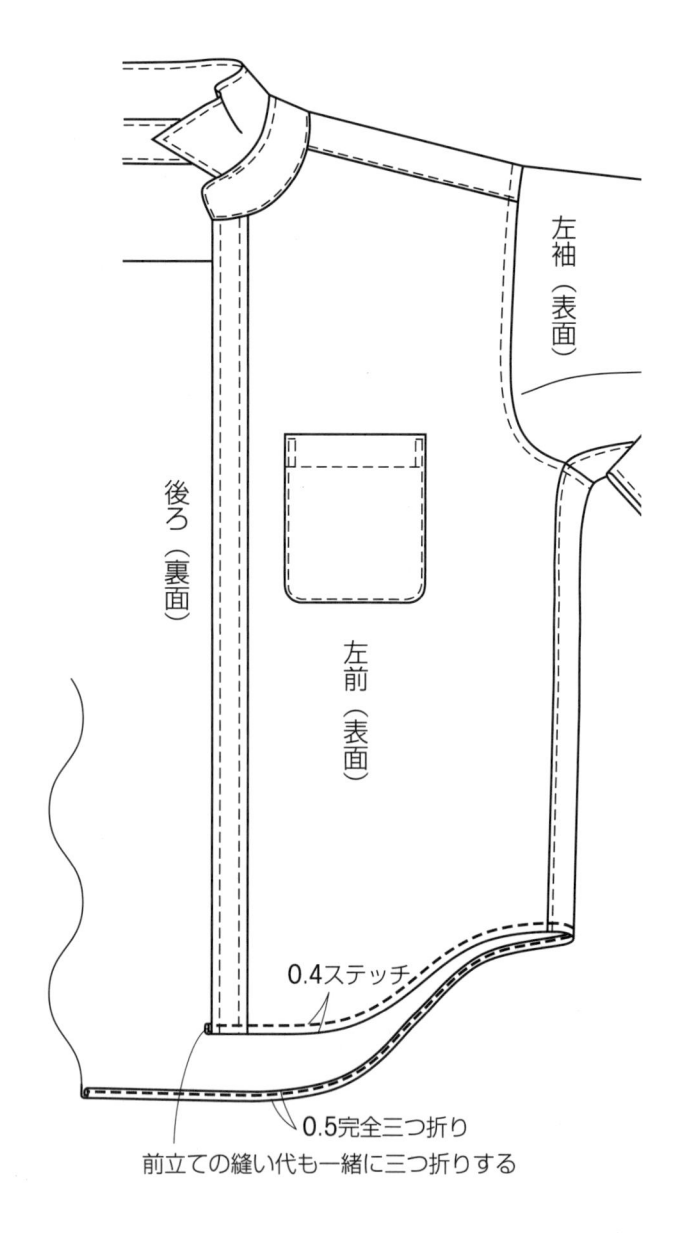

0.4ステッチ

0.5完全三つ折り
前立ての縫い代も一緒に三つ折りする

13 ボタン穴を作り、ボタンをつける

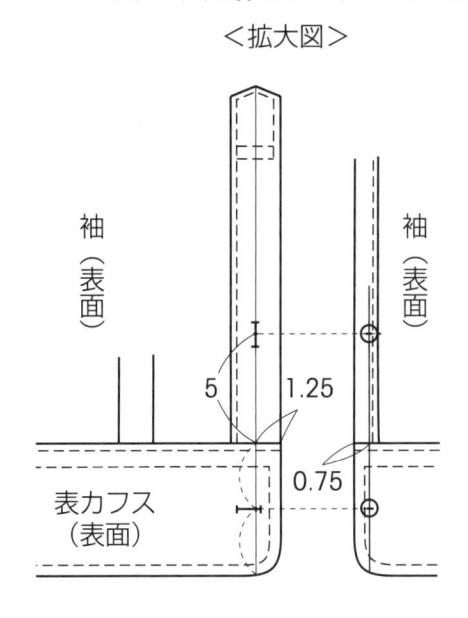

台衿……ボタン穴は台衿幅の中間と前中心の交点に決める。ただし、前中心線からは重なり分のゆとりとしてボタン穴の大きさの$\frac{1}{3}$前端寄りに横穴の止めがくるように両止めのボタン穴かがりをする。

前立て…第1ボタンは前中心に台衿のつけ位置から5cmの位置に決め、第1ボタンから下は9cmの間隔にする。

縦穴のボタン穴はつけ位置を挟んで上下同寸になるように配置し、両止めのボタン穴かがりをする。いちばん下のボタン穴は、横への動きに対応するために横穴にする場合もある。

カフス…カフス幅の2等分の位置と、剣ボロ幅の中心との交点の位置とする。ボタン穴は横穴の両止めのボタン穴かがりにする。

剣ボロ…カフスつけ位置より5cm上の剣ボロ幅の中心に決める。ボタン穴は縦穴の両止めのボタン穴かがりにする。

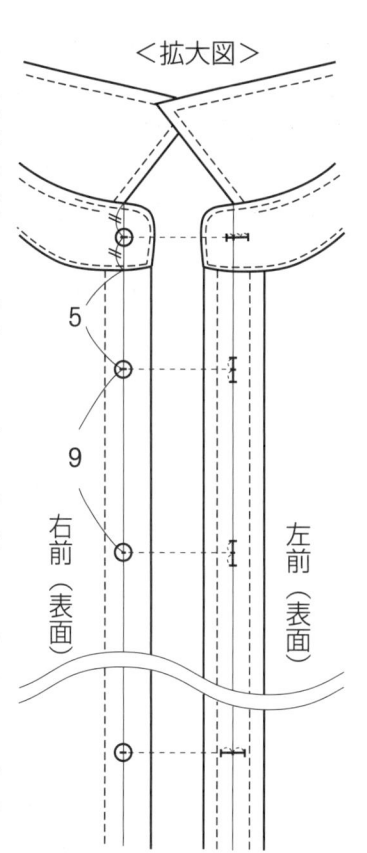

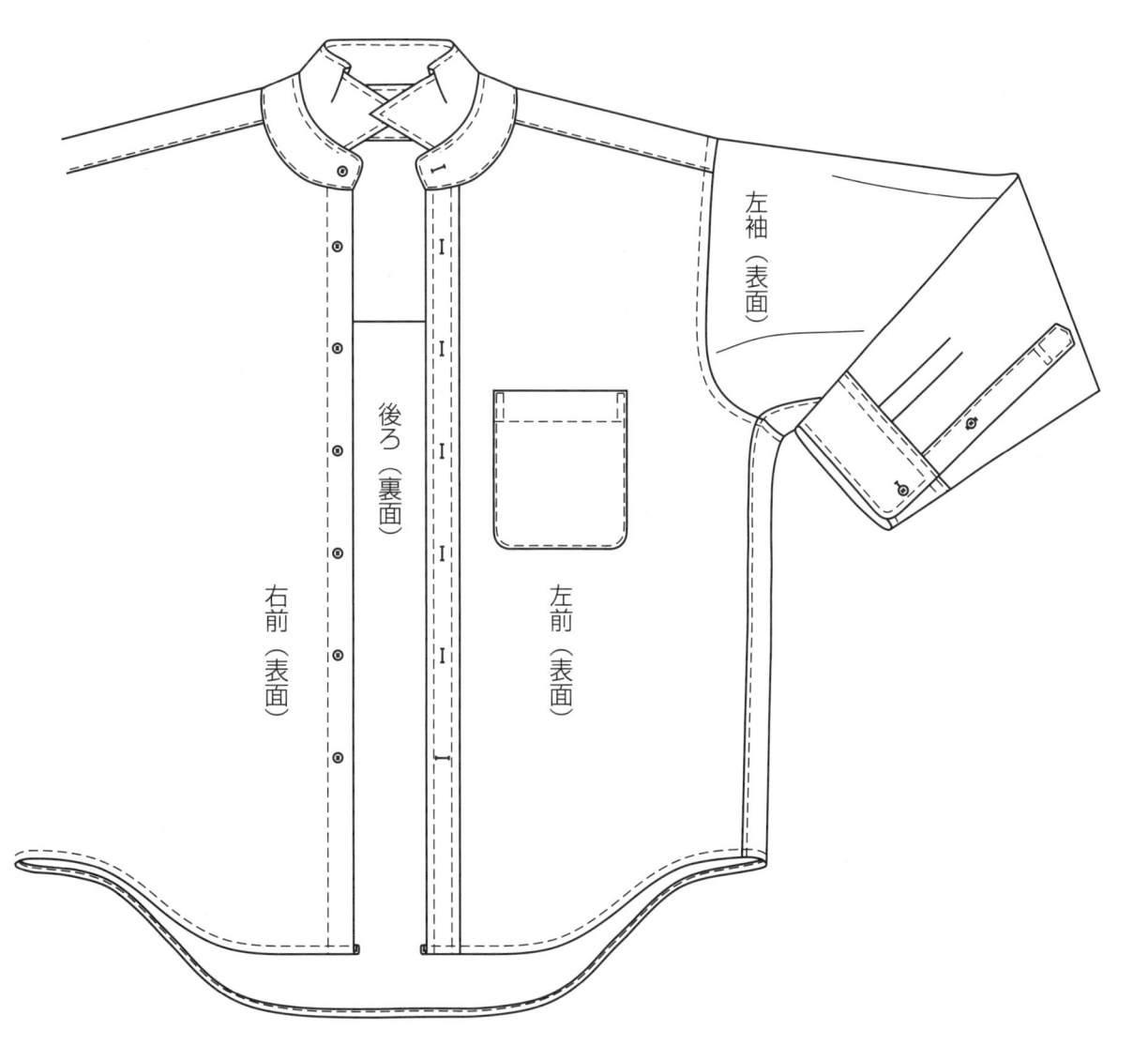

<コンバーティブルカフスにする場合>

コンバーティブルカフスは下ボロを折り曲げた状態でカフスつけをする。そのため、作図の段階で下ボロ分袖口寸法を大きくして作図する。縫製は普通の剣ボロあきと変わらないが、ボタンのつけ方が変わってくる。

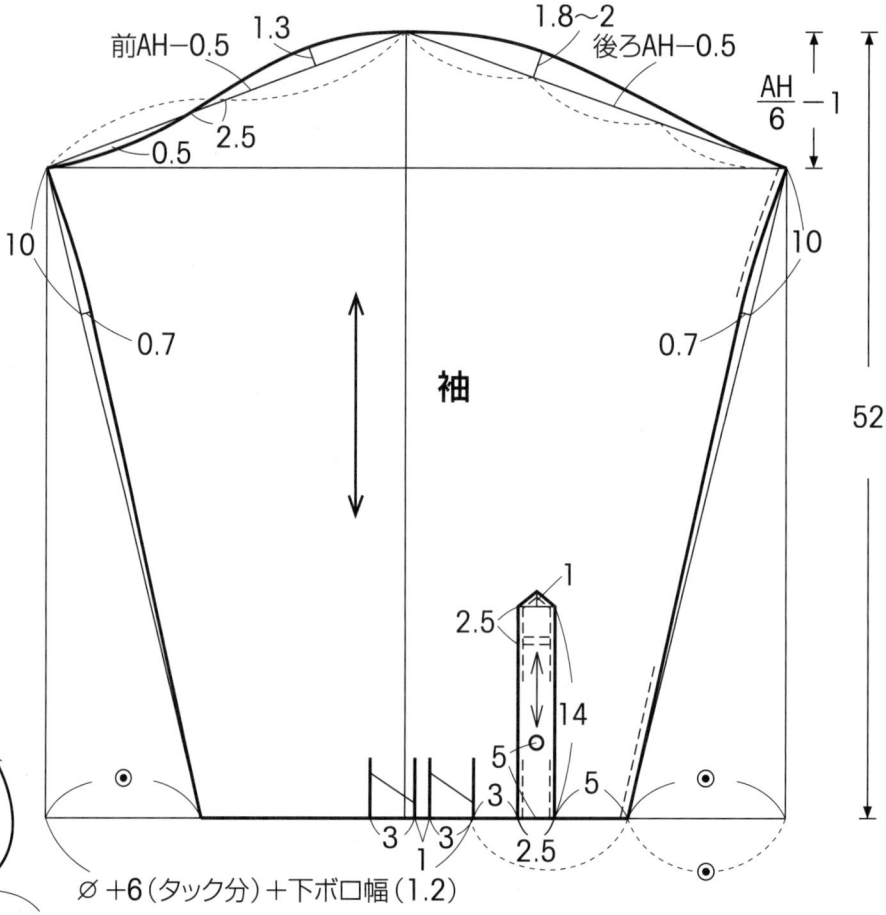

① 袖口のタックをたたみ、縫い代をのりではり合わせる。

② 表カフスの上に袖の表面がのるように置き、下ボロを折り曲げて裏カフスの縫い代と袖口の縫い代をのりではり合わせる。このとき下ボロの袖口側は裏面に折り込む。

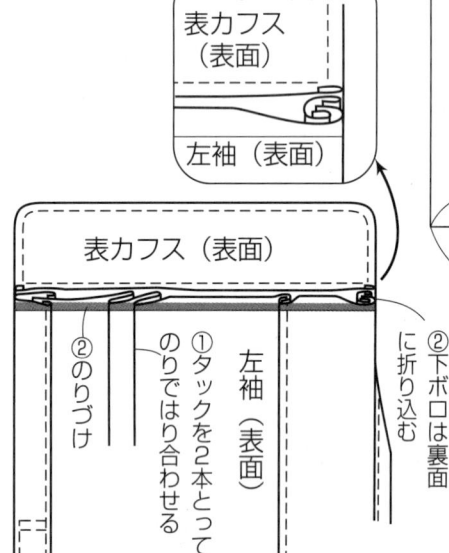

<拡大図>
表カフス（表面）
左袖（表面）

表カフス（表面）
① タックを2本とってのりではり合わせる
② のりづけ
左袖（表面）
② 下ボロは裏面に折り込む

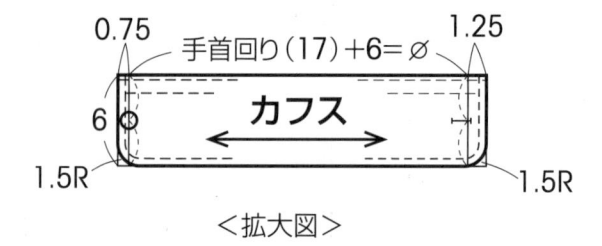

① はり合わせた縫い代はカフスの中に押し込み、表カフスの縫い代を袖口縫い代にのりではる。

② 表カフスの折り山に0.1のステッチをかけて押さえる。

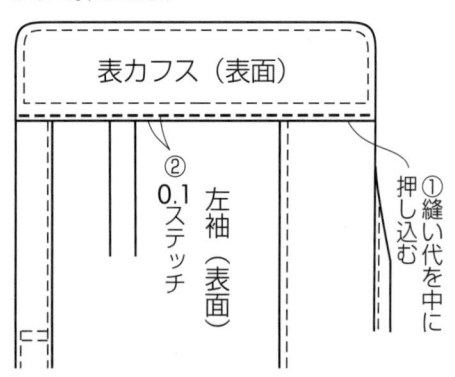

表カフス（表面）
② 0.1ステッチ
左袖（表面）
① 縫い代を中に押し込む

袖

前AH−0.5　1.3　1.8〜2　後ろAH−0.5
0.5　2.5
10　　　　　　　　　　10
0.7　　　　　　　　　　0.7
$\frac{AH}{6}-1$
52

1
2.5
14
5
3　3
1　2.5
5

∅ ＋6（タック分）＋下ボロ幅（1.2）

0.75　手首回り（17）＋6＝∅　1.25
カフス
6
1.5R　　　　　　　　　　　1.5R

<拡大図>

カフス…カフス幅の2等分の位置と、剣ボロ幅の中心との交点の位置とする。ボタン穴はカフスボタン用にカフスの両端に作る。ボタンは下ボロ側の穴かがりの端につける。

剣ボロ…カフスつけ位置より、5cm上の剣ボロ幅の中心に決める。ボタン穴は縦穴の両止めのボタン穴かがりにする。ボタンは折り込んだ下ボロにつける。

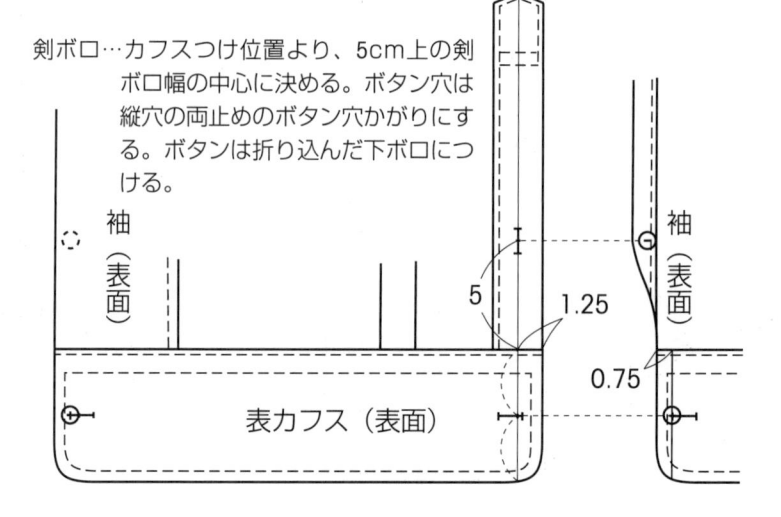

袖（表面）
袖（表面）
5
1.25
表カフス（表面）
0.75

Ⅴ. シャツの部分縫い

1. クラシックシャツの前立て

(1) 作図

身頃の作図は61ページのドレスシャツを参照。

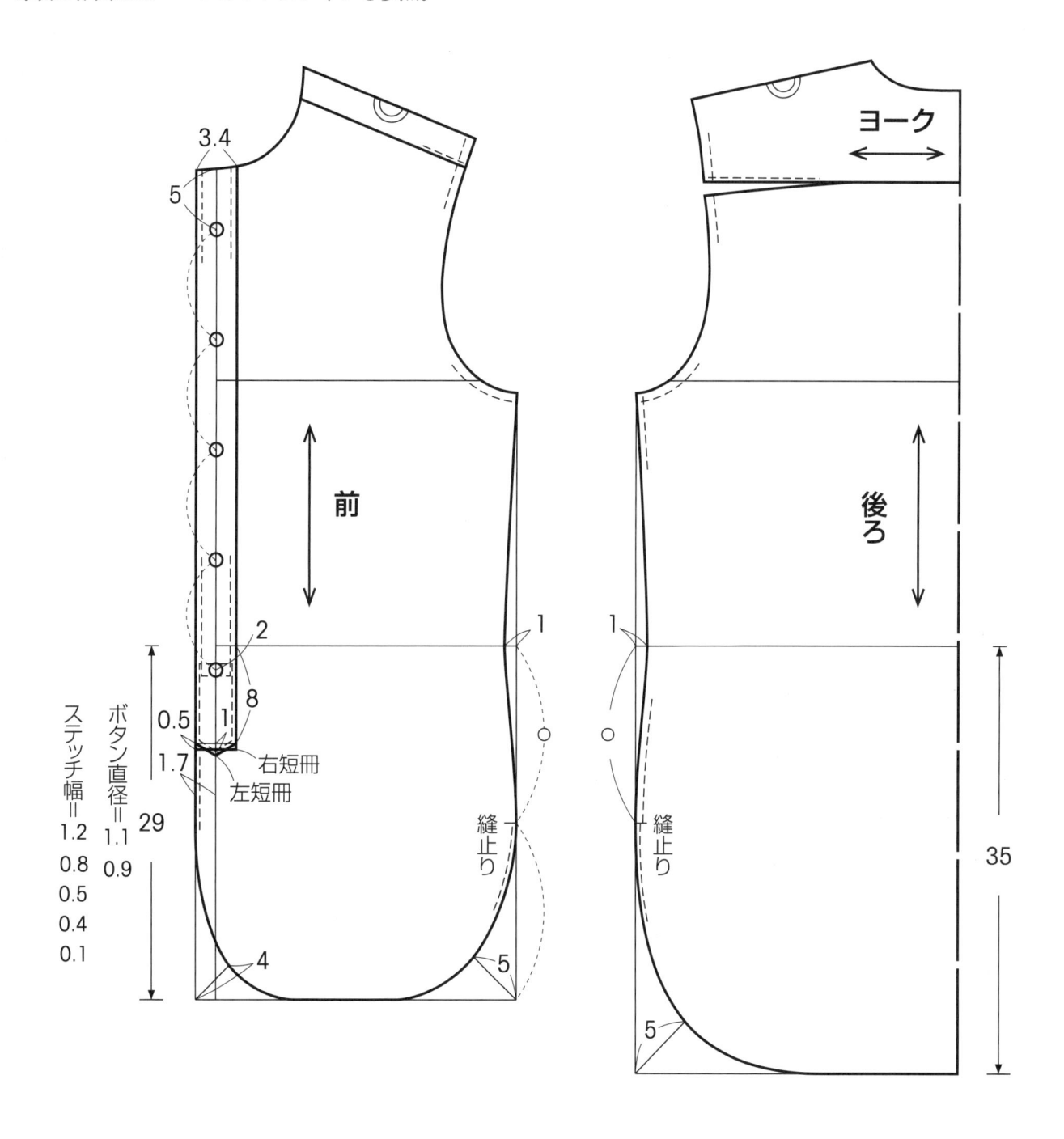

第3章 シャツ

シャツの部分縫い

(2) 裁断と芯はり

　左前短冊は身頃の表面につくので、同じ方向で裁断する。右前短冊は身頃の裏面につくので、パターンを反転して裁断する。左前短冊のみ裏面の出来上り部分に接着芯をはる。

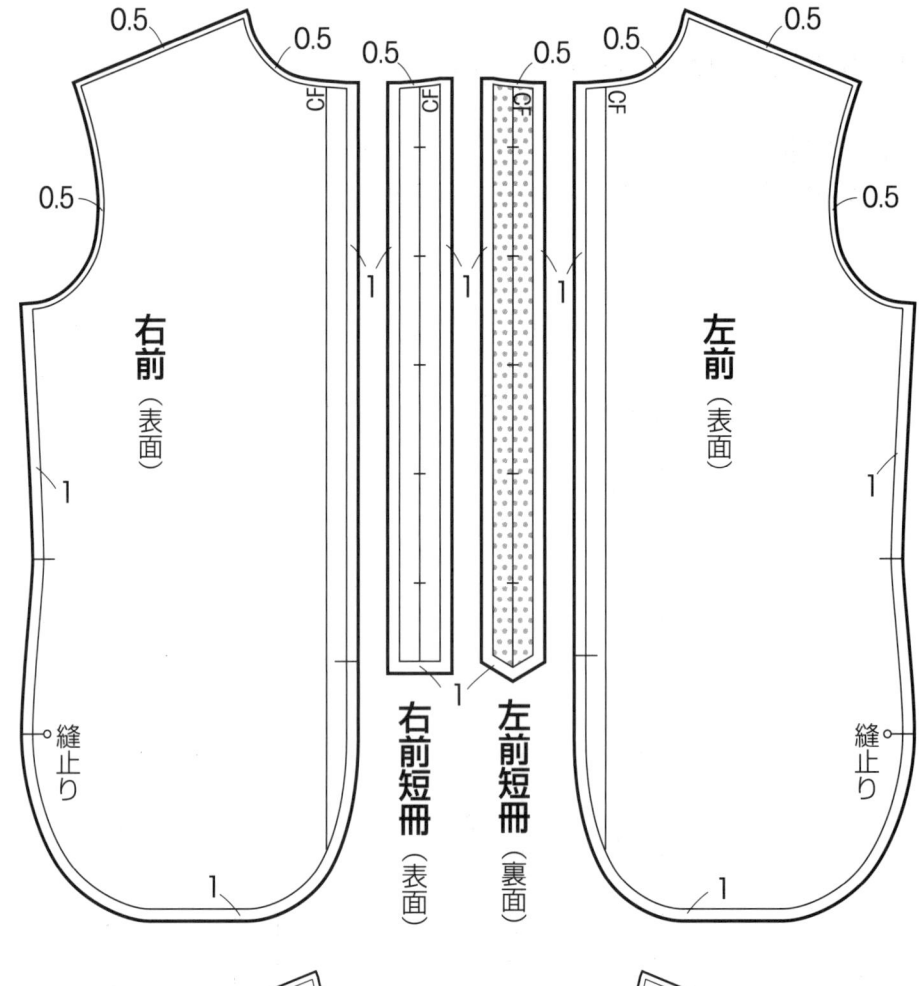

(3) 本縫い

1 右身頃に右短冊布をつける

　右身頃に右短冊布を中表に合わせ、出来上り線にミシンをかける。そのとき、短冊の出来上り線で縫い止める。ミシンをかけたら毛抜き合せに裏面に返し、アイロンをかけて整える。

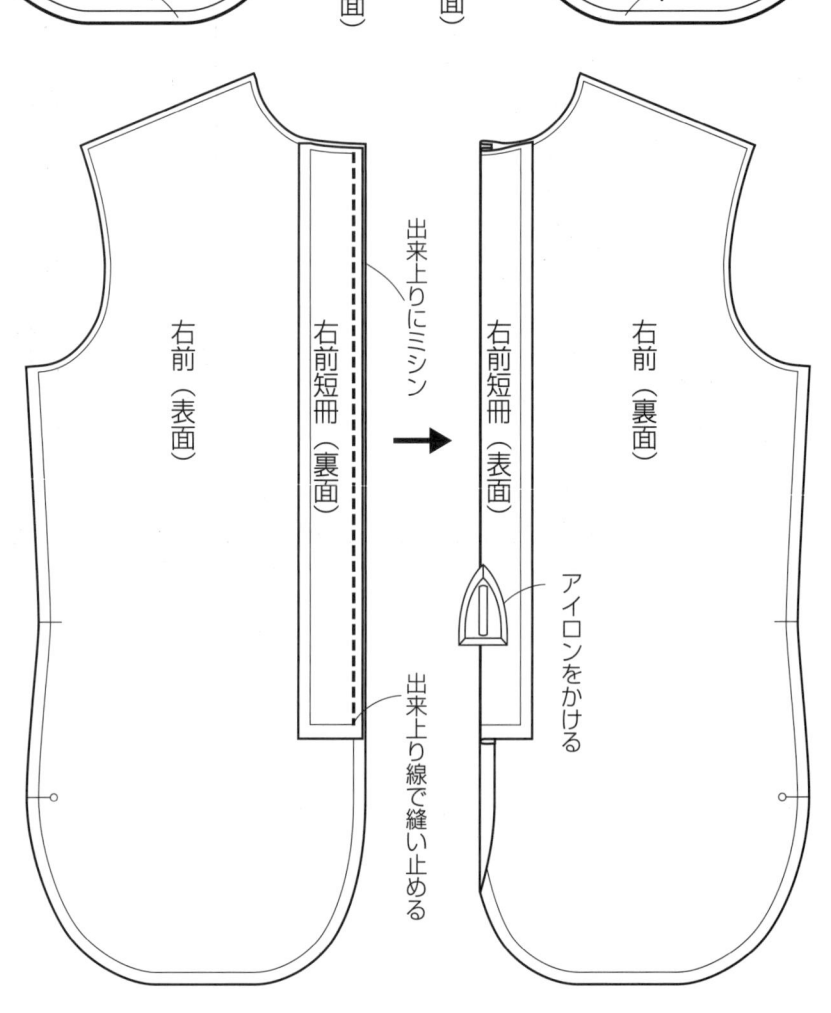

シャツの部分縫い

2 裾の始末

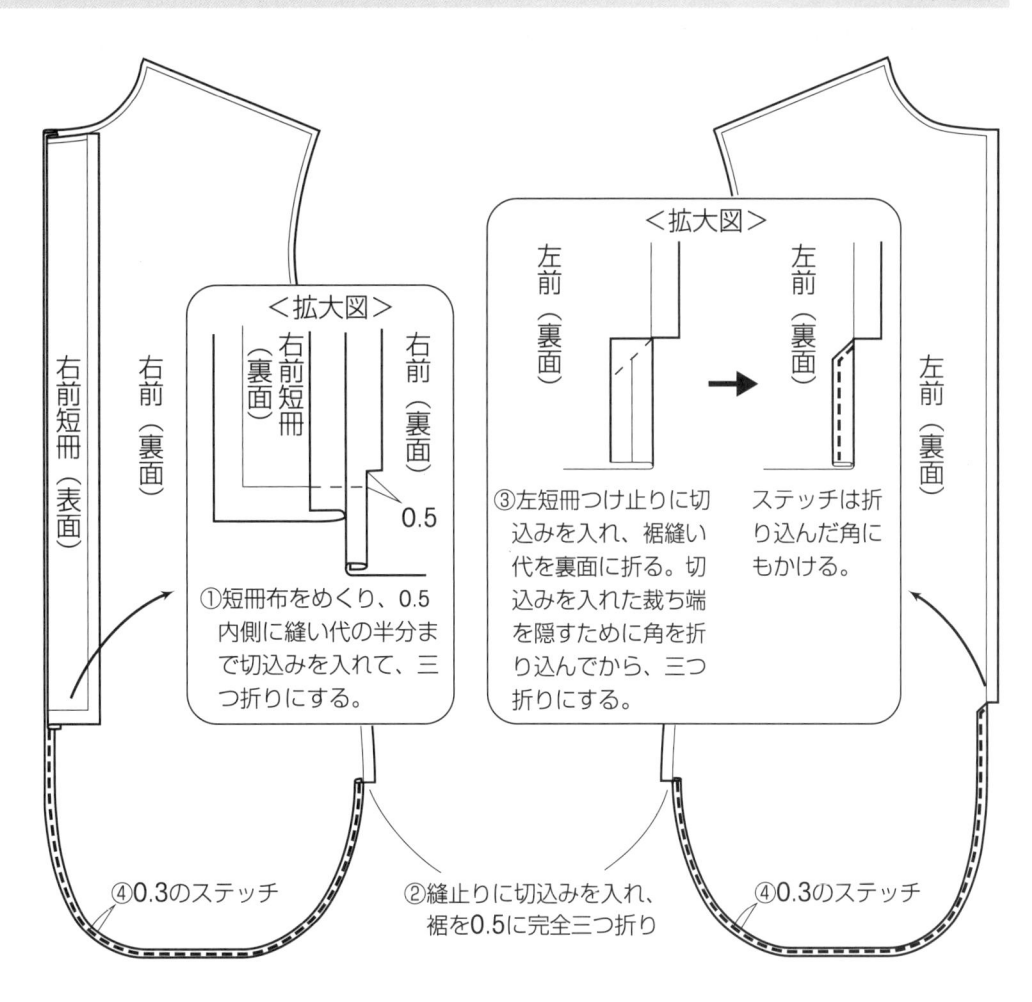

<拡大図>
①短冊布をめくり、0.5内側に縫い代の半分まで切込みを入れて、三つ折りにする。

②縫止りに切込みを入れ、裾を0.5に完全三つ折り

<拡大図>
③左短冊つけ止りに切込みを入れ、裾縫い代を裏面に折る。切込みを入れた裁ち端を隠すために角を折り込んでから、三つ折りにする。

ステッチは折り込んだ角にもかける。

④0.3のステッチ

3 左身頃に左短冊布をつける

左身頃裏面に左短冊布の表面を合わせ、出来上り線にミシンをかける。そのとき、短冊の出来上り線で縫い止める。ミシンをかけたら身頃前端側を1mm控えて裏面に返し、アイロンをかけて整える。

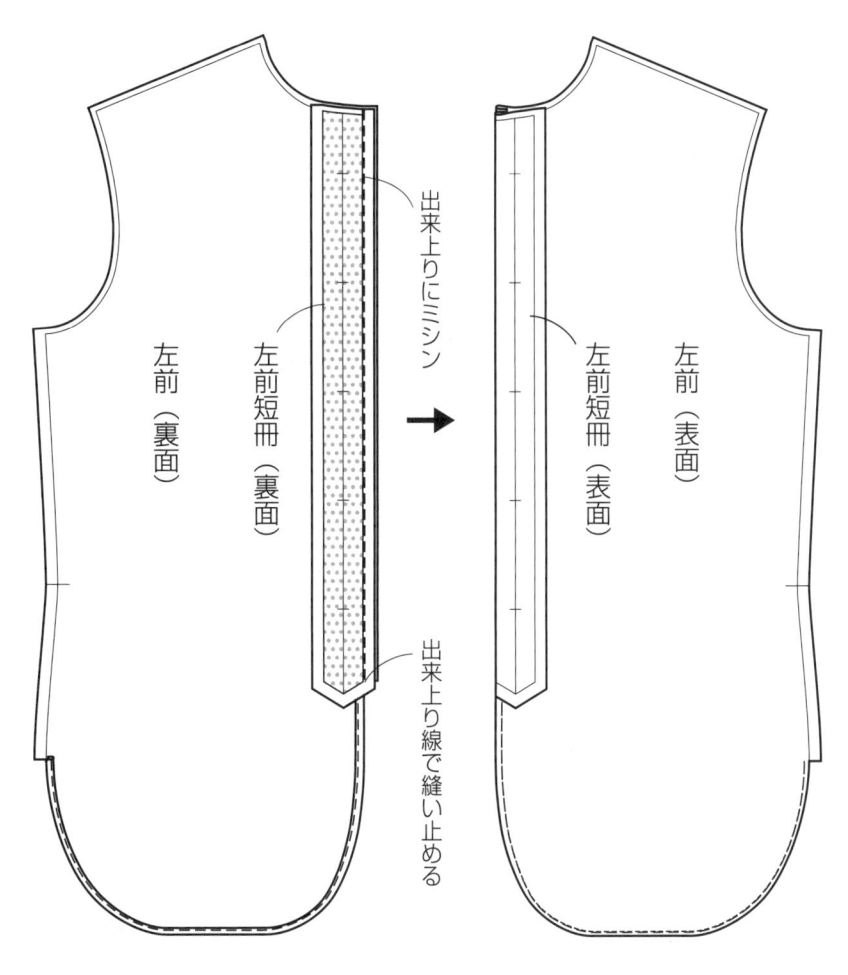

出来上りにミシン

出来上り線で縫い止める

第3章　シャツ　87

シャツの部分縫い

4 左右の短冊布を出来上りに折り、ステッチをかける

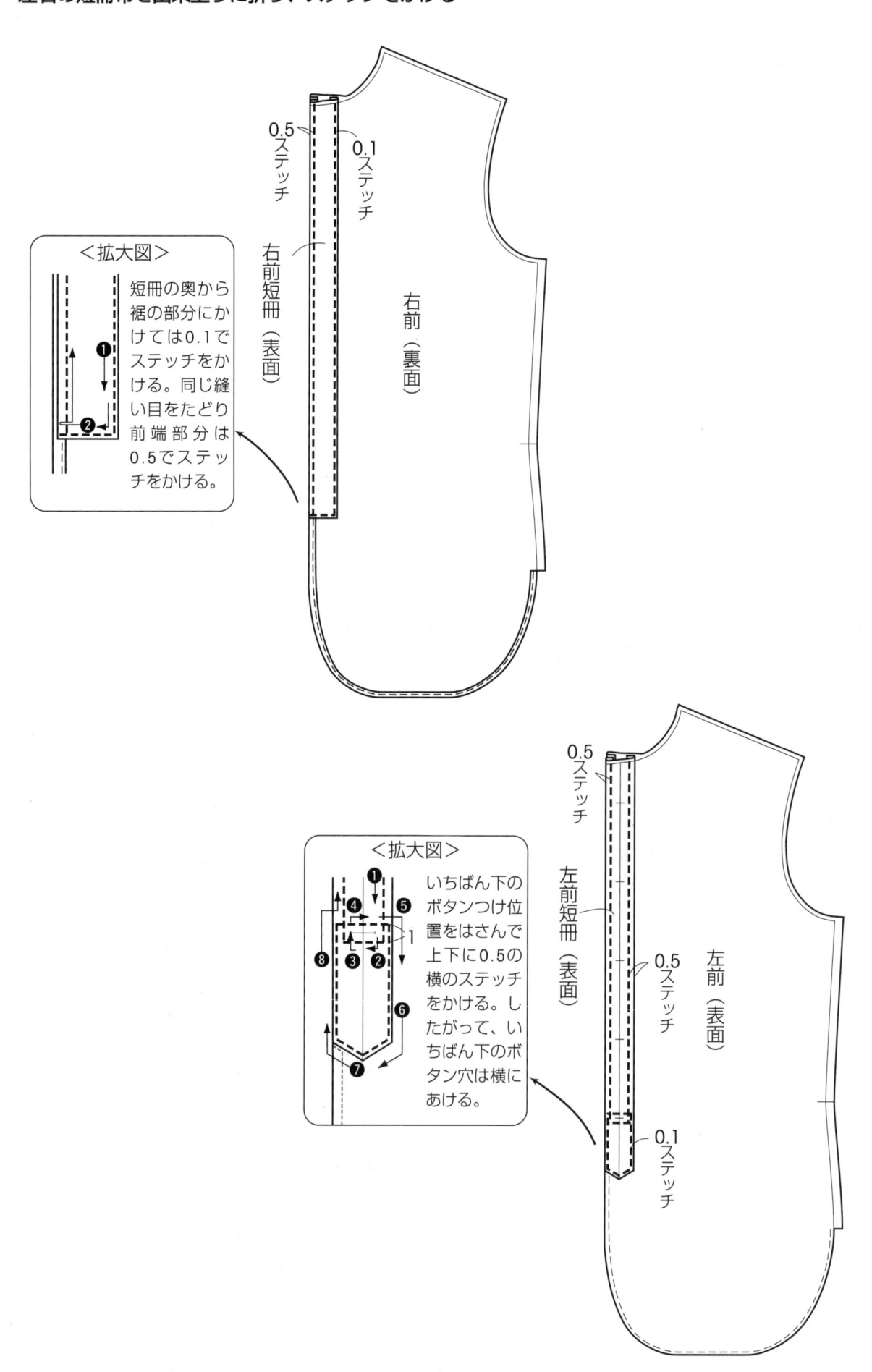

0.5 ステッチ
0.1 ステッチ
右前短冊（表面）
右前（裏面）

＜拡大図＞
短冊の奥から裾の部分にかけては0.1でステッチをかける。同じ縫い目をたどり前端部分は0.5でステッチをかける。

0.5 ステッチ
左前短冊（表面）
0.5 ステッチ
左前（表面）
0.1 ステッチ

＜拡大図＞
いちばん下のボタンつけ位置をはさんで上下に0.5の横のステッチをかける。したがって、いちばん下のボタン穴は横にあける。

シャツの部分縫い

2. ガジェット

ガジェットとは脇を縫い止めて切込みを入れて裾の始末をするとき、切込みの位置を隠すためにつける五角形の布のことである。

(1) 作図

身頃の作図は85ページのクラシックシャツを参照。

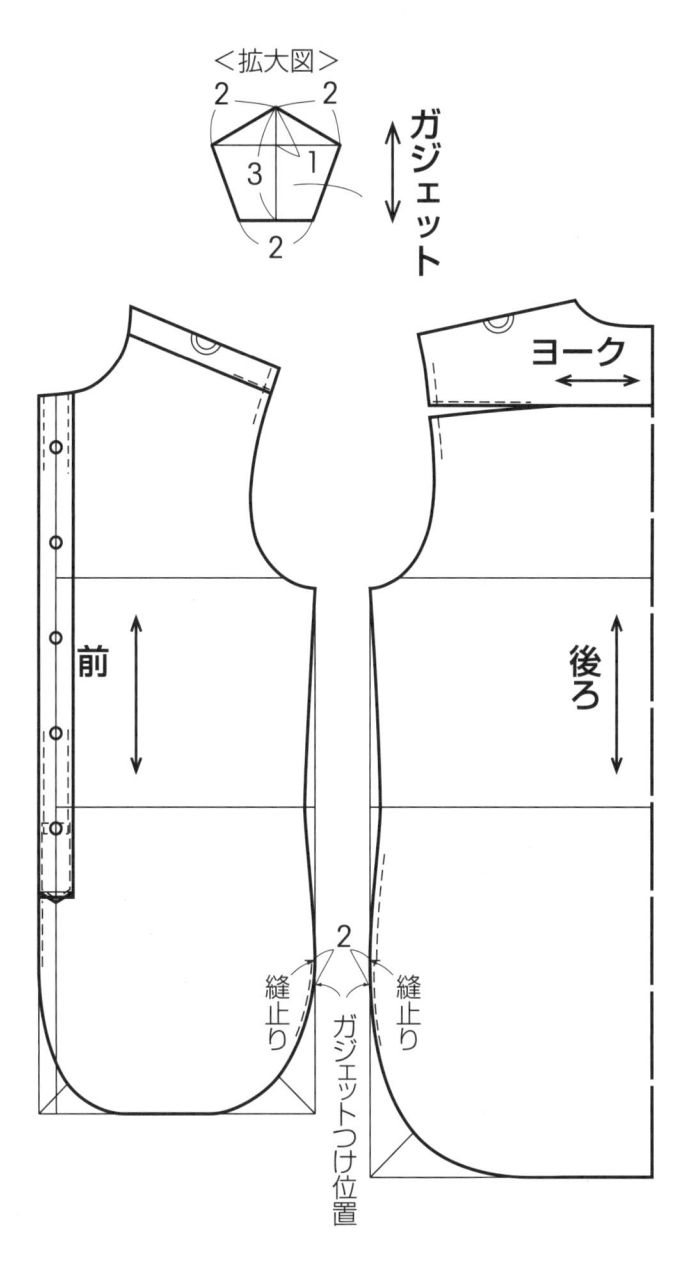

(2) 裁断

ガジェットは、底の部分で反転し、裏になる部分をうつす。縫い代は五角形の表側の回りのみに0.5cmつける。

(3) 本縫い

身頃の脇を折伏せ縫いした後、裏面の縫止りより底辺が2下がるようにガジェットを当てる。ガジェットの出来上りから0.1内側をステッチで押さえる。

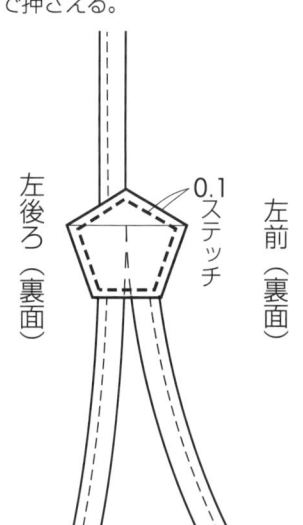

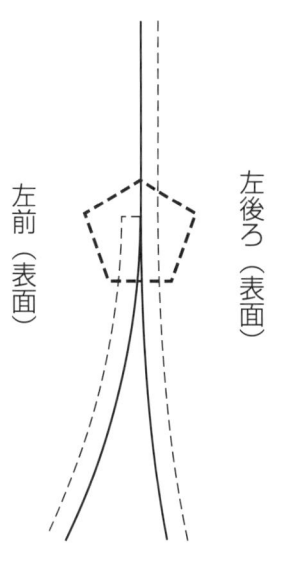

第3章 シャツ 89

3. 比翼

(1) 作図

身頃の作図は61ページのドレスシャツを参照。

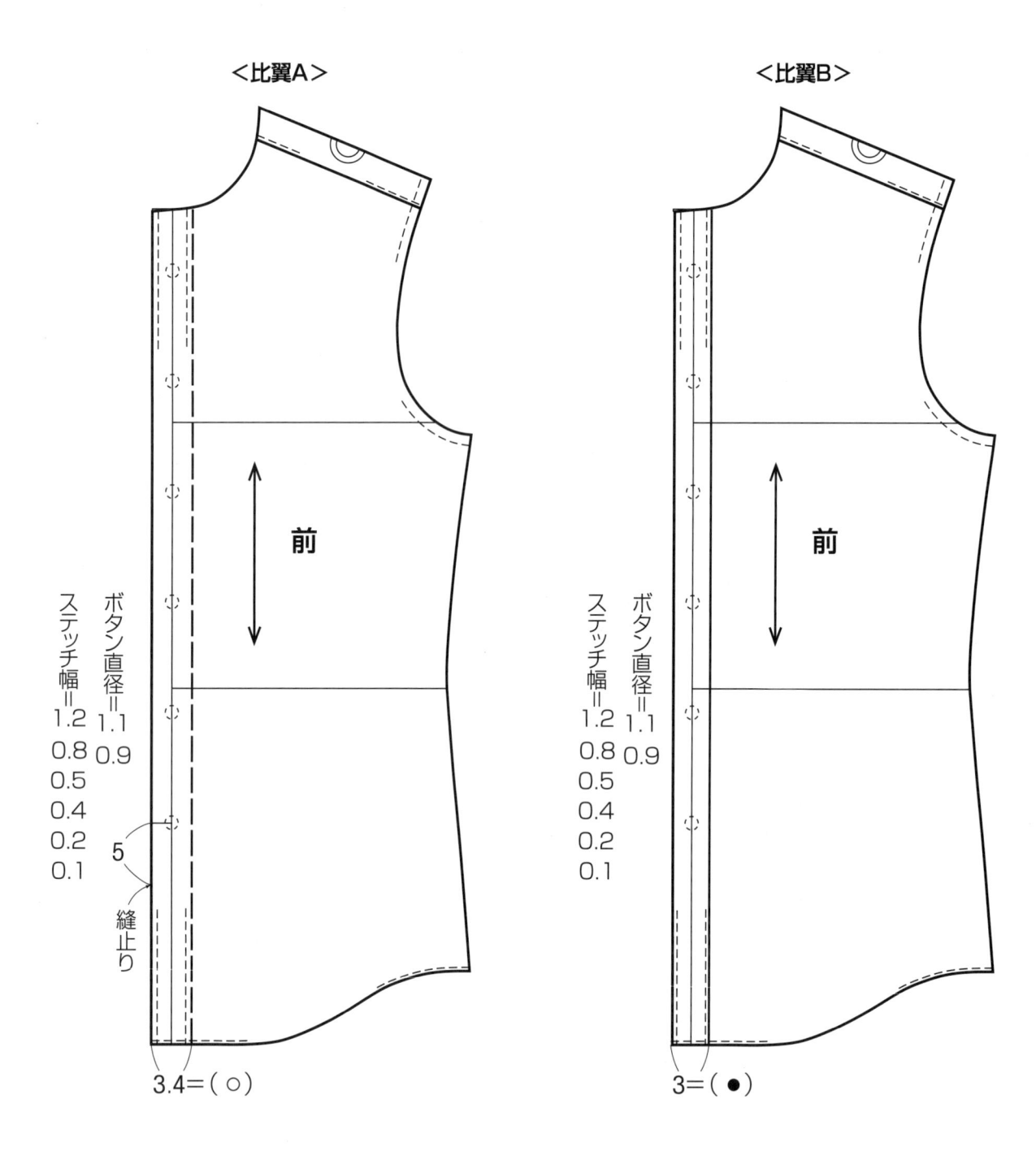

<比翼A>

ステッチ幅＝
1.2
0.8
0.5
0.4
0.2
0.1

ボタン直径＝
1.1
0.9

5

縫止り

3.4＝(○)

<比翼B>

ステッチ幅＝
1.2
0.8
0.5
0.4
0.2
0.1

ボタン直径＝
1.1
0.9

3＝(●)

前

シャツの部分縫い

(2) 裁断と芯はり

<比翼A>

左前身頃は、前端より比翼幅の3倍の長さを延長し、下図のような縫い代をつける。接着芯は比翼の出来上りの大きさに裁ったものをはる。

<比翼B>

左前身頃は、<比翼A>と同様に前端より比翼幅の3倍の長さを延長するが、縫い代のつけ方と接着芯のはり方が異なるので注意する。

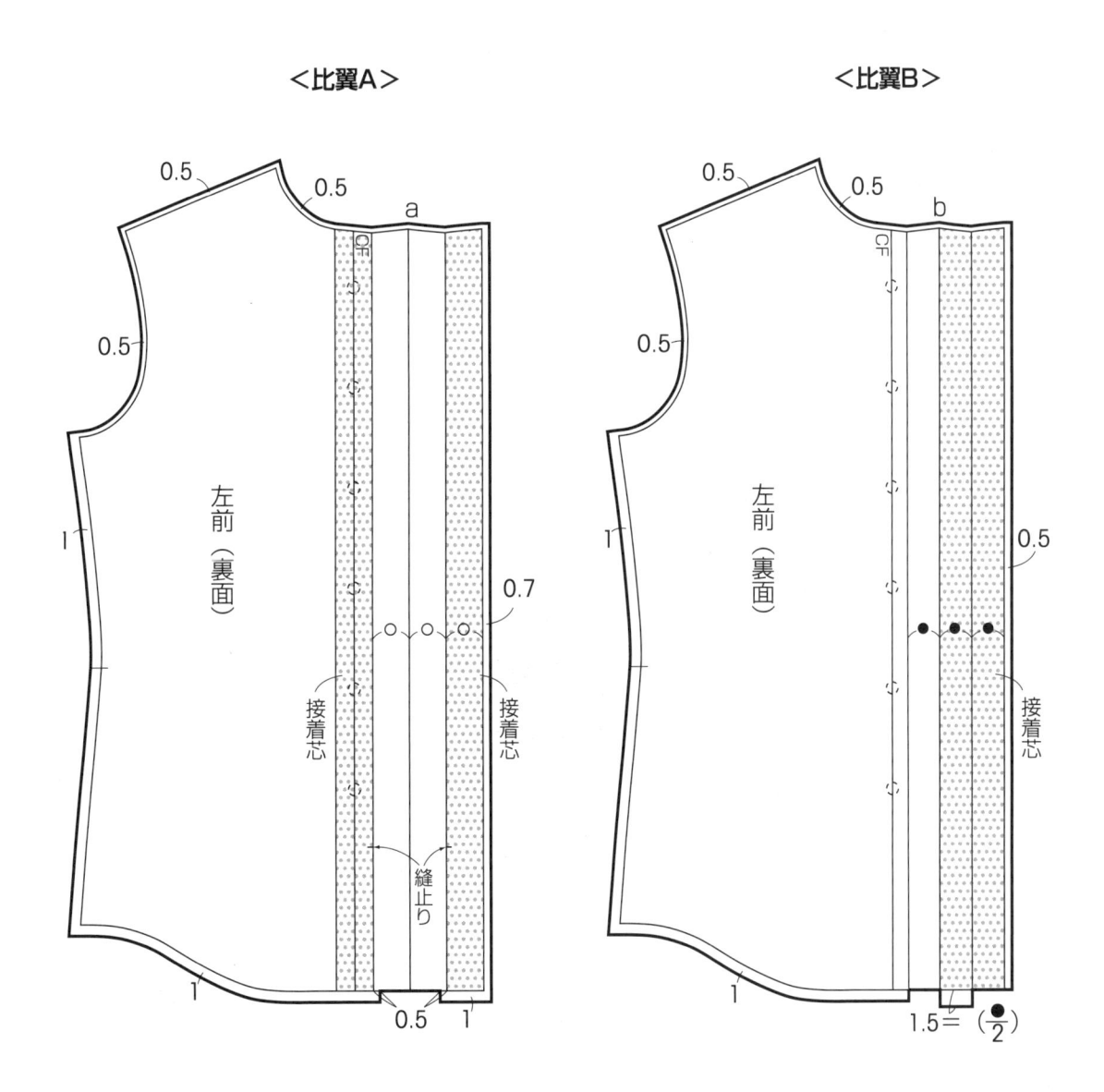

※**比翼（A）、（B）**とも右前身頃の縫い代のつけ方は「台衿つきシャツカラーのシャツ」の裁断図（72ページ）と同じ。

シャツの部分縫い

（3）＜比翼A＞の本縫い

1 比翼部分の裾の始末

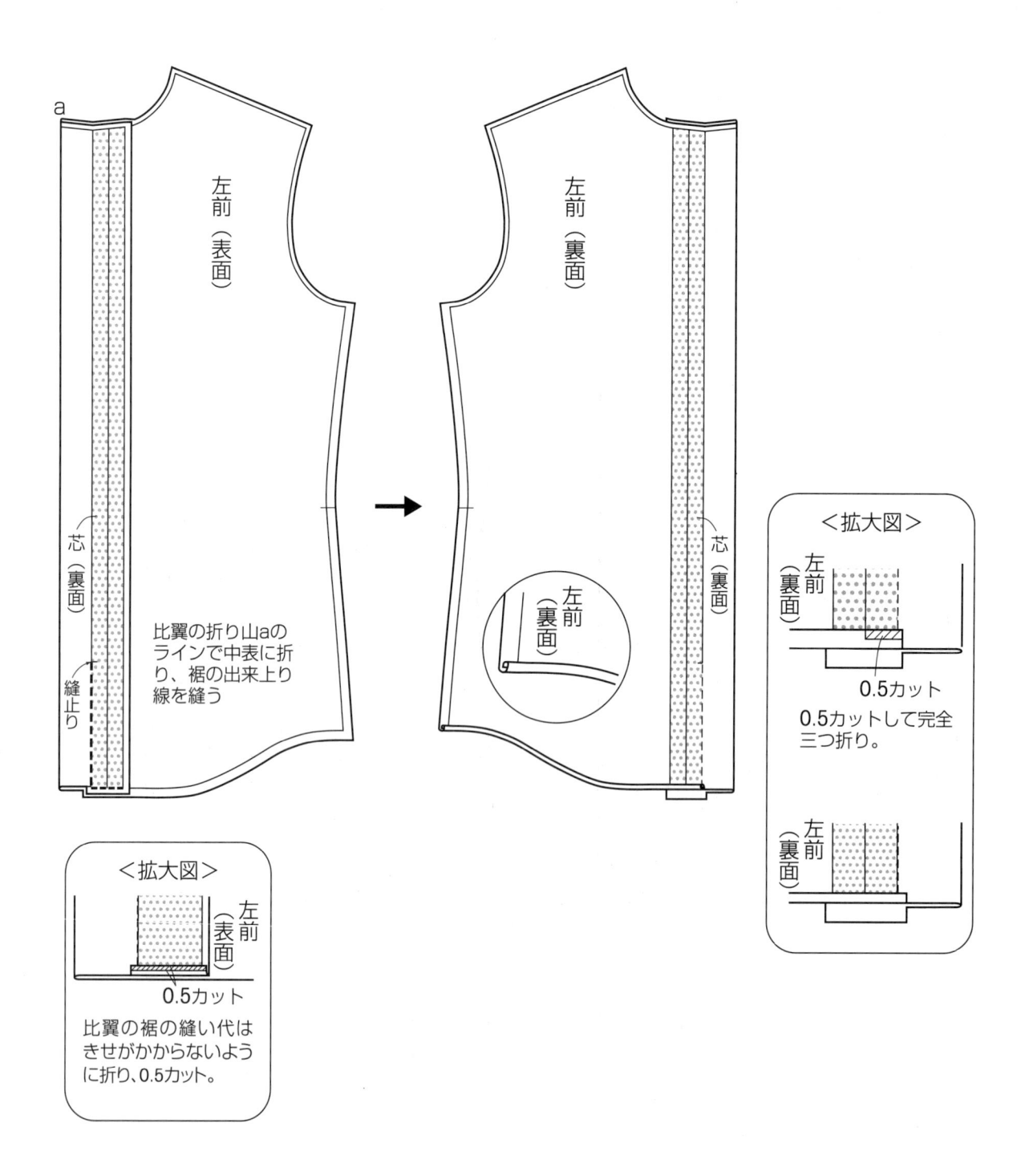

左前（表面）

左前（裏面）

芯（裏面）

芯（裏面）

縫止り

比翼の折り山aのラインで中表に折り、裾の出来上り線を縫う

左前（裏面）

＜拡大図＞

左前（表面）

0.5カット

比翼の裾の縫い代はきせがかからないように折り、0.5カット。

＜拡大図＞

左前（裏面）

0.5カット

0.5カットして完全三つ折り。

左前（裏面）

92

シャツの部分縫い

2 比翼を出来上りに折り、ボタン穴を作る

3 比翼止りのステッチで仕上げる

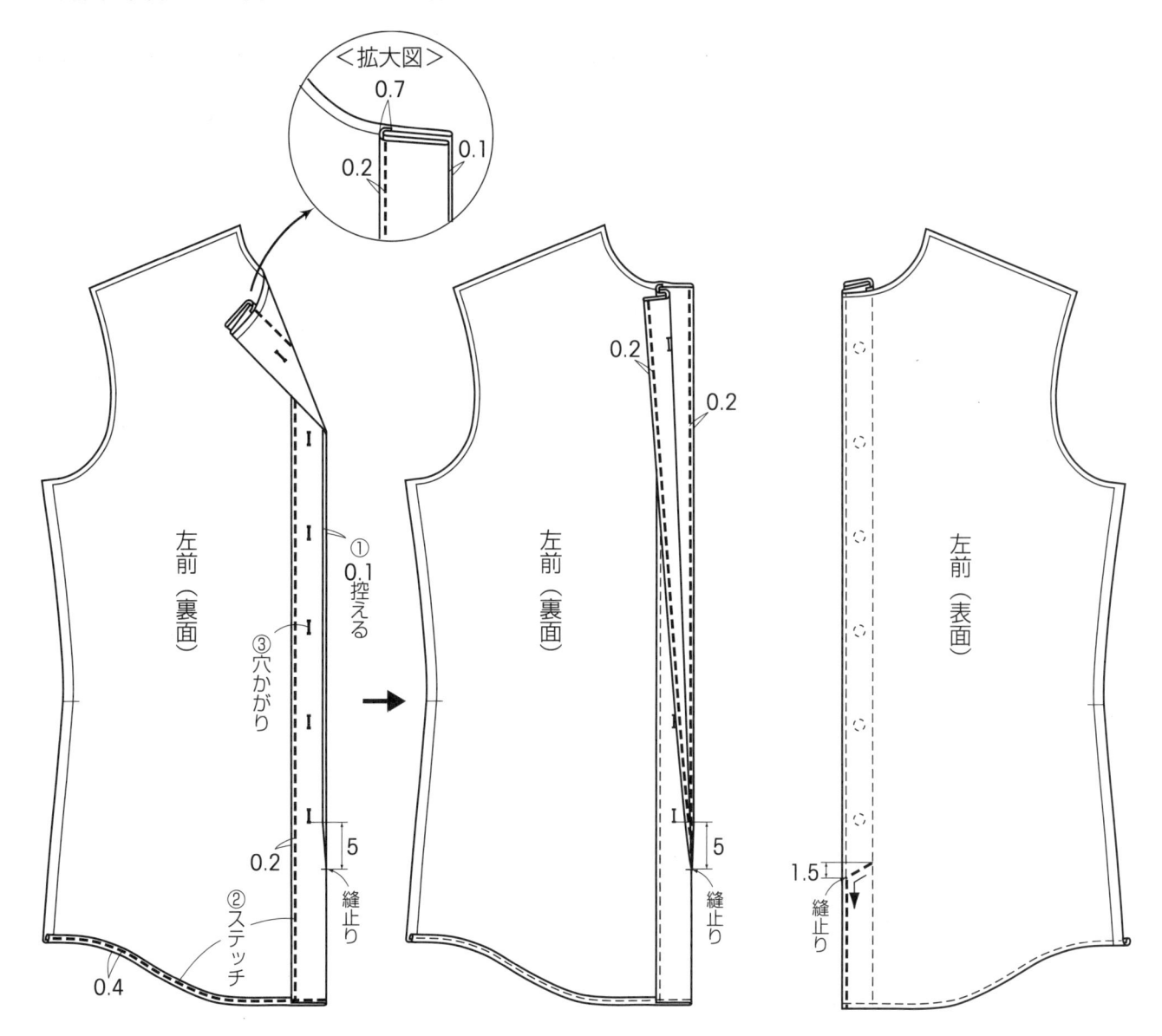

①比翼部分を表に返し、比翼の内側の部分を中に引き込みアイロンで整える。前端はいちばん下のボタンホールより5下までは0.1控え、残りの裾までは毛抜き合せにする。

②裏比翼の縫い代を0.5差し込み、のりではり、押えのステッチと裾のステッチをかける。

③裏比翼のみに穴かがりをかける。

表比翼、裏比翼とも、前端にそれぞれ表側より0.2のステッチを縫止りまでかける。

比翼の表より、先にかけた前端のステッチから1.5ほど上側より表裏比翼を一緒に斜めにステッチをかけ、そのまま前端を止めるステッチをかける。

第3章 シャツ

シャツの部分縫い

(4) ＜比翼B＞の本縫い

1 比翼と裾を折り、ステッチと穴かがりをかける

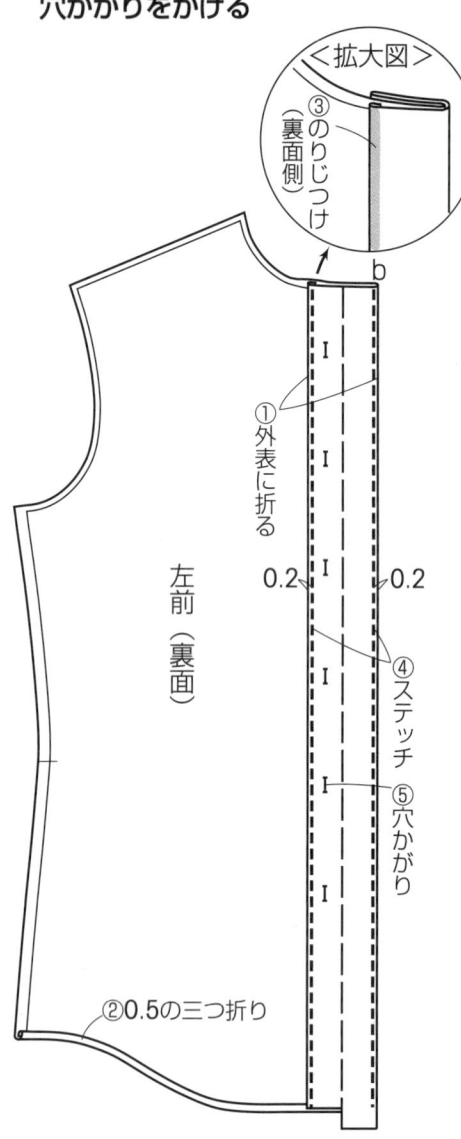

＜拡大図＞
③のりじつけ（裏面側）
b
①外表に折る
0.2　0.2
④ステッチ
⑤穴かがり
左前（裏面）
②0.5の三つ折り

①比翼の折り山bのラインと、縫い代0.5を外表に折る。

②裾は0.5の三つ折りに折る。

③前端で表面の方へ折り、折った状態で比翼の端をのりじつけする。

④元に戻し、比翼の両端に0.2のステッチをかける。

⑤穴かがりをかける。

2 比翼の裾の始末

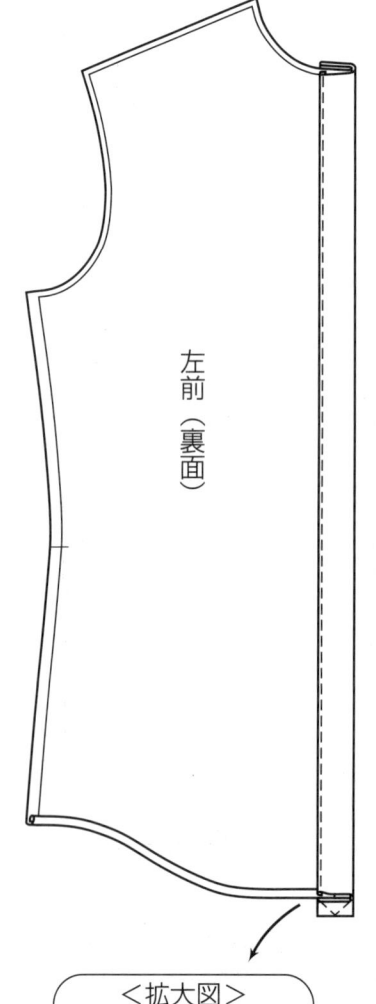

左前（裏面）

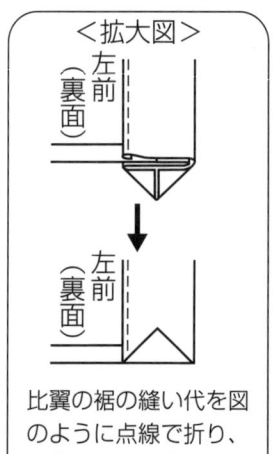

＜拡大図＞
左前（裏面）
↓
左前（裏面）

比翼の裾の縫い代を図のように点線で折り、三角の山型を作り、裏比翼側に折る。

3 比翼と裾のステッチで仕上げる

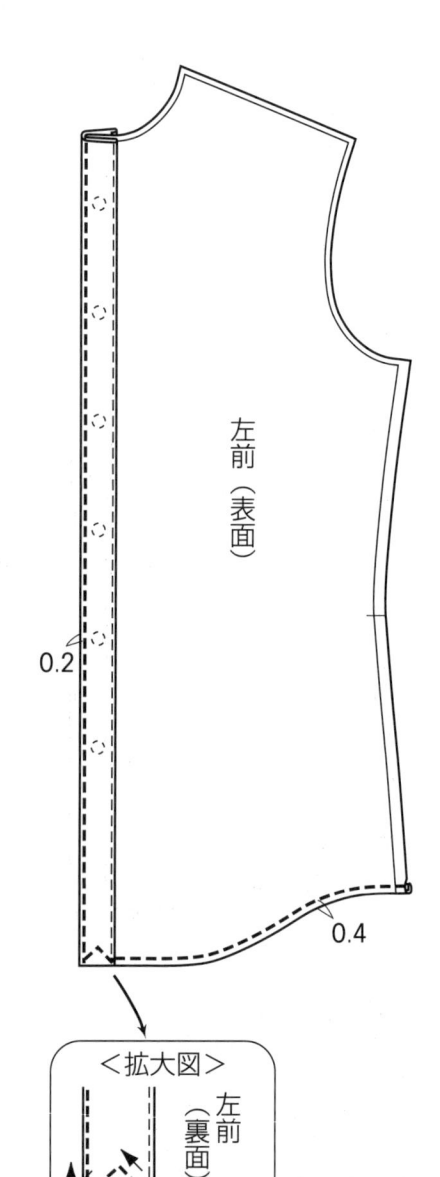

左前（表面）
0.2
0.4

＜拡大図＞
左前（裏面）

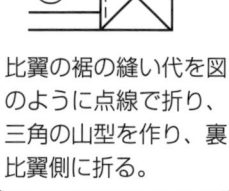

前端の0.2のステッチと裾の完全三つ折りの押えステッチを図のようにかける。

シャツの部分縫い

4. オープンカラー

(1) 裁断と芯はり

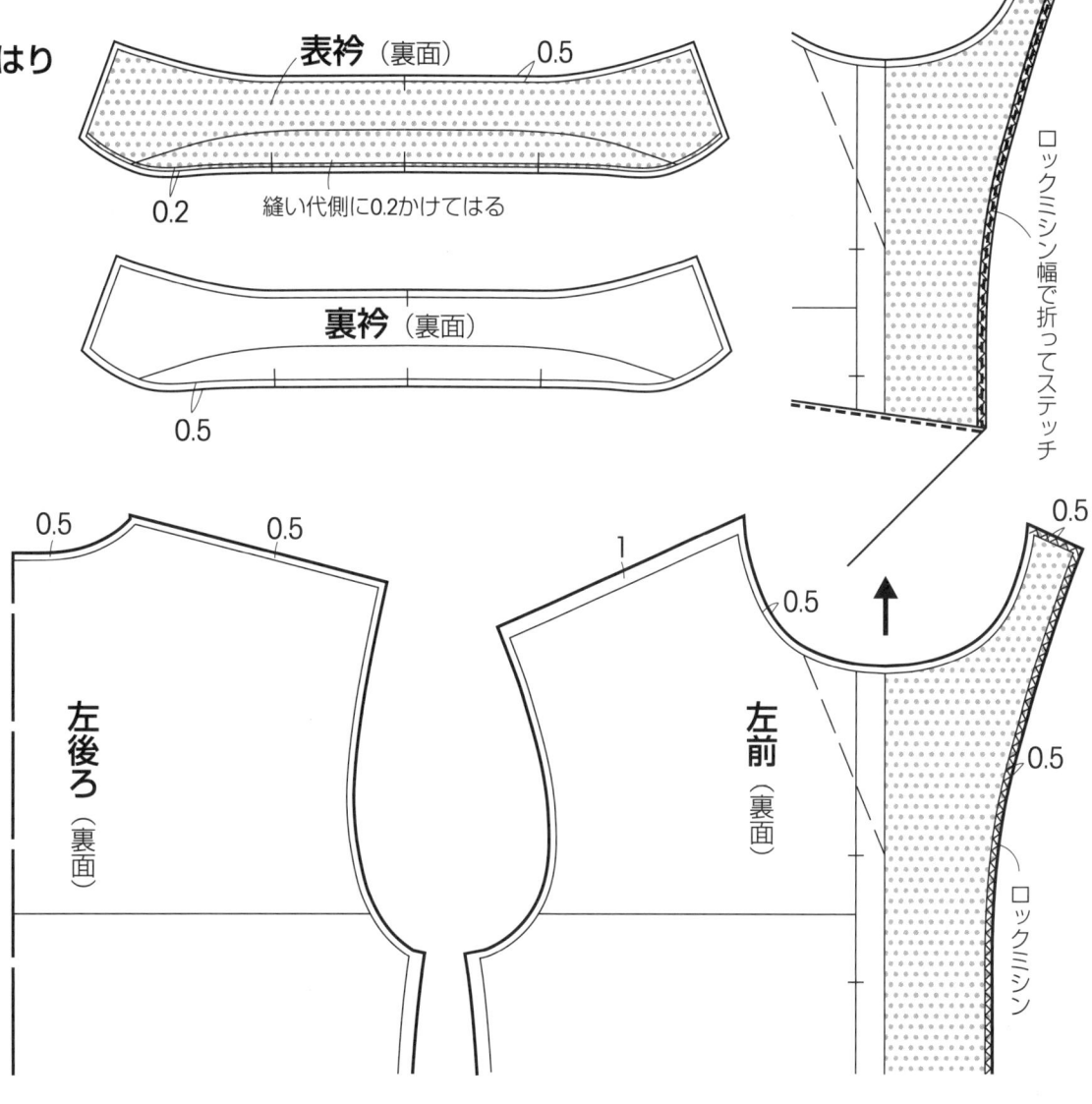

表衿（裏面） 0.5
0.2 縫い代側に0.2かけてはる
裏衿（裏面）
0.5

0.5　0.5
左後ろ（裏面）

1
0.5
左前（裏面）

0.5
0.5
ロックミシン幅で折ってステッチ
ロックミシン

(2) 本縫い
1 衿を作る

出来上りにミシン
表衿（裏面）

縫い代をミシンの
きわから表側に折る
表衿（裏面）

③0.5ステッチ
表衿（表面）
②カット
①のりではる

①表衿の衿つけ側に折返し分のゆとりを入れるために少しずらしてのりではる。

②表衿の衿つけ側縫い代の裁ち端に合わせて裏衿側の余分な縫い代をカットする。

③衿回りに0.5のステッチをかける。

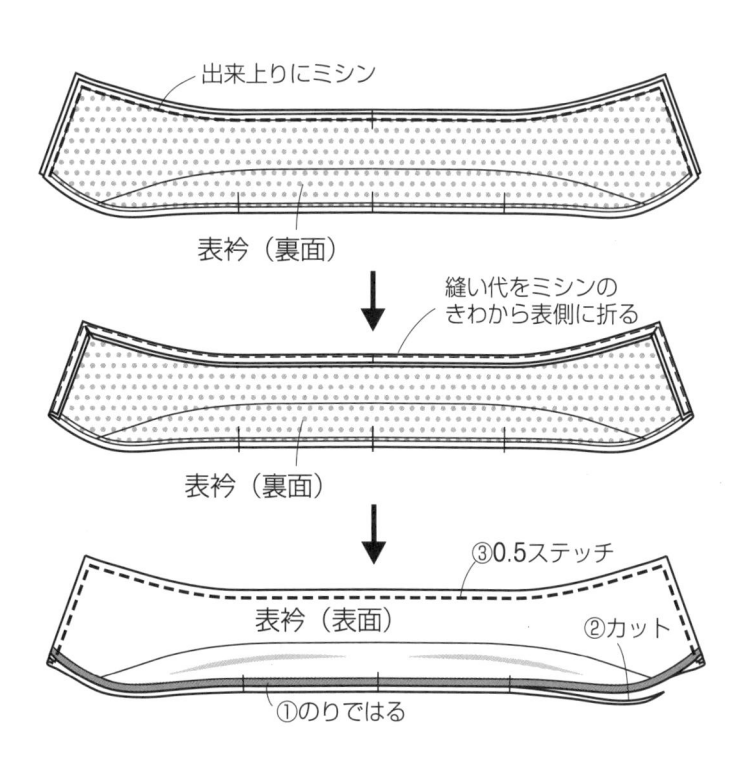

第3章　シャツ　95

シャツの部分縫い

2 衿を身頃と見返しではさんでつける

前後身頃の衿ぐりと裏衿を中表に合わせ、さらに表衿と見返しを中表に重ねて衿つけミシンをかける。後ろ衿ぐりの縫い代には、テープ状にカットした共布のバイアス布を一緒に縫いつける。

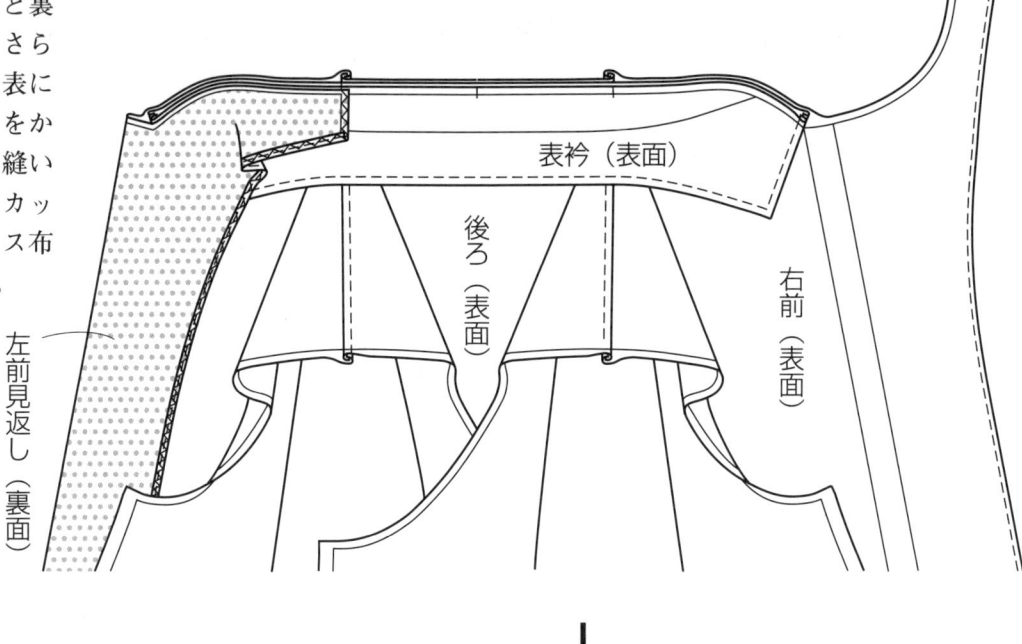

表衿（表面）
後ろ（表面）
右前（表面）
左前見返し（裏面）

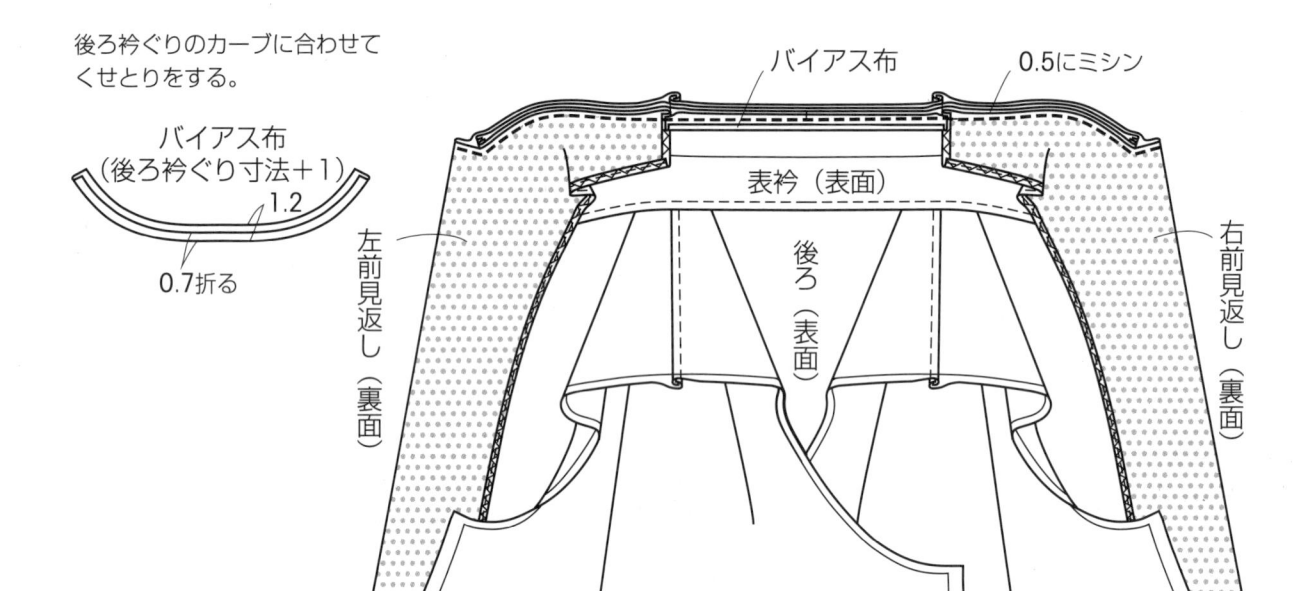

後ろ衿ぐりのカーブに合わせてくせとりをする。

バイアス布（後ろ衿ぐり寸法＋1）
1.2
0.7折る

バイアス布
0.5にミシン
表衿（表面）
左前見返し（裏面）
後ろ（表面）
右前見返し（裏面）

3 見返しを表に返し、衿ぐりを始末する

①見返しを表に返し、後ろ衿ぐりにつけたバイアス布で縫い代をくるみ、星止めまたはミシンをかけて押さえる。

②前端ステッチは0.5で上衿つけ止り奥2.5までかける。

③見返しの肩線は、縫い代に細かくまつる。

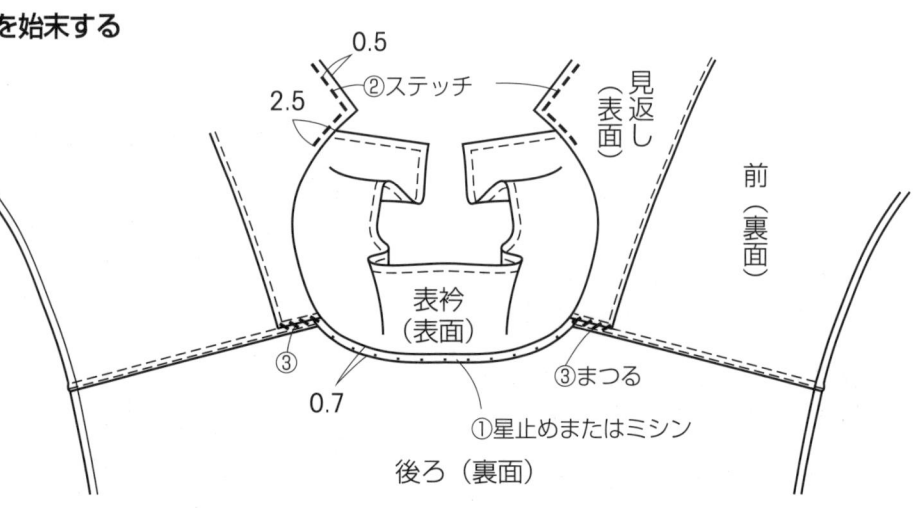

0.5
2.5
②ステッチ
見返し（表面）
前（裏面）
表衿（表面）
③
0.7
③まつる
①星止めまたはミシン
後ろ（裏面）

シャツの部分縫い

5. イタリアン・カラー

(1) 表衿と見返しの展開

イタリアン・カラーは台衿のボタンをはずして着たときに衿つけ縫い目が見えないように、見返し続きにする。

身頃の作図は61ページのドレスシャツ、衿は70ページのイタリアン・カラーの作図を参照。

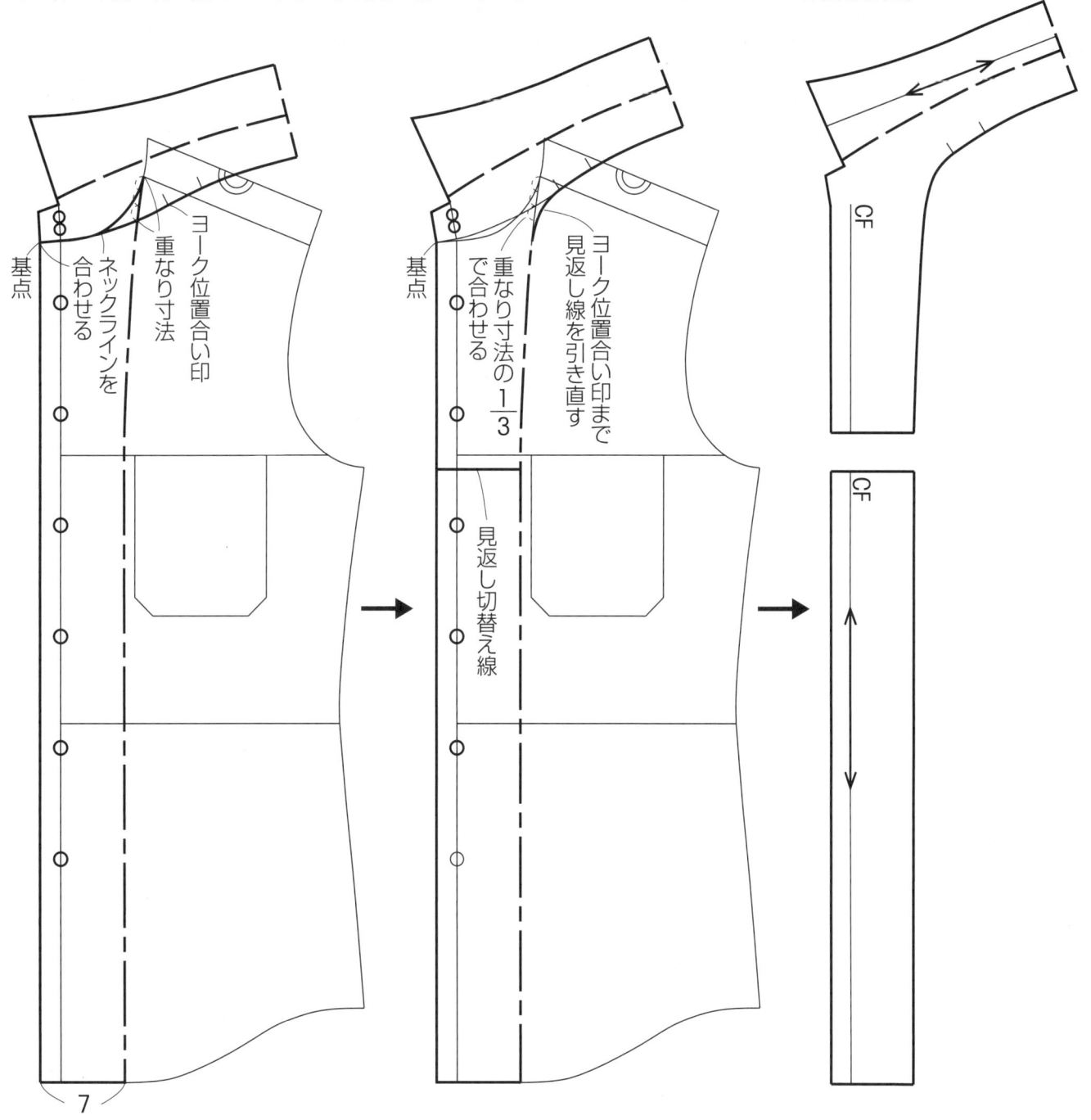

衿を身頃に合わせたとき、見返し線と衿が重なる。このままだと、見返し奥の距離が不足するため、重なり寸法の$\frac{1}{3}$分開く。

見返し線をヨーク位置の合い印まで修正する。また、後ろ中心に対して垂直に地の目を通すと前端の地の目が通らなくなるので、身頃の第2ボタンと第3ボタンの間で切り替えて前端に地の目を通す。

第3章 シャツ

シャツの部分縫い

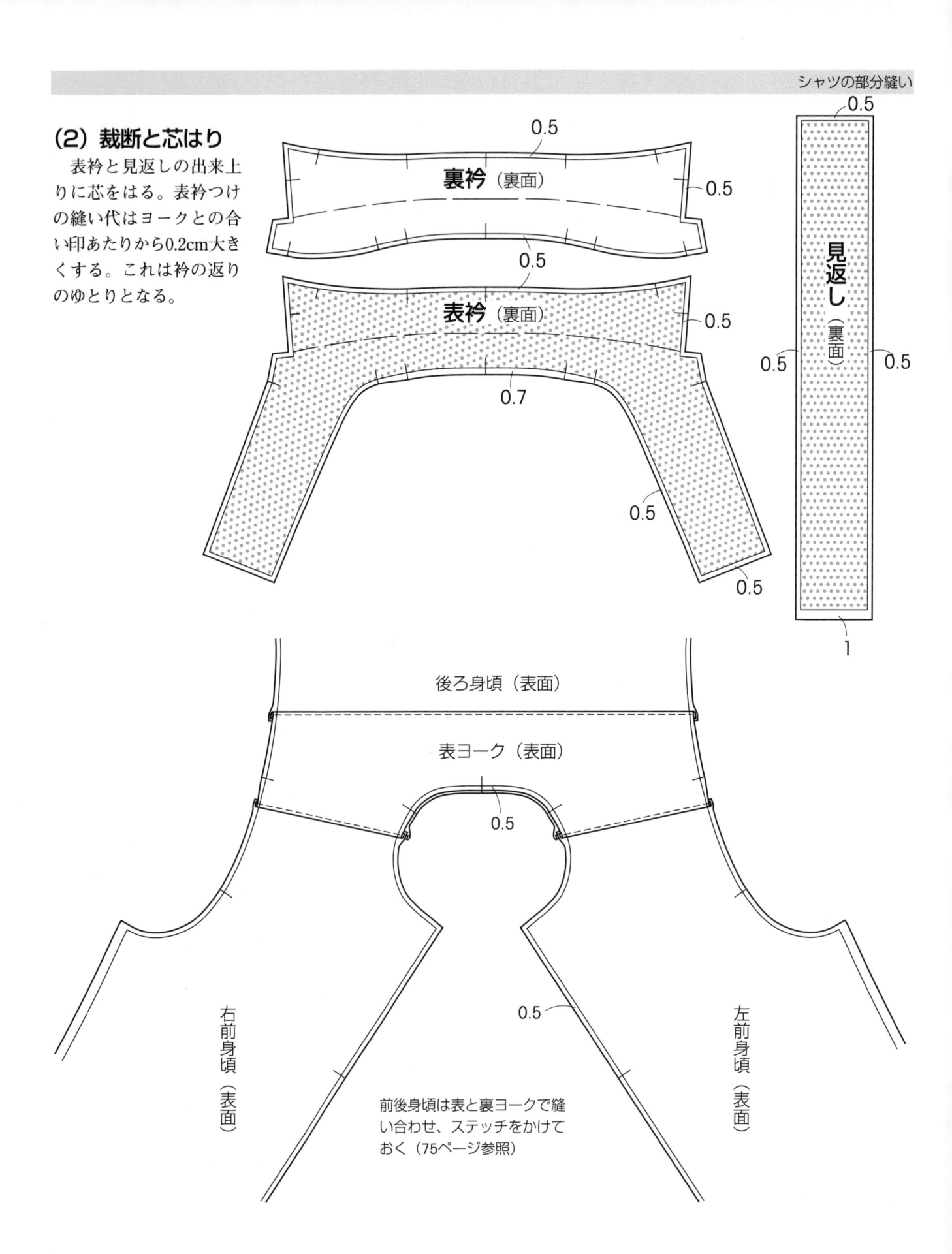

(2) 裁断と芯はり

表衿と見返しの出来上りに芯をはる。表衿つけの縫い代はヨークとの合い印あたりから0.2cm大きくする。これは衿の返りのゆとりとなる。

裏衿（裏面）　0.5　0.5　0.5

表衿（裏面）　0.5　0.7　0.5　0.5

見返し（裏面）　0.5　0.5　0.5　1

後ろ身頃（表面）
表ヨーク（表面）　0.5
右前身頃（表面）　0.5　左前身頃（表面）

前後身頃は表と裏ヨークで縫い合わせ、ステッチをかけておく（75ページ参照）

シャツの部分縫い

(3) 本縫い

1 表衿、見返しを縫い合わせる

表衿と見返しを縫い合わせ、縫い代を割る。見返し奥はサイドネックポイントの合い印から裾までロックミシンをかけ、裁ち端から0.5cmのところで折って押さえミシンをかける。

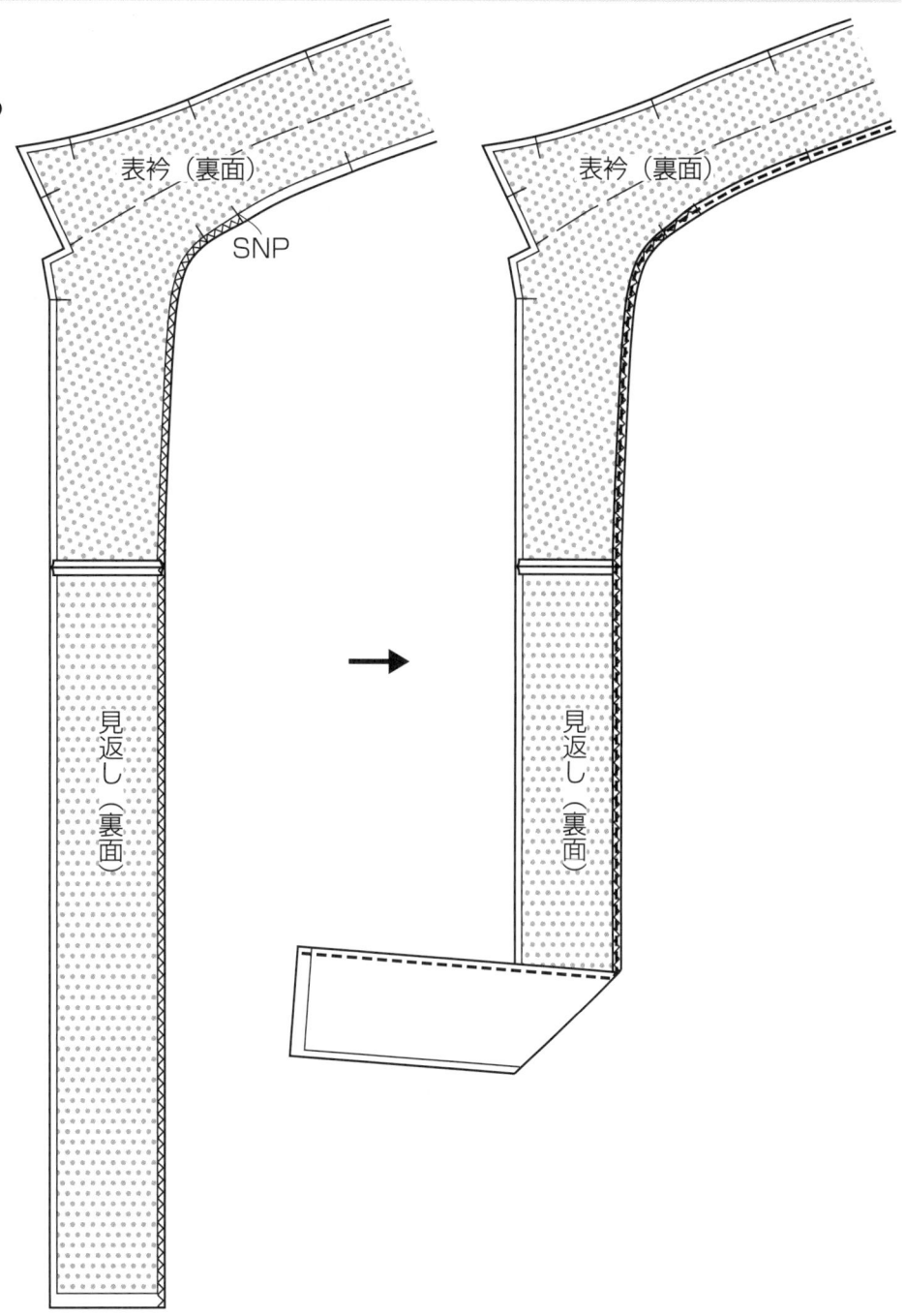

2 裏衿を身頃につける

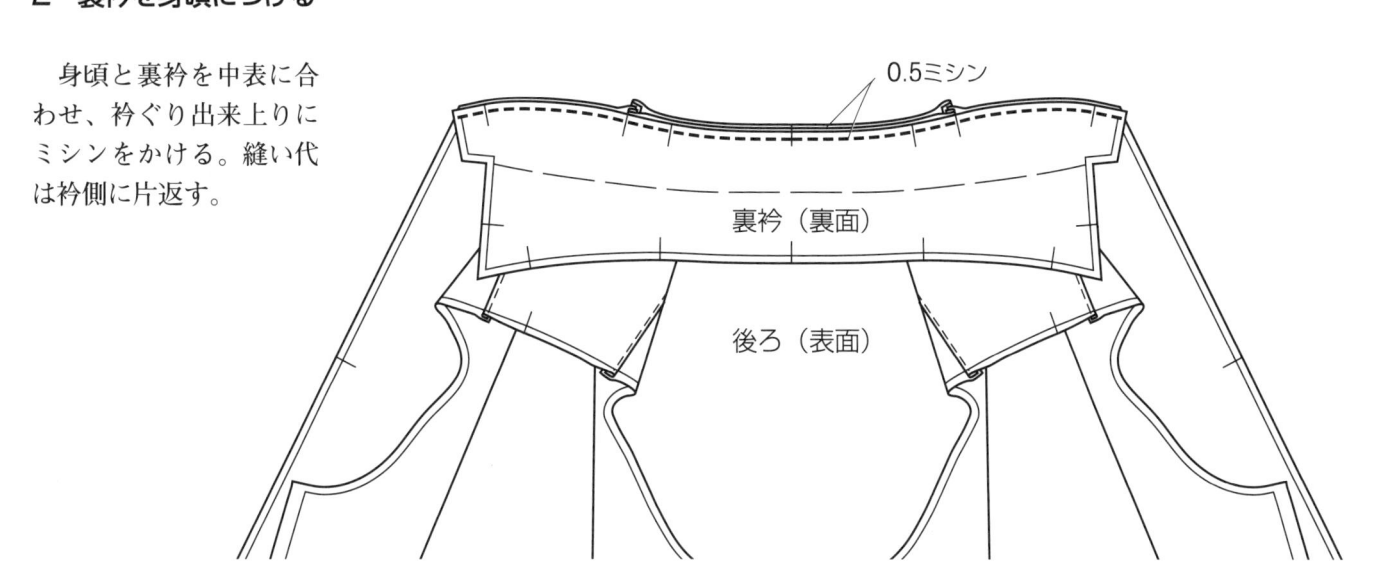

身頃と裏衿を中表に合わせ、衿ぐり出来上りにミシンをかける。縫い代は衿側に片返す。

第3章 シャツ 99

シャツの部分縫い

3 前端、衿回りを縫う

裏衿のついた身頃と表衿見返しを中表に合わせ、出来上りにミシンをかける。その後、表に返し、毛抜き合せにしアイロンで整える。前端と衿回りに0.5cmのステッチをかける。

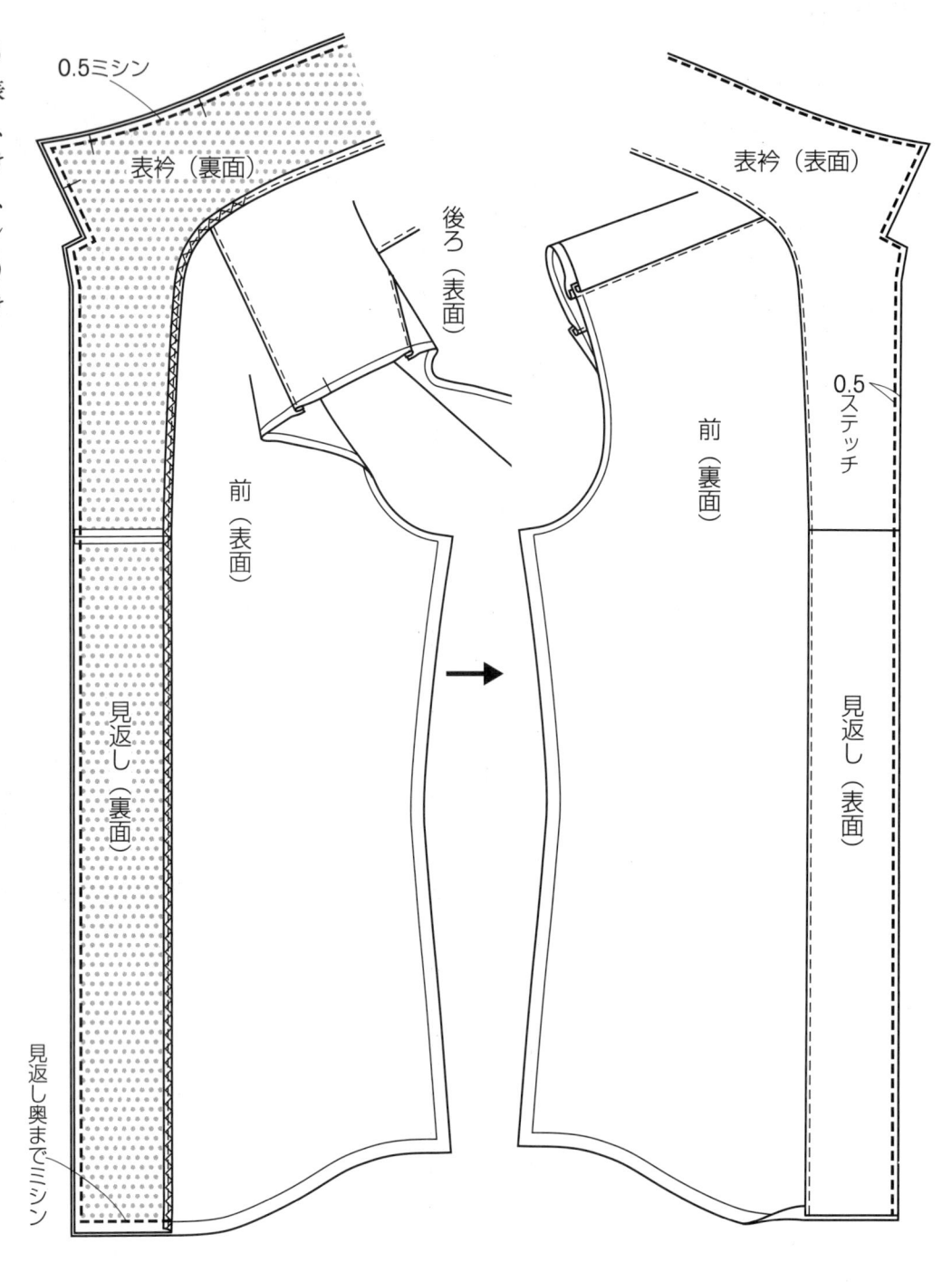

4 後ろ衿ぐりをとめる

裏衿つけミシンに表衿つけの折り山を合わせる。表衿のステッチに重ねて、後ろの衿ぐりを縫い止める。

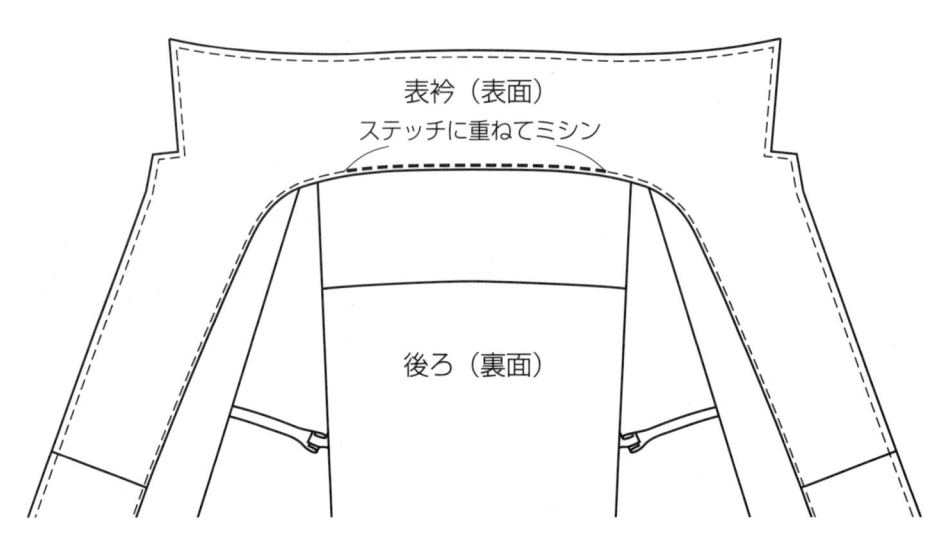

第4章 パンツ

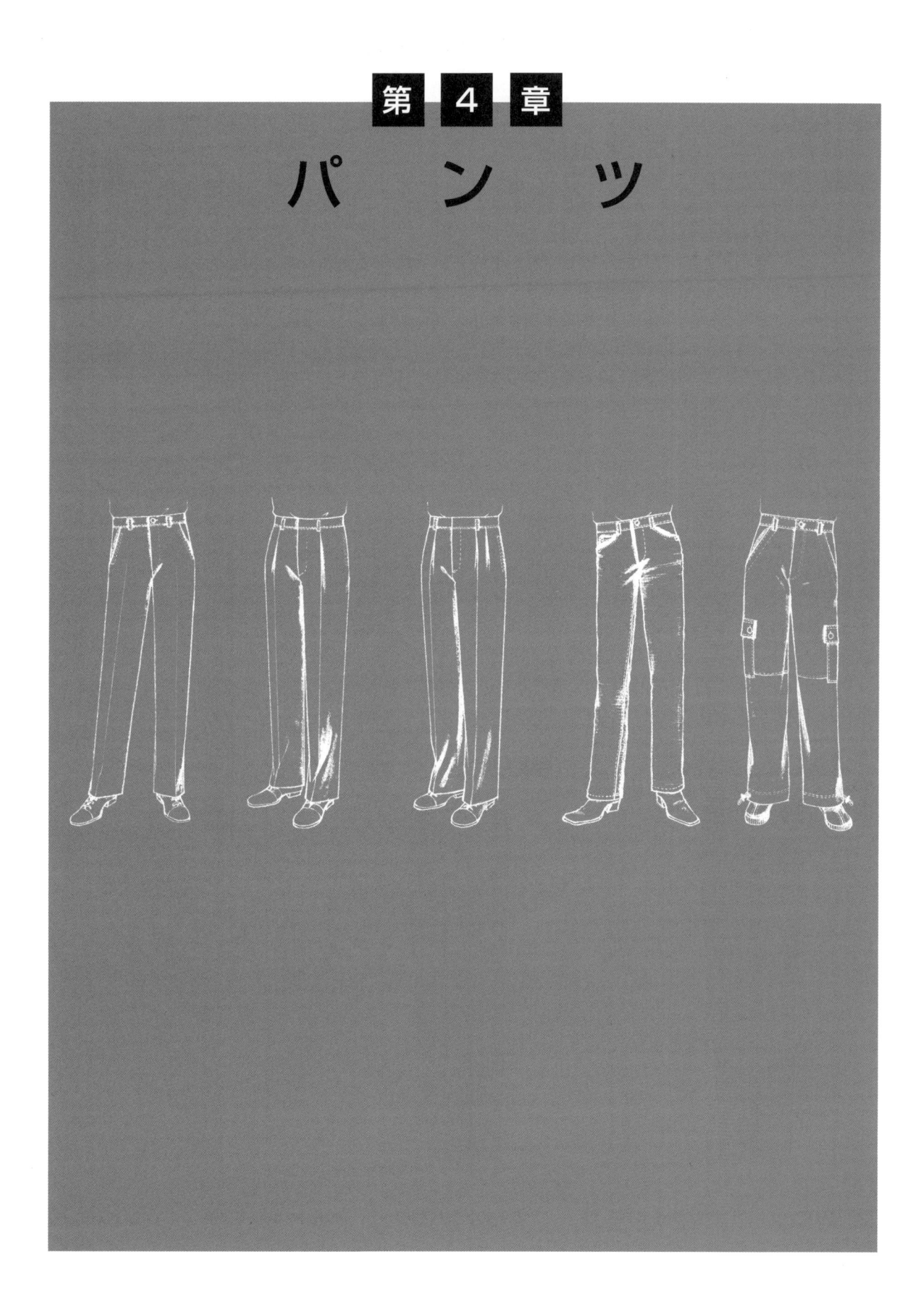

Ⅰ. パンツについて

1. パンツとは

　パンツにはダブルの裾とシングルの裾2種類があり、フォーマル用のパンツだけはシングルの裾に仕立てなければならないという決まりがある。夜の正礼装である燕尾服は側章が2本、準礼装であるタキシードは側章が1本入ったパンツで、昼の正礼装であるモーニングコートと準礼装であるディレクターズスーツには黒とグレイのストライプ柄のパンツ（コールズボン）が主に着用される。これらのウエストベルトにはいずれもベルトループがついておらず、サスペンダーを使用しなければならない。日常着のパンツはいずれの形でもよく、好みによって選んでよいが、どちらかといえばシングルの裾のほうがドレッシーな感じになる。

　股上の部分はタックを深くとったゆとりの多いドレープ型のものと、タックを少量にしたものや、まったくとらないで全体的にタイトにしたものがある。パンツの流行は太さと裾口の広さ、タックのとり方、ポケットのデザインの変化などによるものだが、全体のシルエットやバランスは体型特徴をふまえ各自に合ったスタイルをもつことが大事である。たとえば、腹部が出ていなければノータックやワンタックのパンツが似合うであろうし、腹部の出た人はゆとりのあるツータックのパンツが向いている。また、タックの向きは好みであるが、クラシックなイメージにしたいのならインタックを、そうでなければアウトタックを選ぶとよい。さらに腰回りの大きめの人は、パンツの裾に向かってだんだん細くなるテーパード型のパンツが似合うといったぐあいである。

　パンツをどのウエスト位置ではくかということは、はき心地にもかかわってくるし、シルエットにも関係することである。一般的にはウエストベルトを腹部の上にもってくるとはき心地がよいとされるが、股上の深いパンツになるとタックの入ったものが多く、ローウエストになるとノータックのタイトなパンツが多くなる。ウエストベルトは裁出しに作るほうが縫いやすいが、最近では別づけのウエストベルトのほうが主流である。

　脇ポケットのデザインは特別な決まりはないが、タイトなパンツはポケット口を前のほうに移動させた斜めポケットが使いやすい。またヒップポケットは、普通のパンツには玉縁やフラップなどの切りポケットが多く使われ、カジュアルなジーンズやワークパンツにはパッチポケットが適している。

　前あきは比翼仕立てとファスナー仕立てがあるが、最近ではほとんどファスナー仕立てになっており、ファスナーつけが容易なように小股の長さも短くなってきた。

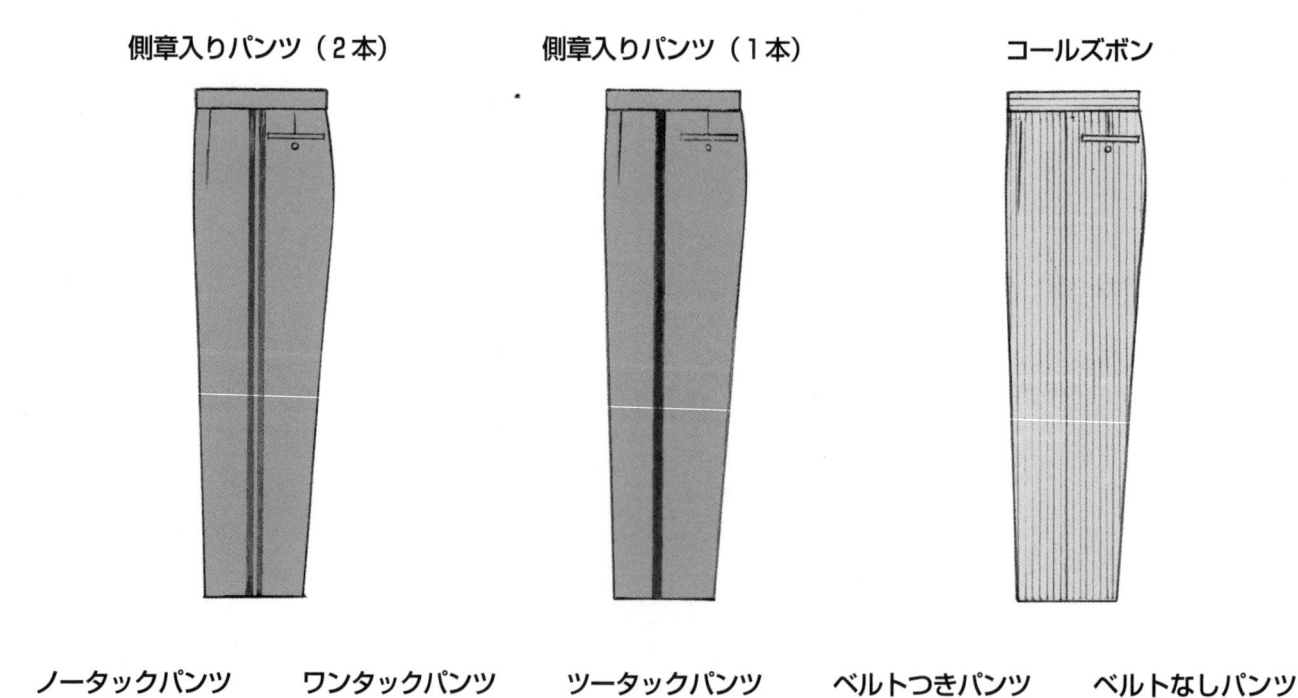

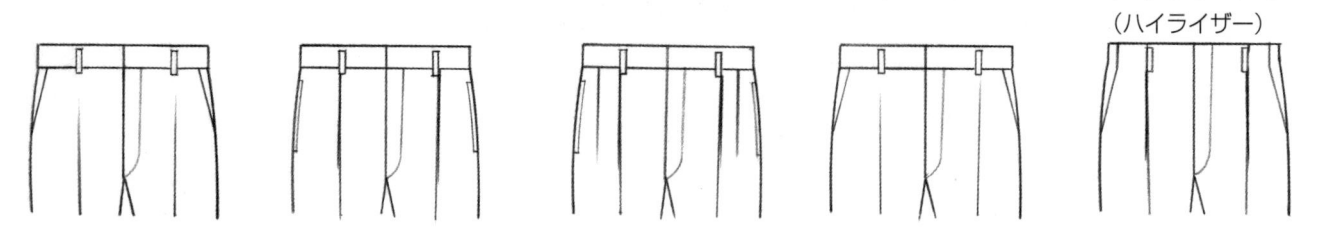

側章入りパンツ（2本）　　側章入りパンツ（1本）　　コールズボン

ノータックパンツ　　ワンタックパンツ　　ツータックパンツ　　ベルトつきパンツ　　ベルトなしパンツ（ハイライザー）

パンツ地の生地名（織物）

　基本的にはジャケットで使用される素材と同じに考えてよい。天然繊維であるウールが主に用いられるが、紡毛織物と梳毛織物があり、織りの甘い紡毛織物はあまりパンツには向かない。紡毛織物を使用する場合は良質のものでやや太めに作り、膝が伸びないように必ず膝裏をつけるようにする。ウール以外の素材としては、カジュアル素材として綿、麻、複合繊維などが一般的である。

　次にあげるのは主なパンツ地の生地名（織物）である。

フランネル（Flannel）…経緯糸とも紡毛糸を用いて平織りまたは綾織りとした、柔らかくて軽い布面にけばのある織物のこと。製織後、軽く縮絨する。イギリスのウェールズ地方で作られたのが始まりで、名称はウェールズ語のウールの意味のグラネン（Gwlanen）からきている。

サキソニー（Saxony）…優良メリノ羊毛で織ったソフトな手触りの紡毛織物。もともとドイツのザクセン地方産羊毛を用いたところからの名称。綾組織に製織後、縮絨して目をつめ、全体に薄くけばで覆われた仕上りにしたもの。

ベネシャン（Venetian）…朱子または綾の変化組織の織物。元来は梳毛組織であるが、綿、レーヨン、ポリエステルなども多く使われる。光沢のあるなめらかな手触りが特徴。

サージ（Serge）…梳毛織物の代表的なものの一つで、経に双糸、緯に単糸または双糸を使った右綾織物。経緯密度がほぼ同一であるため、45度前後の綾角度になっている。もともとは、絹織物であったが、現在ではウールをはじめ、綿、レーヨン、合成繊維などでさまざまな種類のものが生産されている。

ツイード（Tweed）…もともとは手紡ぎの紡毛糸を手織りで綾に織ったイギリス・スコットランド特産の織物をさし、綾織物を意味する英語のツイル（Twill）の語源となった。現在ではざっくりした素朴な味わいのある厚手の紡毛織物を総称していう。産地や糸種などによりバラエティに富んでおりカントリー調の衣服に用いられる。

ギャバジン（Gabardine）…緻密に織られたこしのある丈夫な綾織物のこと。綿、ウール、合成繊維などで作られる。通常、経糸本数が緯糸の2倍程度使われ、綾目が急勾配になっており、表側の綾目がくっきり立っているのに対し、裏面は比較的フラットになっている。

トロピカル（Tropical）…薄地の梳毛織物。平織りで織り目が粗く、風通しのよいさらっとした手触りのため夏服地として用いられる。最近はレーヨン、ポリエステル、アセテートなどとの混紡物も多い。

コーデュロイ（Corduroy）…けばが縦方向に畝になったベルベット織物。綿製が一般的だが、レーヨン製のものもある。畝の幅はいろいろあり、太いものを鬼コール、細いものを細コール、中間のものを中コールという。太畝と細畝を組み合わせた親子コールもある。丈夫で保温性に富み、カジュアルウェアに用いられる。

チノ・クロス（Chino-cloth）…綿の双糸を使った丈夫な綾織物。当初、アメリカ軍が中国から調達したことからの呼称。カーキ色などに染めて、軍服やユニフォーム、カジュアルウェアなどに用いられる。

デニム（Denim）…綾織りの厚手綿織物。通常、経にインディゴで染めた10〜14番手の糸を使い、緯は12〜16番手の晒し糸を使う。フランスのニームで作られたのが始まりで、ニームのサージ（serge de Nimes）がのちにデニムと呼ばれるようになった。丈夫で、ジーンズの代名詞にもなっている。

ピーチ・スキン（Peach-skin）…布地の表面が桃の肌触りのような感触の素材をいう。極細デニールの糸を高密度に織るため、透湿防水・撥水効果がある。新合繊を代表する素材。

2. パンツの変遷

パンツ、ズボンは二股脚衣つまり、人体の2本の脚をそのまま覆う体形型の衣服の総称と定義づけられる。西欧の衣服の歴史だけを見る限りでは、衣服における明確な男女差が見えはじめるのは14世紀に入ってから、そ

<B.C.6世紀〜A.D.7世紀>

パンツの起源として、紀元前6世紀半ばアケメネス朝ペルシャ時代に、アナキサリデスという一般市民や兵士などがはく脚衣がある。西欧においては、草原地帯の遊牧民族であるアーリア系のスキタイ人やペルシャ人などの東方遊牧民族との文化の接触から、ようやくケルト人が長ズボンの風習を取り入れる。そのケルト人が2世紀にフン族の圧迫によって西に移動し、ゲルマニアとガリアに長ズボンを普及させている。

6世紀、チュニックの下に長ズボンがのぞく

<8世紀〜13世紀>

8世紀にはカロリング朝からカール1世（大帝）が登場し、ビザンチン文化の影響を受けたダルマティカやパルダメントゥムを着て、脚衣としてブレーをはいている。以降13世紀まで、脚衣としてブレーをはいているが、上に着たチュニックで、外見的にはブレーを確認することはできない。

9世紀、玉座の両脇の男性は、ダルマティカにブレーをはいている

<17世紀〜18世紀>

17世紀に流行したスカート形式のラングラーブの流行を除いて、18世紀まで、膝下までのズボンのキュロットがはかれる。男性モードの歴史において、初めて長ズボンが表舞台に登場したのがフランス革命期のサン・キュロット・スタイルである。

1673年、ラングラーブには巻きスカート型とキュロットスカート型があった

貴族の象徴的なスタイルであるキュロットを否定するという意味ではかれ、本来は水兵が着ていたくるぶしまでのパンタロン（トラウザーズ）は革命派の男たちによってはかれた。

1792年、サン・キュロット・スタイル、パンタロンは水兵がはいていたもの

<19世紀>

<前期> 19世紀に入ると、紳士服の中心はイギリスに移り、ボー・ブランメルが登場する。一説には1810年ころ、夜会にブランメルがトラウザーズを着用して登場、1815年にプリンス・オブ・ウェールズ（後のジョージ4世）が宮廷にてトラウザーズの着用を許可し、初めてくるぶしまでのパンツが公式化された。

1820年、トラウザーズ裾のフットストラップは脚のラインを強調する

れまでは男性も貫頭衣形式のチュニックが主なモードだった。パンツ形式の脚衣は、西欧の衣服の歴史の中で異文化との接触によってもたらされた。

＜14世紀～15世紀＞

14世紀に入り、男性モードが上衣のプールポワンと脚衣ショースの2部形式になる。脚衣のショースは、現在でいうとストッキングといったところで、脚を2本に分けて包む衣服形式という意味ではパンツに相当する。ショースは片脚ずつ上衣のプールポワンの下端に細いひもでつるしてはき、前あき部分を隠すように股袋のコドピースをつけた。

15世紀中ごろ、プールポワンにショース、ショースの先に詰め物を入れ、長く伸ばしている

＜16世紀＞

16世紀に入ると、男性の脚衣であったショースは、膝下までのパンツであるオー・ド・ショースと靴下のバ・ド・ショースに分離する。ここで初めて独立したパンツが登場し、現在に至るまでパンツは一部の時代や地域を除き、男性モードのボトムの絶対的なアイテムとなる。

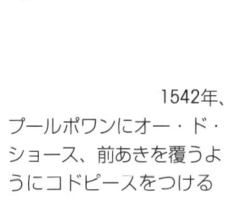

1542年、プールポワンにオー・ド・ショース、前あきを覆うようにコドピースをつける

＜19世紀＞

＜中期＞　19世紀半ばまでは、男性の脚のシルエットを強調するために、パンツの裾につけられたストラップを靴底に回してはいている。また同じ時期に前あきにボタン・フライ（比翼仕立て）のものも登場し、脇にポケットをつけるのが一般化する。

1868年、トラウザーズの折り山が左右の縫い目につけられている

＜後期＞　19世紀半ば以降、ズボンのシルエットが広がり、現在のパンツに近いものになる。19世紀を通して、公式においてパンツはサスペンダーでつるしてはいていたが、19世紀末に初めてウエストにベルトをしてはくようになる。しかしベルトは兵士の武器携帯のため考案されたもので、公式の場では依然としてサスペンダーが使われた。

＜20世紀＞

20世紀初頭になると、アメリカからパンツのヒップポケットをつけることが始まる。これは拳銃を入れるために考案されたもので、公式の場においては、ヒップポケットはないか、目立たないものがよいとされた。1930年代に、サビル・ロウでも前あきにジップ・フライが取り入れられた。また同じ1930年代ごろから、アメリカでは西部劇映画の影響から、都会でもジーンズがはかれるようになる。

1929年、ピンストライプのスーツのトラウザーズには、正面にしっかりと折り山がつけられている

第4章　パンツ　　105

Ⅱ. パンツの名称とデザイン

1. 形態による名称

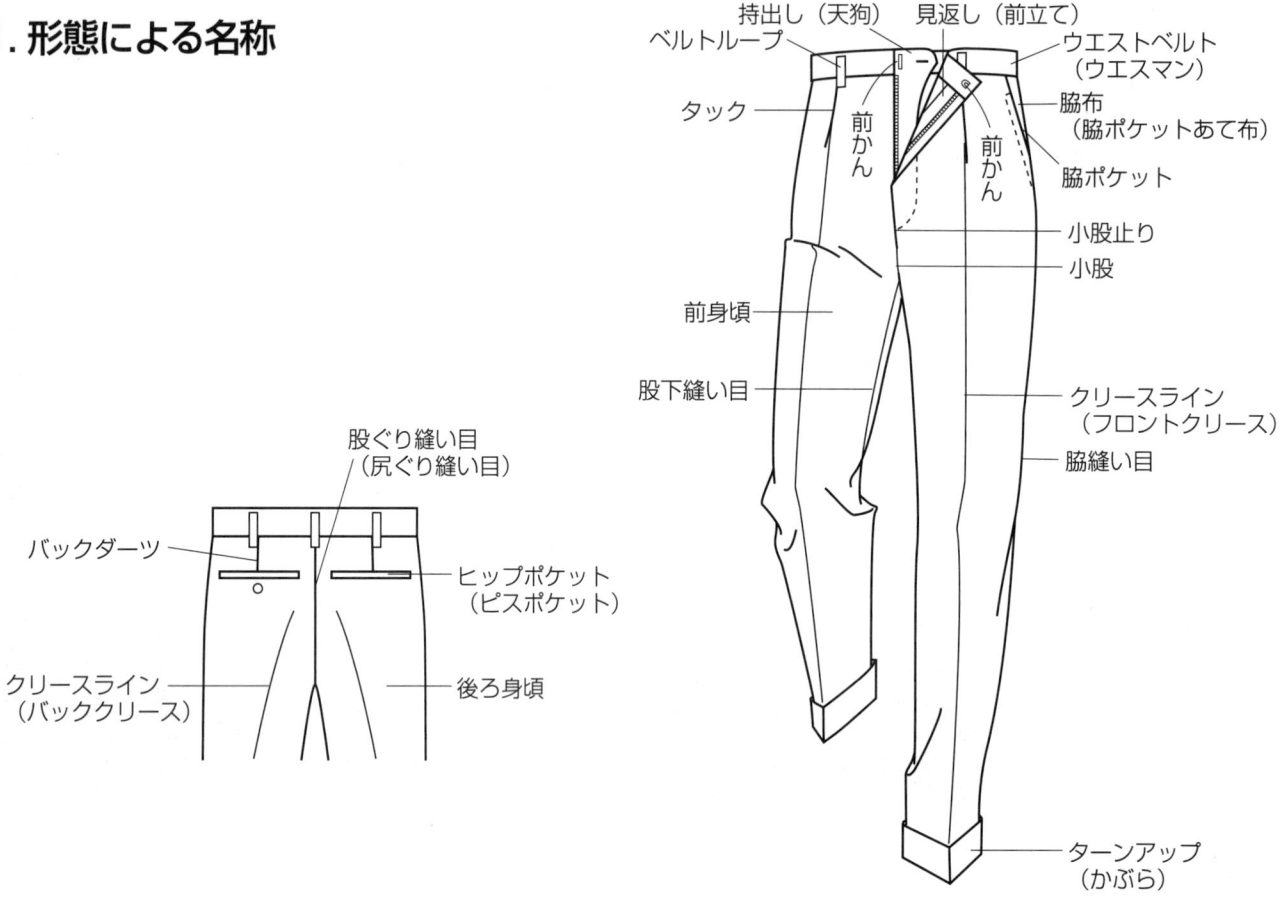

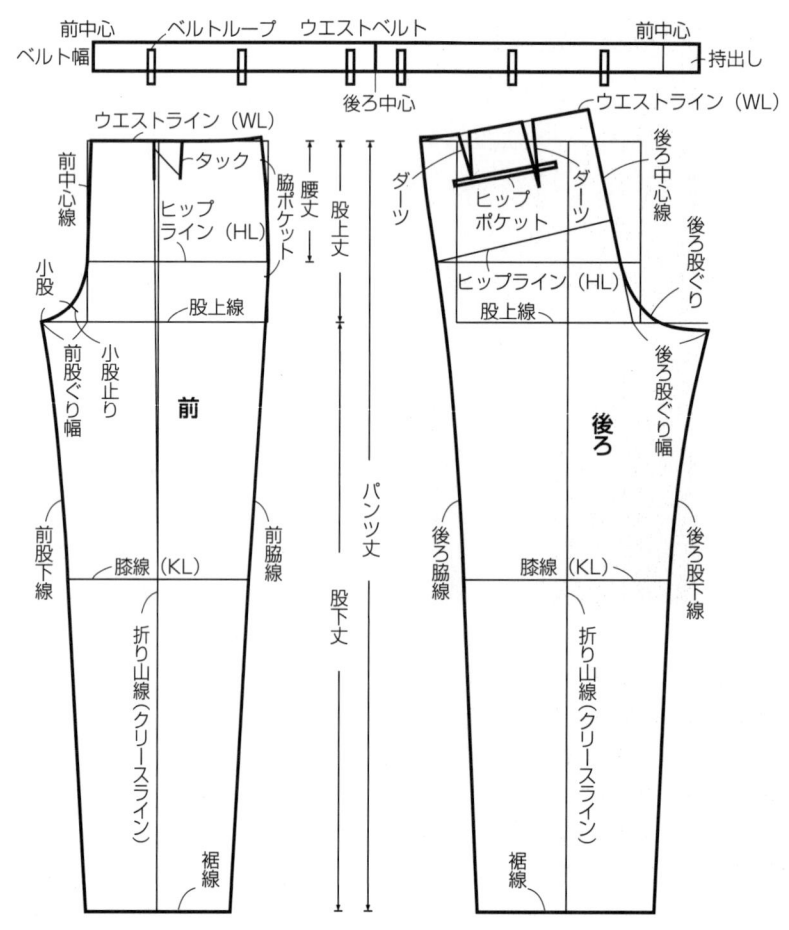

持出し（天狗）
見返し（前立て）
ベルトループ
ウエストベルト（ウエスマン）
タック
脇布（脇ポケットあて布）
前かん
前かん
脇ポケット
小股止り
小股
前身頃
股下縫い目
クリースライン（フロントクリース）
脇縫い目

股ぐり縫い目（尻ぐり縫い目）
バックダーツ
ヒップポケット（ピスポケット）
クリースライン（バッククリース）
後ろ身頃

ターンアップ（かぶら）

前中心　ベルトループ　ウエストベルト　　　　前中心
ベルト幅　　　　　　　　　　　　　　　　　持出し
　　　　　　　　　　後ろ中心

ウエストライン（WL）　　　　　　　　　ウエストライン（WL）
前中心線　タック　　　　　　　　　ダーツ　後ろ中心線
　　　　　脇ポケット　　　　　ヒップポケット
　　　　　ヒップライン（HL）　　　　　　　後ろ股ぐり
小股　　　腰丈　　　　　　　ヒップライン（HL）
　　　　　股上線　　股上丈　　股上線　　後ろ股ぐり幅
前股ぐり幅　小股止り
　　　前　　　　　　　　　後ろ
前脇線　　　　　　　　　　　　　　　後ろ脇線
前股下線　　　　　　　　　　　　　　後ろ股下線
膝線（KL）　パンツ丈　　膝線（KL）
　　　　　　股下丈
折り山線（クリースライン）　折り山線（クリースライン）
裾線　　　　　　　　　　　　　　　　裾線

106

2. ボトムのスタイル

〈シルエット〉

テーパード (Tapered)

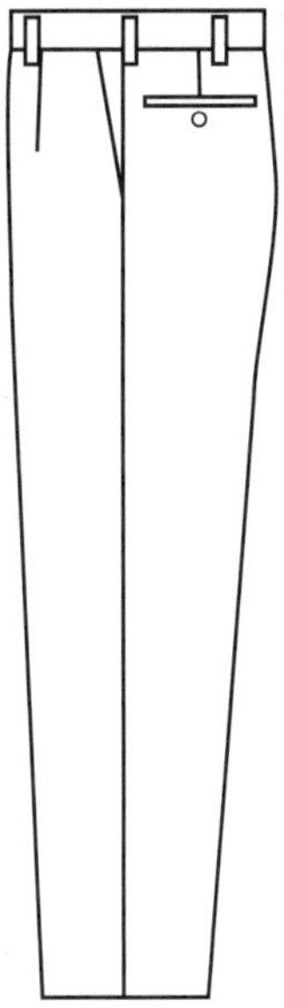

裾に向かってだんだん細くなっているパンツのこと。

パイプステム (Pipe-stem)

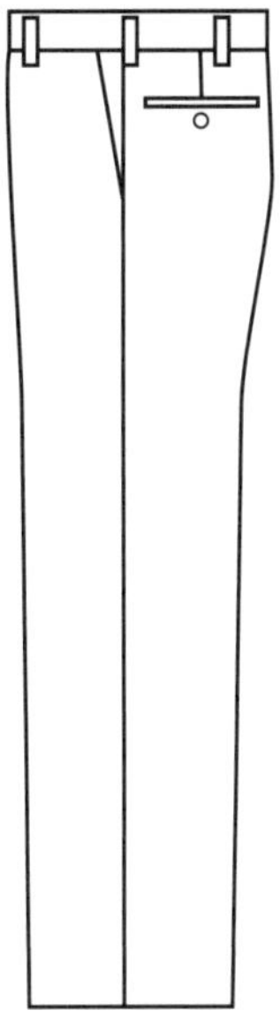

ヒップから下の脚部が筒状で全体に細身の直線的なパンツ。アイビースタイルのパンツのシルエットである。

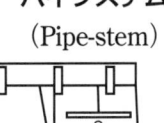

オックスフォードバッグス (Oxford bags)

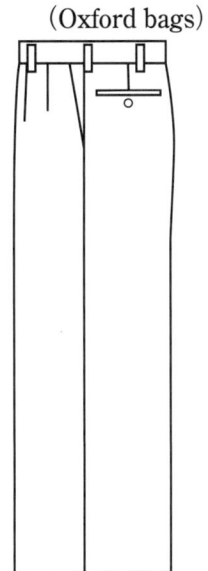

極端に幅広のストレート型パンツ。股上が深くゆったりとしていて、裾に折返しがつく。

ペッグトップ (Peg-top)

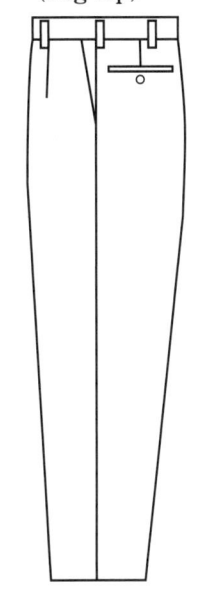

腰回りはゆったりとしていて裾に向かうにしたがって先細りになっているパンツ。〈マンボズボン〉〈バギートップ〉とも呼ばれる。

ベルボトム (Bell-bottom)

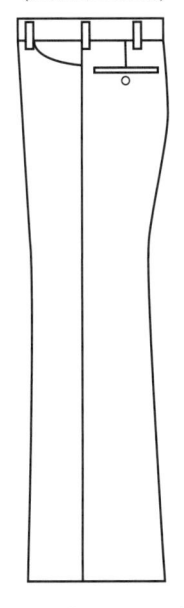

腰から膝まではぴったりし、膝から下はつり鐘の形のように裾広がりになったパンツで、フレアボトムの一種。日本では造語で〈らっぱズボン〉ともいう。

〈裾の種類〉

シングル (Single)

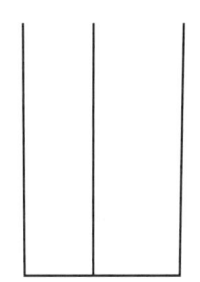

パンツの裾の標準的な形。折返しのないものをいう。

ダブル (Double)

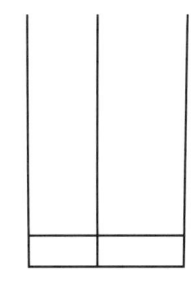

ターンナップ（Turn-up）、かぶら、マッキンともいう。パンツの裾を折り返して二重にしたもの。

モーニングカット (Morning-cut)

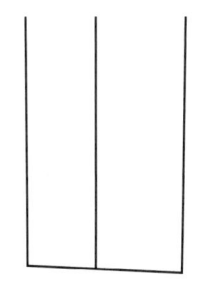

アングルボトム（Angled-bottom）ともいう。パンツの裾を前から後ろへ斜めに下げてカットした仕立て方をいう。フォーマル用のパンツに多い。

3. ポケットの種類

〈ポケットの名称〉

斜めポケット（Forward set）
出し入れ口を斜めにとったポケット。オブリークポケット、スラントポケットともいう。

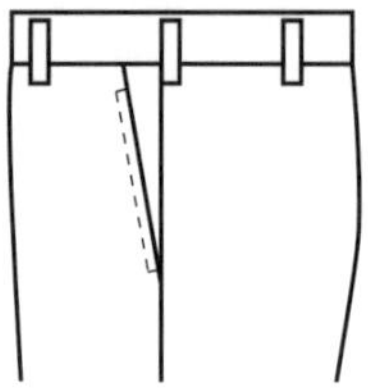

縦ポケット（Vertical slit）
脇の縫い目を利用して、垂直に出し入れ口があるポケット。

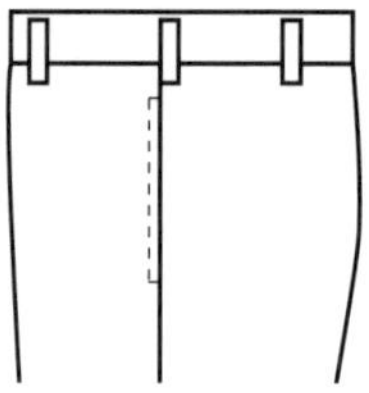

クレセントポケット（Crescent pocket）
三日月状に出し入れ口をカーブさせたポケット。クレセントは三日月の意味。

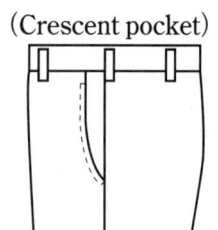

ホリゾンタルポケット（Horizontal slit）
水平に出し入れ口をとったポケット。ホリゾンタルは水平線の意味。

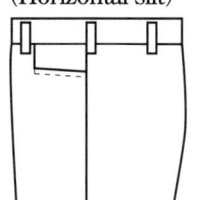

シームポケット（Seam pocket）
ウエストベルトの縫い目を利用して作られたポケット。テケともいわれる。テケとはチケットが変化したもの。

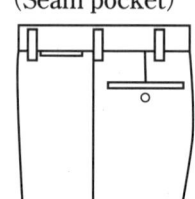

ピスポケット（Pistol pocket）
パンツの後部ヒップ部分についている、特に右ポケットのことをさす。正式にはピストルポケット、略してピスポケット、ヒップポケットともいう。

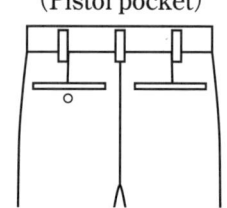

〈ヒップポケットのバリエーション〉

片玉縁　　両玉縁 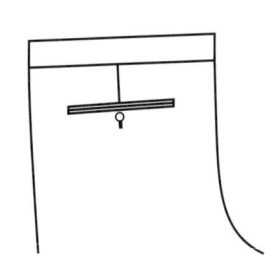　　フラップつき片玉縁 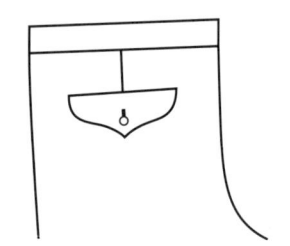　　フラップつき両玉縁

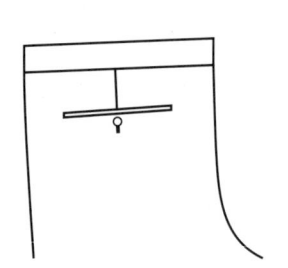

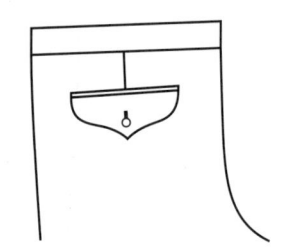

4. 天狗の種類

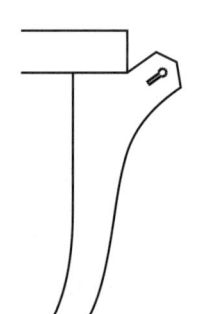

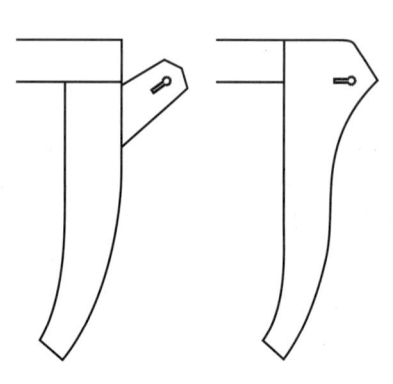

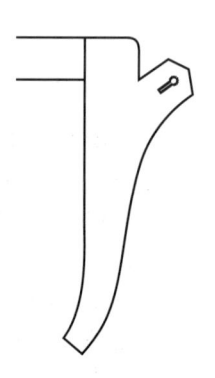

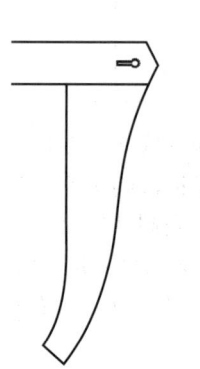

III. デザイン展開と作図

1. ノータックパンツ

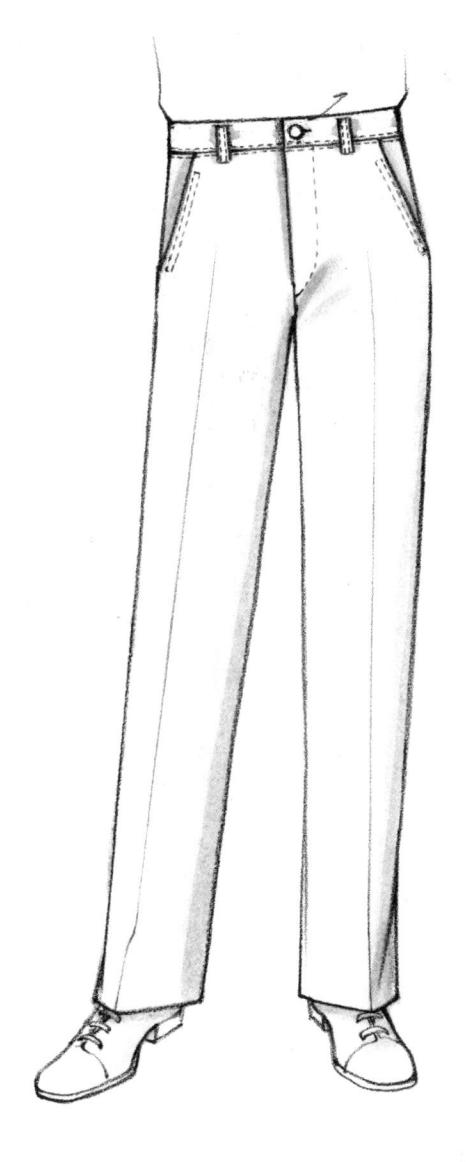

デザイン解説

ウエストにタックをとらないで全体に細くしたテーパードライン（107ページ参照）のパンツ。腰から裾に向かって次第に細くなっていて、軽快で活動的な若々しく見えるシルエット。

裾はダブルでもシングルでもよいが、シングルのほうがより軽快に見える。

脇ポケットは手を入れやすくするために斜めポケットで設計してある。

素材は基本的にジャケットに使われるものと同じと考えてよいが、ウールでは梳毛織物を使うほうが無難で、織りのあまい紡毛織物は不向きである。また、カジュアルな素材として綿を使用してもよい。

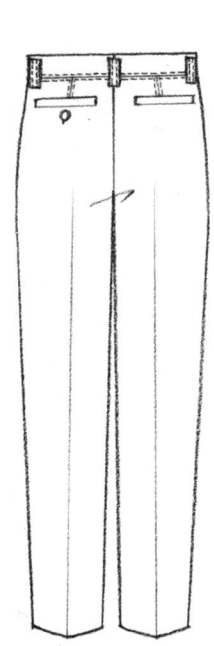

作図要点

前身頃
①基礎線を引く。直角をとり縦に股上丈をとる。股上丈の$\frac{2}{3}$の位置に腰丈を決め、HLとする。HL上で$\frac{H}{4}$寸法にゆとり分（1cm）を加えた寸法をとり、長方形をかく。

②股上線上に前股ぐり幅（渡り寸法）をとる。前股ぐりab間を4等分した寸法を標準値とする。

③折り山線を引く。ac間を2等分した位置で股下丈をとり、ウエストラインからパンツ丈とする。

④膝線（KL）を引く。股下丈を2等分して、その位置より5cm上をKLとする。

⑤裾幅を決め、脇線、股下線を引く。折り山線の位置を基準に裾幅を決めて9.5cmを左右にとる。KLで10.5cmを左右にとる。KLから裾を直線で結ぶ。HLからKLに向けて、脇線をカーブで引く。股下線をc点からKLまでゆるやかなカーブで引く。

⑥前股ぐり線を引く。案内線としてb点から45度に前股ぐり幅の2等分した寸法を引く。WLで2cmをカットしHLと直線で引き、HLから案内線を通りc点までカーブ線を引き、前股ぐり線とする。

⑦WLとダーツを引く。前中心から$\frac{W}{4}$寸法をとり、脇丈を0.5cm追加してWLと脇線をカーブで引く。

⑧脇ポケット位置を引き、前中心、あきの位置とステッチを入れる。

後ろ身頃
①前に準じ、反転した基礎線と股下線を引く。KLの寸法と裾幅は前の寸法に2cmを加えて引く。

②後ろ股ぐり線と股下線を引く。前股ぐり幅に2.5cmを加え後ろ股ぐり幅（渡り寸法）を決める。基礎線のWLでd点から折り山線までの$\frac{2}{3}$をとりb'点から1cm脇よりの位置を結んで案内線とし、WLより運動量として4.5cmを加える。前と同様にb'点から前股ぐり幅の2等分（●）をとり、その寸法を2等分する。後ろ股ぐり幅をとった位置から1cm直下したところと案内線を通り、股ぐり線を引く。KLとを結んで股下線も引く。

③WLと脇線を引く。WLで$\frac{W}{4}$＋1.5cm（ダーツ分）をとり、脇丈を0.5cm追加してWLと脇線をカーブで引く。

④後ろポケット、ダーツを引く。WLから6.5cm下に平行線を引く。ポケット口寸法14.0cm～14.5cmをとり、残りの寸法を5等分して、後ろ中心側に$\frac{3}{5}$、脇側に$\frac{2}{5}$をとりポケット位置を決める。ポケット口の2等分線の位置からWLに直角に案内線を引く。その位置がダーツの中央になるようWLと直角の交点から左右に、$\frac{ダーツ分量}{2}$をとりダーツ線を引く。ポケットの玉縁幅（0.7cm～1.0cm）をとり、ポケット口の2等分の位置からボタン直径分（1.5cm）下にボタンつけ位置を引く。

⑤ベルトを引く。

使用量
表布　150cm幅130cm
　　　110cm幅250cm
膝裏　72cm幅70cm
ダック芯　75cm幅50cm
スレキ　100cm幅35cm
袋布　77cm幅70cm

第4章 パンツ

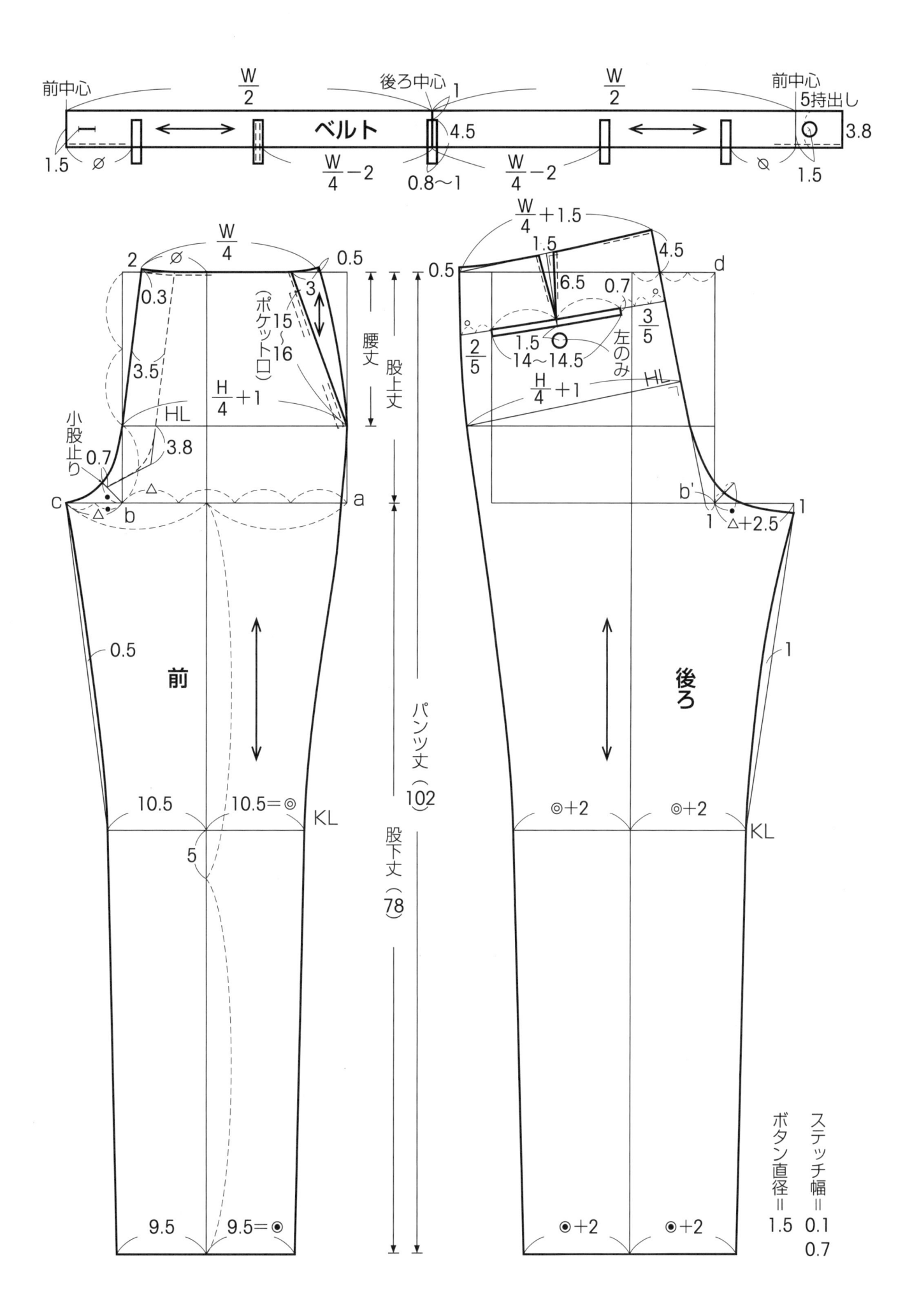

2. ワンタックパンツ（アウトタック）

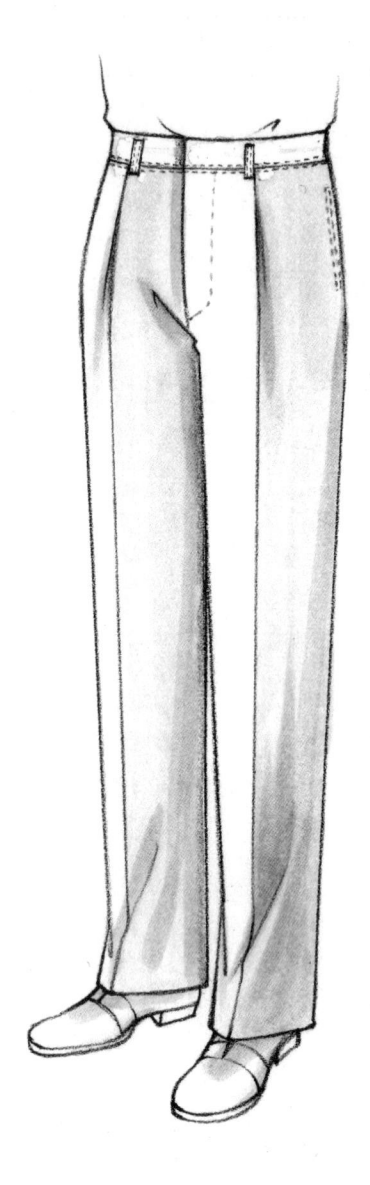

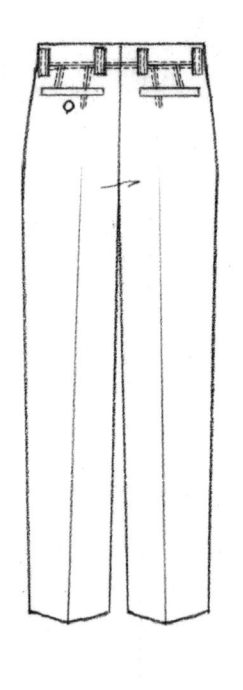

作図要点

前身頃

ヒップのゆとりについて
　ウエストにタック（4cm）が入っているため、分量は$\frac{H}{4}$寸法に2cmのゆとりを加え、基礎線を引く。

タックの位置と方向性について
　前タックは、基礎線から前中心側に0.7cm移動した位置からタック分量（4cm）をとる。タックの方向は、中心側を基礎線とKLの交点と結び、その線からヒップライン上で2cm脇側へ移動したところと結ぶ。

後ろ身頃

　後ろパンツは、渡りの幅やヒップのゆとりはノータックより増えるが、作図を引く手順はノータックパンツと同じである。

ダーツの配分と位置について
　全体のバランスを考え、ウエストダーツを2本とる。ダーツ位置はポケット口を基準にしていく。ポケット口の両端から2.5cm内側に入ったところからウエストラインに対して直角線を引く。直角線をはさんでそれぞれのダーツ分量をとる。後ろ中心側のダーツの長さを9cm、脇側のダーツの長さをポケット口までの長さ（6cm）にする。

後ろ股ぐり線
　ノータックパンツと比べゆとり量が多くなるので、後ろ中心線を起こしてくる。

デザイン解説

　ウエストにタックを1本入れたストレートなシルエットで、腰から裾にかけて程よいゆとりの入ったパンツ。
　ごく一般的なデザインなので年齢や職業を問わず、多くのタイプの人々に着用される。
　裾はダブルでもシングルでもよいが、どちらかといえばシングルのほうがドレッシーな感じになる。
　素材は中肉ウール、綿、麻、化合繊などが適する。

使用量
表布　150cm幅130cm
　　　110cm幅250cm
膝裏　72cm幅70cm
ダック芯　75cm幅50cm
スレキ　100cm幅35cm
袋布　77cm幅70cm

第4章　パンツ

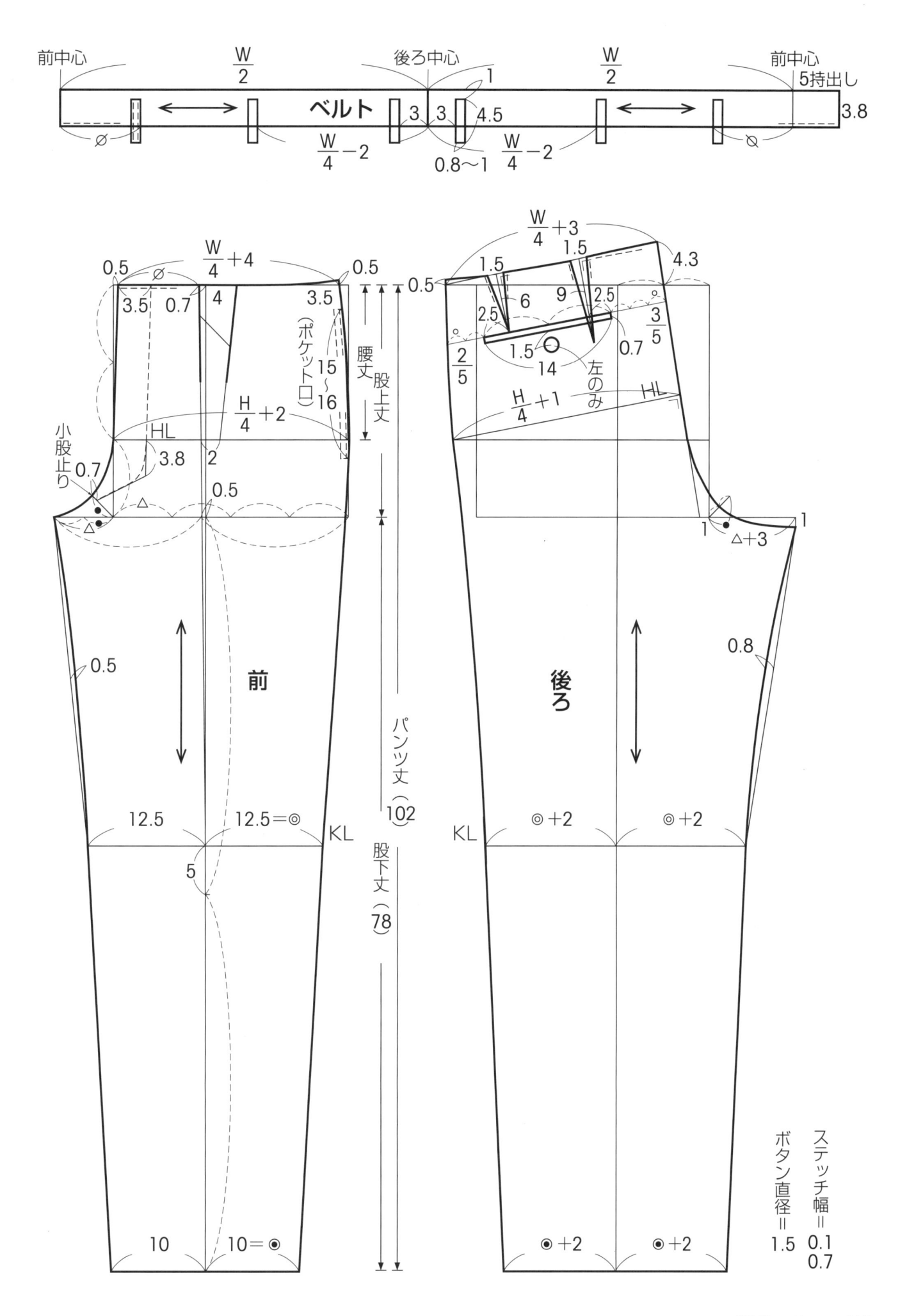

3. ツータックパンツ（アウトタック）

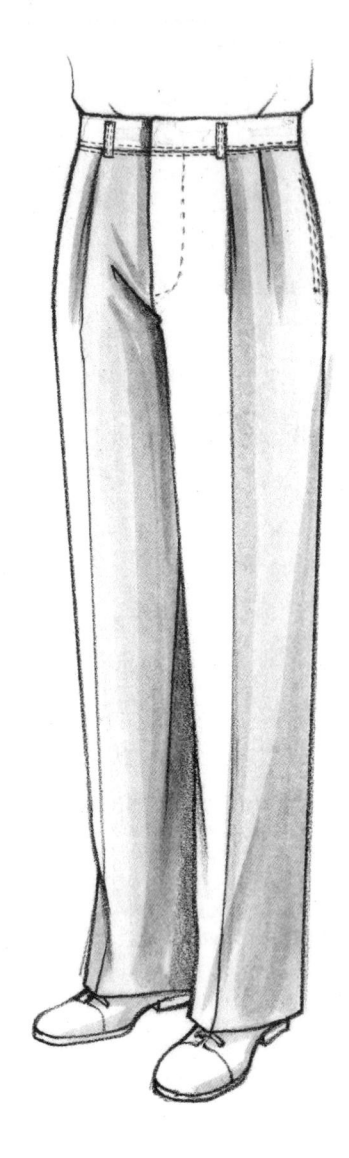

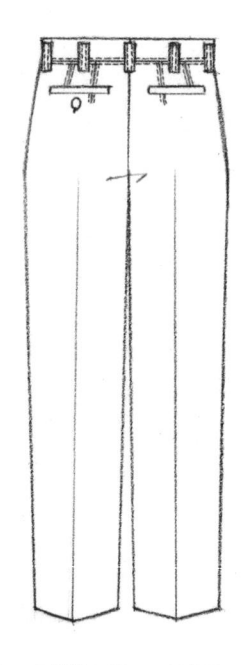

作図要点

前身頃

ヒップのゆとりとタックの配分

　前ヒップは$\frac{H}{4}$寸法に3cmのゆとりを加え、基礎線を引く。$\frac{W}{4}$寸法に6cmのタック分量をとり、4cmを前中心側でワンタックと同様にとる。1本めのタックの位置から脇までの2等分より中心側に2cmのタックをとる。$\frac{タック分量}{2}$の位置から垂線をHLまで引き、ウエストのタックと結ぶ。

裾幅について

　ウエストやヒップはノータックパンツやワンタックパンツよりゆとりが多くゆったりとしたシルエットなので、KLや裾幅も広くなっている。

後ろ身頃

　作図を引く手順は前項のワンタックパンツと同じであるが、殿部の丸みに合わせて後ろ中心側のダーツ分量を多くとる。さらに、ゆとり量も多くなるので、後ろ中心線を起こしてくる。

デザイン解説

　クリースライン上のタックと脇線との間にダーツ状のタックがもう1本入る。ウエストにタックが2本入ることにより、たっぷりとしたゆとりの多いシルエットになる。腰から膝にかけてゆとりがあるので体型もカバーでき、年配者や背が高くかっぷくのいいタイプの人や、運動量を多く取り入れたい服などに適している。

　裾はダブルでもシングルでもよい。

　素材は中肉ウール、綿、麻、化合繊などが適しているが、良質の紡毛織物でやや太めに作るとクラシックな落ち着いた雰囲気になる。

使用量
表布　150cm幅220cm
　　　110cm幅250cm
膝裏　72cm幅80cm
ダック芯　75cm幅50cm
スレキ　100cm幅35cm
袋布　77cm幅70cm

第4章　パンツ

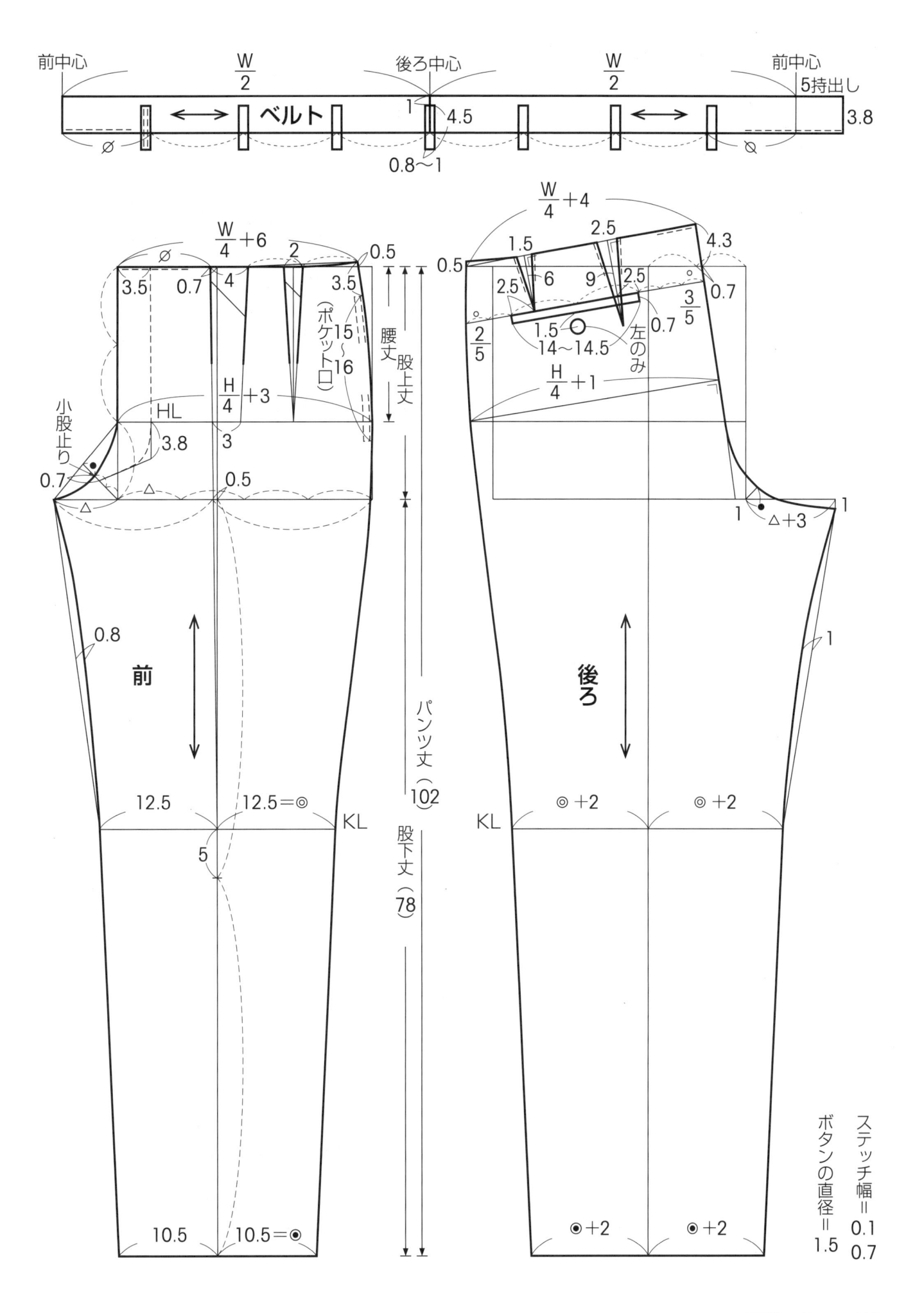

4. ワンタックパンツ（インタック）

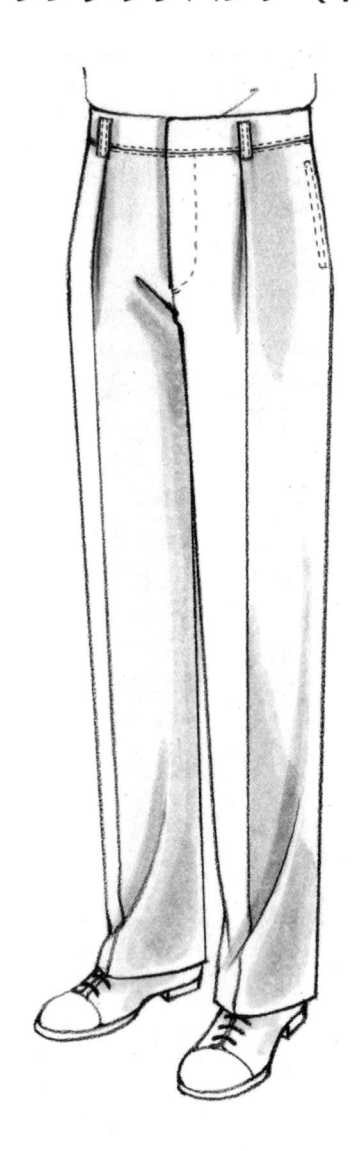

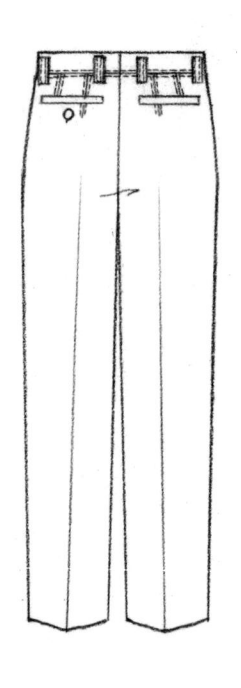

作図要点

前身頃

ヒップのゆとりについて
　ウエストにタック（4cm）が入っているため、分量は$\frac{H}{4}$寸法に2cmのゆとりを加え、基礎線を引く。

タックの位置と方向性について
　前タックは、基礎線から前中心側に2cm移動した位置からタック分量（4cm）をとる。タックの方向は、脇側を基礎線とKLの交点と結び、その線からヒップライン上で2cm中心側へ移動したところと結ぶ。

後ろ身頃

作図を引く手順はワンタックパンツ（アウトタック・112ページ）と同じである。

デザイン解説

　112ページのワンタックパンツと同様、腰から裾にかけて程よいゆとりの入ったストレート型のパンツだが、タックの向きが中心側を向いており、アウトタック型よりいくぶんシャープに見えるため、ウエスト回りの大きい人にはインタック型をすすめる。また、アウトタック型よりクラシックなイメージになる。

使用量
表布　150cm幅130cm
　　　110cm幅250cm
膝裏　72cm幅70cm
ダック芯　75cm幅50cm
スレキ　100cm幅35cm
袋布　77cm幅70cm

第4章　パンツ

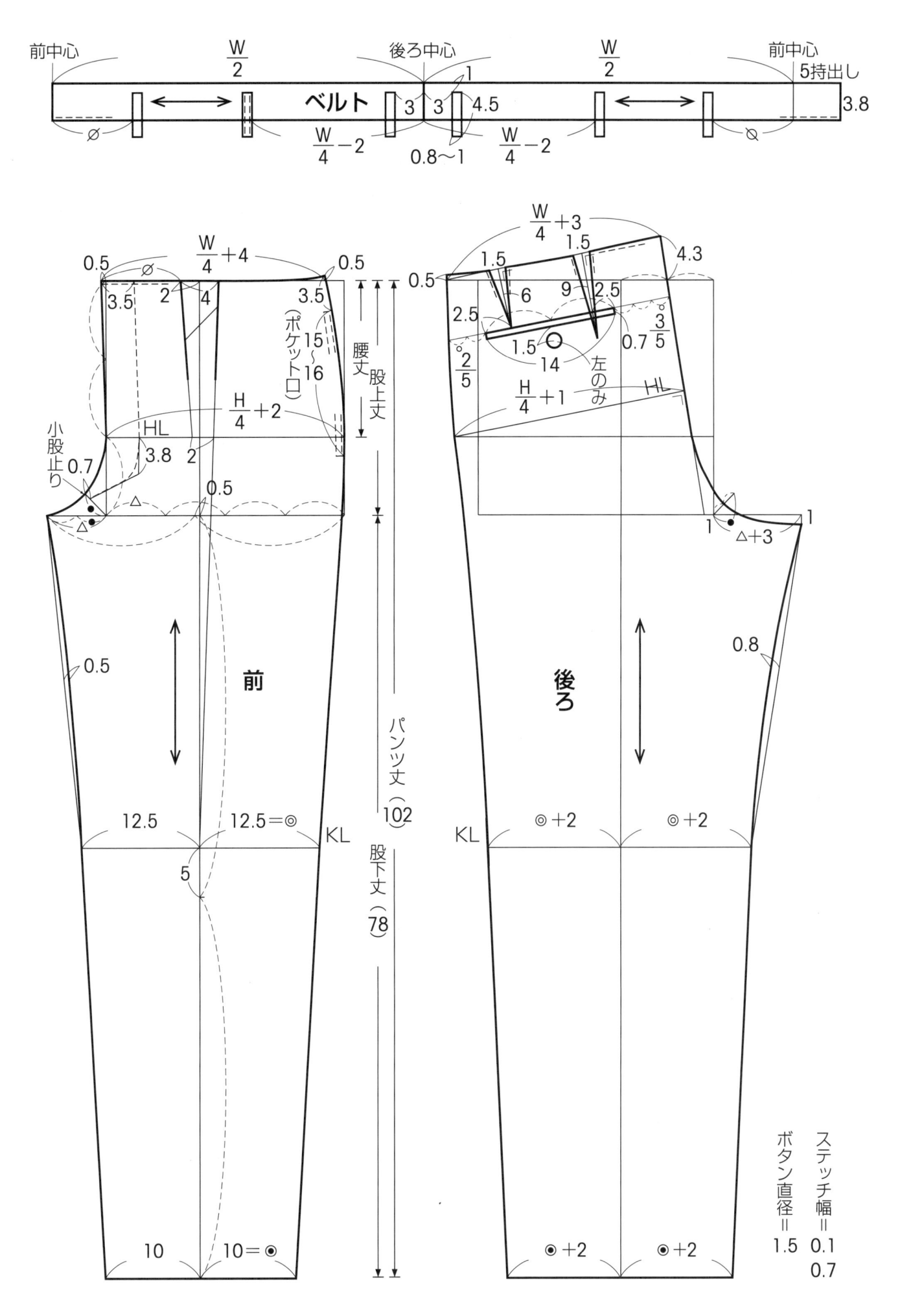

5. ツータックパンツ（インタック）

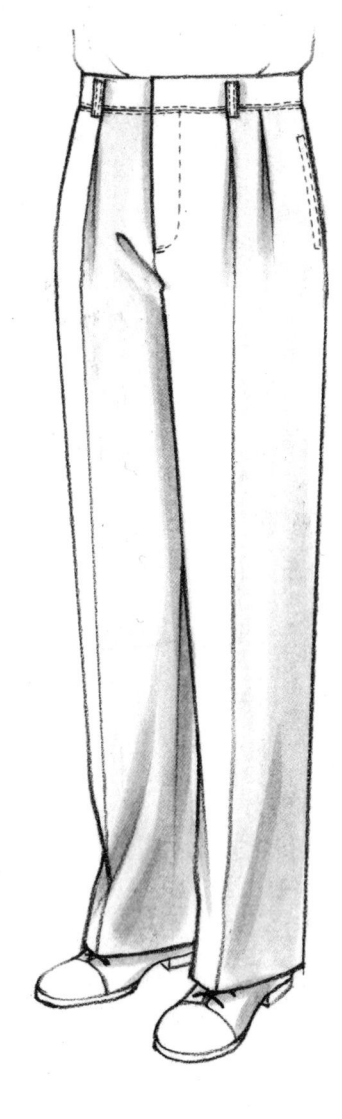

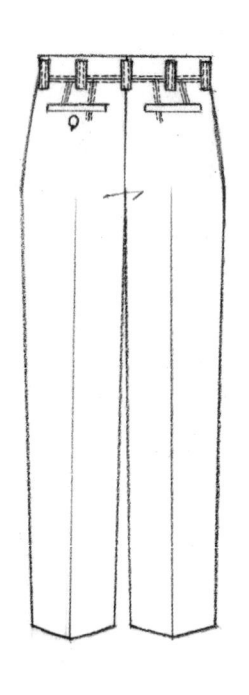

作図要点

前身頃

ヒップのゆとりとタックの配分
　前ヒップは$\frac{H}{4}$寸法に3cmのゆとりを加え、基礎線を引く。タック分量は$\frac{W}{4}$寸法に6cmのタック分量をとり、4cmを前中心側でワンタックと同様にとる。1本めのタック位置から脇までの2等分線より中心側に2cmのタックをとる。

裾幅について
　ウエストやヒップはノータックパンツやワンタックパンツよりゆとりが多くゆったりとしたシルエットなので、KLや裾幅も広くなっている。

後ろ身頃

ダーツの配分と位置について
　作図を引く手順はツータックパンツ（アウトタック・114ページ）と同じである。

デザイン解説

　114ページのツータックパンツと同様、タックが2本入ったゆとりの多いシルエットのパンツである。タックの向きが中心側を向いてシャープに見えるため、ウエスト回りの大きい人にはインタック型をすすめる。また、クラシックなイメージになる。

使用量
表布　150cm幅220cm
　　　110cm幅250cm
膝裏　72cm幅80cm
ダック芯　75cm幅50cm
スレキ　100cm幅35cm
袋布　77cm幅70cm

第4章 パンツ

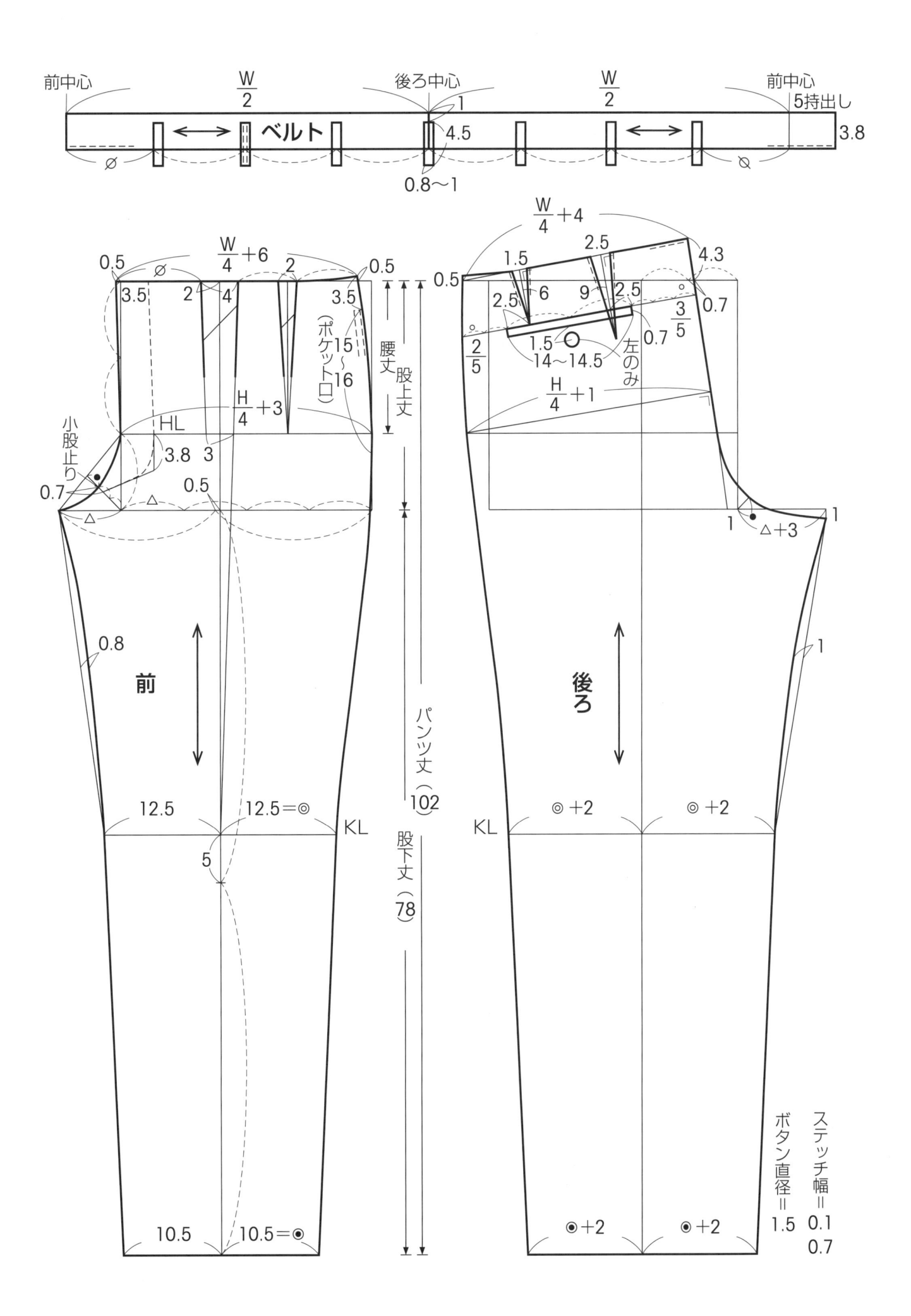

6. ジーンズ

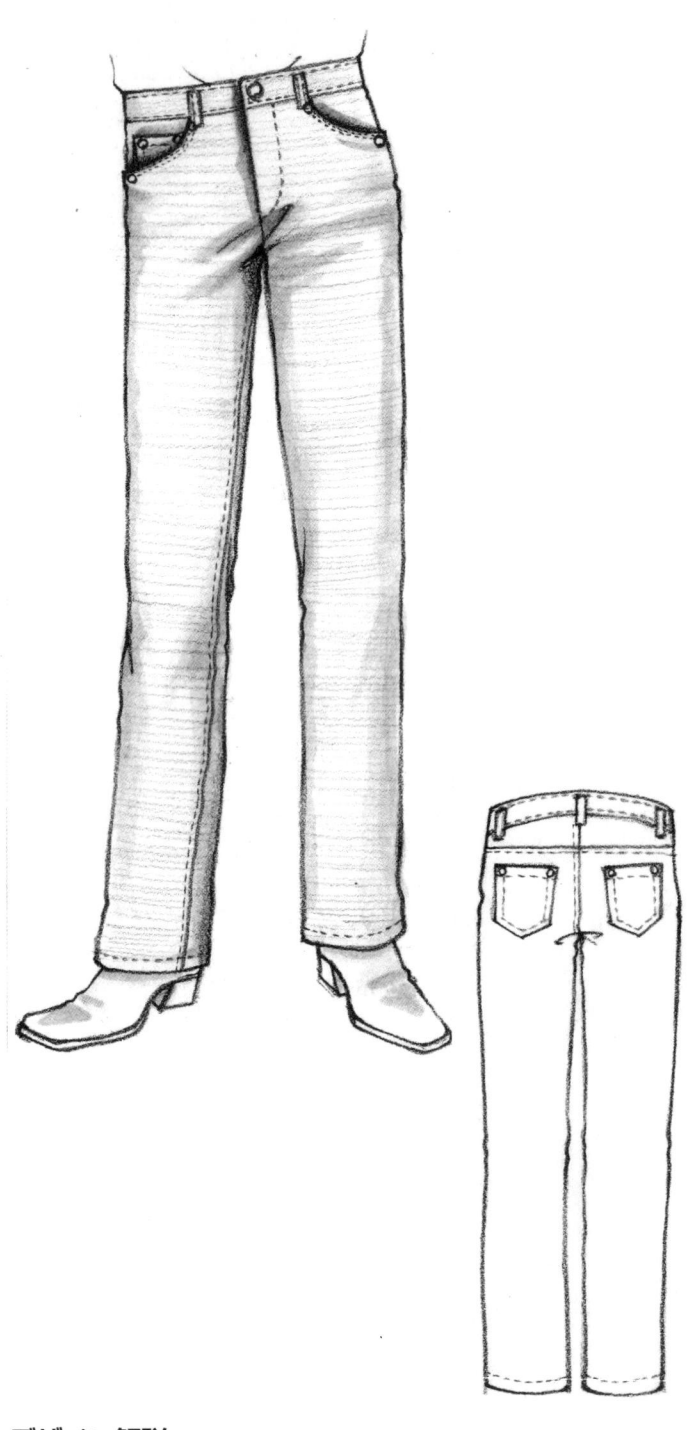

作図要点

前身頃、後ろ身頃

ヒップのゆとりについて
　前後を分けた形でなく、$\frac{H}{2}$寸法に2cmのゆとりを加えた寸法を基準に作図を引く。

脇線、股ぐり線、股下線について
　前後の基礎線はなく、また脇側は裁断効率を上げるため、布目が通るようになっている。脇線から前後のKL、裾幅を決める。後ろ股ぐりはウエストと股上線より2cm下がったところを直線で結び1cm内側に入るカーブ線を引く。こうすることによりジーンズ特有の殿裂にくい込む形の後ろ股ぐりとなる。前の股下線はKLと股ぐり線を直線で結び3等分する。股上線に近い$\frac{1}{3}$で内側に8mm入ったカーブ線を引く。同様に後ろ股下線も直線で結び、$\frac{1}{3}$のところで2cm内側に入ったカーブ線を引く。

ポケットのステッチについて
　ポケット口に補強のためのリベットがついているのでリベットの直径に合わせたステッチ幅を考慮しなければならない。後ろアウトポケットはポケット口にリベットが施されている場合が多いため、ステッチの幅が広くなっている。

使用量
表布　110cm幅150cm
スレキ　100cm幅20cm

デザイン解説

　ジーパンともいわれ、現在では男女の区別なく広く着用されている。労働着から生まれた機能性を重視したパンツ。

　シルエットはベーシックなストレートシルエットでバックヨークがつき、ポケットは典型的な5ポケットで、後ろ身頃のパッチポケットは好みによりデザインを変えるのもよい。また脇線はほとんど直線で、股下線と股ぐり線もジーンズ特有のラインになっている。

　素材は木綿（デニム）、皮革、合成皮革、化合繊などが適する。

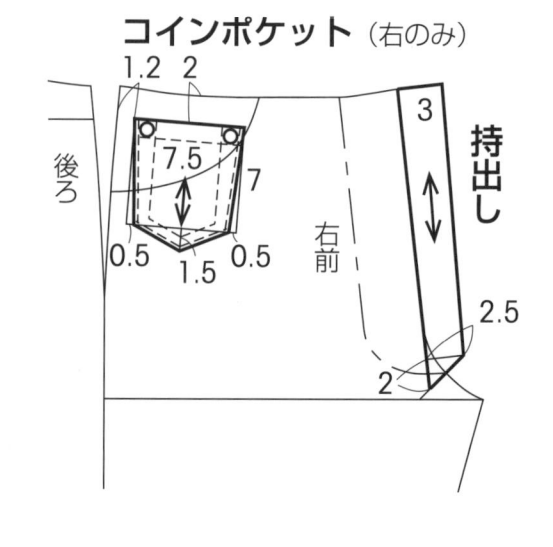

コインポケット（右のみ）

第4章 パンツ

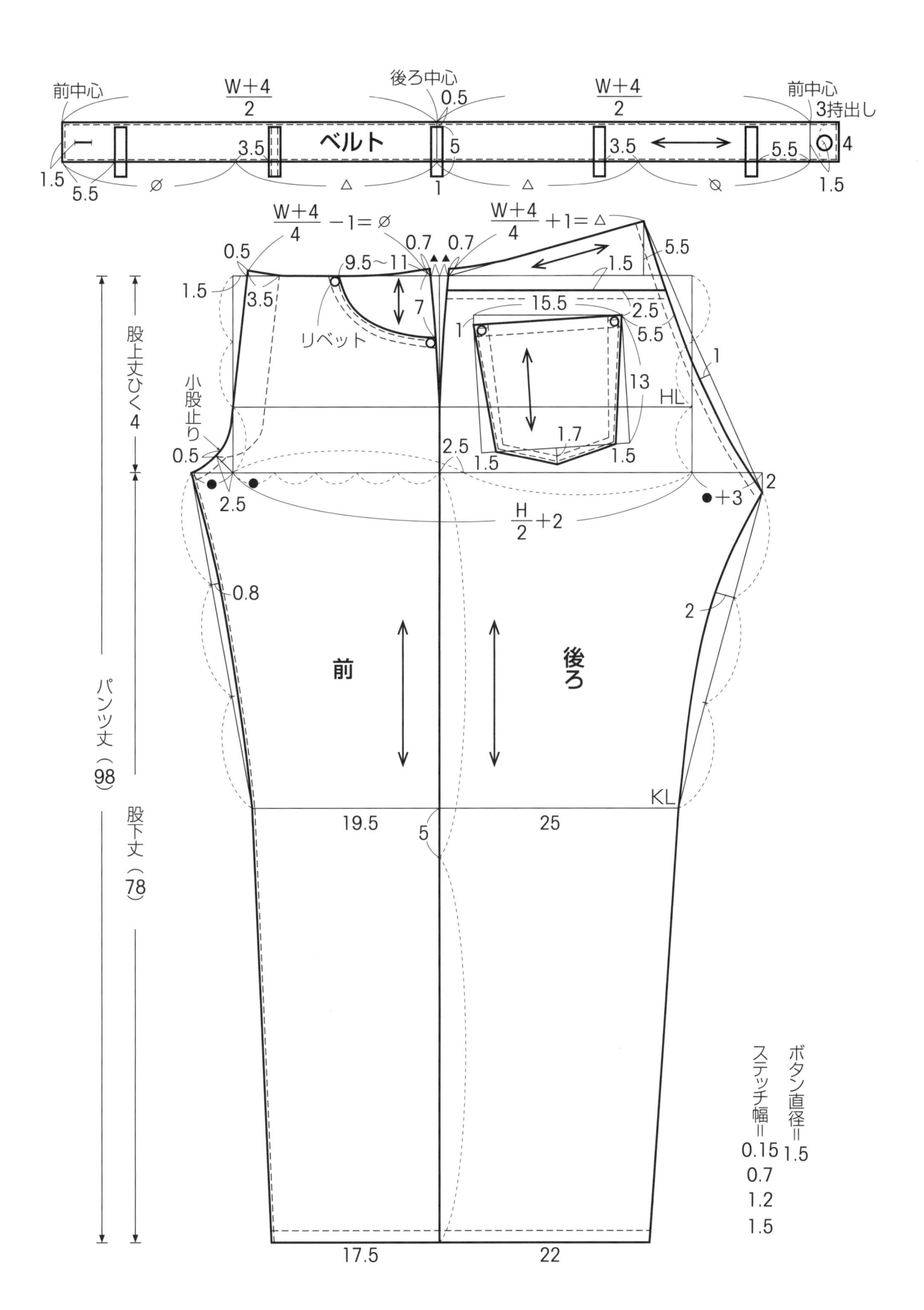

7. ワークパンツ

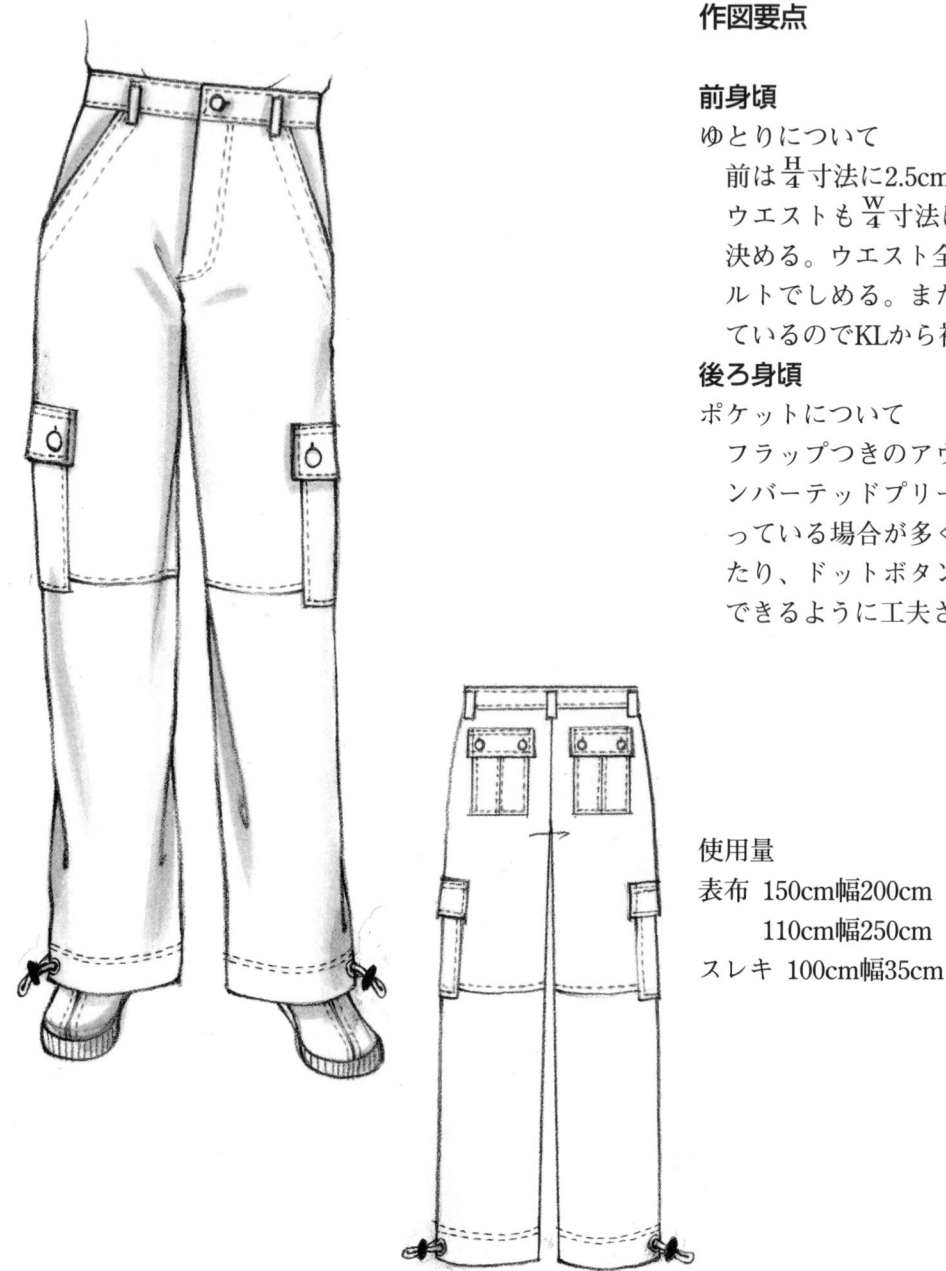

作図要点

前身頃
ゆとりについて
　前は$\frac{H}{4}$寸法に2.5cmのゆとりを加え、基礎線を引く。ウエストも$\frac{W}{4}$寸法に2.5cmのゆとりを加え、脇線を決める。ウエスト全体で10cmのゆとりが入るのでベルトでしめる。また、裾はドローストリングになっているのでKLから裾にかけて、同寸法になっている。

後ろ身頃
ポケットについて
　フラップつきのアウトポケットは機能面を考え、インバーテッドプリーツやまちの入ったポケットになっている場合が多く、フラップも二重フラップにしたり、ドットボタンや穴かがりをしてボタン止めができるように工夫されている。

使用量
表布　150cm幅200cm
　　　110cm幅250cm
スレキ　100cm幅35cm

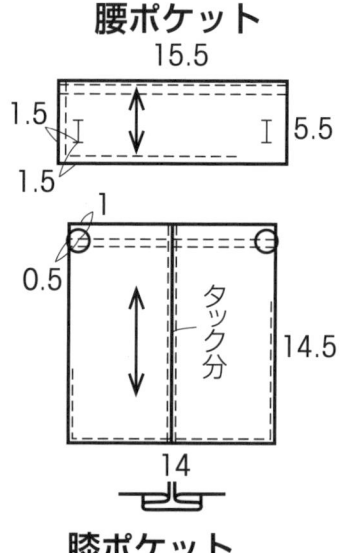

腰ポケット
15.5 / 1.5 / 1.5 / 5.5 / 1 / 0.5 / タック分 / 14.5 / 14

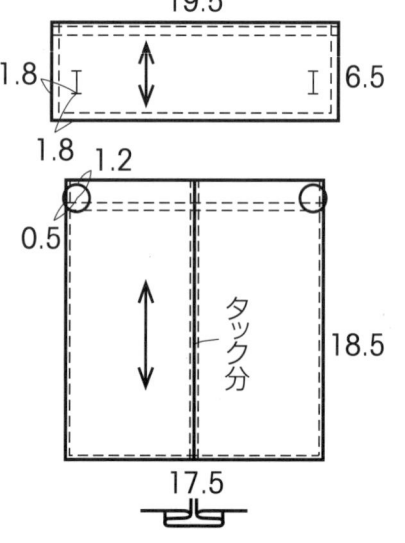

膝ポケット
19.5 / 1.8 / 1.8 / 6.5 / 1.2 / 0.5 / タック分 / 18.5 / 17.5

デザイン解説

　本来、労働作業用のパンツとして使用されるため、動きやすいようにたっぷりとしたシルエットになっている。
　大きなマチつきフラップポケットや膝の切替えなど機能性を考えたカジュアルなデザインである。ファスナーやドットボタンつきのポケットを組み合わせるとデザインのバリエーションを楽しめる。
　綿や化合繊など、丈夫な素材が適している。

第4章　パンツ　123

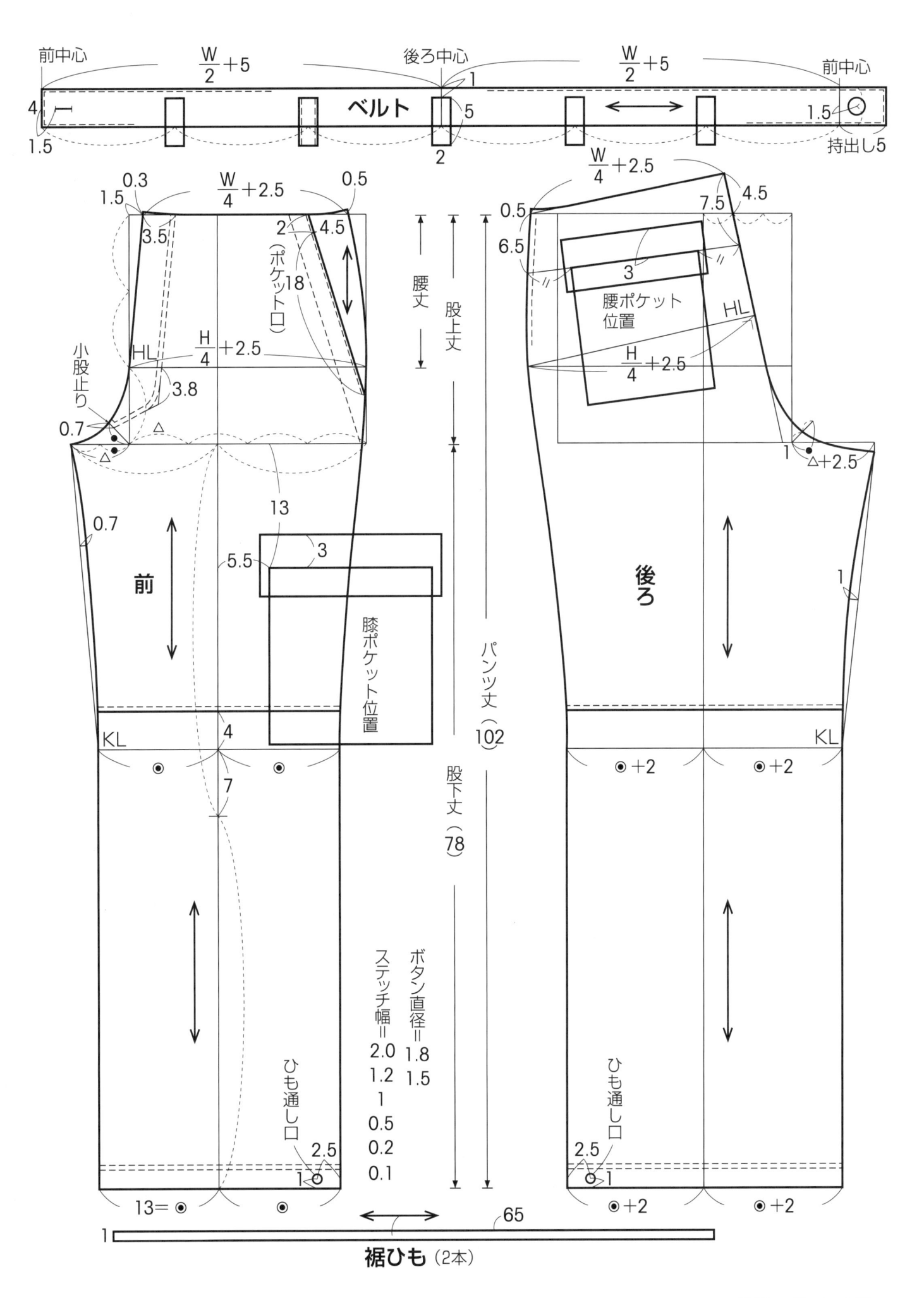

Ⅳ. パンツの仮縫い合せと補正法

1. パンツの仮縫い合せ
(1) 裁断

表布を中表に二つ折りにし、前後パンツの型紙の折り山線（クリースライン）に布目をきちんと通して配置する。折り山線に布目が通らないと、膝が出やすく、見た感じもすっきりしない、はきにくいパンツになってしまうためである。このとき表布に毛足や柄などに方向性のあるものや光沢のあるものは、差し込まずに一方方向に裁つ。また前の型紙は、脇線が二つ折りにした表布の耳のほうに配置する。後ろの脇ポケットの縫い代寸法が不足する場合は、はぎ合わせてもよい。

※作図は112ページのワンタックパンツ（アウトタック）参照。

仮縫い用使用量
表布　150cm幅130cm

仮縫い用の裁断は、パンツ丈、シルエット、ゆとり分の補正を考慮する。そのため、前後の裾、後ろの脇と股下、後ろ股上の縫い代を多めにつけておき、本縫いの際、裁直しをする。ベルトや天狗、見返しなどは、試着補正後に裁断する。

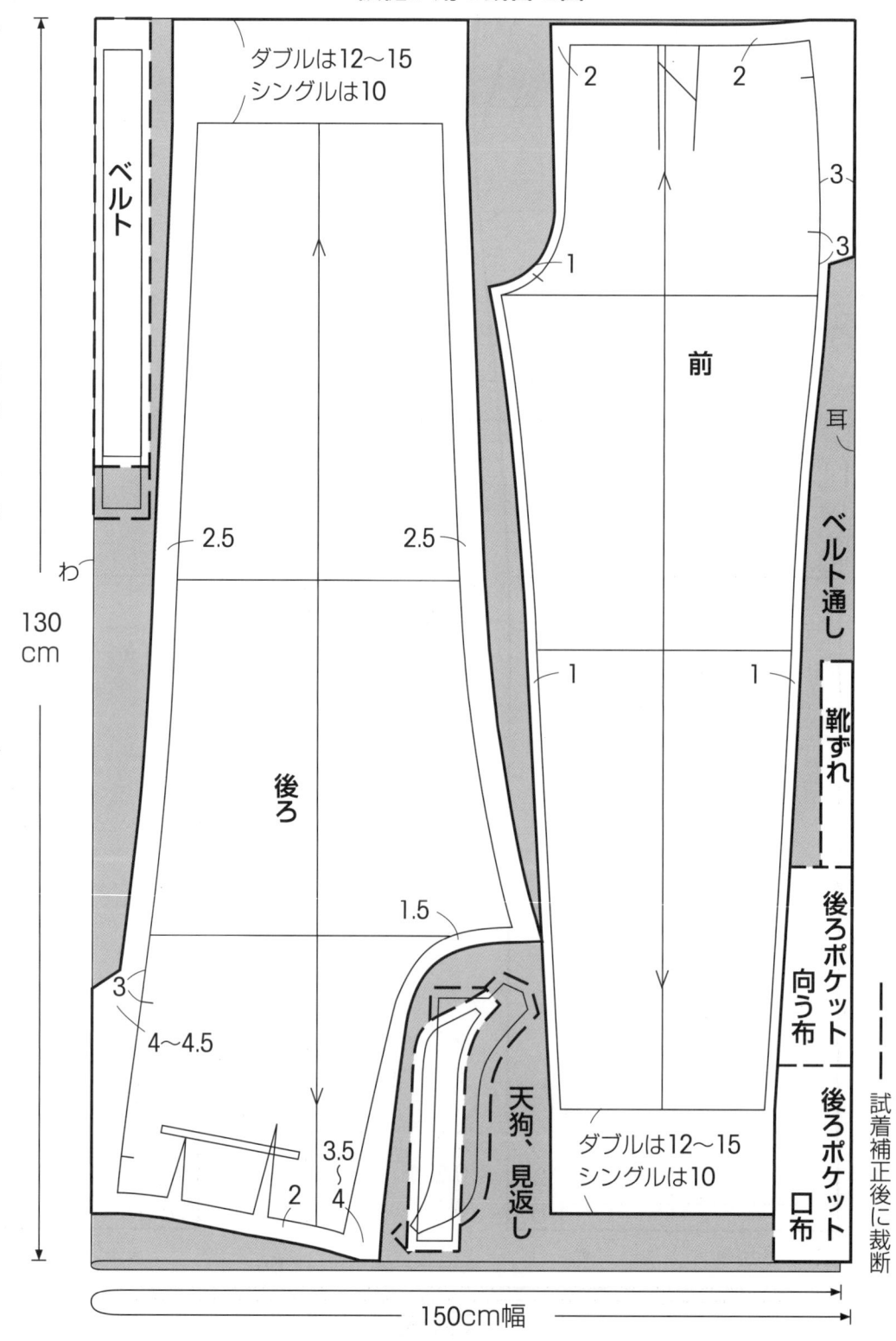

仮縫い用の裁合せ図

(2) 仮縫い

前後身頃には表布をそのまま使用し、ウエストベルトと天狗にはダック芯を使用して裁断する。

①前タックと後ろダーツを縫う。
縫い代は中心側に倒して表側から押えじつけをする。

②脇を縫う。
後ろ身頃の切りじつけに前身頃の脇を印どおりに折ってのせ、ウエストの縫い代まで押えじつけをする。

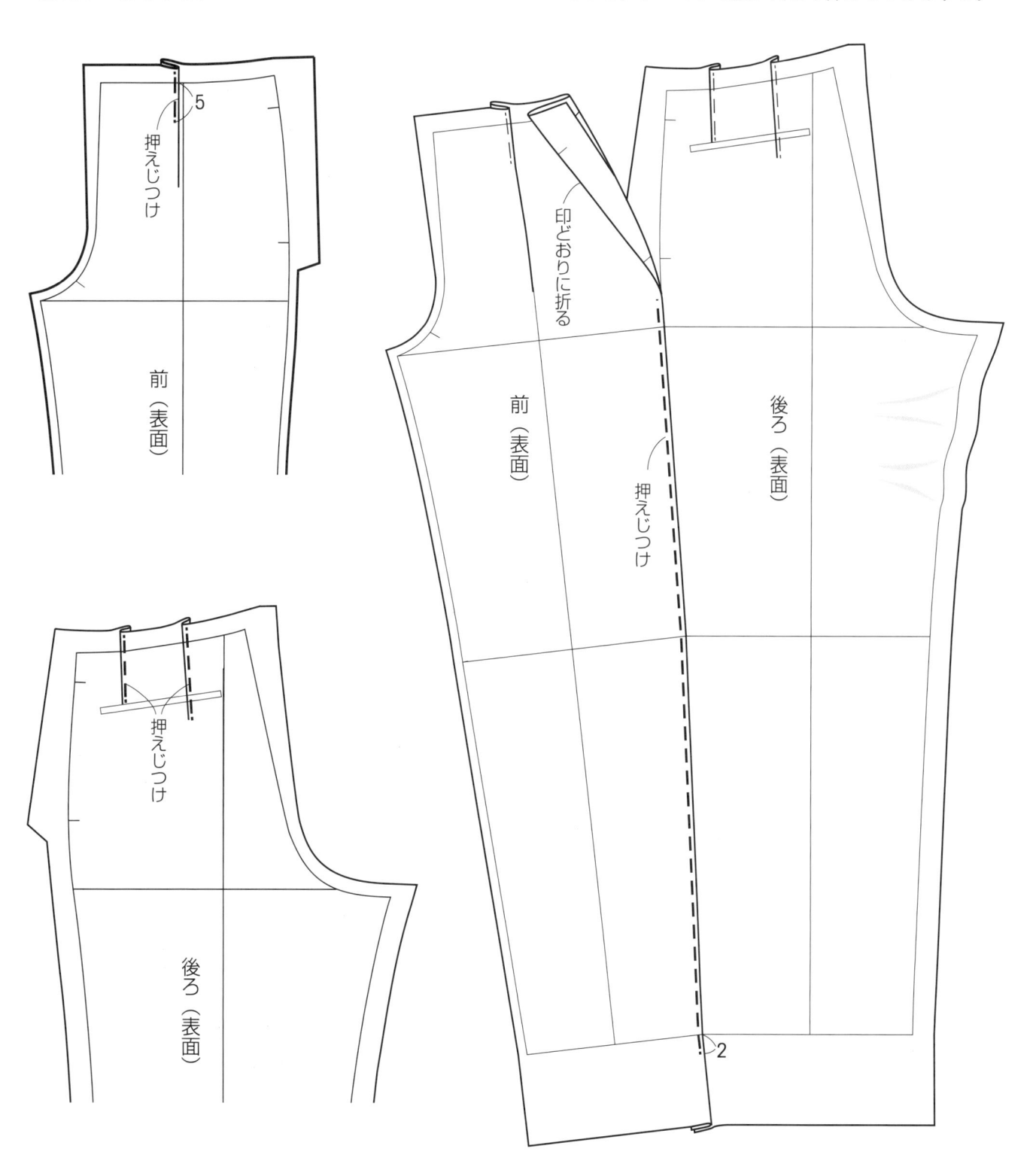

③持出しをつける。

　右身頃の前端に、芯地（ダック芯）を天狗の出来上り線（ベルトつけ側、中心側、小股止り側には縫い代をつける）で裁断したものを、図のように中縫いし、表に返して押えじつけをする（天狗はつけなくても仮縫いはできる）。ダック芯とは麻芯で、パンツに使われる場合、腰芯や天狗芯に使用されるが、よりなじみやすくするには麻と綿の混紡タイプを使用するとよい。

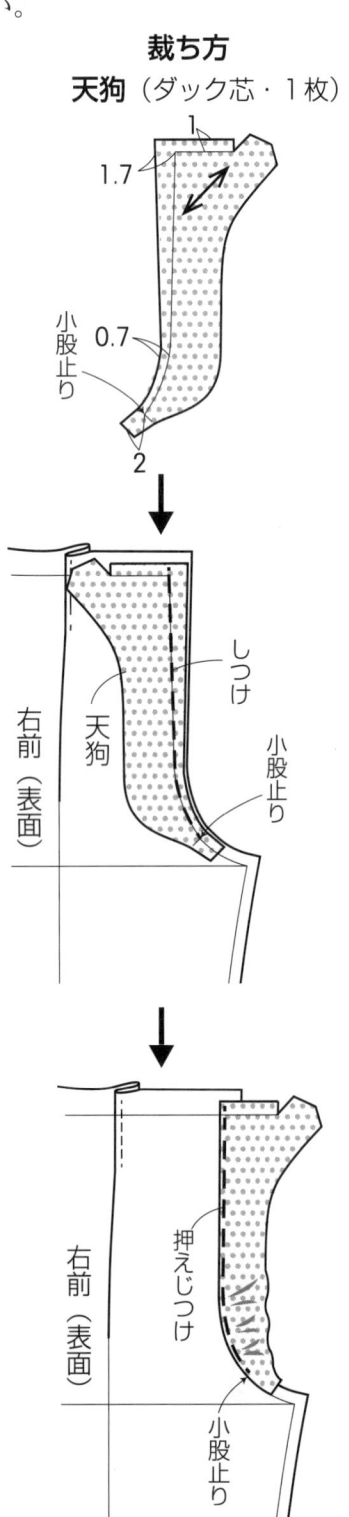

裁ち方
天狗（ダック芯・1枚）

④股下を縫う。

　脇と同様に後ろ身頃の切りじつけのところへ前身頃を印どおりに折ってのせ、押えじつけをする。

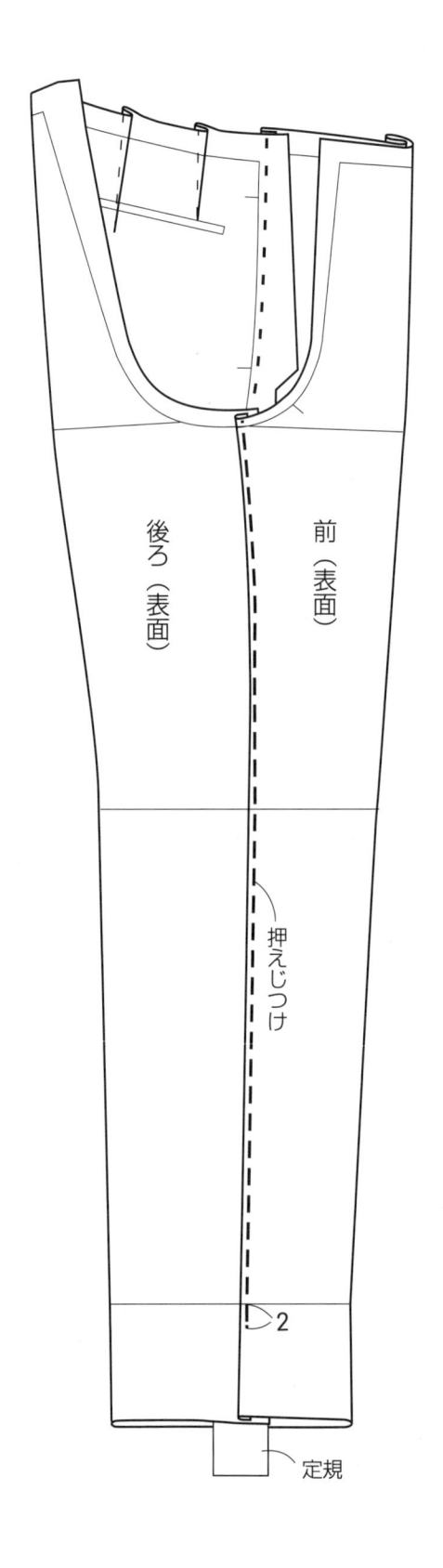

⑤裾を上げる。

出来上りに折って押えじつけをする。股下を縫う前に裾を上げて押えじつけをする場合もある。

⑥股ぐりを縫う。

左右の股ぐりを中表にして前あき止りから後ろ股ぐりまで続けてしつけ糸2本で細かくつれないように縫い、表から左身頃が高くなるようにヒップラインあたりまで押えじつけをする。股ぐりの下の部分は縫い代がつれるので、押えじつけはしない。

＜裾上げをしてから股下を縫う場合＞

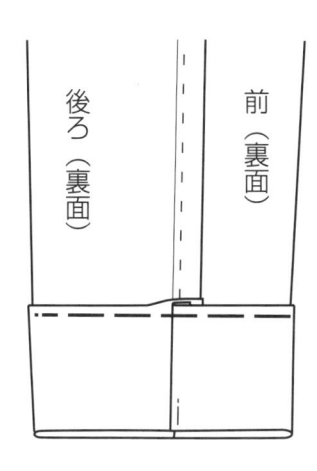

＜股下を縫う前に裾上げをする場合＞

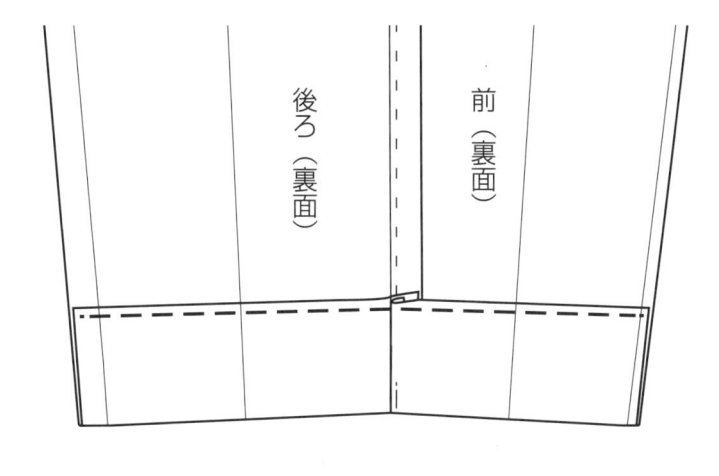

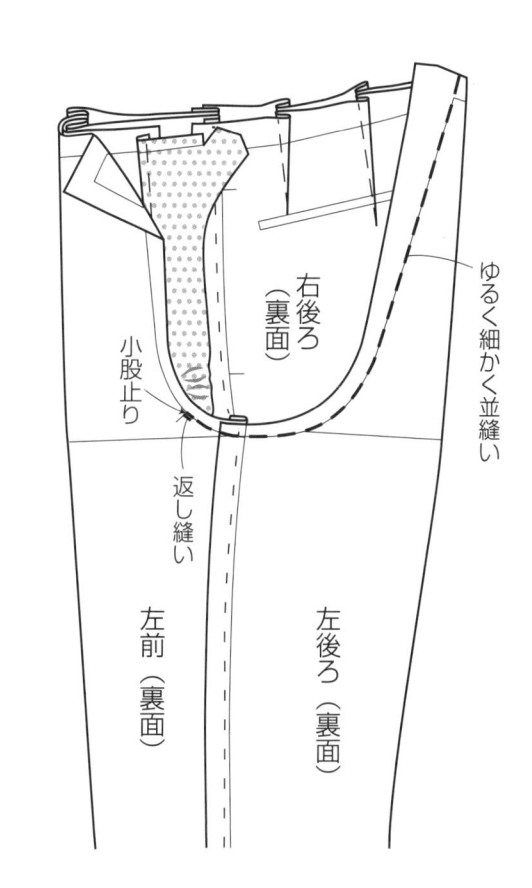

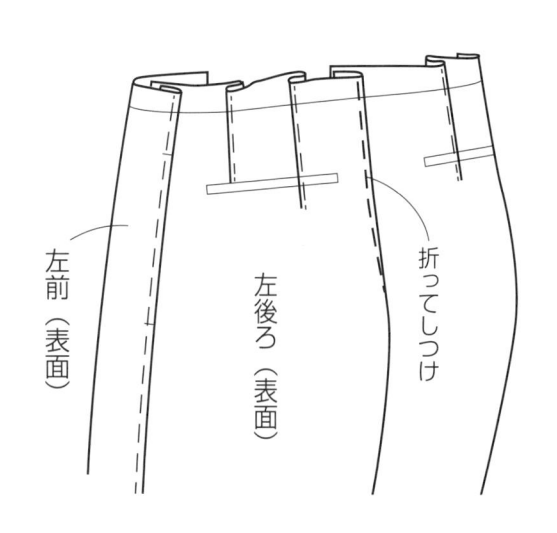

第4章　パンツ

⑦ベルトをつける。

左身頃の前端を出来上りに折り、裏側から押えじつけをする。ベルト芯（ダック芯）を後ろ中心ではぎ合わせ、ウエストの縫い代の上にのせ、合い印を合わせて縫い合わせる。最後に前の折り目線をタックに続けて切りじつけどおりに軽く折り、後ろはヒップあたりから裾まで同じようにかるく折り目をつける。

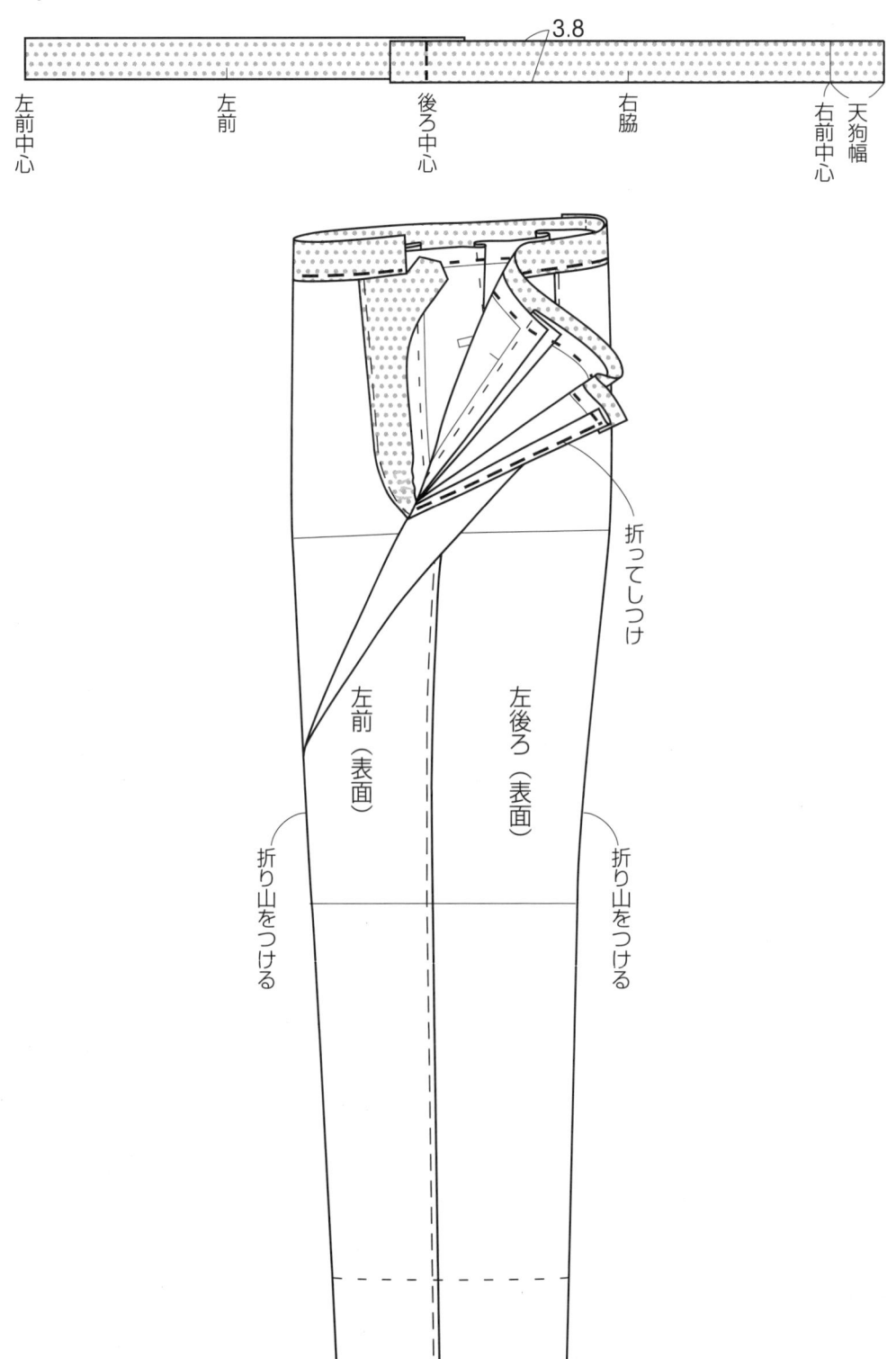

3.8

左前中心　左前　後ろ中心　右脇　右前中心　天狗幅

折ってしつけ

左前（表面）　左後ろ（表面）

折り山をつける　折り山をつける

2. 試着補正
(1) パンツの正常なあり方

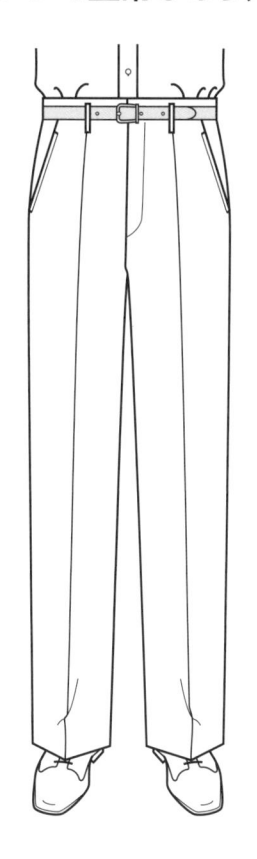

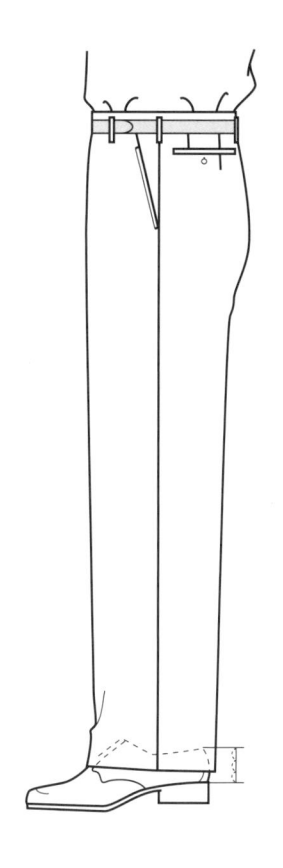

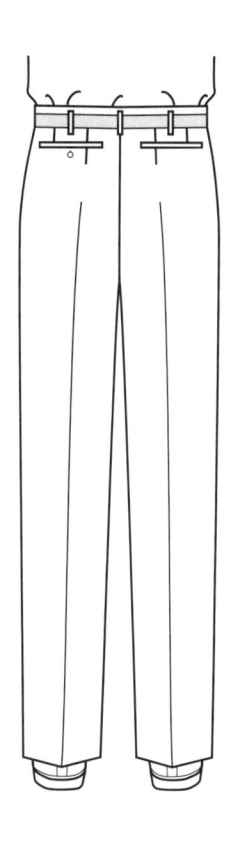

＜前面＞
・基本的なパンツのウエストベルトは、腰骨（寛骨）の上にベルト位置があり水平に見える。
・ベルト芯、腰裏、ポケット袋布が入る分量を考慮し、ウエスト、ヒップ回りに適度なゆとりが入り、ヒップラインで布目が水平になっている。
・前折り山線が外側または内側に逃げず、足の親指の上に垂直に下がっている。
・ポケットの位置が理想的である。

＜側面＞
・ウエストベルトが前後水平に見える。
・ヒップ回りに適度なゆとりが入り、ヒップラインで布目が水平になっている。
・脇縫い目線がバランスのよい位置に通っている。
・前裾は靴の傾斜に適度に接し、後ろ裾ははき込みの約 $\frac{1}{3}$ の位置にある。

＜後面＞
・折り山線が垂直に下がっている。
・ヒップ回りに適度なゆとりが入り、ヒップラインで布目が水平になっている。
・股底のあたりに機能性としてのゆとり量がある。横方向に多少の余りじわとなってあらわれる。
・ウエストベルトは水平に見え、ポケットの位置とデザインがバランスよく整っている。

(2) 腹部反身（平尻）

腹部が反身の場合は、殿部が扁平で腹部に引かれ、後ろ身頃から脇縫い目線にかけて斜めじわがでる。

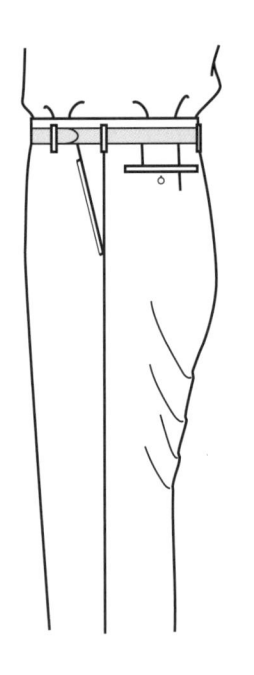

体型特徴

俗に平尻といわれている体型で、殿部が扁平で腹部が突出しており、上半身は屈伸体の場合に多く、逆に下半身では反身体の体型になる。

ウエストから床面までの距離は前面が長く、後面は短くなる。また、腰入り寸法が少なく、標準体のパンツをはいた場合、前身頃の縦の寸法が不足し、逆に後ろ身頃の縦の寸法が余ってくる。

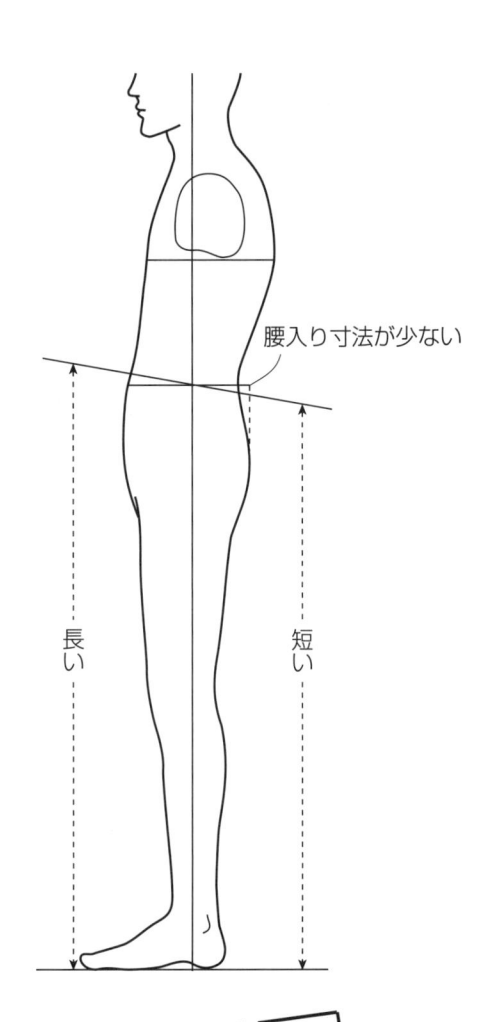

補正法〈①〉

前身頃
・前身頃はヒップライン上でA点を基点として不足分を開いて股上寸法を追加する。

後ろ身頃
・後ろ身頃は股上線と脇線との交点と、ヒップラインと股ぐり線との交点を直線で結び、B点を基点として余った分量をたたみ、後ろ身頃を起こして股上寸法を短くする。そして股のくりも体型にそってくり下げる。ただし、運動量として1cm程度の縦の距離は残しておく。

補正結果〈②〉

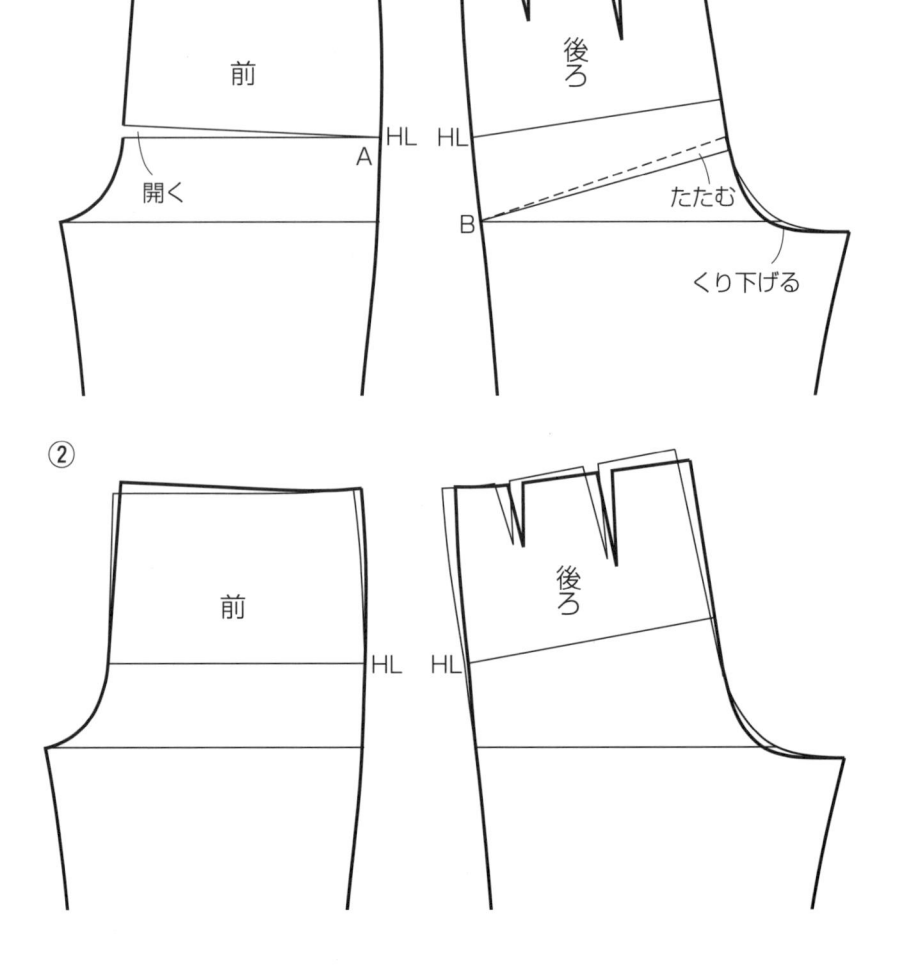

(3) 腹部屈身（出尻）

腹部が屈身の場合は、殿部が突出しており、殿部に引かれて前身頃の膝のあたりがつかえ、斜めじわがでる。

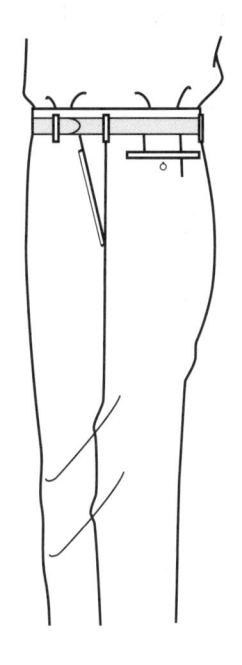

体型特徴

俗に出尻といわれている体型で、殿部が突出しており、上半身は反身体の場合に多く、逆に下半身では屈身体の体型になる。

腹部反身体のときとは反対に、ウエストから床面までの距離は前面が短く、後面が長くなる。また、腰入り寸法が多く、標準体のパンツをはいた場合、前身頃の縦の寸法が余り、逆に後ろ身頃の縦の寸法が不足してくる。

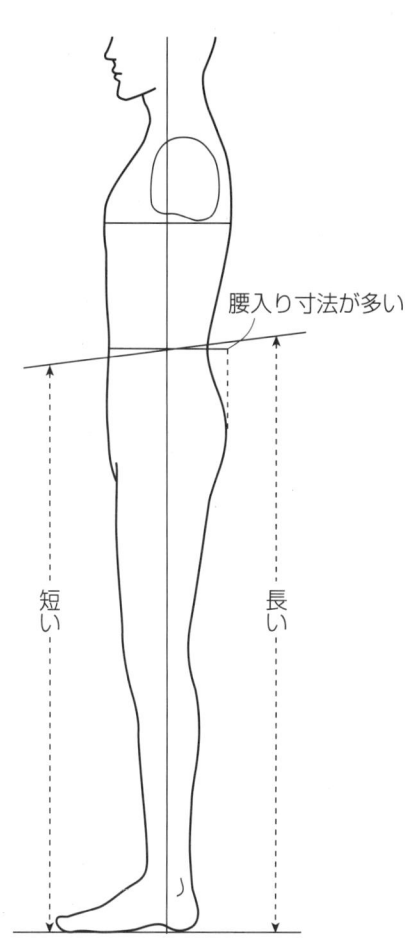

補正法〈①〉

前身頃
・前身頃はヒップライン上でA点を基点として余った分量をたたみ、股上寸法を短くする。

後ろ身頃
・後ろ身頃は股上線と脇線との交点と、ヒップラインと股ぐり線との交点を直線で結び、B点を基点として不足分を開いて股上寸法を追加する。股のくりを浅くして体型に合わせる。

補正結果〈②〉

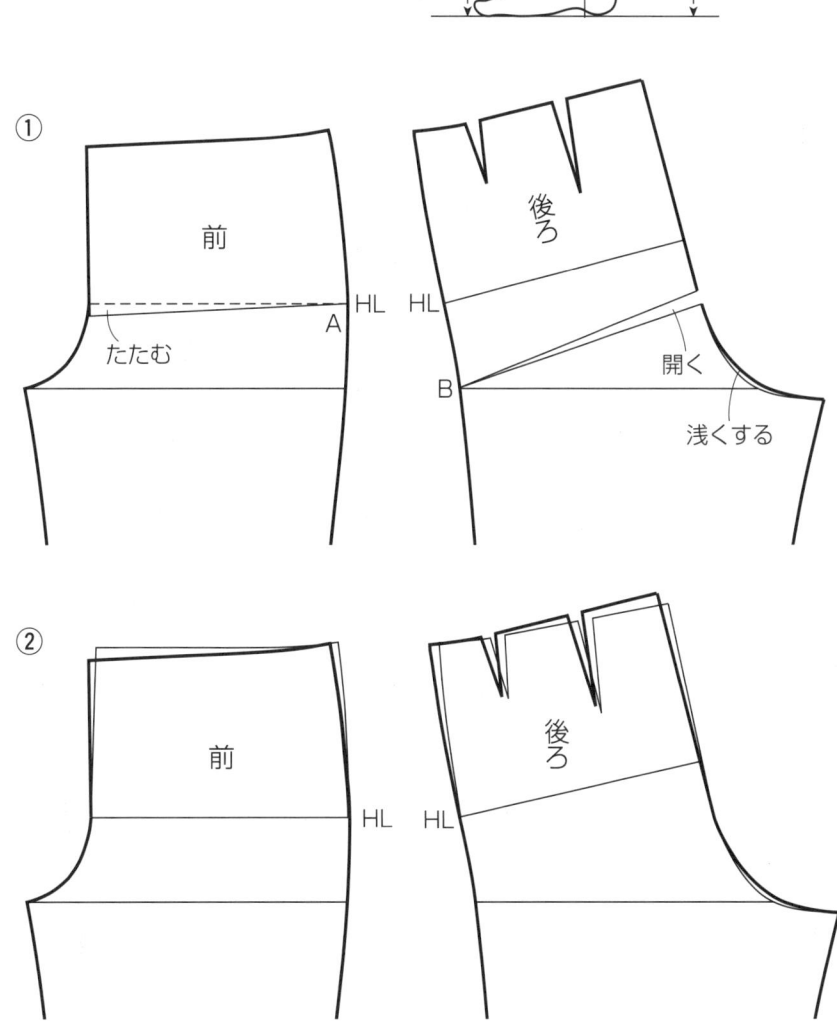

（4）後ろの引きじわ

後ろ股下にでる引きじわは、渡り寸法が不足している場合と、股ぐりが浅すぎる場合にでる。

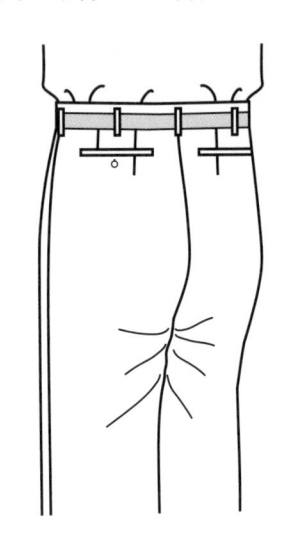

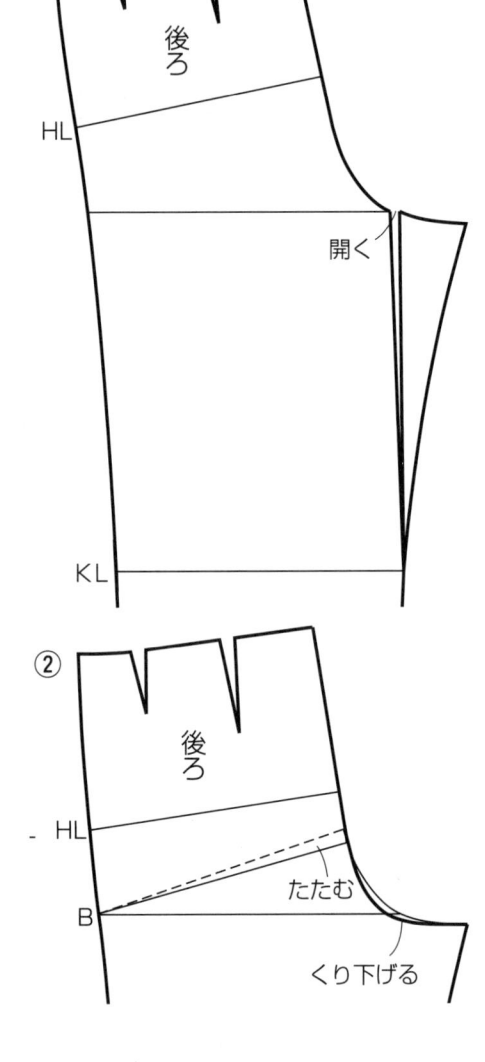

補正法〈①、②〉

後ろ身頃

・渡り寸法が不足している場合は、後ろ身頃の股上線と股ぐり線との交点と、股下線とKLの交点を直線で結び不足分を開く（①）。また、股ぐりが浅すぎる場合は、腹部反身体と同様に後ろ身頃を起こして、股上寸法を短くし、股のくりを下げる（②）。

補正結果〈③、④、⑤〉

後ろ身頃

・渡り寸法不足と股ぐりが浅い状態が重なった場合は③と④の操作を同時に行ない、⑤のような結果となる。

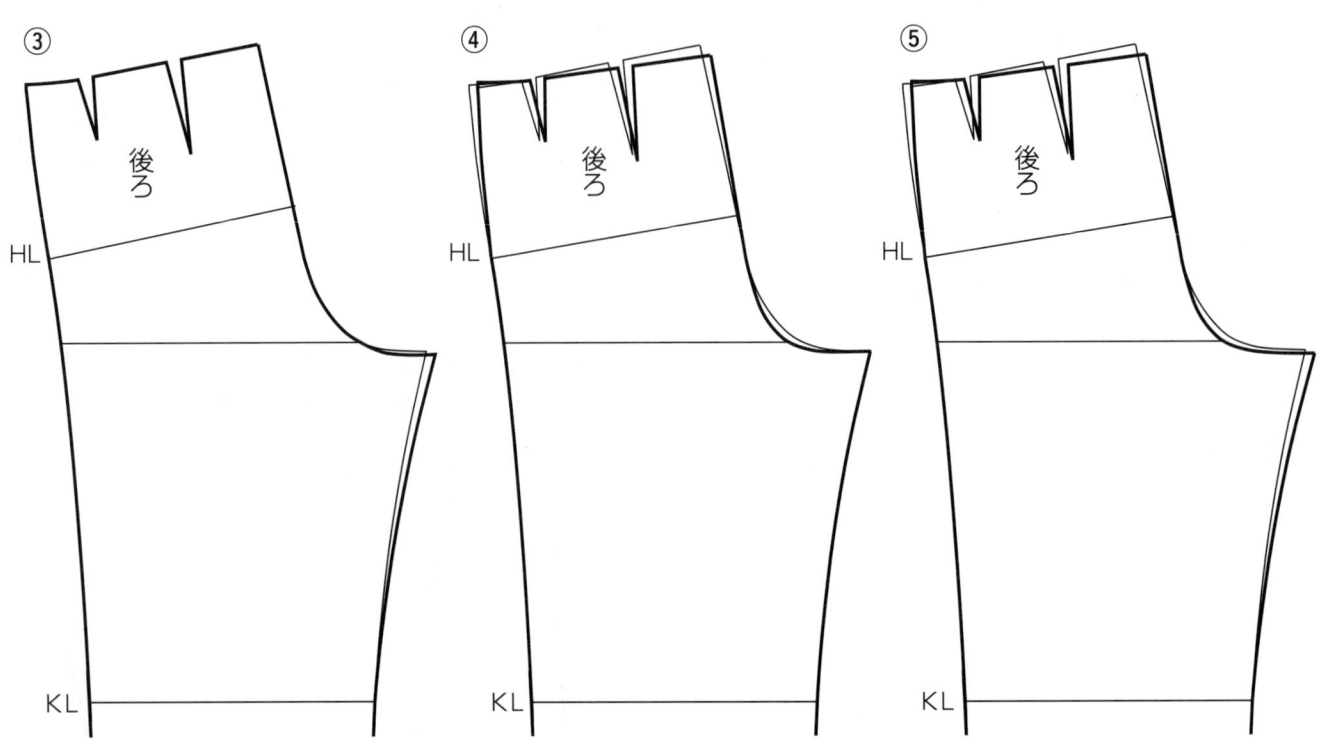

(5) 折り山線の外逃げ

折り目線が外側へ逃げる状態は、O脚体型の人によく見られる。このような体型は標準体に比べて股下線が短く、脇線が長くなってくるので、外逃げの現象が起こってくる。

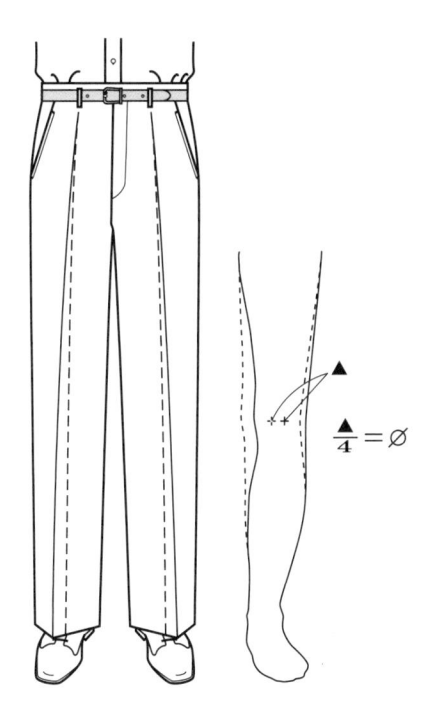

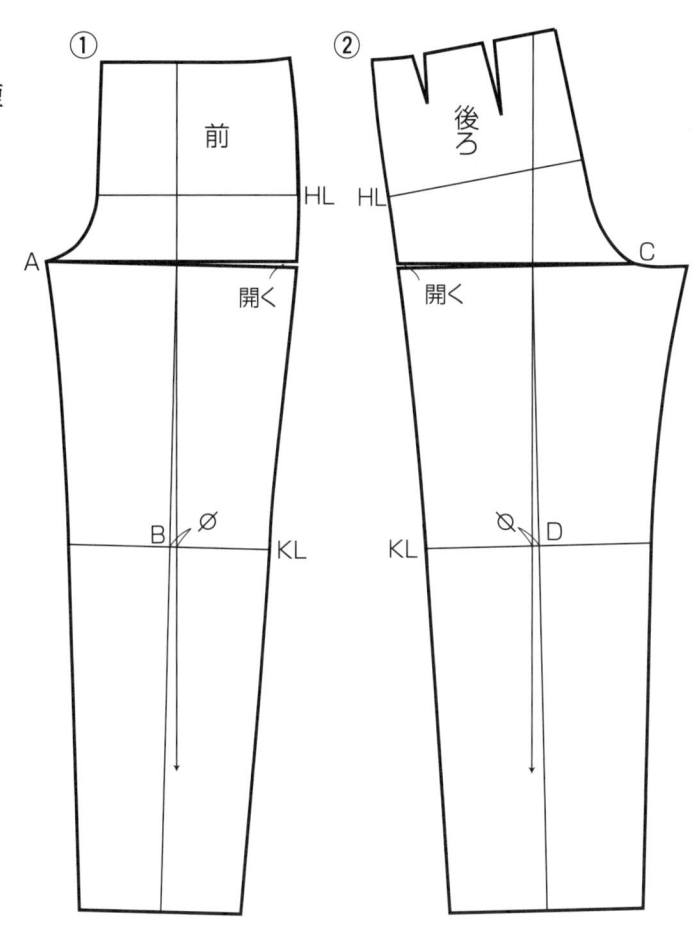

補正法〈①、②〉

前身頃
・前身頃は股上線上でA点を基点として、KLの位置で膝の開き寸法（▲）の$\frac{1}{4}$になるまで移動し（B点）、新しい折り山線とする。

後ろ身頃
・後ろ身頃も同じように、股上線上でC点を基点として同じ分量だけ移動して（D点）、新しい折り山線とする。したがって前後身頃とも脇線が長くなり、折り山線を内側へ寄せることになる。

補正結果〈③、④〉

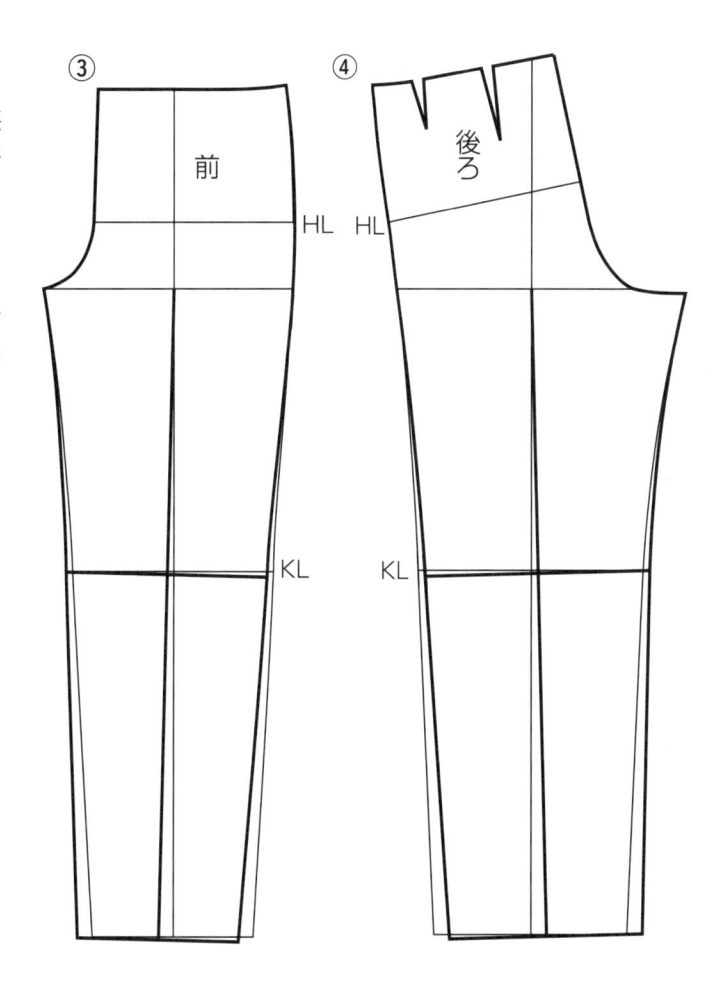

Ⅴ. パンツの縫製法

1 パンツの本縫い
(1) 縫い代整理

仮縫いによるパンツ丈は前後の裾で調節する。幅やゆとりの増減は、基本的に後ろのみで操作する。パンツ幅は脇と股下で増減し、ヒップからウエストにかけては後ろ中心で調節する。

仮縫いのピン打ちで操作した寸法とラインは、仮縫いをといてパターンにうつし取って訂正する。このとき脇線と股下は縫い合わせる前との寸法が同寸になるようウエストラインと股ぐり下で訂正する。

本縫い用の縫い代のつけ方

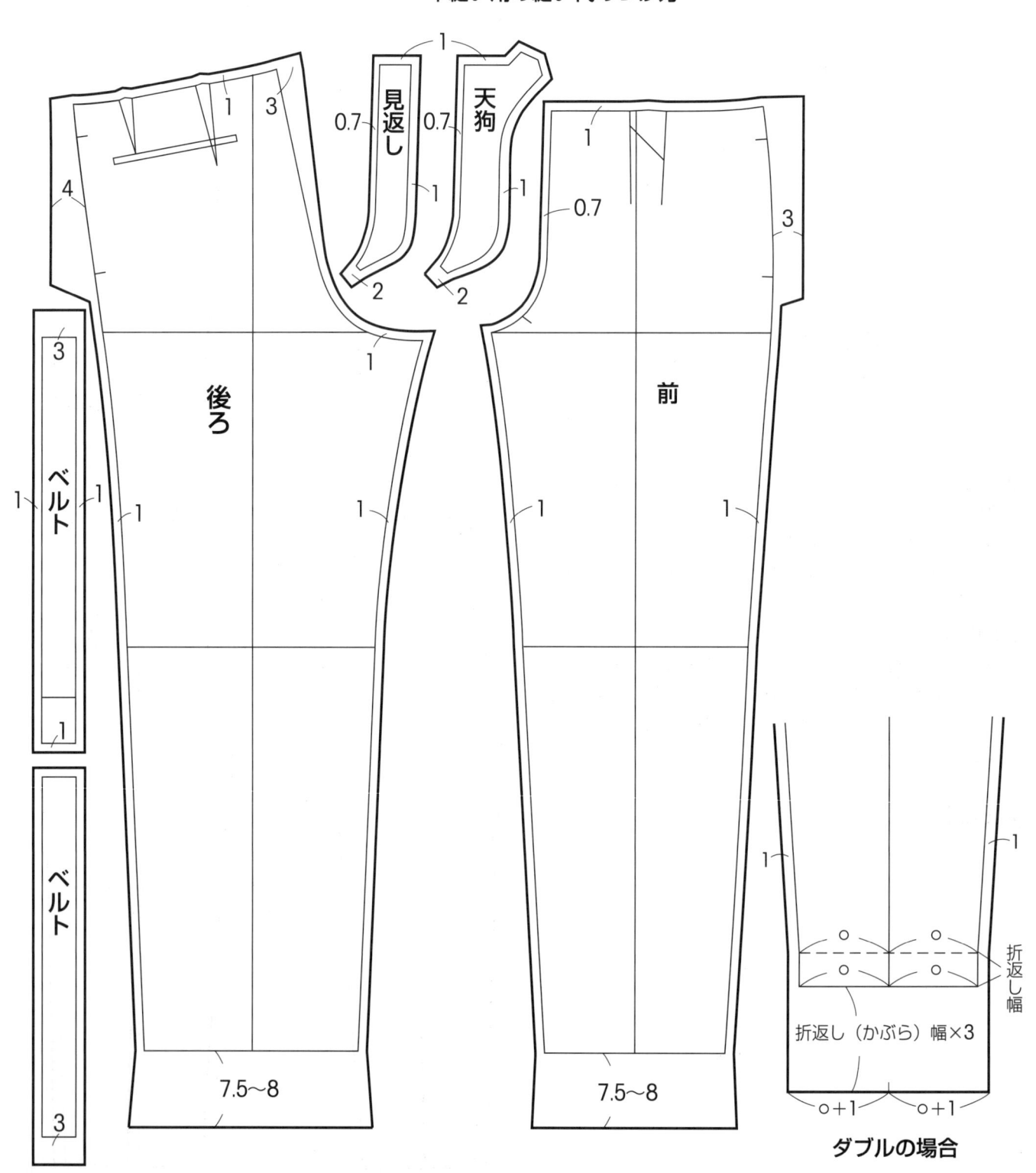

ダブルの場合

(2) くせとり

　裁断した布地を作図上で表現できない立体面の不足を補い、完全な立体にするための操作をくせとりという。布地を熱、水、圧力によりバイアスを利用して、縫い目をつけずにある形に変化させて半永久的にその形を保たせることである。羊毛の熱可逆性を利用し、150℃くらいのアイロンで水を蒸気に変えて、羊毛の硫黄分子を溶かしてほかの形に変化させ、そのまま冷却するとその形を保つことができる。素材によりくせとりの量が違うため、裁断にも変化を与えなければならない。

　基本的に裁断した布地のふくらんでいる部分は追い込み、くぼんでいる部分は伸ばして直線になるようにする。またくせとりは伸ばすことよりも追い込むことに注意をはらい、布地を持つ左手の動きがポイントになってくる。パンツを作るうえで、くせとりを充分にしないと仮縫いのときに欠点を見つけることができず、正確な補正ができなくなってしまう。

　B〜A'〜L　C〜A'〜L　が直線になるようにA'を基点に脇線、股下線のほうにそれぞれA〜A'線が平らになるように斜めに引っ張り、横の布目が上に弧線になるようにくせとりする。

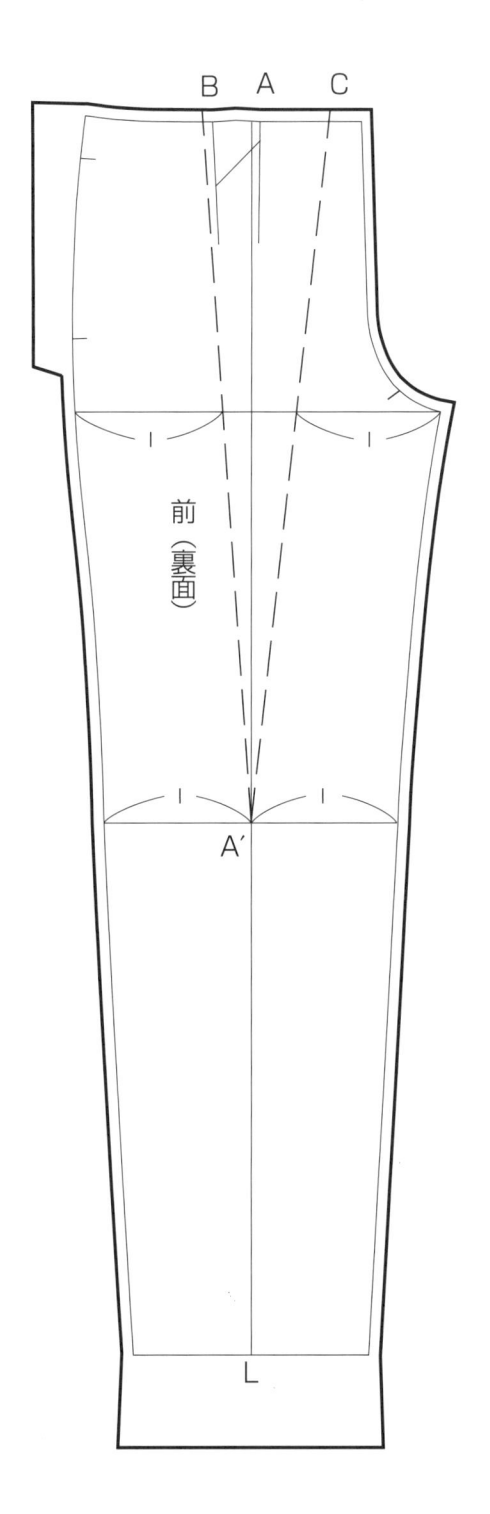

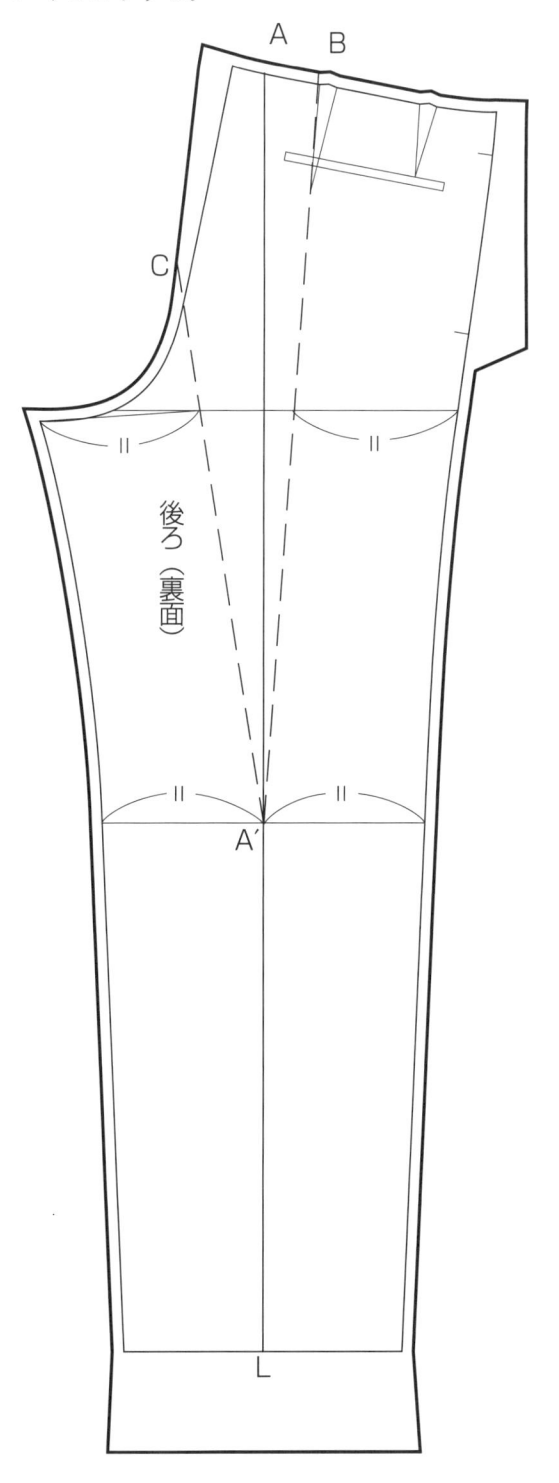

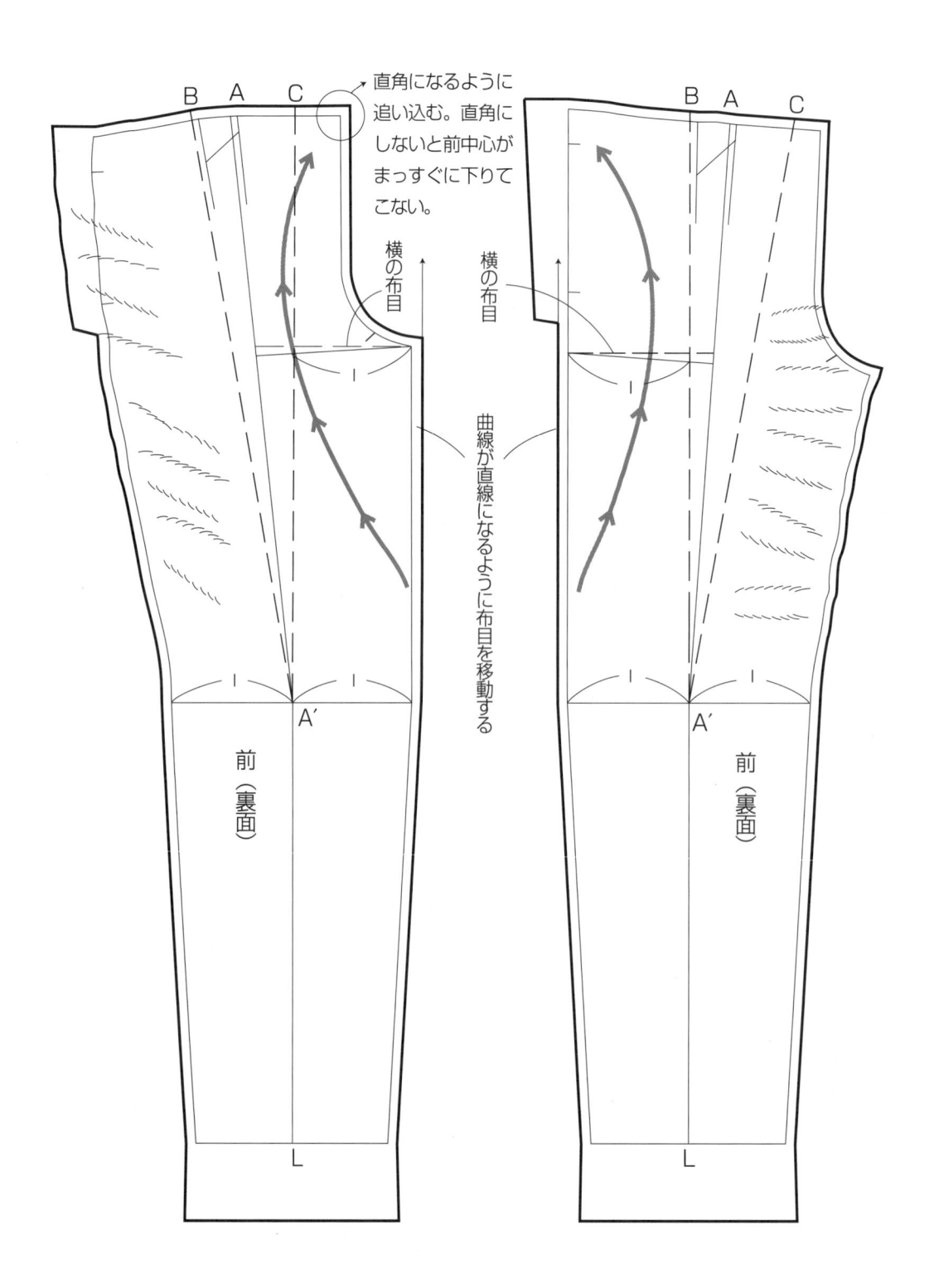

1) くせとりのしかた（前）

B～A'～L、C～A'～Lが直線になるように布地をねじるとA～A'が波状になるので、それがなくなるまで布地を引っ張り、アイロンをかける。それをA～A'を中心に左右繰り返す。

2) くせとりのしかた（後ろ）

手順は同じだが、後ろ身頃は前よりていねいにくせをとる。また、細身のパンツほどていねいにくせをとる。

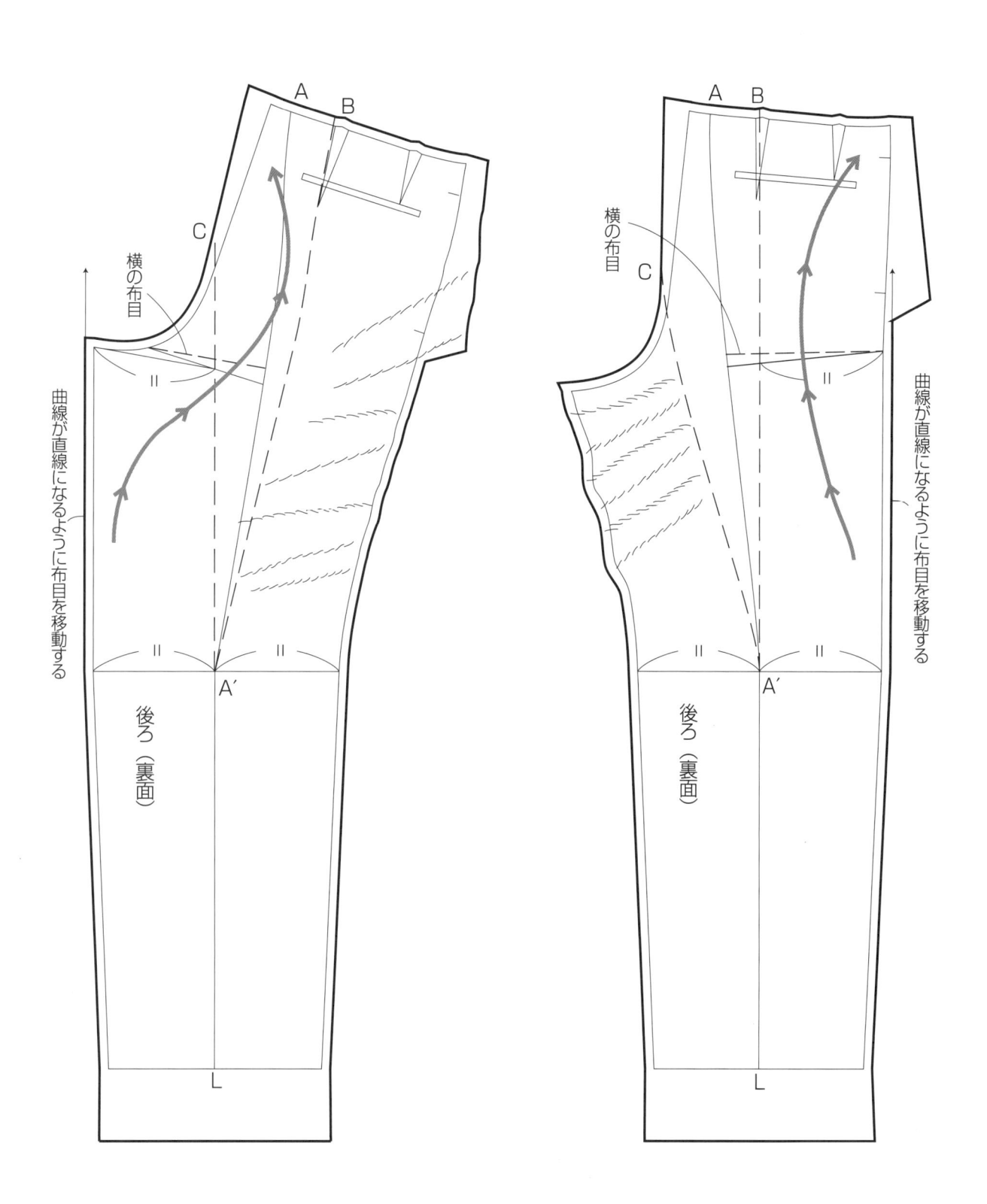

第4章　パンツ

3）くせとり後の確認

くせとりをするとL～A'の延長線上にあったAが図のように前へ移動したことになる。腹（WL）の直下線より脚が後ろになっている。また脇、股下線が直線になる。

後ろ身頃はL～A'の延長線上にあったAが図のように後ろへ移動し、尻の形になる。また脇、股下線が直線になる。

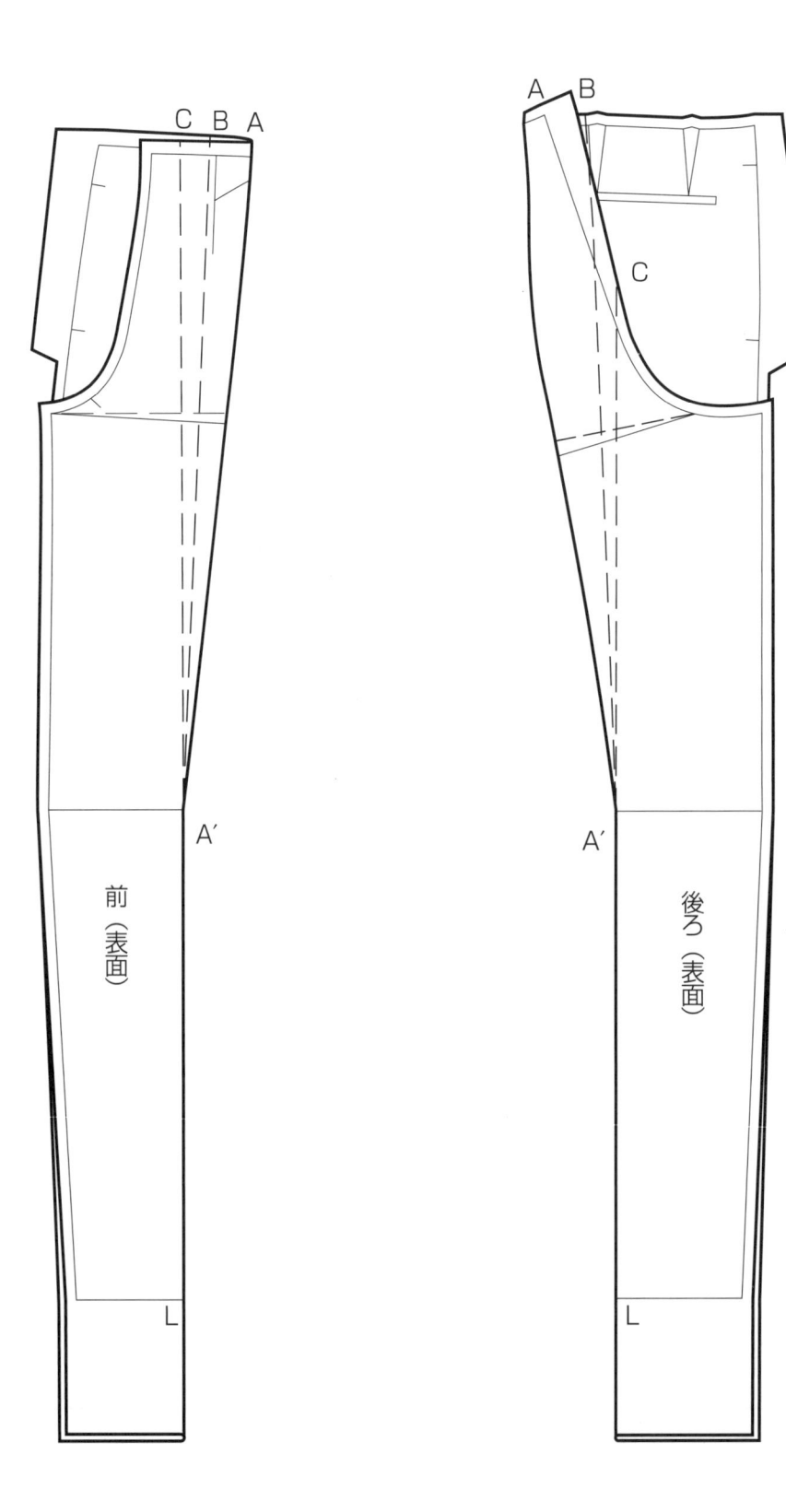

(3) 膝裏

膝裏とはパンツ用の裏布のことで、前膝の部分の形くずれを防ぐために、前身頃だけに膝裏を裏打ちして仕立てる方法である。

下図の裁ち方のように膝裏の耳を利用して横地に裁つ方法が一般的である。耳を利用することで膝裏の裾のあたりが表に出にくく経済的である。

1) 膝裏の裁断

実際に裏打ちする本縫い用の前表布をパターンの代りに使用。膝裏、裏面の上に前表布を外表に置き、2枚がずれないように前中心とタックの折り山をしつけで押さえる。その後、粗裁ちをして二つに分ける。

①折り山線上に、ウエストラインから裾に向かってしつけをしながら、指でしつけの上を裾に向かってこき出し、膝裏に縦のゆとりを入れていく。しつけは膝裏のあるところまでかける。こき出していくとき、指が途中でひっかからないように自然に抜けていく状態でしつけをする。

②タックにしつけ
タックの出来上り線上に①同様にこき出しながらしつけをする。

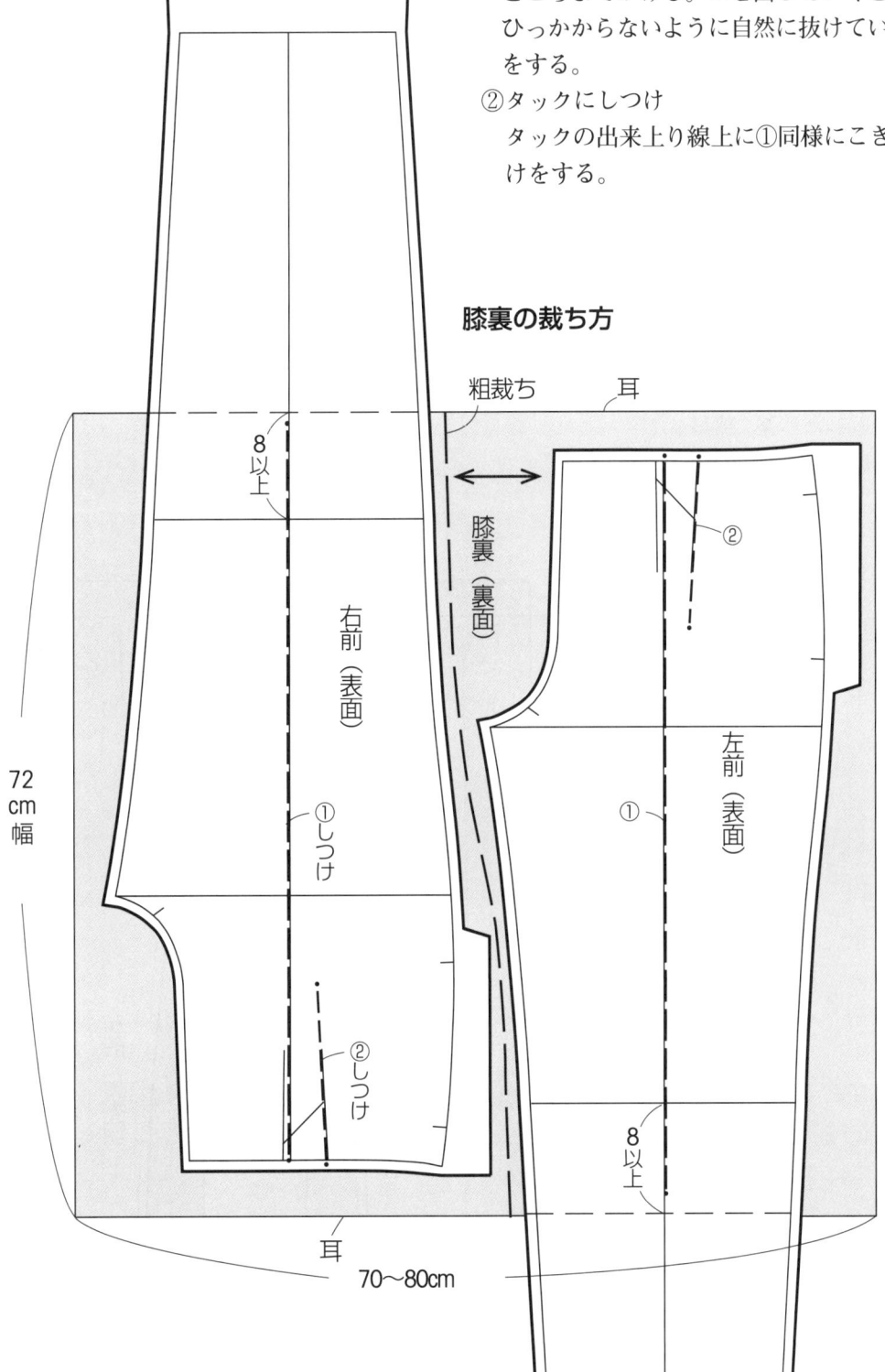

膝裏の裁ち方

2）膝裏のつけ方

①折り山線の内側の膝裏を表身頃にのりづけ

　膝裏が上になるように返して折り山線より内側の表身頃半分の縫い代にのりをつけ、表身頃が上になるように返してのりづけする。このときくせとりで出た腰回りのボリュームは、折り山線より脇側に移動して、折り山線から外側へこき出しぎみに止めていく。手が中心から外側へ自然に抜けていくようにはれれば膝裏側へ返してアイロンで止める。

②折り山線より脇側の膝裏を表身頃にのりづけ

　折り山線より脇側の表身頃半分の縫い代にのりをつけ、①と同様に止めていく。このときくせとりででた腰回りのボリュームは折り山線より内側へ移動しておく。ポケット口は折り返したとき、膝裏が浮かないように出来上り線の両側にかるくのりづけして止める。

③膝裏をカットする

　表布の裁ち端に合わせて膝裏をカットする。

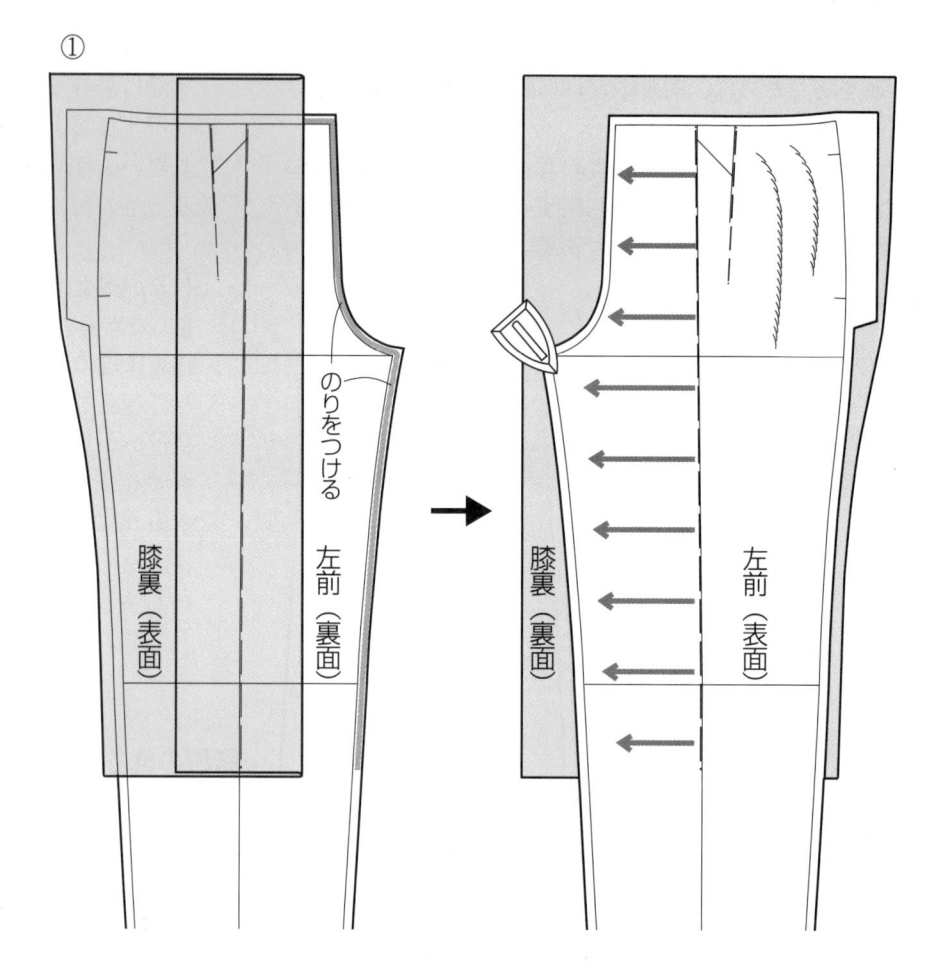

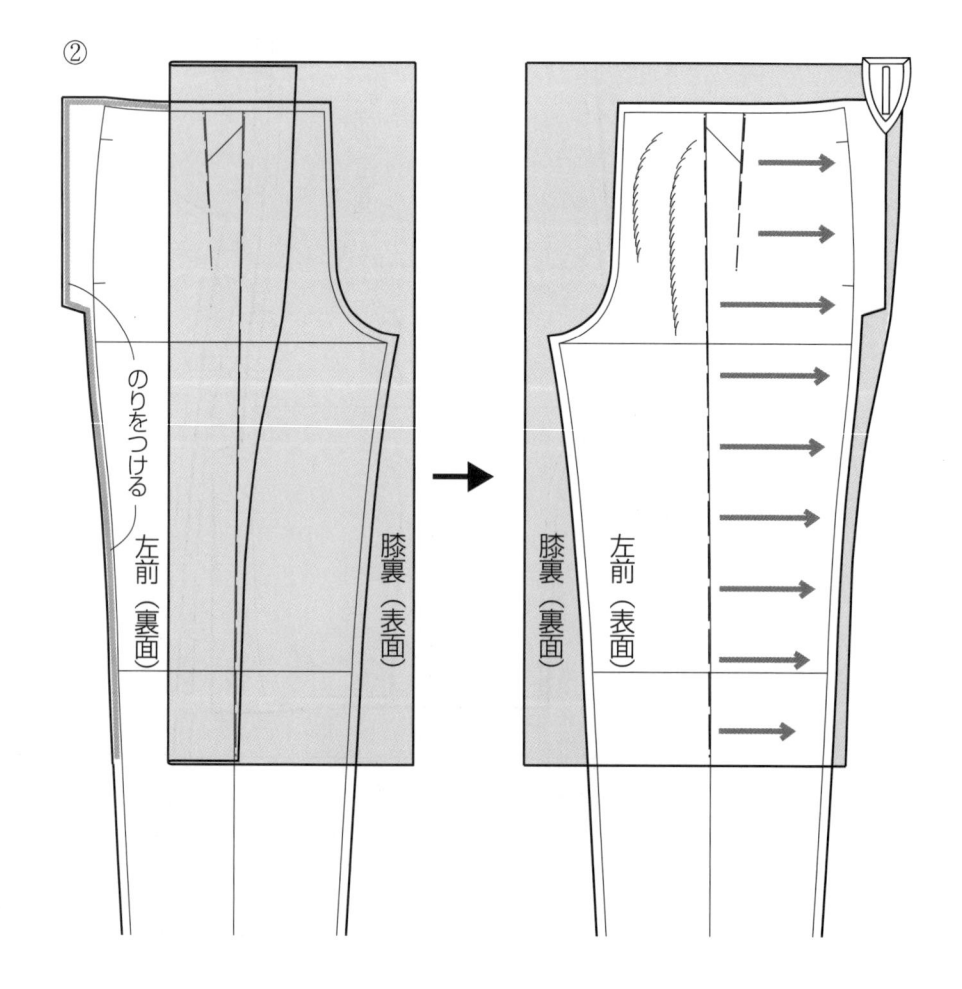

（4）本縫い

後ろ身頃と膝裏をつけた前身頃の縫い代にロックミシンをかけて、裁ち端の始末をする。

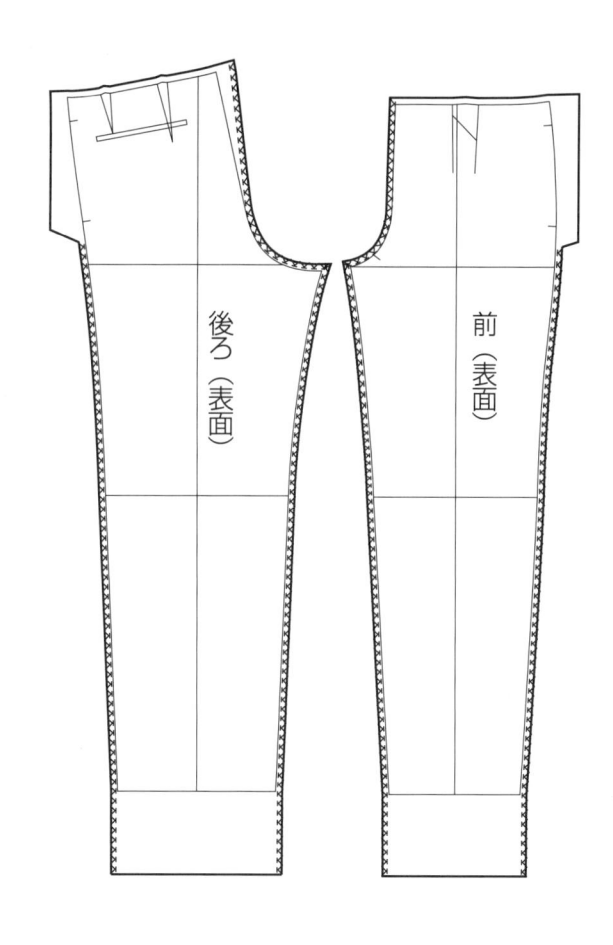

1 後ろダーツを縫う

①ダーツの中心を中表に折り、ウエストの出来上りより0.5上からダーツの先へ向かって縫う。

②ダーツの先に縫い出した糸は結んで処理する。

①ダーツの先端部分は縫い代がほつれない程度に残し、わの部分に切込みを入れて余分な部分をカットする。

②ダーツ止りは地の目が曲がりやすいので、ダーツの先からウエストに向けていせぎみにアイロンをかける。

③ダーツのボリュームを追い込み、地の目を整え、ポケット口の線がまっすぐになるようにくせとりをする。

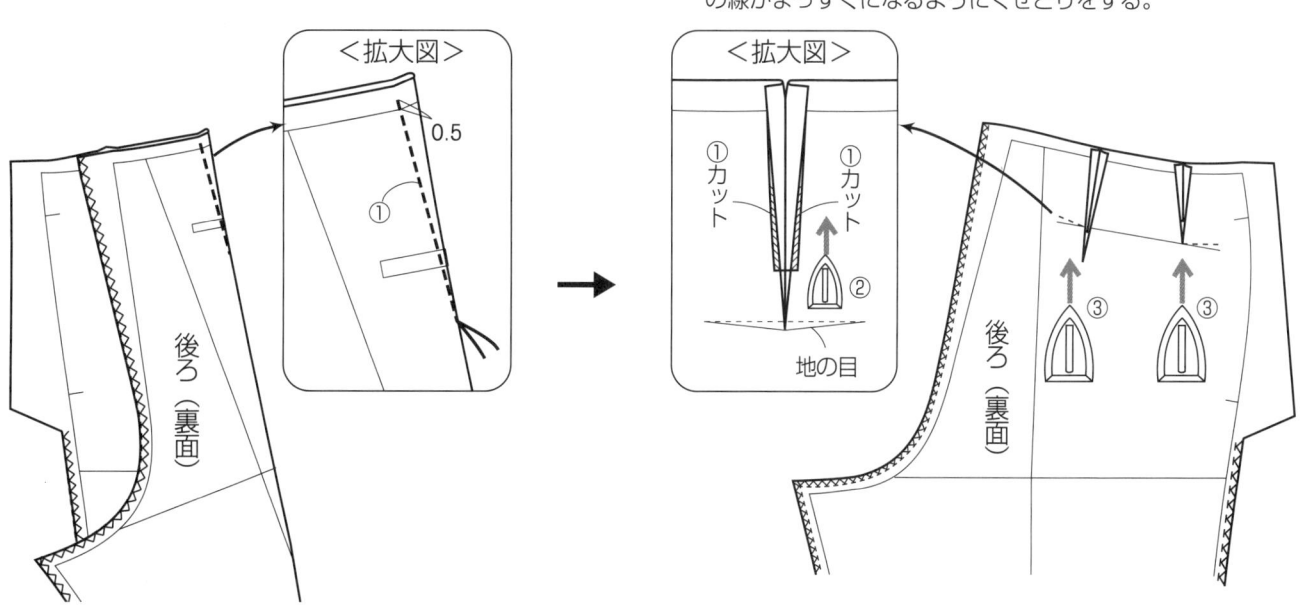

第4章　パンツ　141

2 ウエストベルト布、腰芯、腰裏を裁断する

　ウエストベルト布（表布）、腰芯（ダック芯）、腰裏（縞スレキ）を裁断する。

　左右の寸法とつけ位置が異なるため、裁断や印つけ、縫製に注意する。

　後ろ中心の縫い代は、寸法直しのために多めにつけておく。

右前　ウエストベルト布幅5.8(3.8幅＋2縫い代)
右前長さ：$\frac{W}{2}$＋(10〜11)＋縫い代(5)
↓
(天狗幅×2)(前2、後ろ中心3)

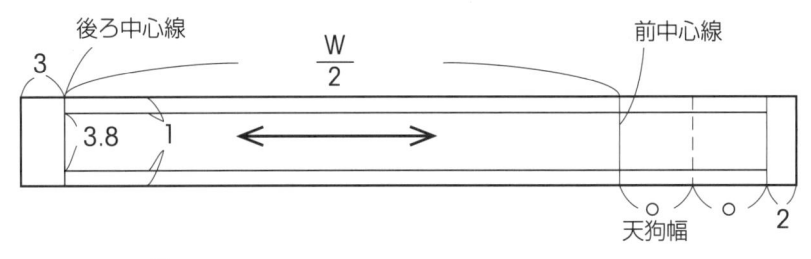

- 後ろ中心線　3
- $\frac{W}{2}$
- 前中心線
- 3.8　1
- 天狗幅　2

左前　左前長さ：$\frac{W}{2}$＋縫い代(4)
↓
(前中心1、後ろ中心3)

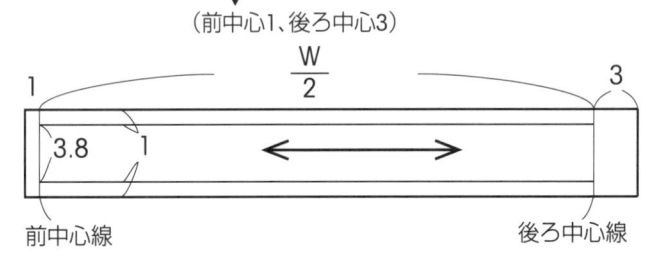

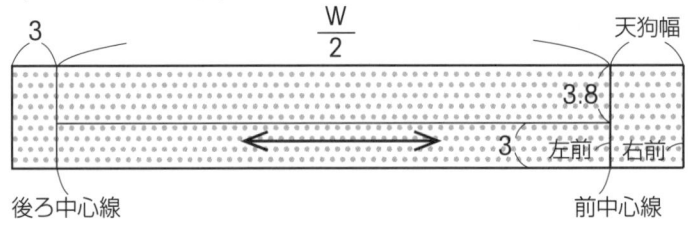

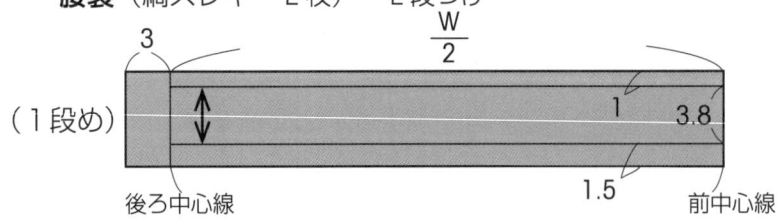

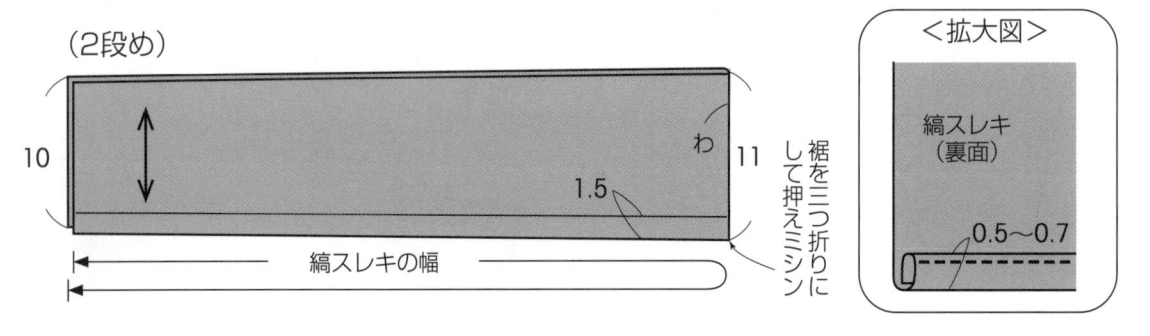

- 1　$\frac{W}{2}$　3
- 3.8　1
- 前中心線　後ろ中心線

腰芯（ダック芯・2枚）

- 3　$\frac{W}{2}$　天狗幅
- 3.8
- 3　左前　右前
- 後ろ中心線　前中心線

腰裏（縞スレキ・2枚）…2段つけ

（1段め）
- 3　$\frac{W}{2}$
- 1　3.8
- 1.5
- 後ろ中心線　前中心線

（2段め）
- 10　わ　11
- 1.5
- 縞スレキの幅
- 裾を三つ折りにして押えミシン

＜拡大図＞
縞スレキ（裏面）
0.5〜0.7

3 ウエストベルト布に芯、腰裏をつける

＜ウエストベルト左前側＞

①左前側は、前中心線に腰芯をそろえる。

②前中心の出来上り線より3内側に、腰裏の片端を3折って中表に合わせる。

③腰芯の裁ち端から0.25の位置に、前中心より1.5手前から後ろ中心の縫い代まで地縫いミシンをかける。

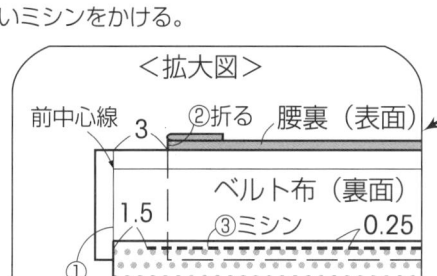

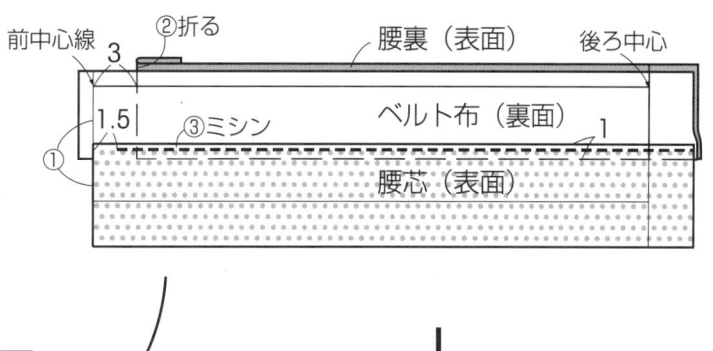

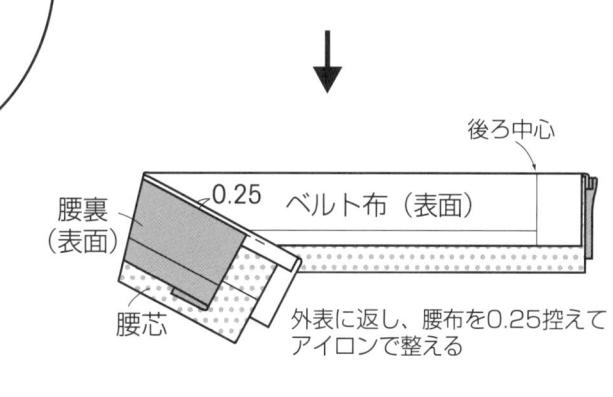

外表に返し、腰布を0.25控えてアイロンで整える

＜ウエストベルト右前側＞

①右前側は、天狗の出来上り線の位置に腰芯をそろえる。

②前中心線より1内側に、腰裏の片端を1折って中表に合わせる。

③腰芯の裁ち端から0.25の位置に天狗の出来上り線から後ろ中心の縫い代まで地縫いミシンをかける。

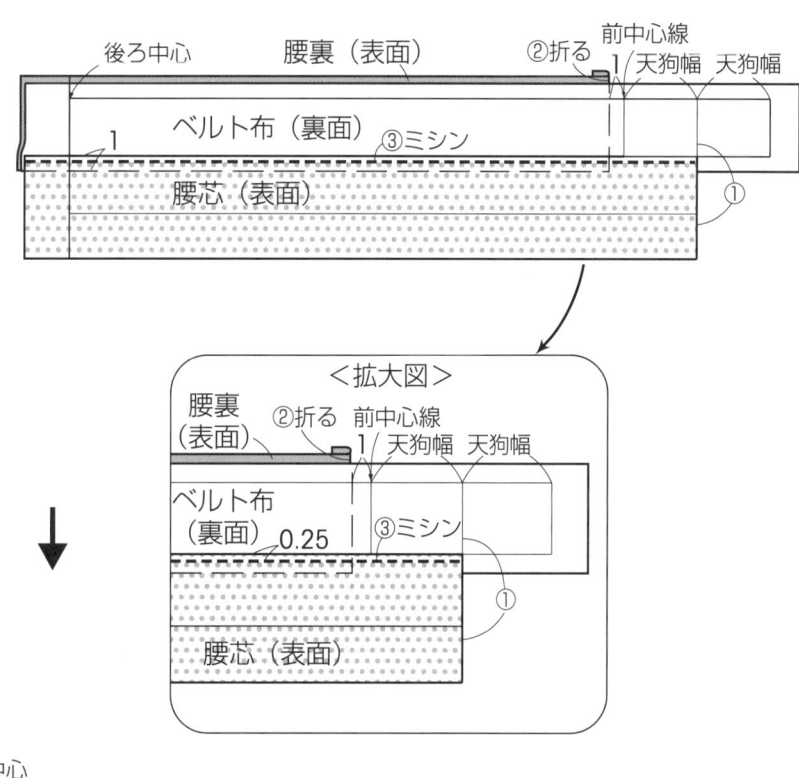

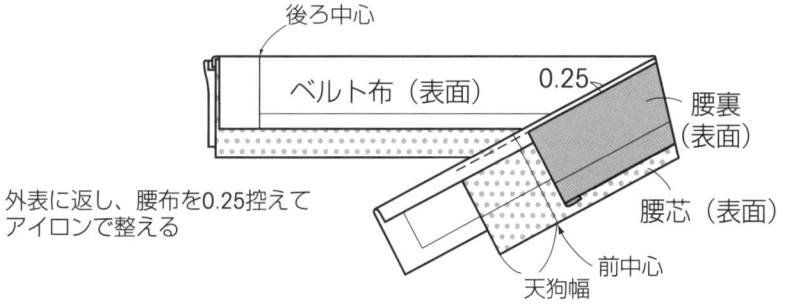

外表に返し、腰布を0.25控えてアイロンで整える

第4章 パンツ

4 天狗を裁断する

天狗のボタン穴の位置は出来上りでウエストの縫い目にくるように裁ち合わせる。

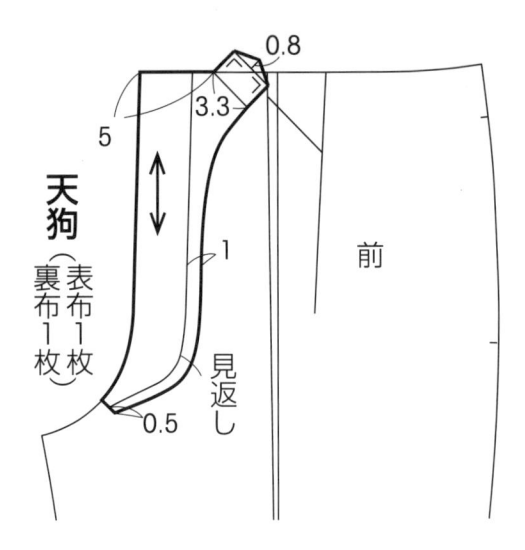

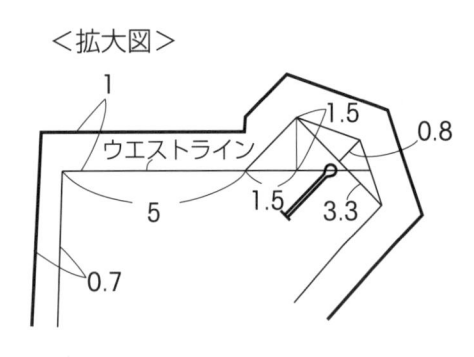

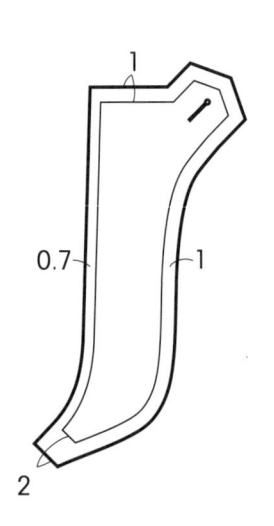

5 天狗の表布に芯を据え、裏布を裁断する

天狗に据える芯はダック芯またはシーチングの薄いものを使用する。身頃とのつけ位置がバイアスになるように据えるため、天狗の鼻が伸びないようにスレキの縦地をボタン穴に平行に入れて力布にする。

天狗に使用する裏布は、裏地、またはスレキのバイアス地を使用する。

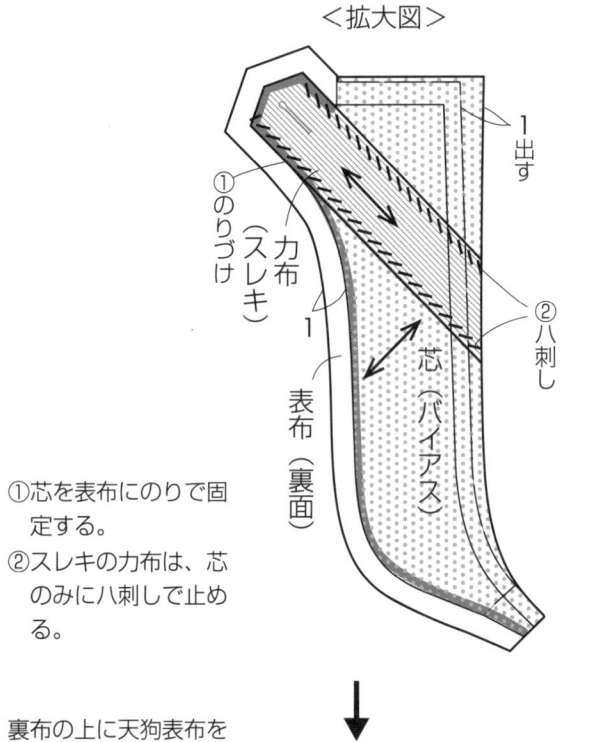

①芯を表布にのりで固定する。
②スレキの力布は、芯のみにハ刺しで止める。

裏布の上に天狗表布をのせ、図のように裏布を裁断する。

6 天狗を出来上りに折り込む

①裏布のしつけと地縫いミシンは、天狗の鼻の箇所で表布を0.3控える。

②裏布のしつけは芯より0.15内側にかける。または縫い代にのりで止める。

③地縫いミシンは芯より0.15外側をかける。

④地縫いミシンをかけた後、Aまで切込みを入れて縫い代の処理をする。

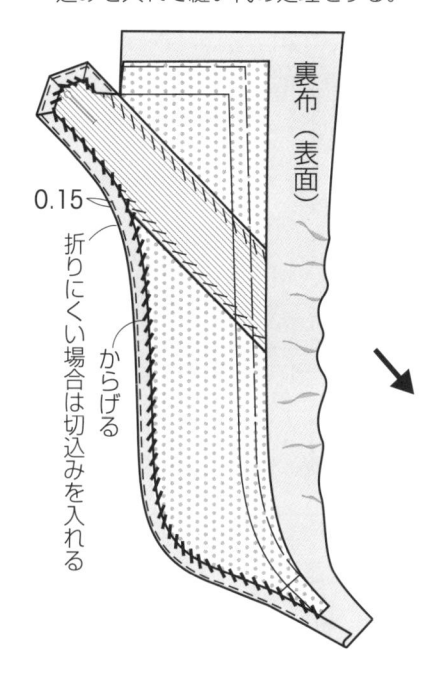

出来上りに折って縫い代の端を芯にからげる。

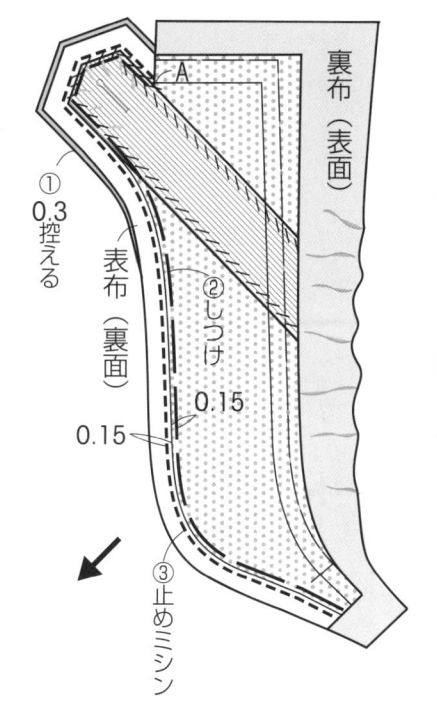

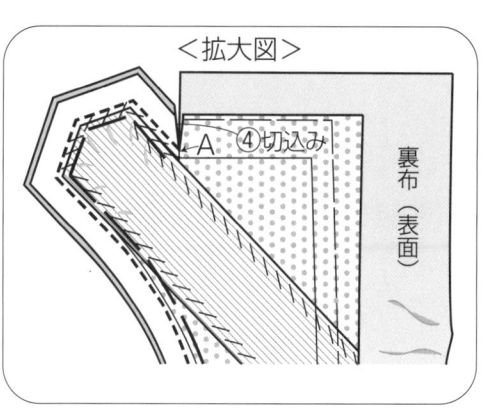

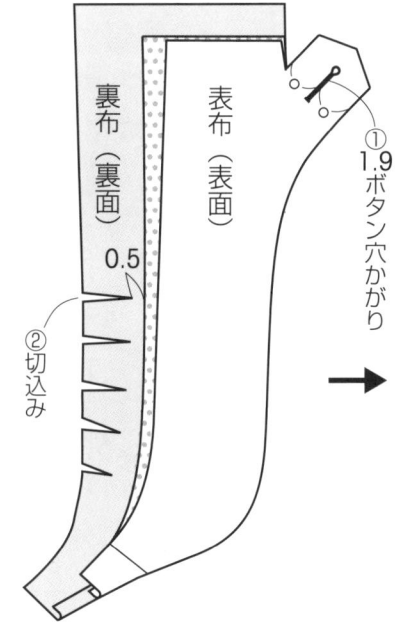

＜拡大図＞

①表に返し穴かがりをする。

②裏布のカーブのところは芯の手前0.5のところまで切込みを入れる。

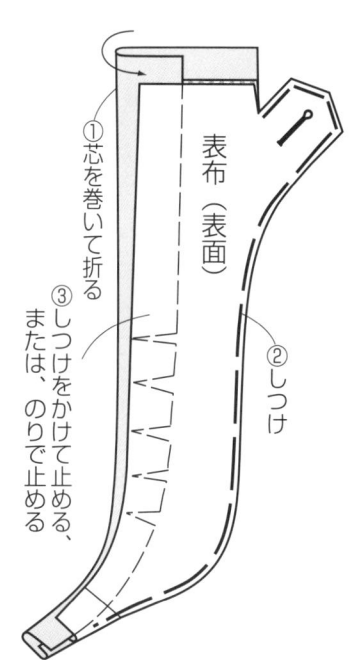

①裏布で芯を巻いて出来上りに折る。

②天狗の前端の裏布を控えアイロンをかけて整え、しつけで止める。

③出来上りに折った裏布は、しつけ、またはのりで止める。

第4章　パンツ　145

7 後ろ腰のポケットの口布、力布、向う布、袋布を裁断する

パンツの腰ポケットは、片玉縁や両玉縁ポケットが一般的である。形くずれを防ぐためにポケット口が開かないようにボタン止めにすることが多い。

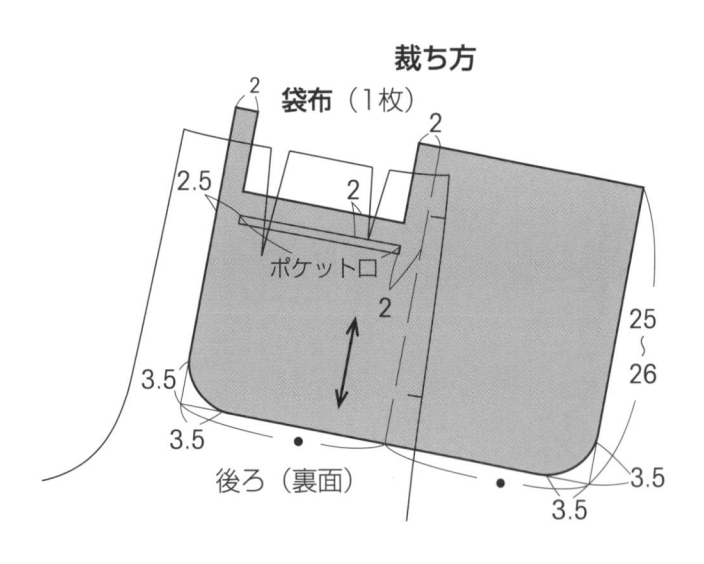

裁ち方

袋布（1枚）

2, 2, 2.5, 2, ポケット口, 2, 25〜26, 3.5, 3.5, 3.5, 3.5
後ろ（裏面）

口布（表布・1枚）
ポケット口寸法＋4＝◎
7〜8

向う布（表布・1枚）
◎
8〜9
耳

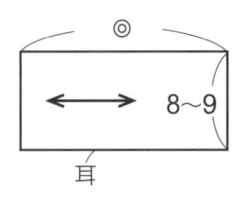

力布（スレキ・2枚）
◎
3

8 後ろ腰のポケットつけ位置に袋布をつける

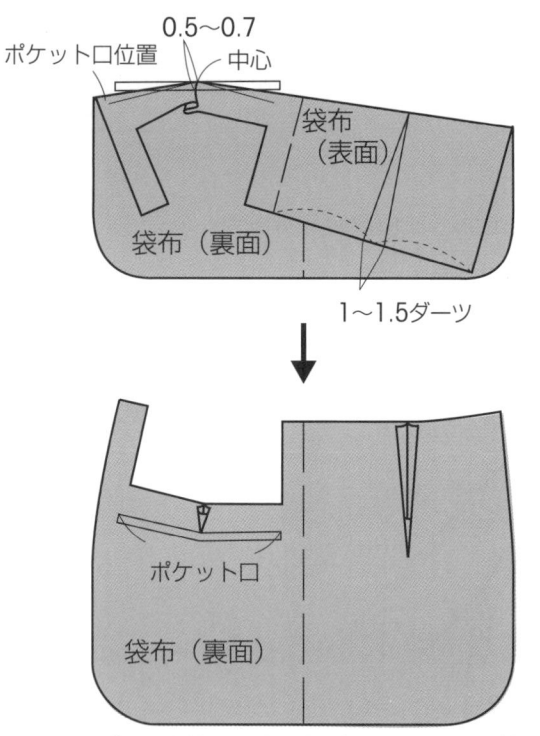

0.5〜0.7
ポケット口位置　中心
袋布（表面）
袋布（裏面）
1〜1.5ダーツ

ポケット口
袋布（裏面）

ダーツを縫い、縫い代に切込みを入れて割る

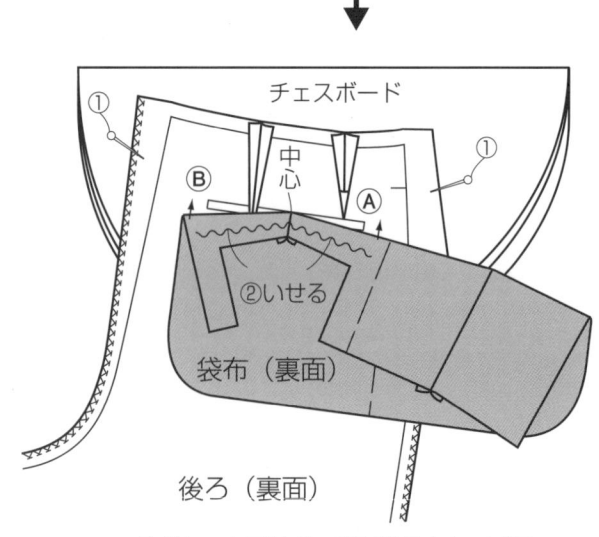

チェスボード
①　中心　①
Ⓑ　Ⓐ
②いせる
袋布（裏面）
後ろ（裏面）

① ポケット口はダーツを縫うとカーブになるため、チェスボードの半月を利用して図のようにポケット口が直線になるように針で止める。

② ポケット口で折った袋布にのりをつけ、ポケット口中心に袋布中心を合わせて指で押さえてはる。袋布のポケット口をⒶⒷの順で矢印方向に持ち上げて後ろポケット口と合わせ、いせながらアイロンで接着する。

9 後ろ腰ポケットつけ位置に口布と力布をつける

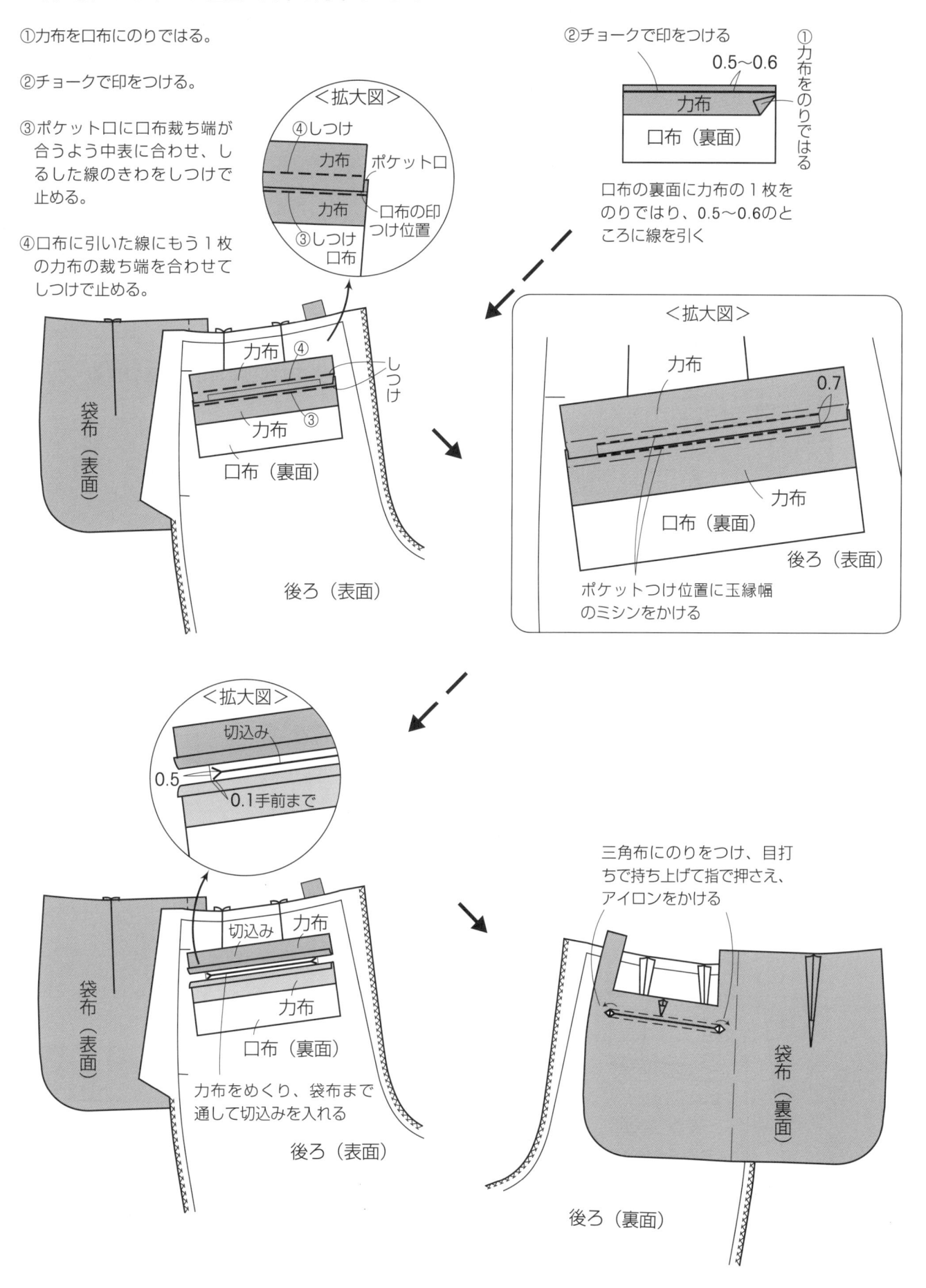

①力布を口布にのりではる。

②チョークで印をつける。

③ポケット口に口布裁ち端が合うよう中表に合わせ、しるした線のきわをしつけで止める。

④口布に引いた線にもう1枚の力布の裁ち端を合わせてしつけで止める。

〈拡大図〉
④しつけ
力布
ポケット口
力布
口布の印つけ位置
③しつけ
口布

②チョークで印をつける
0.5〜0.6
力布
口布（裏面）
①力布をのりではる

口布の裏面に力布の1枚をのりではり、0.5〜0.6のところに線を引く

力布 ④
しつけ
力布 ③
口布（裏面）
袋布（表面）
後ろ（表面）

〈拡大図〉
力布
0.7
力布
口布（裏面）
後ろ（表面）
ポケットつけ位置に玉縁幅のミシンをかける

〈拡大図〉
切込み
0.5
0.1手前まで

切込み
力布
力布
口布（裏面）
袋布（表面）
力布をめくり、袋布まで通して切込みを入れる
後ろ（表面）

三角布にのりをつけ、目打ちで持ち上げて指で押さえ、アイロンをかける

袋布（裏面）
後ろ（裏面）

第4章 パンツ 147

力布を袋布側に出して
アイロンで割る。

力布を控えぎみに
片返しにし、しつ
けで止める

口布も同様に袋布側に
出し、縫い代を割る

0.3 しつけ
後ろ（表面）

玉縁の幅を整えて、縫い
目線より0.3のところを
しつけで止める。玉縁の
中央が太くならないよう
に注意する。

裏面からアイロンをかけて
整え、口布の下端はのりづ
けして袋布に固定する。

10 後ろ腰ポケットつけ位置に向う布をつける

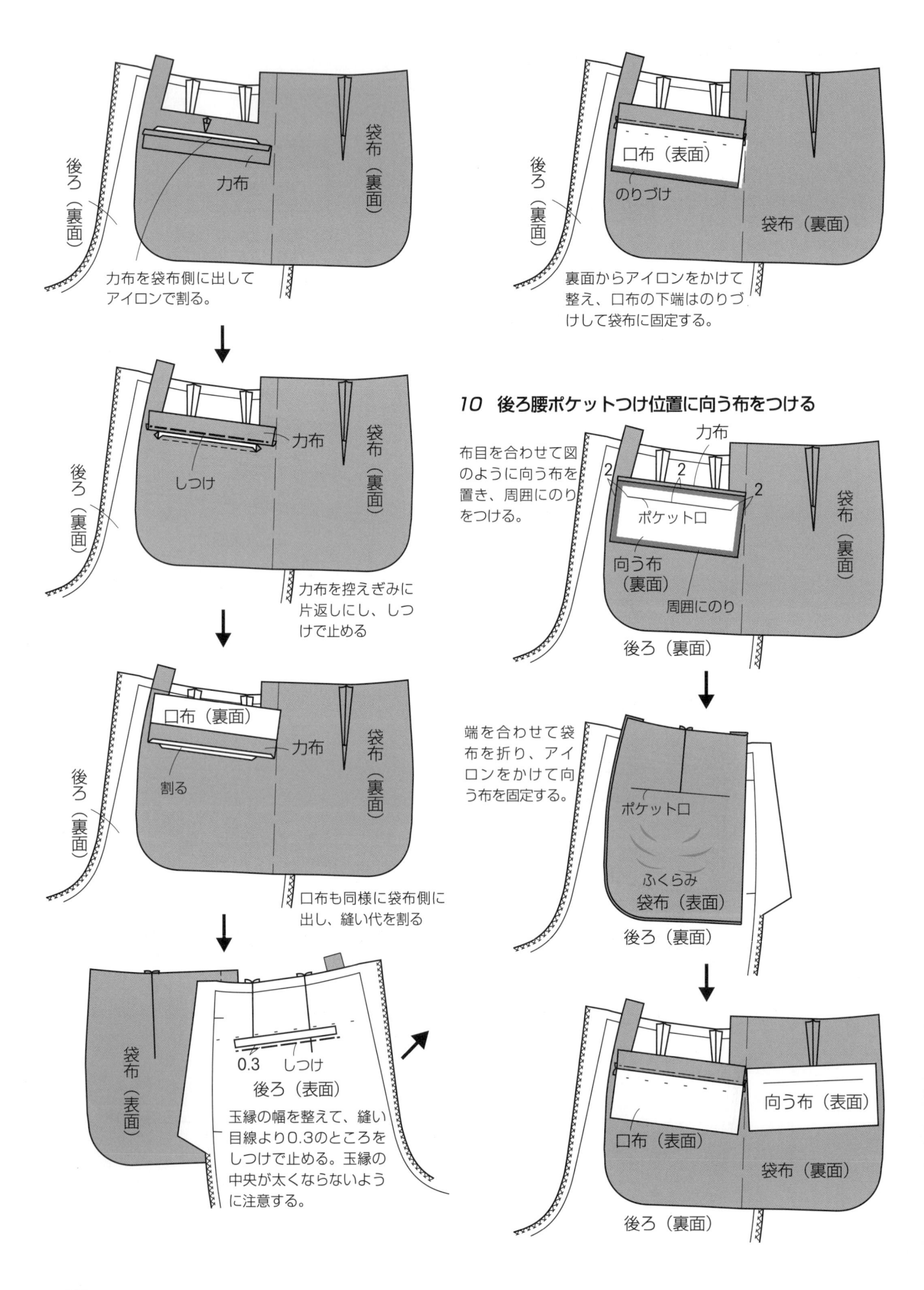

布目を合わせて図
のように向う布を
置き、周囲にのり
をつける。

端を合わせて袋
布を折り、アイ
ロンをかけて向
う布を固定する。

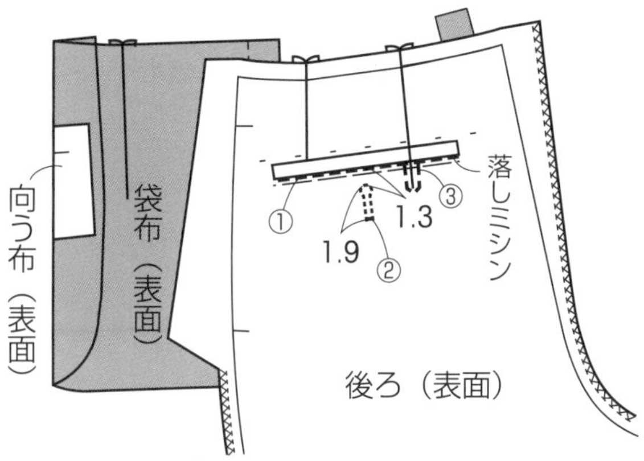

11 袋布を縫い返す

①袋布を開き、落しミシンをかけて玉縁を止める。ミシンの両端は裏で結び止めにする。

②玉縁に対して直角に穴ミシンをかける。

③ダーツ先にステッチをかける。

Ⓐで玉縁の口が開かないように指先で押さえ、両側の三角布をミシンで3〜4回返し縫いし、口布に止める。

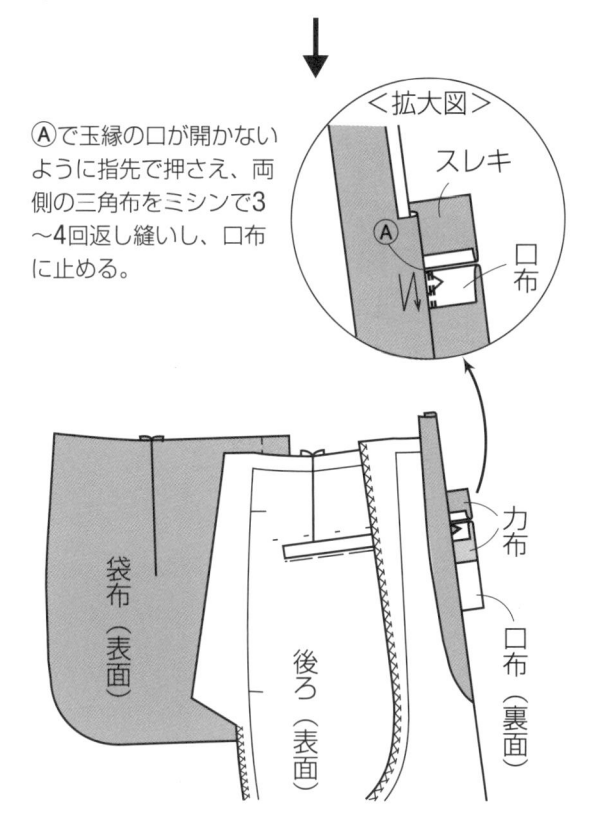

②この段階でボタンホールを作る

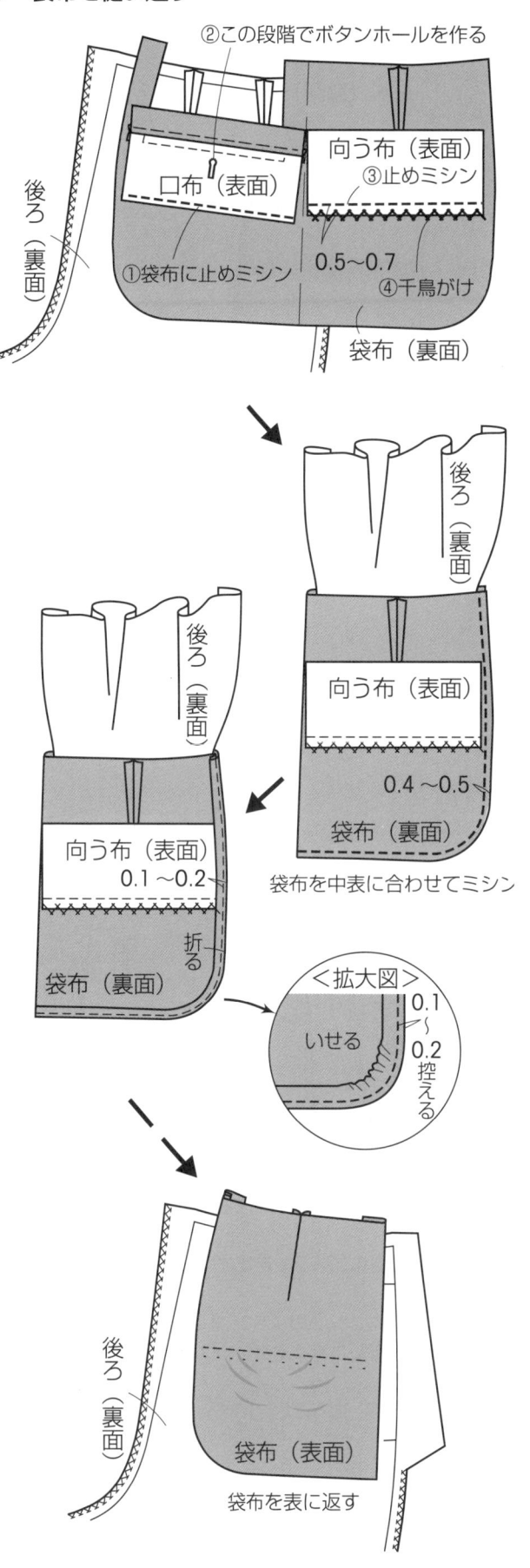

袋布を中表に合わせてミシン

袋布を表に返す

第4章　パンツ　149

12 向う布、袋布の押えステッチ

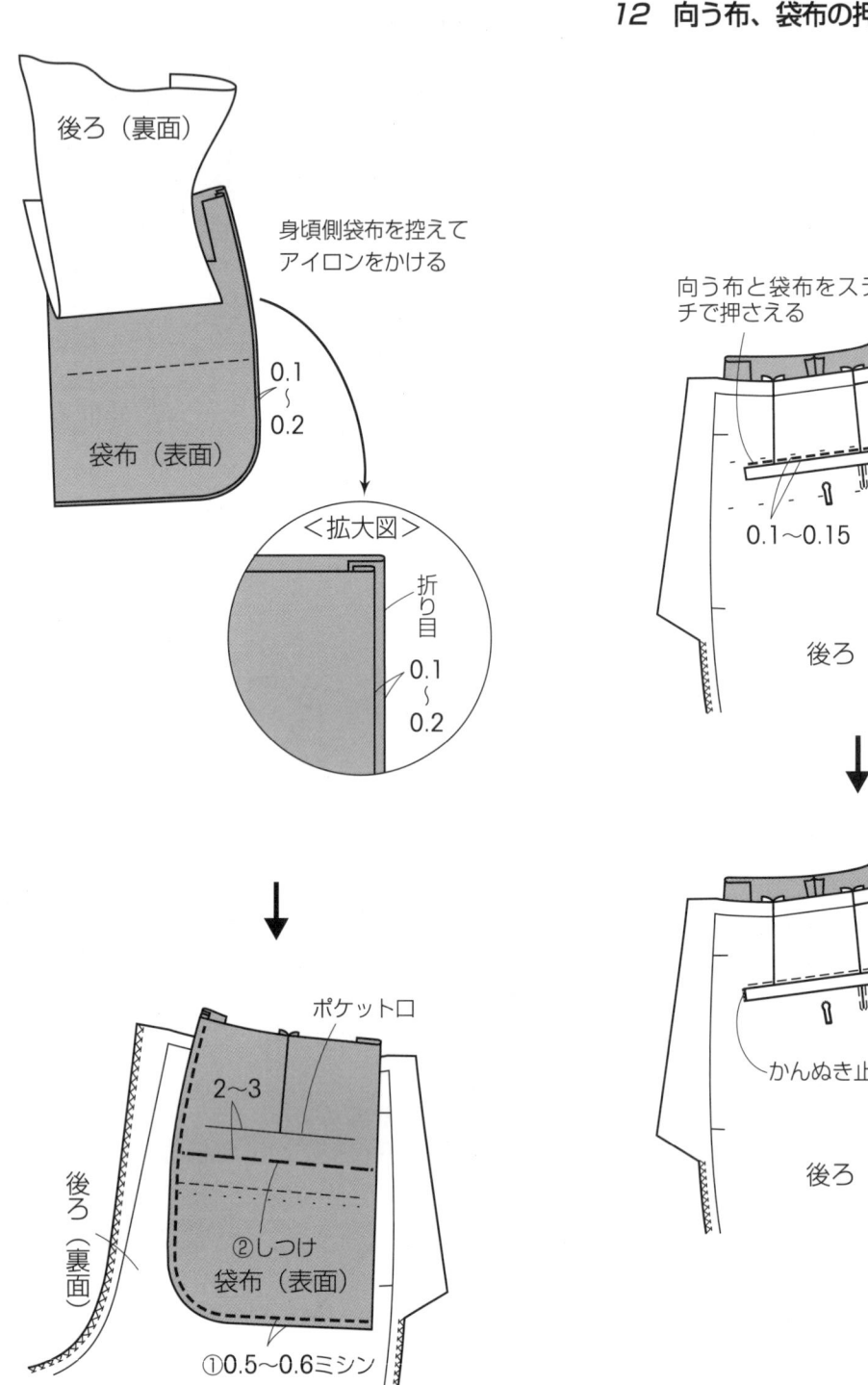

<拡大図>
0.1〜0.15ステッチ
力布が出ないように注意

後ろ（裏面）
袋布（表面）
身頃側袋布を控えてアイロンをかける
0.1〜0.2

<拡大図>
折り目
0.1〜0.2

向う布と袋布をステッチで押さえる
0.1〜0.15
後ろ（表面）

ポケット口
2〜3
後ろ（裏面）
②しつけ
袋布（表面）
①0.5〜0.6ミシン

①袋布にステッチをかける。

②ポケット口より2〜3下に表身頃と袋布が止まるようしつけをかける。

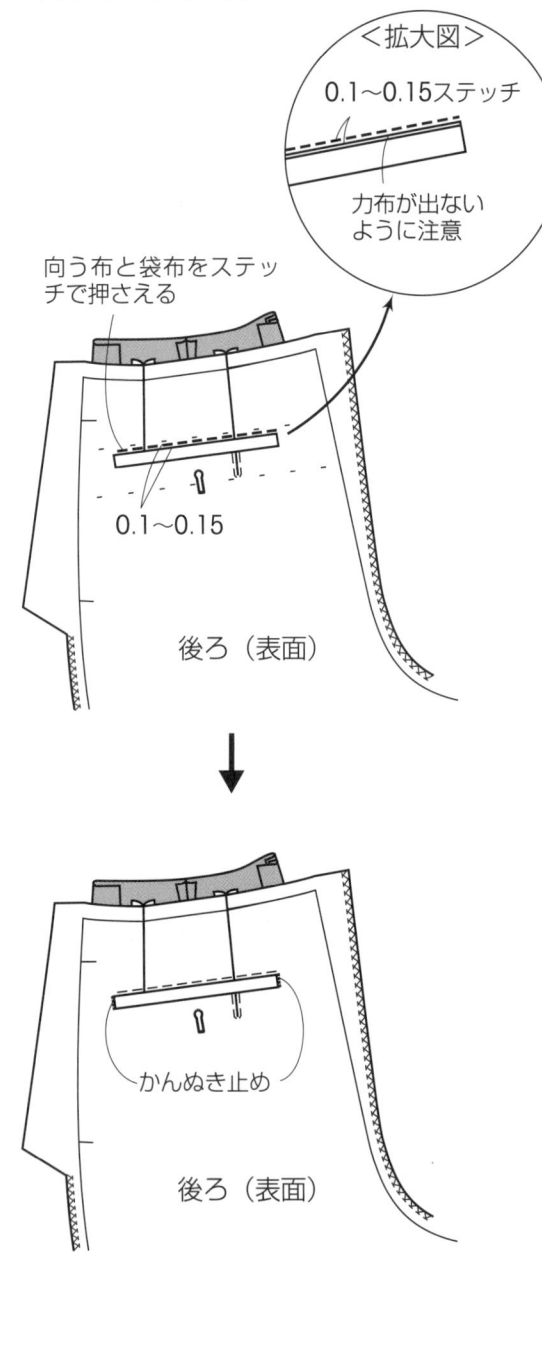

かんぬき止め
後ろ（表面）

150

13 脇ポケットの袋布を裁断する

裁ち方

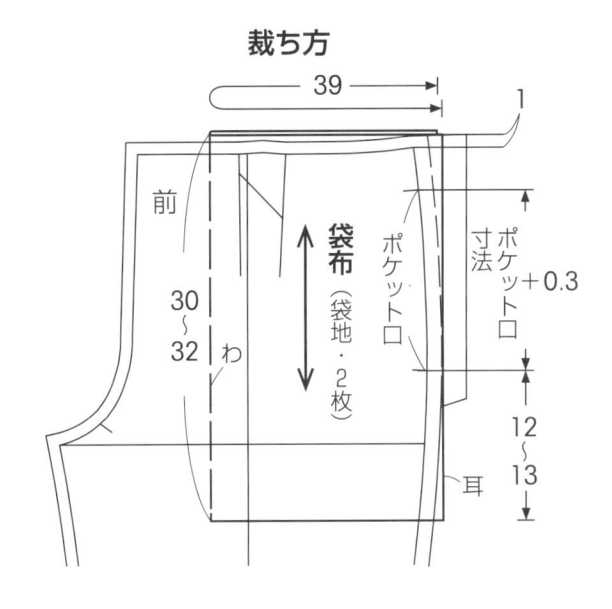

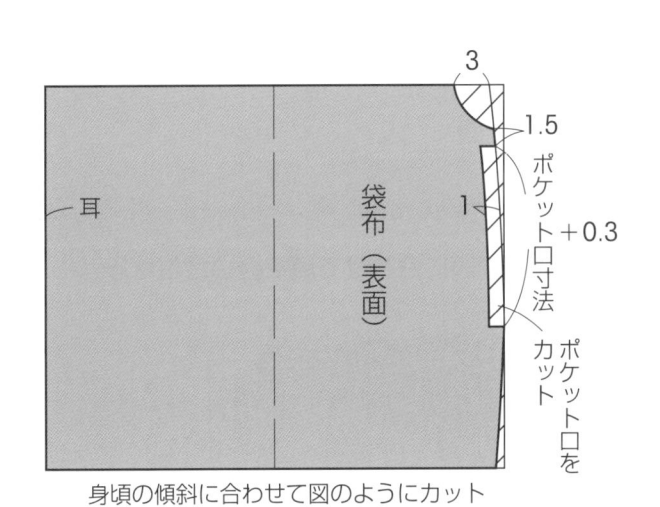

身頃の傾斜に合わせて図のようにカット

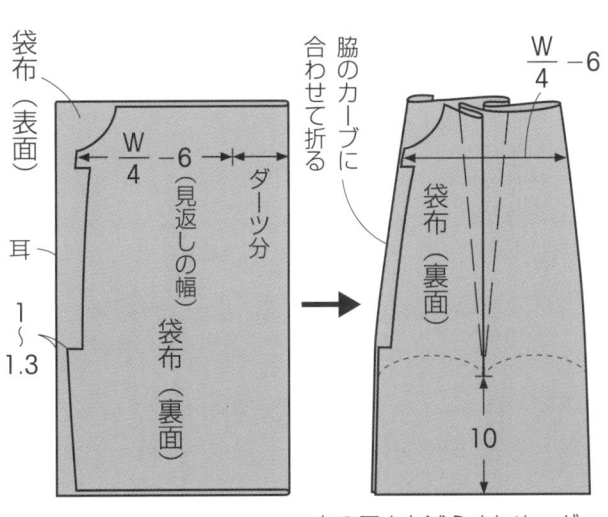

布の厚さを減らすため、ダーツの倒す方向を変える

14 脇ポケットの袋布を縫い合わせる

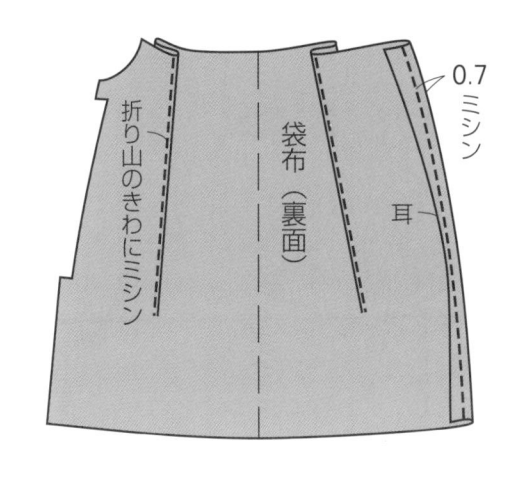

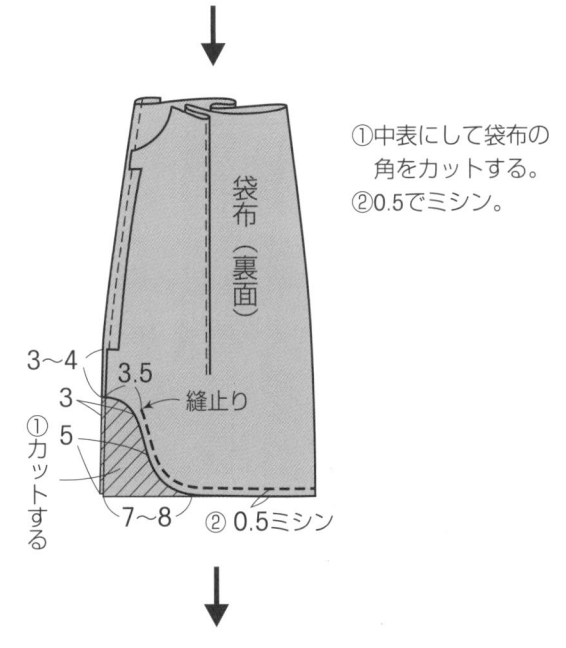

①中表にして袋布の角をカットする。
②0.5でミシン。

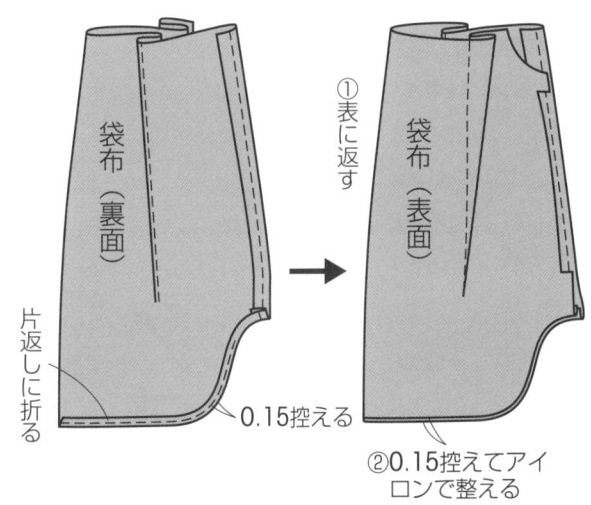

①表に返す
②0.15控えてアイロンで整える

第4章 パンツ 151

15 脇ポケットの袋布を前脇につける

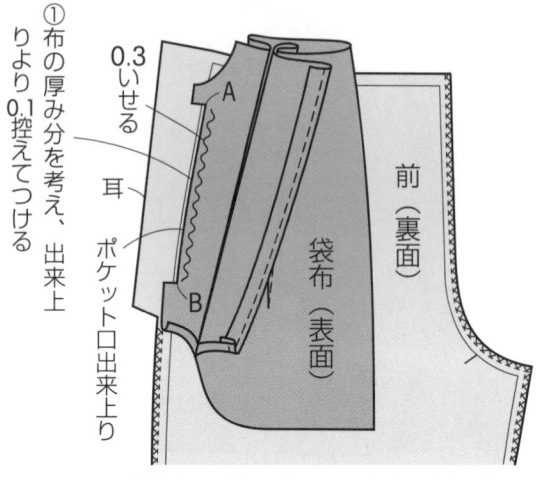

①布の厚み分を考え、出来上りより0.1控えてつける

②袋布のポケット口にのりをつけ、ポケット口A～B間で0.3くらい袋布をいせてつけ、立体感をだす。

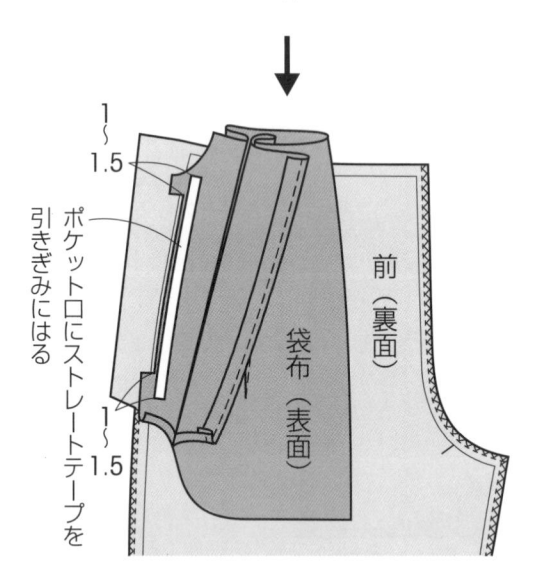

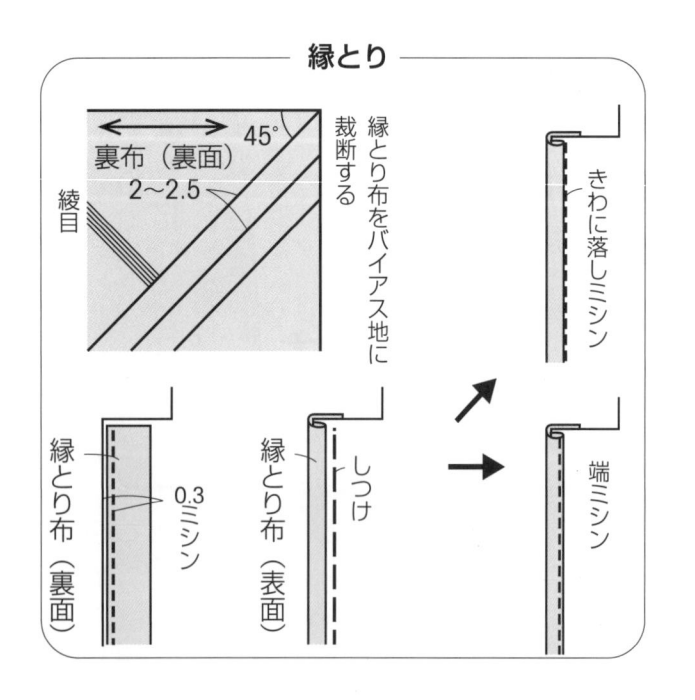

ポケット口にストレートテープを引きぎみにはる

16 後ろ脇から裁ち出した向う布を始末する

向う布の裁ち端は、バイアスに裁った裏布で縁とりをして始末する

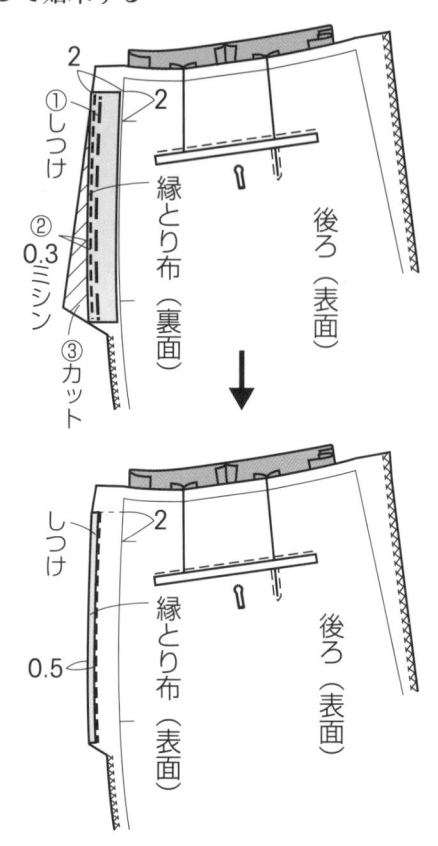

17 前後を中表に合わせて脇を縫い合わせる

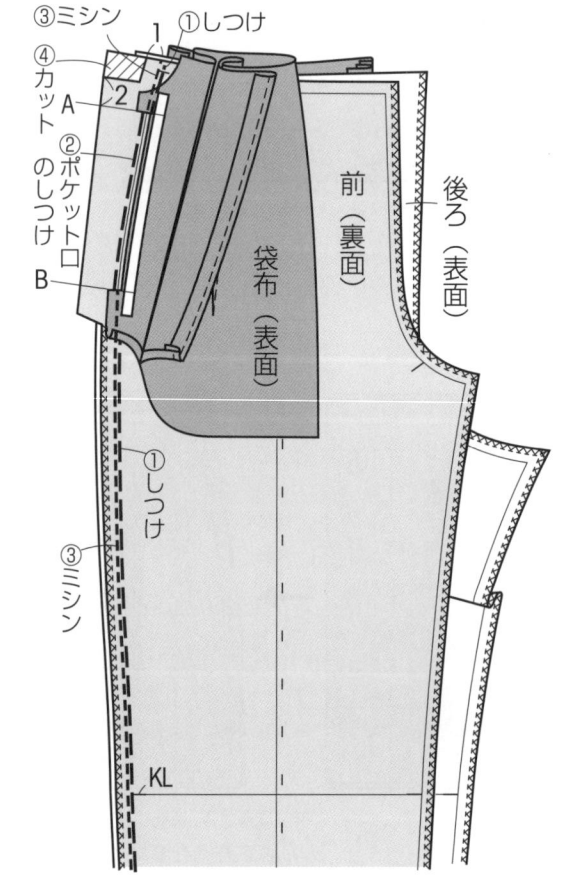

18 脇ポケット口を始末する

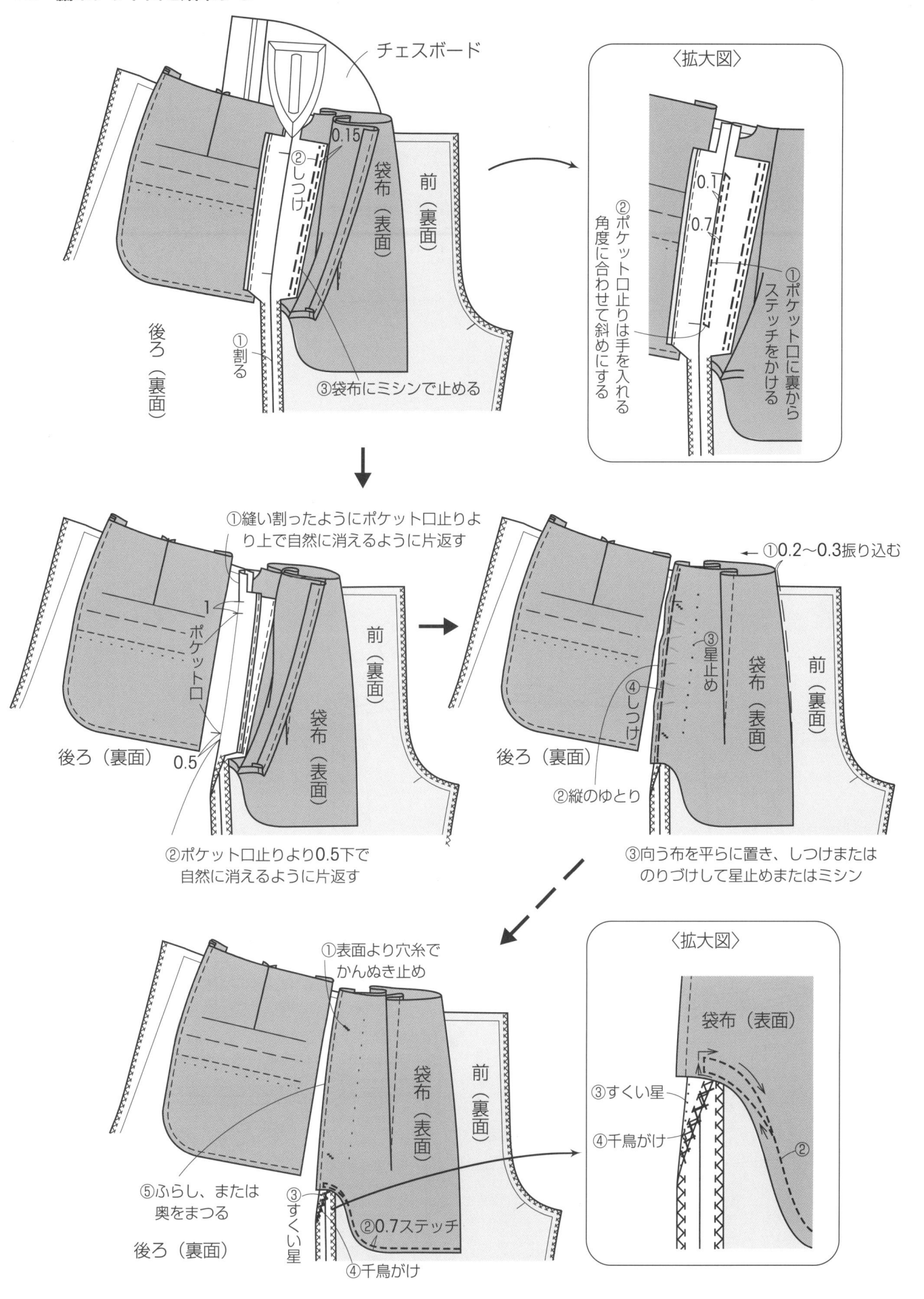

チェスボード
〈拡大図〉
②しつけ
0.15
袋布（表面）
前（裏面）
後ろ（裏面）
①割る
③袋布にミシンで止める

①ポケット口に裏からステッチをかける
②ポケット口止りは手を入れる角度に合わせて斜めにする
0.1
0.7

①縫い割ったようにポケット口止りより上で自然に消えるように片返す
1
ポケット口
後ろ（裏面）
0.5
袋布（表面）
前（裏面）
②ポケット口止りより0.5下で自然に消えるように片返す

←①0.2〜0.3振り込む
③星止め
④しつけ
袋布（表面）
前（裏面）
後ろ（裏面）
②縦のゆとり
③向う布を平らに置き、しつけまたはのりづけして星止めまたはミシン

①表面より穴糸でかんぬき止め
袋布（表面）
前（裏面）
後ろ（裏面）
⑤ふらし、または奥をまつる
③すくい星
④千鳥がけ
②0.7ステッチ

〈拡大図〉
袋布（表面）
③すくい星
④千鳥がけ
②

第4章 パンツ 153

19 ふくらはぎのくせとり

ふくらはぎのくせとりは、膝から裾に向かって図のような形でアイロンを操作する。折り山線を境目にして後ろ身頃のみくせをとる。この工程は、脇の縫い代を割る際に同時に行なう。縦の地の目はふくらはぎの形状に合わせ緩やかな曲線を描きながら変化し、横の地の目を崩さないように気をつけ、アイロンを操作する。

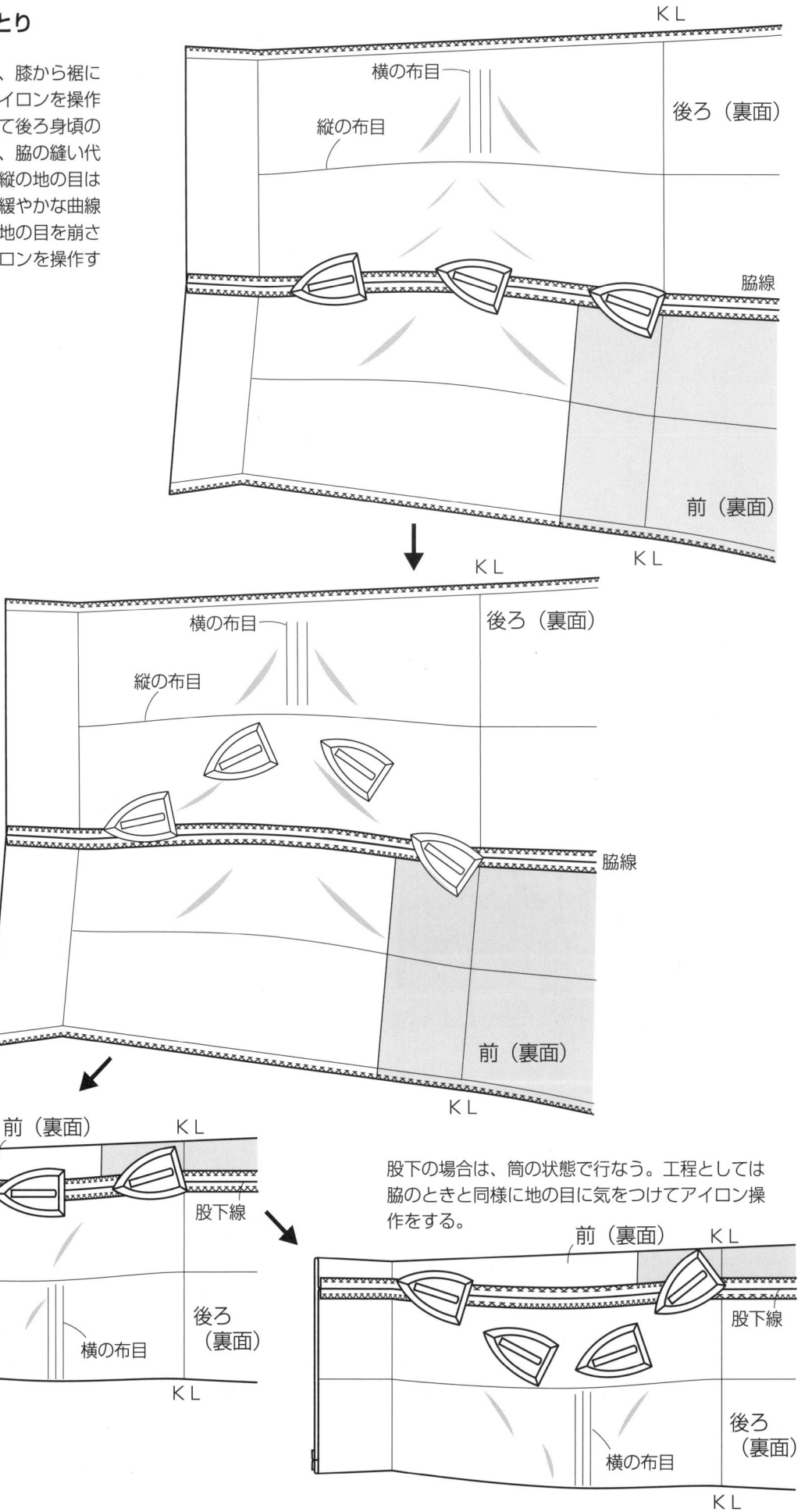

股下の場合は、筒の状態で行なう。工程としては脇のときと同様に地の目に気をつけてアイロン操作をする。

20 右前のあきにファスナーと天狗をつける

前中心の裁切り線とファスナーを中表に合わせて、端より0.5のところに小股止りまでしつけをする。

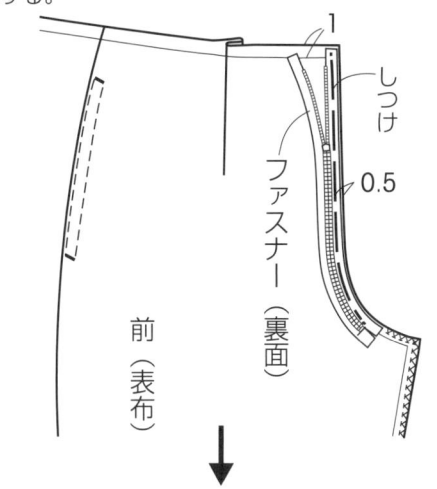

① 身頃と天狗を中表に裁ち端を合わせる。

② 上端から小股止りまでしつけをかけ、出来上り線をミシンで縫う。

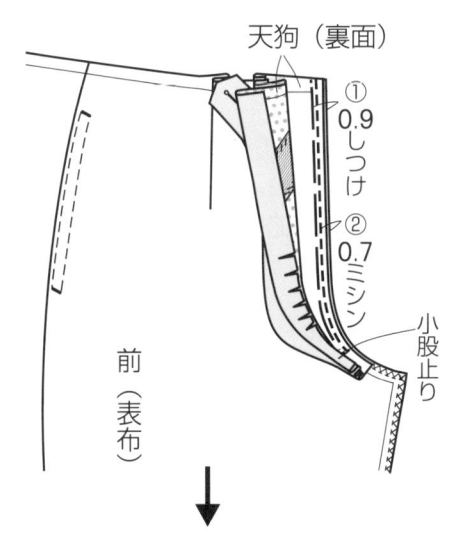

身頃と天狗の縫い代を割る。このときファスナーの縫い代は身頃側に倒す。

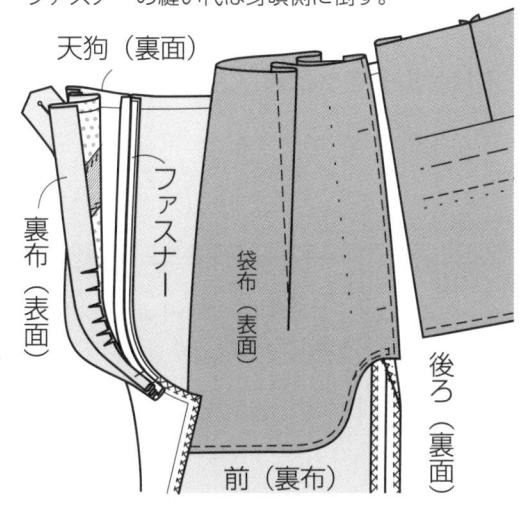

21 ウエストベルトをつける（右前）

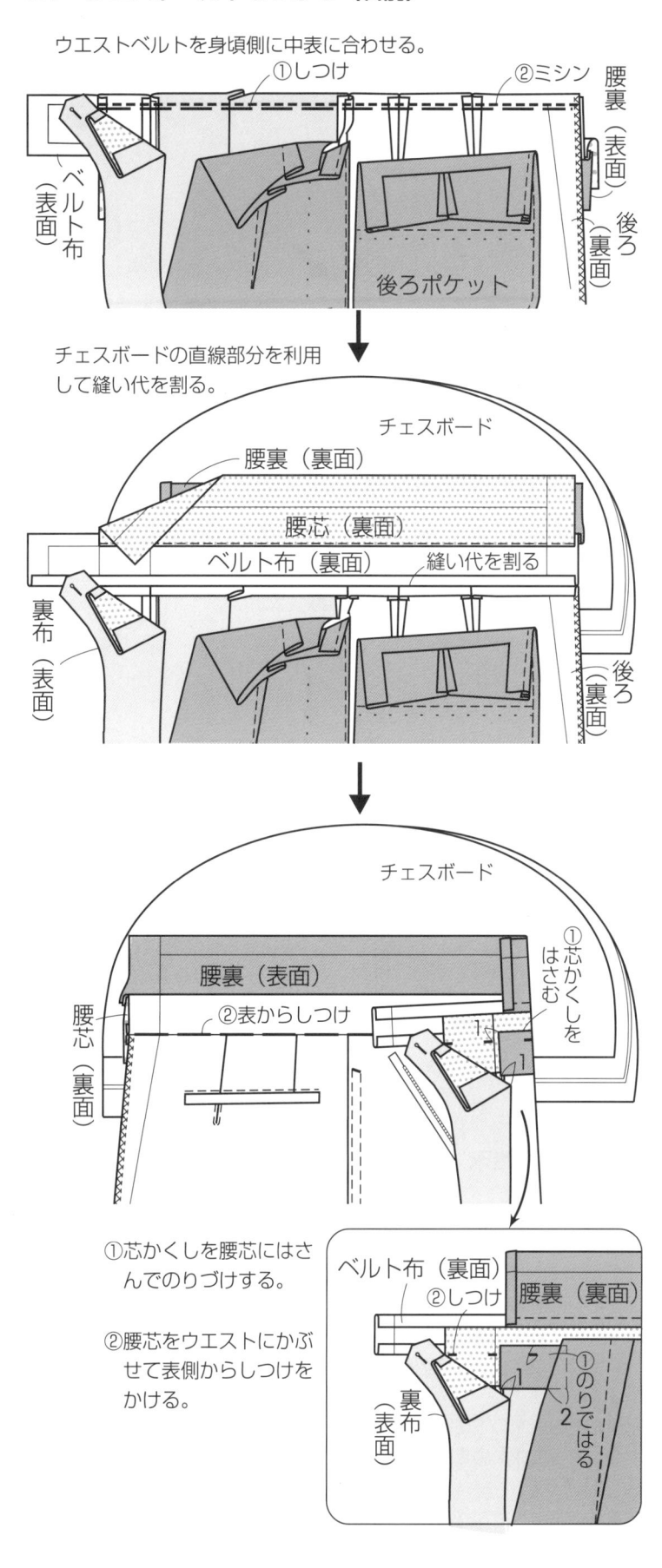

ウエストベルトを身頃側に中表に合わせる。

チェスボードの直線部分を利用して縫い代を割る。

① 芯かくしを腰芯にはさんでのりづけする。

② 腰芯をウエストにかぶせて表側からしつけをかける。

第4章 パンツ

①ラバンの上で袋布を腰芯の上にのせ、身頃に対して袋布が外回りになるように袋布を手で押さえ、身頃を引っ張るようにしてウエストベルトつけの縫い目の位置にしつけで止める。

②袋布は芯に千鳥がけで止める。

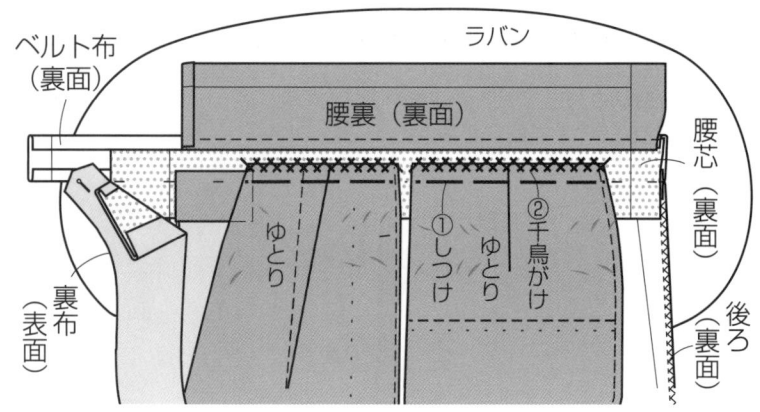

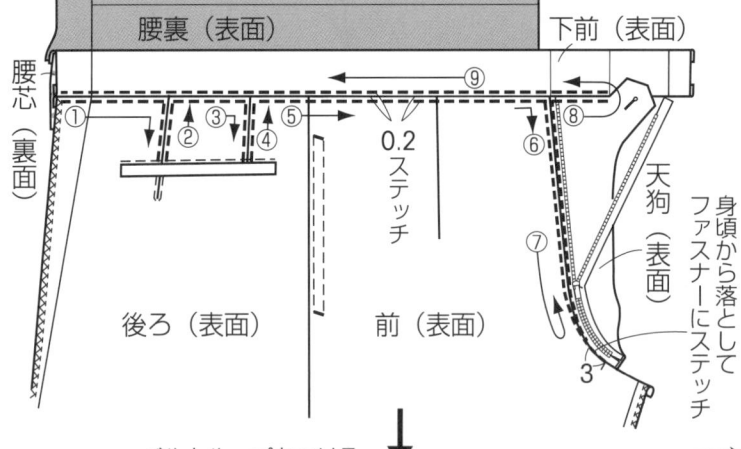

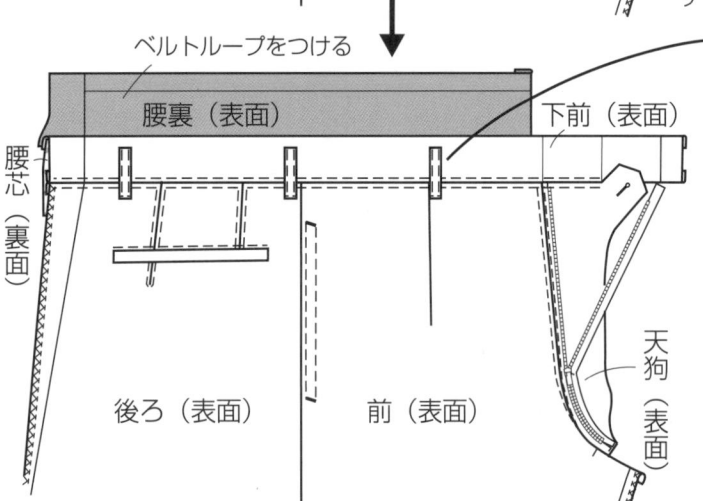

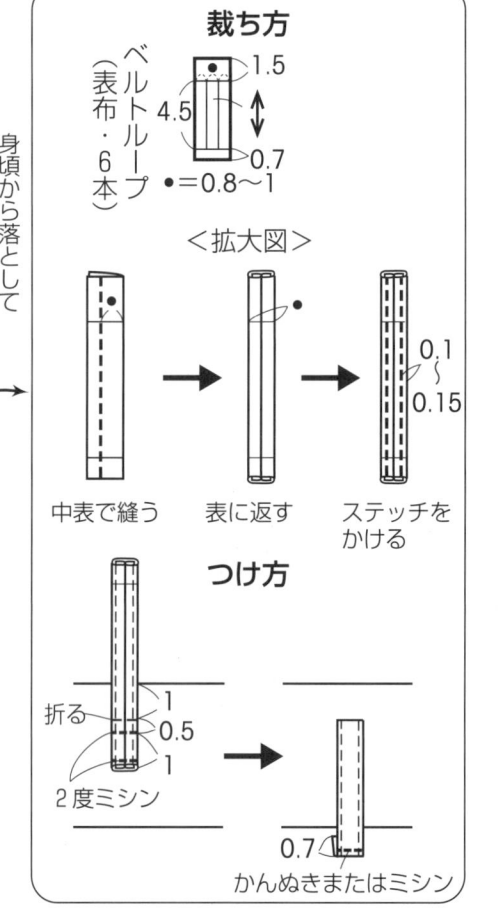

ベルトループをつける

ベルトループ

裁ち方

ベルトループ（表布・6本）
1.5
4.5
0.7
●＝0.8〜1

＜拡大図＞

中表で縫う → 表に返す → ステッチをかける
0.1〜0.15

つけ方

折る 1
0.5
1
2度ミシン

0.7
かんぬきまたはミシン

22 天狗の始末

①ベルト布を前端で折り返して、周囲をまつり糸でまつる。

②ベルトの前端に裏から星止め。

③天狗の前端のきわにステッチ。

④ベルトの前端の下に、天狗にかかるようにかんぬきを入れる。

⑤ボタンホールをかがる。

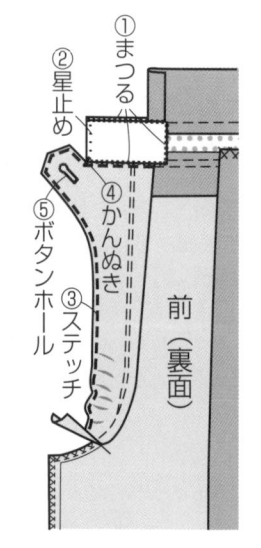

①まつる
②星止め
③ステッチ
④かんぬき
⑤ボタンホール

23 ウエストベルトをつける（左前）

ウエストベルトを身頃に中表に合わせる。

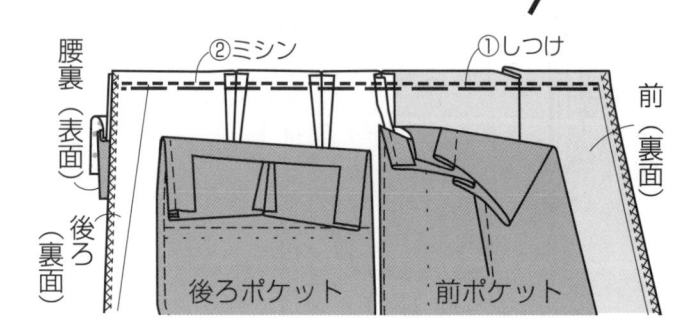

①しつけ
②ミシン

チェスボードの直線部分を利用して縫い代を割る。

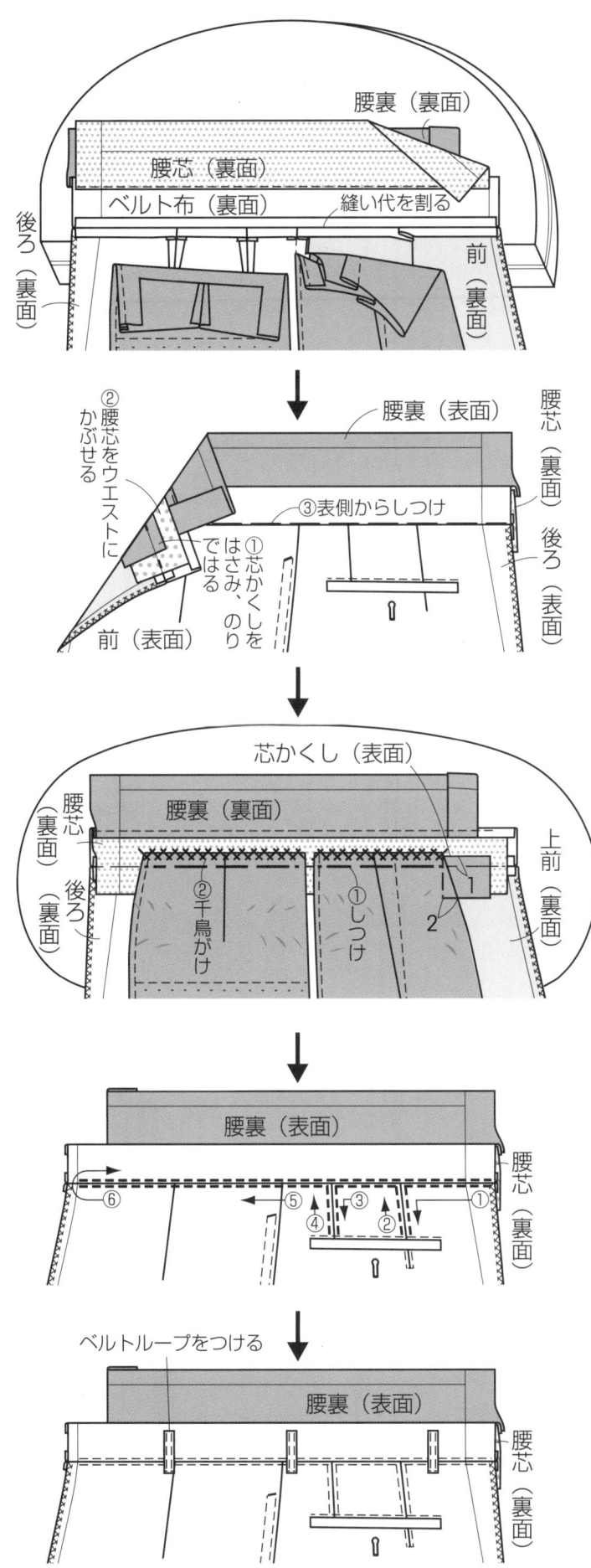

24 見返しをつける

見返しをもとに下の図のように力布を裁断する。力布を見返しの裏面に千鳥がけで止める。

裁ち方

力布（スレキ・1枚）
見返し（裏面）
0.5 0.5

見返し（裏面）
力布（表面）

ロックミシン縁とりにする場合もある（152ページ参照）

腰裏（表面）
0.7 しつけ
ウエストライン
見返し（裏面）
左前（表面）

左前と見返しの裁ち端を中表に合わせてしつけで止める。

見返し力布のきわをウエストから1〜1.5下より小股止りまでミシンをかける。

腰裏（表面）
1〜1.5
0.5
見返し（裏面）
左前（表面）
小股止り

見返しのきわにウエストから1〜1.5下より小股止りまでステッチをかける。

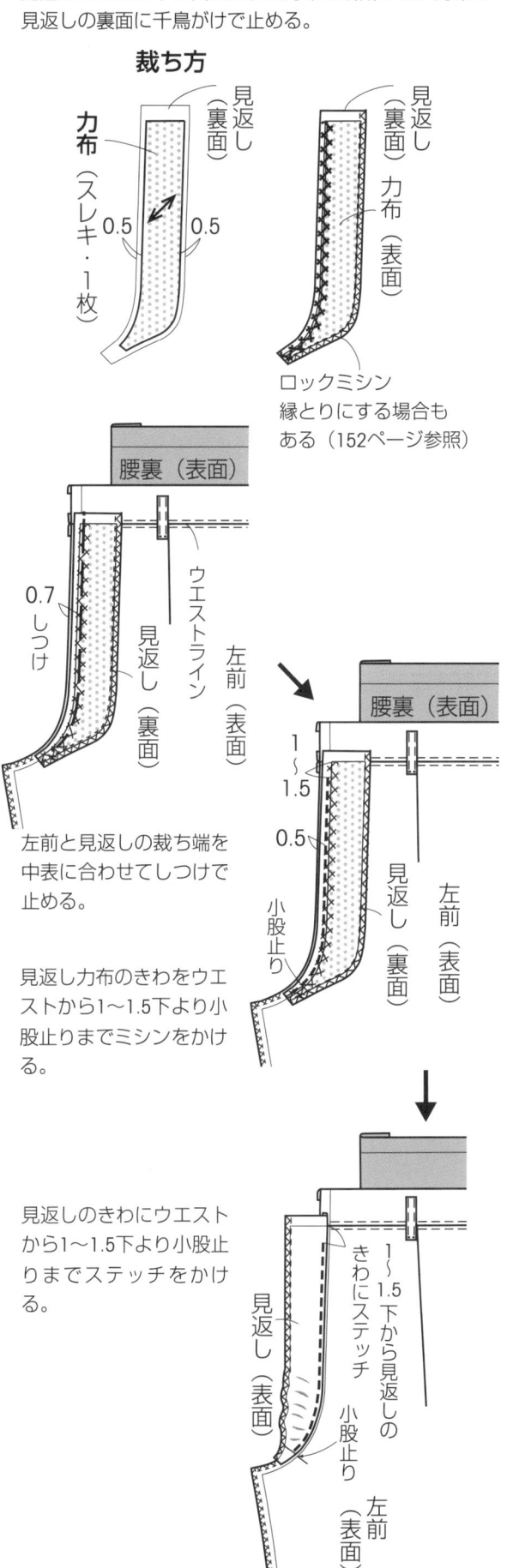

1〜1.5下から見返しのきわにステッチ
見返し（表面）
左前（表面）
小股止り

第4章 パンツ　157

25 左前に前かんをつけてウエストを始末する

ウエストベルトの前端を出来上り線で折り、縫い代は芯にまつりつける。ここで前かんをつける。

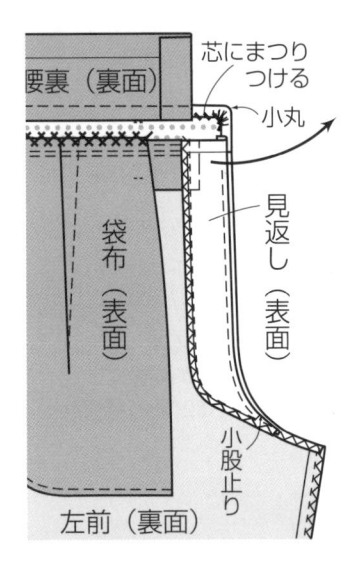

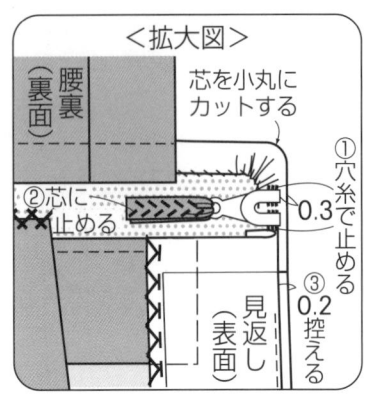

<拡大図>

① 前かんを前端より0.3控え、ウエストベルトの中心に据え、縫い代と芯にかかるように穴糸で止める。

② 腰裏布を1.5幅ぐらいに切って前かんの穴に通し、脇側に引っ張って穴糸で芯に止める。

③ 見返しの縫い代を0.2控えて折る。

26 股下を縫い合わせる

股下は、しつけをしてから地縫いのミシンをかける。

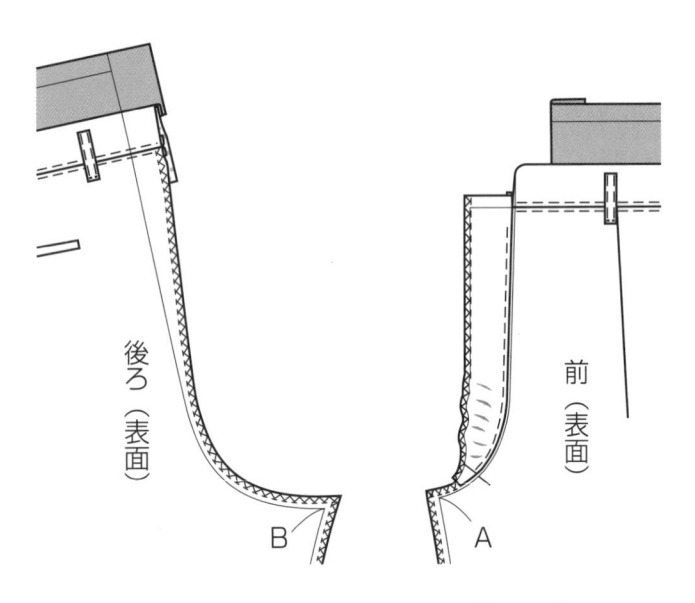

① 股下を縫う前に、もう一度かるくくせとりをする（135ページ参照）。

② KLを合わせる。

③ 前身頃出来上り線の交点Aと、後ろ身頃出来上り線Bを合わせ、しつけをかける。

④ 地縫いミシンをかける。KLより上は同じところを2回縫う。

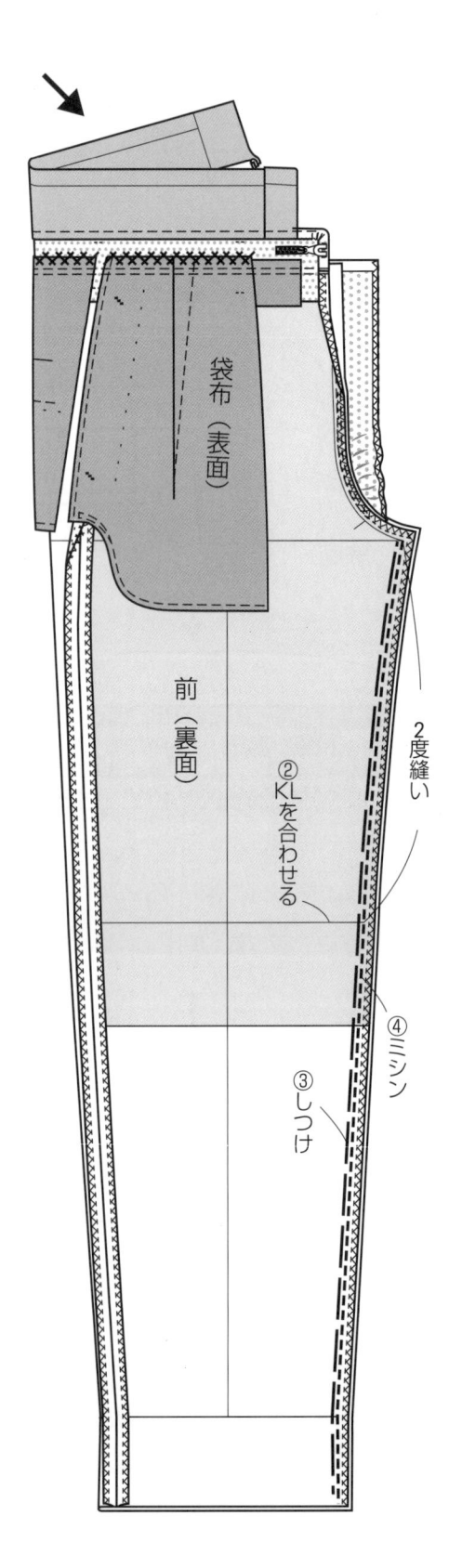

27 股下の縫い代の始末

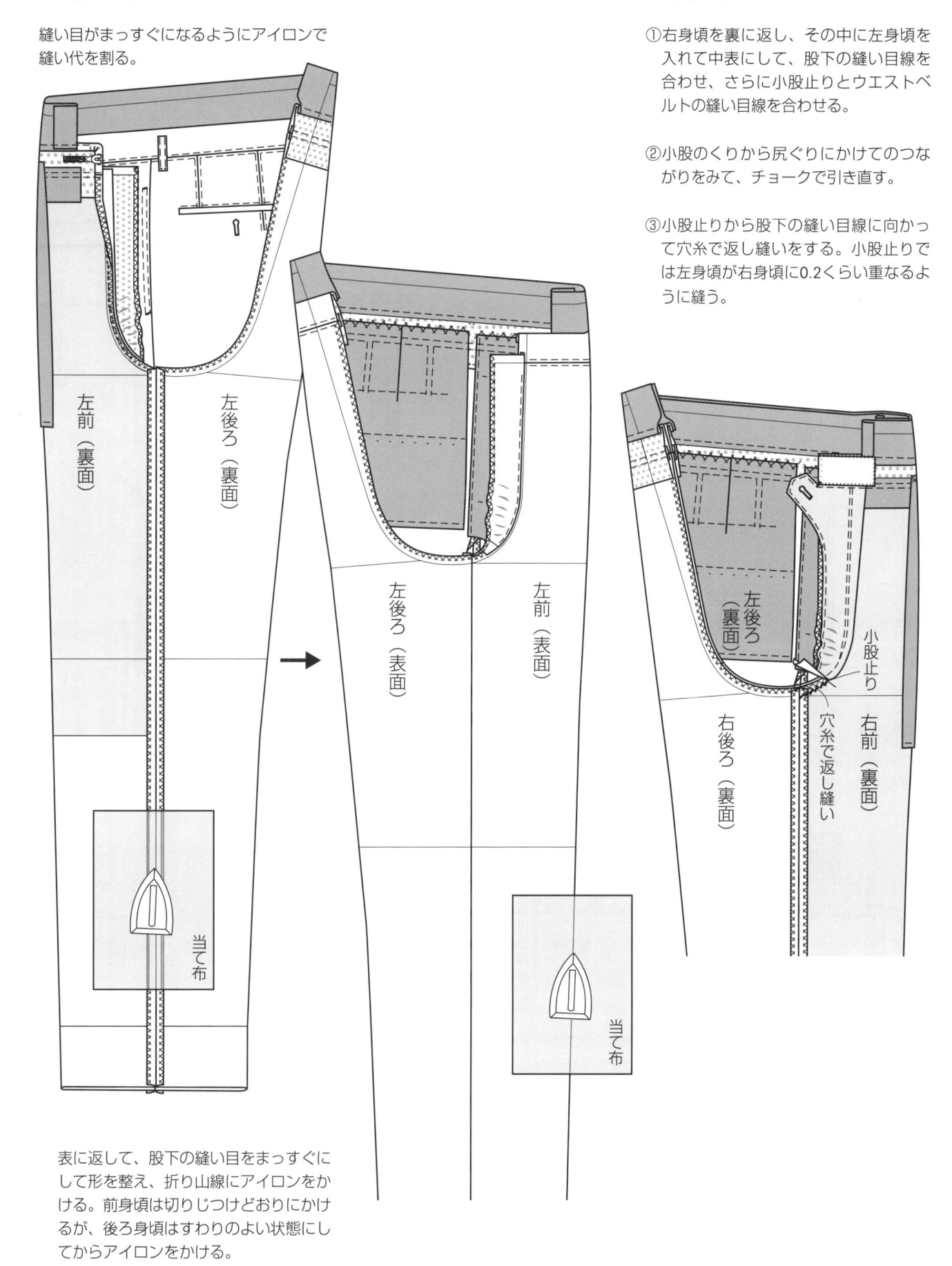

縫い目がまっすぐになるようにアイロンで縫い代を割る。

表に返して、股下の縫い目をまっすぐにして形を整え、折り山線にアイロンをかける。前身頃は切りじつけどおりにかけるが、後ろ身頃はすわりのよい状態にしてからアイロンをかける。

28 小股入れ

①右身頃を裏に返し、その中に左身頃を入れて中表にして、股下の縫い目線を合わせ、さらに小股止りとウエストベルトの縫い目線を合わせる。

②小股のくりから尻ぐりにかけてのつながりをみて、チョークで引き直す。

③小股止りから股下の縫い目線に向かって穴糸で返し縫いをする。小股止りでは左身頃が右身頃に0.2くらい重なるように縫う。

第4章 パンツ 159

29 ファスナーつけ

右身頃にウエストラインで0.7重なるようにチョークで線を引き、左身頃をその線に重ねてしつけで止める。

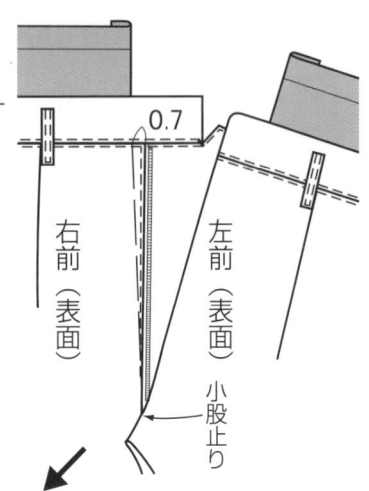

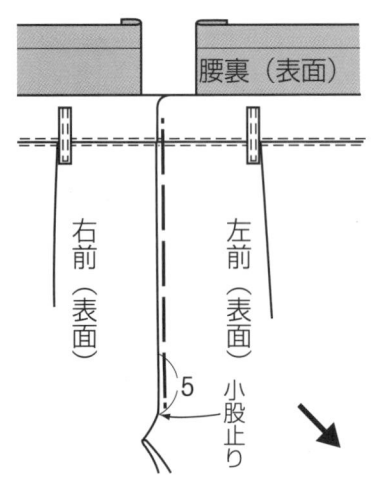

右前（表面） 0.7 左前（表面） 小股止り

右前（表面） 腰裏（表面） 左前（表面） 5 小股止り

小股止りより5ぐらいは左身頃が外回りになるようにしつけをする。

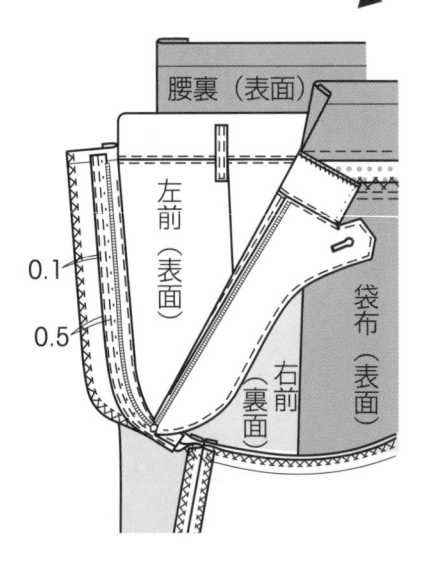

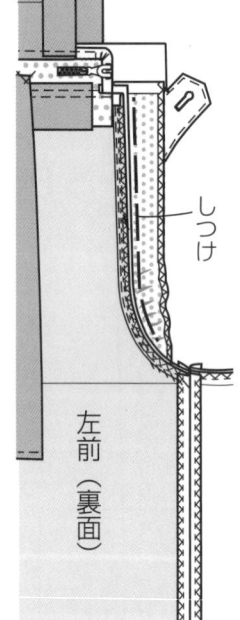

見返しを平らにして裏側よりファスナーをしつけで止める。

0.1 / 0.5 左前（表面） 袋布（表面） 右前（裏面） 腰裏（表面）

前中心のしつけをとり、ファスナーのつきぐあいを確認してファスナーテープの端より0.1と0.5のところにミシンをかける。

30 見返し上端の処理

当て布を中表に合わせ、見返しと当て布のみに地縫いミシンをかける。

縫い代をベルト側に片返して押えミシンをかける。

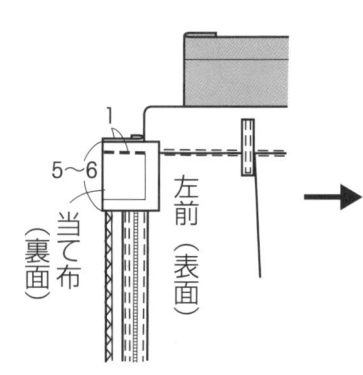

裁ち方

当て布（表布・1枚） ウエストベルト幅 見返しの幅 0.7

1 5〜6 当て布（裏面） 左前（表面） → 当て布（表面） 左前（表面）

① 当て布の前端上部を折ってしつけで止める。角のところは、縫い代を0.5ほどにして丸みをつける。

② 当て布の周囲と見返しの上部をまつり糸でまつり、前かんの中心と両側は2回ずつ巻縫いをする。

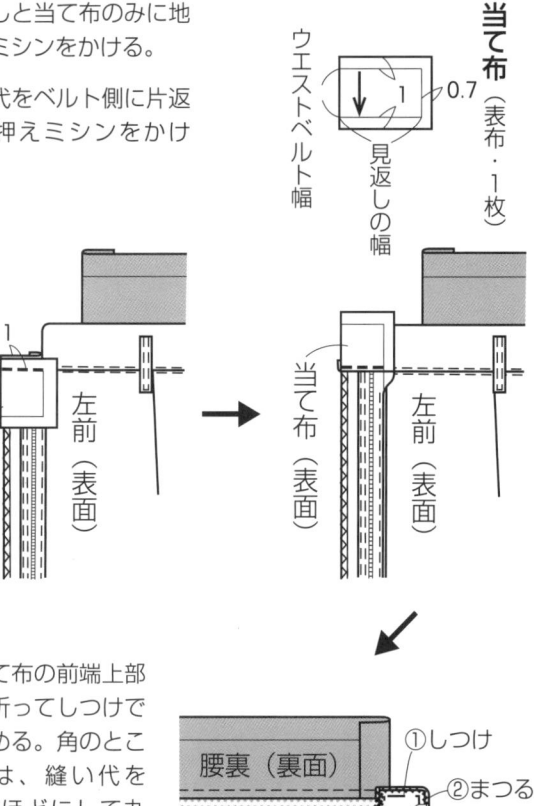

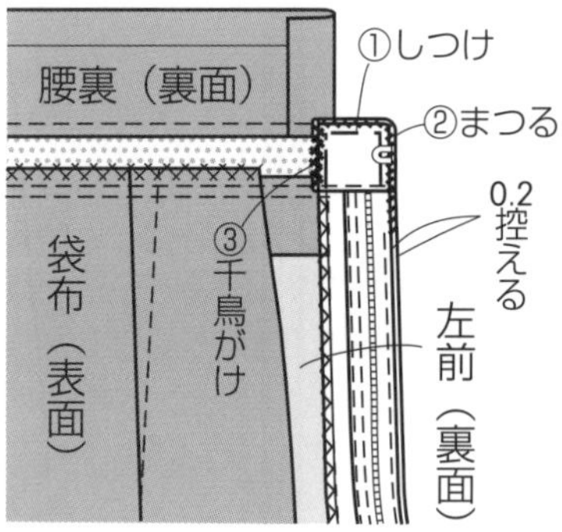

腰裏（裏面） ①しつけ ②まつる 0.2控える 袋布（表面） ③千鳥がけ 左前（裏面）

31 見返しの飾りミシン

① 左身頃の前端をしつけで止めて安定させる。

② 小股止りより、身頃と見返しをなじませて、上方へ身頃をこき上げてステッチの両端にしつけをかける。

③ アイロンでなじませ、小股止りからウエストへ向かってステッチをかける。

④ 小股止りにかんぬきを入れる。

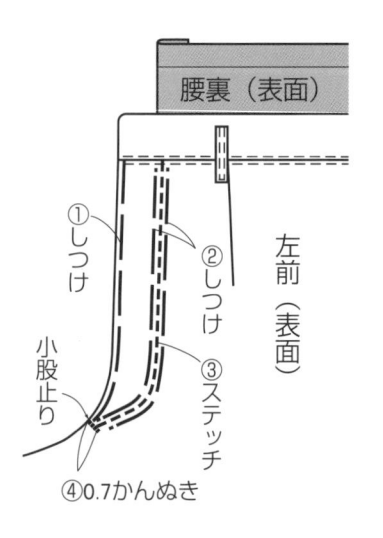

腰裏（表面） ①しつけ ②しつけ ③ステッチ 左前（表面） 小股止り ④0.7かんぬき

32 尻入れ（尻ぐりの地縫い）

①右身頃を裏に返し、その中に左身頃を中表になるように入れて、1本の筒状にし、尻ぐり、ウエストラインを合わせてしつけで止める。

②ウエスト寸法の確認をして尻ぐりと小股のつながりをチョークで引き直す。

③ウエストラインのウエストベルト側ミシンから小股止りの近くまで地縫いミシンを2回かける。

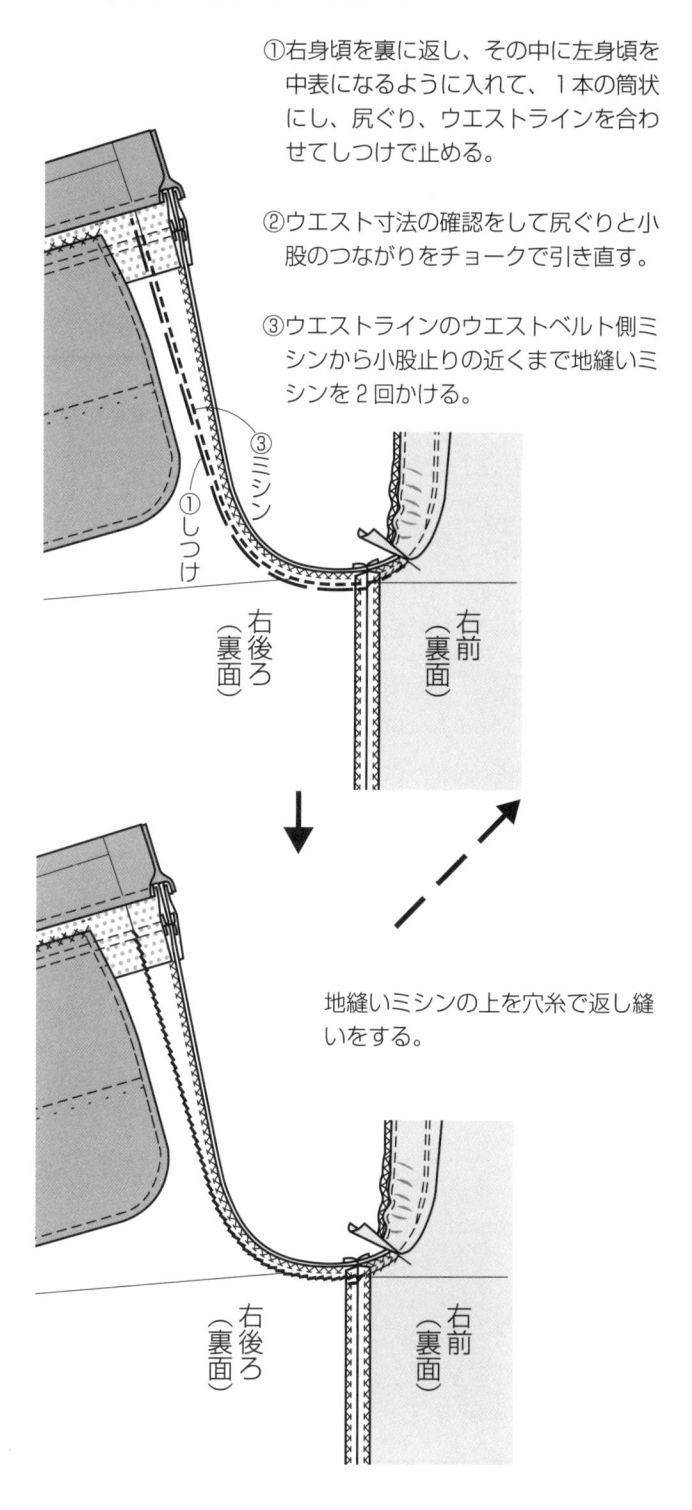

地縫いミシンの上を穴糸で返し縫いをする。

①鉄まんの上で尻ぐりの縫い代を割って縫い代がつれないように、ヒップラインのあたりから股下まで充分に伸ばす。

②後ろ中心縫止りに表側よりかんぬきを入れる。

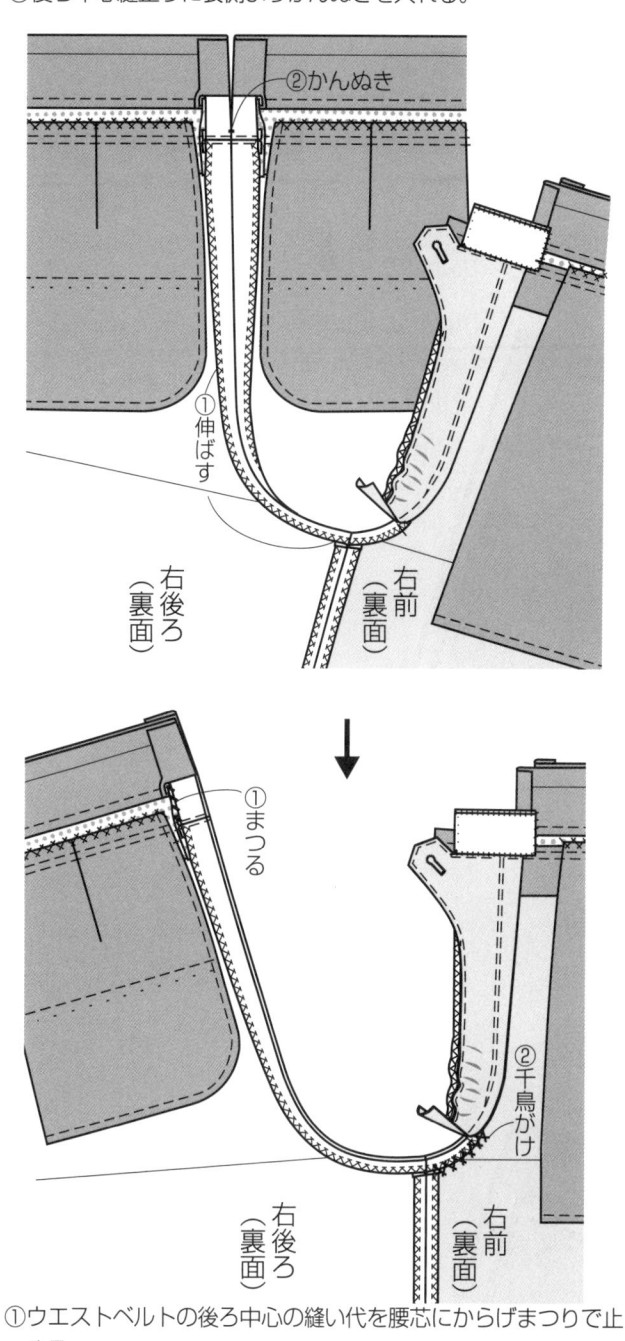

①ウエストベルトの後ろ中心の縫い代を腰芯にからげまつりで止める。

②小股の縫い代はまつり糸で膝裏に千鳥がけをする。

＜ウエストベルト後ろ中心のバリエーション＞

ウエストベルトの幅分を開けたもの
かんぬき
後ろ中心

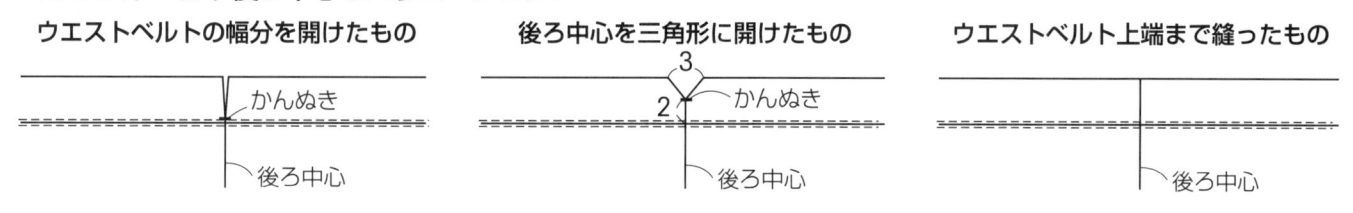

後ろ中心を三角形に開けたもの
かんぬき
後ろ中心

ウエストベルト上端まで縫ったもの
後ろ中心

第4章 パンツ

33 棒シックをつける

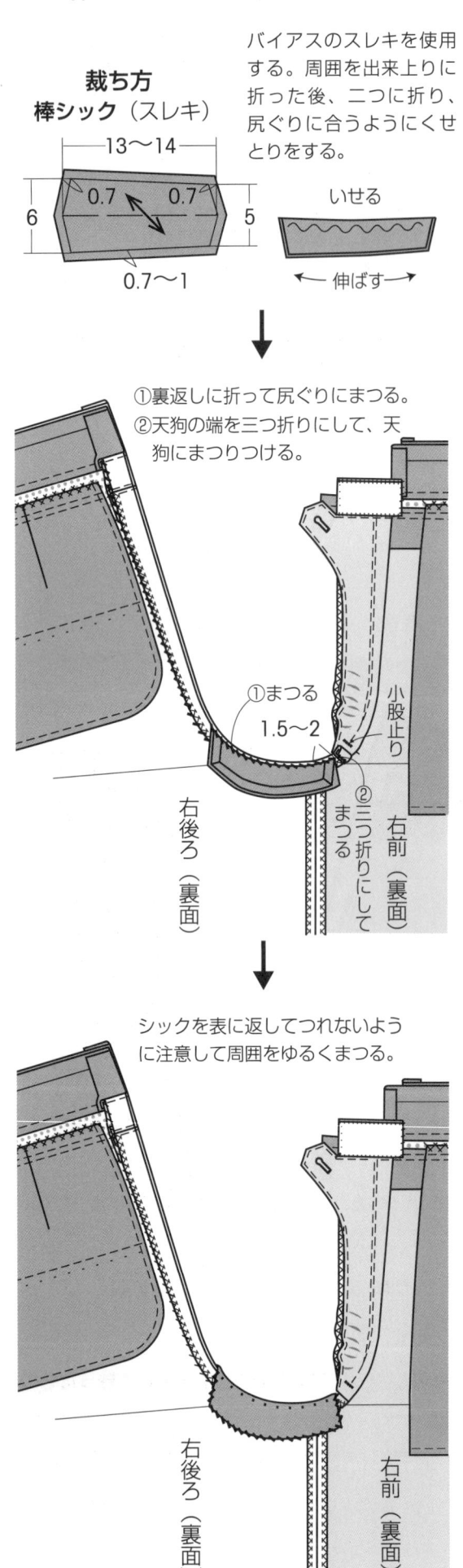

裁ち方
棒シック（スレキ）

13～14 / 0.7 / 0.7 / 6 / 5 / 0.7～1

いせる ← 伸ばす →

バイアスのスレキを使用する。周囲を出来上りに折った後、二つに折り、尻ぐりに合うようにくせとりをする。

① 裏返しに折って尻ぐりにまつる。
② 天狗の端を三つ折りにして、天狗にまつりつける。

①まつる 1.5～2
小股止り
②三つ折りにしてまつる
右後ろ（裏面）
右前（裏面）

シックを表に返してつれないように注意して周囲をゆるくまつる。

右後ろ（裏面）
右前（裏面）

34 腰裏をつける（2段め）

① 三つ折りしたほうを下に、ウエストラインより1～1.5上へ出す。脇縫い目の位置で2、後ろポケット中心より後方に1.5のタックをとる。
② 脇ポケットのダーツの位置より、後ろ中心の縫い代の位置まで腰裏が外回りになるように鉄まんの上でしつけで止める。
③ 後ろ中心は左前側の腰裏が上になるようにまつり、腰裏の上端はベルト芯に千鳥がけで止める。
④ タックの部分は身頃がつれないように腰裏幅の上側 $\frac{2}{3}$ だけをまつりつける。
⑤ 前端、下端をまつる。下端は身頃がつれないように、まつらない部分があるので注意する。

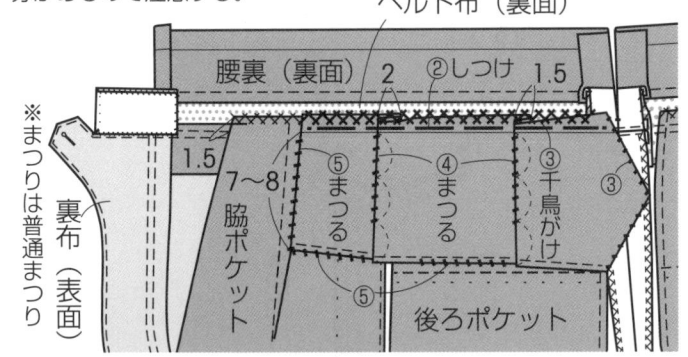

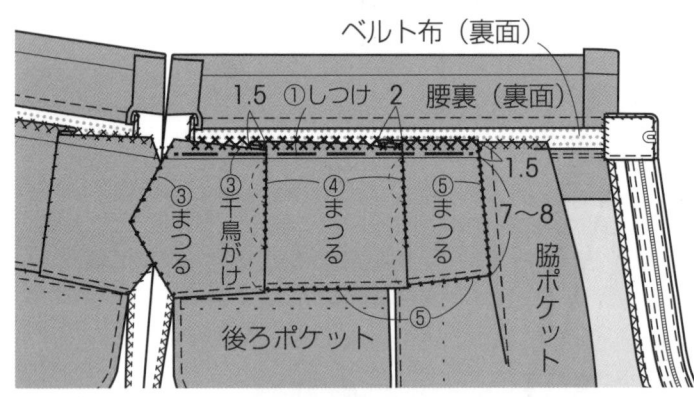

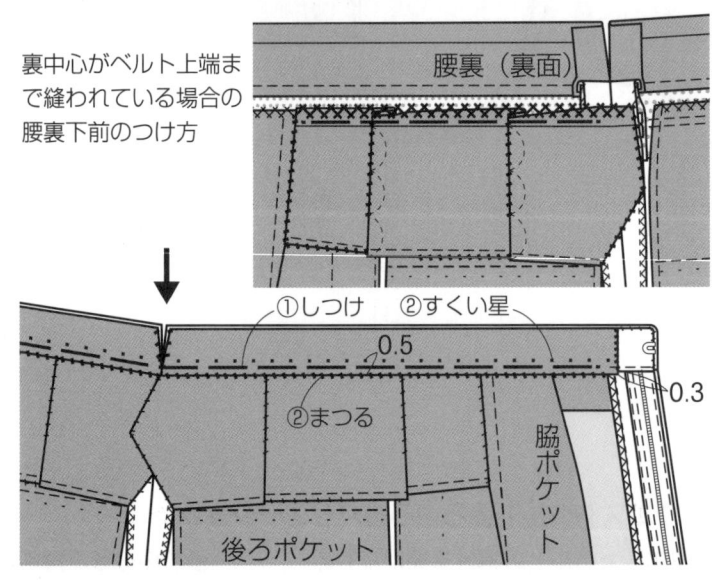

ベルト布（裏面）
腰裏（裏面） 2 ②しつけ 1.5
※まつりは普通まつり
裏布（表面）
1.5
7～8 脇ポケット
⑤まつる ④まつる ③千鳥がけ
後ろポケット

ベルト布（裏面）
1.5 ①しつけ 2 腰裏（裏面）
③千鳥がけ ④まつる ⑤まつる
1.5
7～8 脇ポケット
後ろポケット

裏中心がベルト上端まで縫われている場合の腰裏下前のつけ方

腰裏（裏面）

①しつけ ②すくい星
0.5
②まつる
0.3
脇ポケット
後ろポケット

① 1段めの腰裏を下げて、ウエストラインより0.3下のところで縫い代を折り、しつけをする。
② 腰裏の前端、下側、後ろ端をまつりつけ、下端より0.5のところにすくい星を入れる。腰裏のまつり、千鳥がけ、星止めはすべて地縫い糸を使用する。

35 裾上げ（シングル）

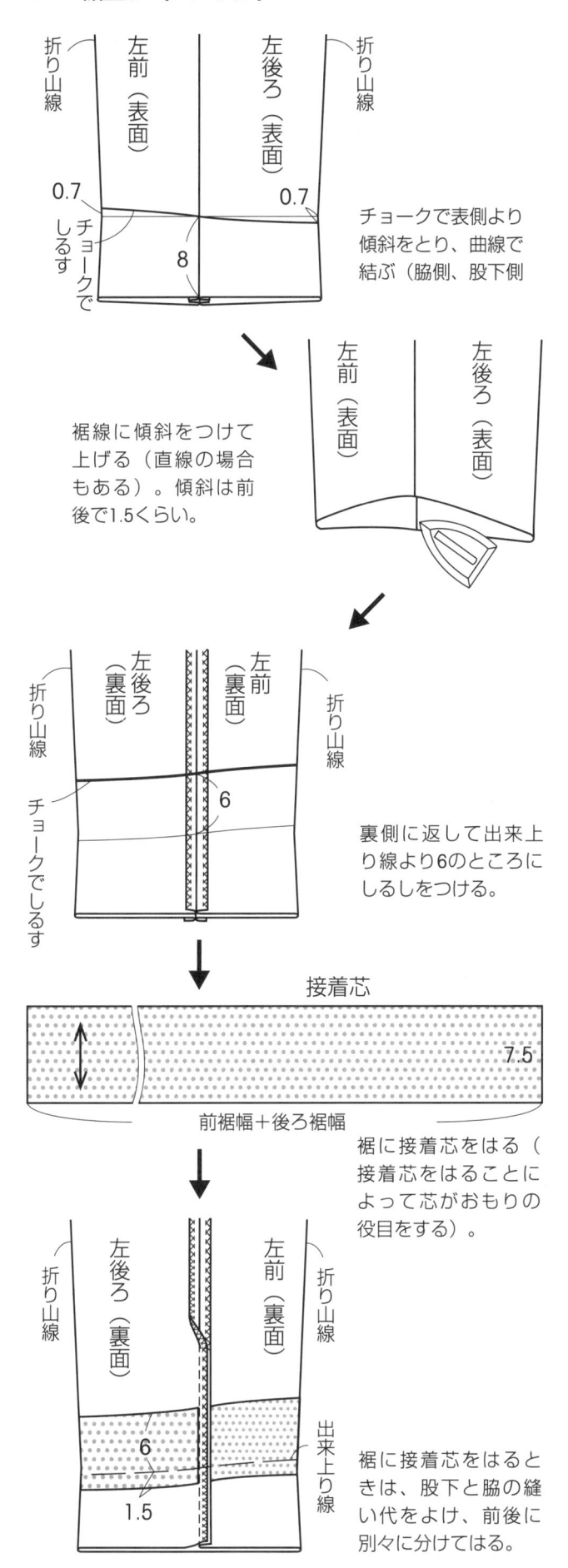

折り山線 ／ 左前（表面） ／ 左後ろ（表面） ／ 折り山線
0.7 　 0.7
チョークでしるす
8

チョークで表側より傾斜をとり、曲線で結ぶ（脇側、股下側）

左前（表面） ／ 左後ろ（表面）

裾線に傾斜をつけて上げる（直線の場合もある）。傾斜は前後で1.5くらい。

折り山線 ／ 左前（裏面） ／ 左後ろ（裏面） ／ 折り山線
チョークでしるす
6

裏側に返して出来上り線より6のところにしるしをつける。

接着芯
7.5
前裾幅＋後ろ裾幅

裾に接着芯をはる（接着芯をはることによって芯がおもりの役目をする）。

折り山線 ／ 左後ろ（裏面） ／ 左前（裏面） ／ 折り山線 ／ 出来上り線
6
1.5

裾に接着芯をはるときは、股下と脇の縫い代をよけ、前後に別々に分けてはる。

36 裾シックと靴ずれをつける

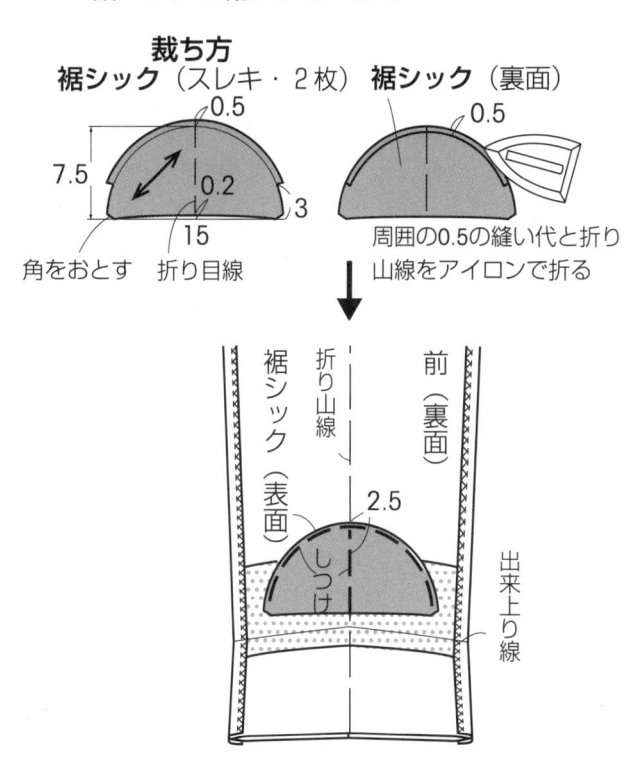

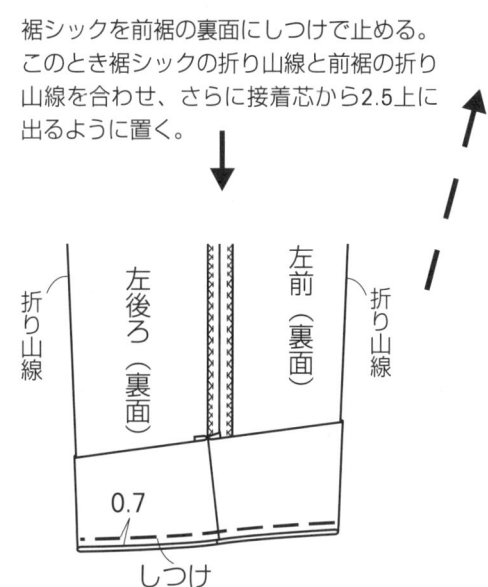

裁ち方
裾シック（スレキ・2枚）　　**裾シック（裏面）**
0.5　　　　　　　　　　　0.5
7.5　　　　0.2　　　　　　　　3
　　　15
角をおとす　折り目線　　周囲の0.5の縫い代と折り山線をアイロンで折る

裾シック（表面） ／ 折り山線 ／ 前（裏面） ／ 出来上り線
2.5
しつけ

裾シックを前裾の裏面にしつけで止める。このとき裾シックの折り山線と前裾の折り山線を合わせ、さらに接着芯から2.5上に出るように置く。

左後ろ（裏面） ／ 左前（裏面） ／ 折り山線
0.7
しつけ

裾線より折り上げて、0.7の位置にしつけをかけて押さえる。

第4章 パンツ 163

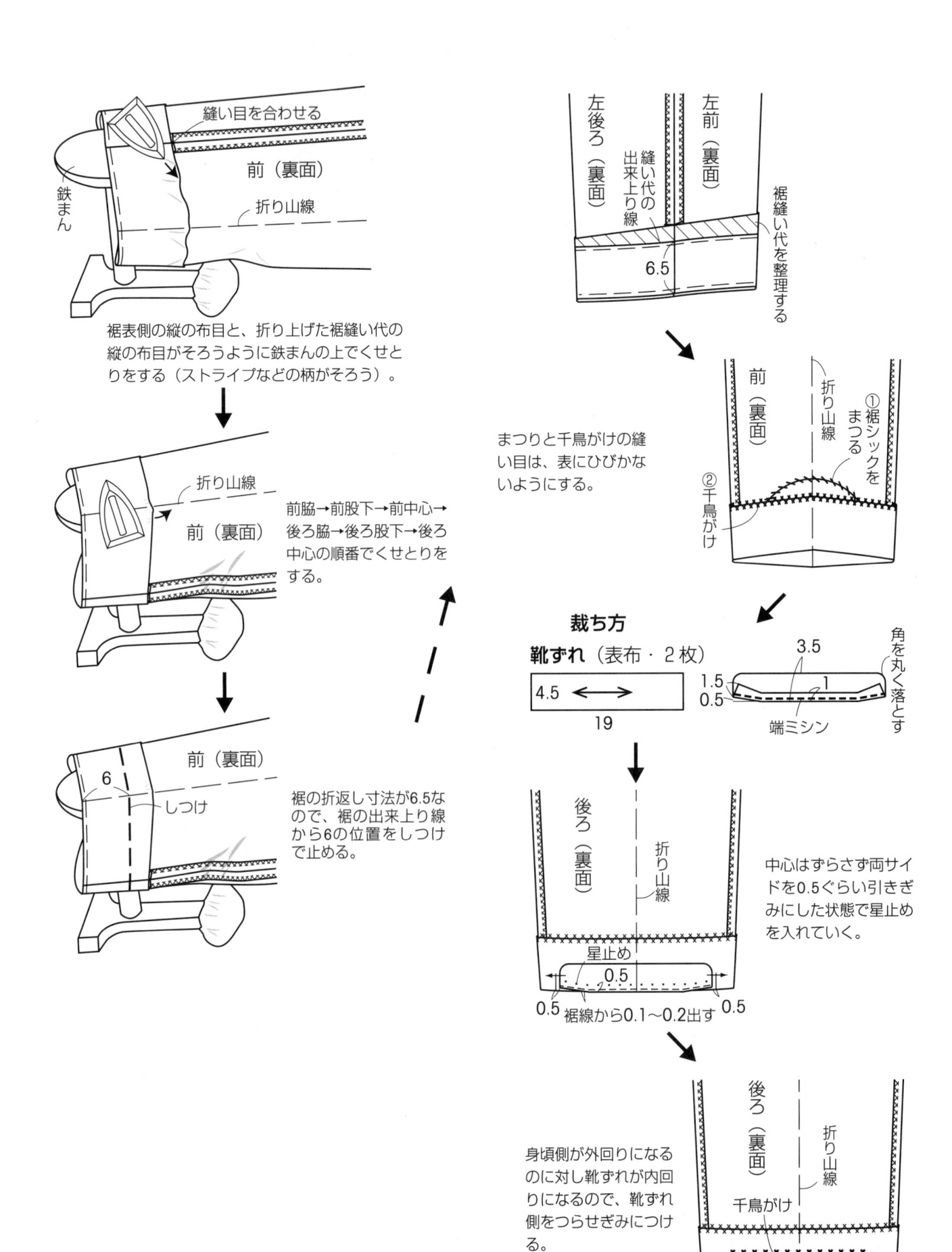

裾表側の縦の布目と、折り上げた裾縫い代の縦の布目がそろうように鉄まんの上でくせとりをする（ストライプなどの柄がそろう）。

前脇→前股下→前中心→後ろ脇→後ろ股下→後ろ中心の順番でくせとりをする。

裾の折返し寸法が6.5なので、裾の出来上り線から6の位置をしつけで止める。

まつりと千鳥がけの縫い目は、表にひびかないようにする。

裾縫い代を整理する

①裾シックをまつる
②千鳥がけ

裁ち方
靴ずれ（表布・2枚）

4.5 ←→ 19

3.5 / 1.5 / 0.5 / 1
端ミシン
角を丸く落とす

星止め 0.5
0.5　裾線から0.1〜0.2出す　0.5

中心はずらさず両サイドを0.5ぐらい引きぎみにした状態で星止めを入れていく。

千鳥がけ

身頃側が外回りになるのに対し靴ずれが内回りになるので、靴ずれ側をつらせぎみにつける。

37 仕上げ

仕上げは焦がしたり、よごしたりしないように注意しながら当て布をし、少量の水をつけてアイロンをかけて蒸すようにし、水分が完全になくなるまでプレスする。ただし裏側の腰裏、袋布、裏地等は、水をつけず、直接かけてもよい。

次に掲げるのは仕上げの順序であるが、①～⑥までは鉄まんの上で行なう。

① ウエストベルト

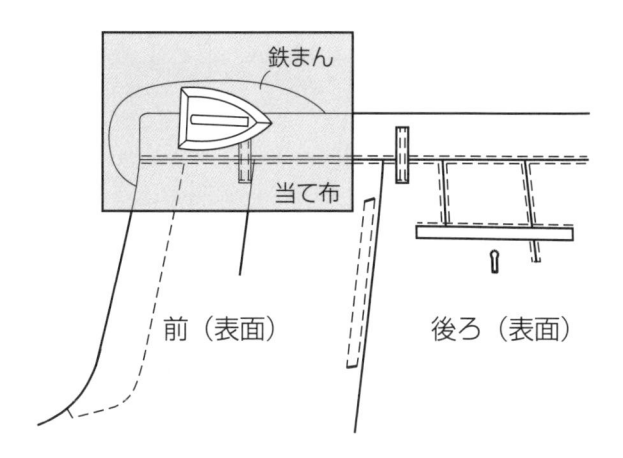

② 腰回り

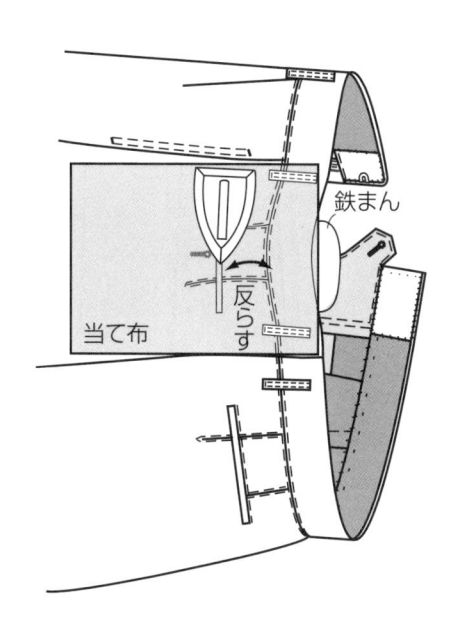

袋布が外回りになるように身頃を反らしてアイロンをかける。

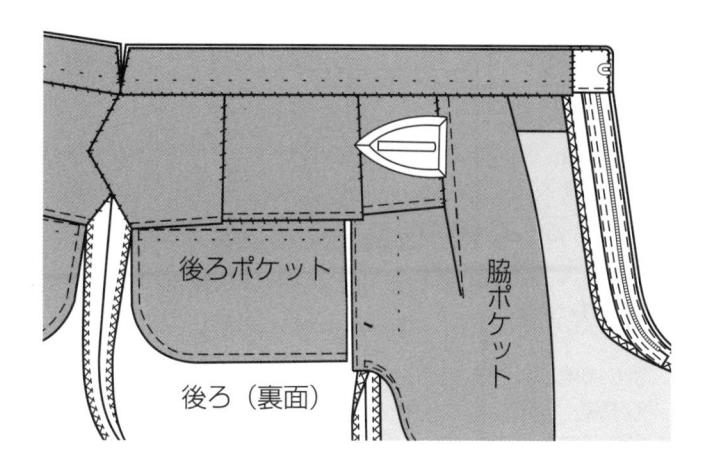

③ 腰裏

④ 小股回り、天狗裏

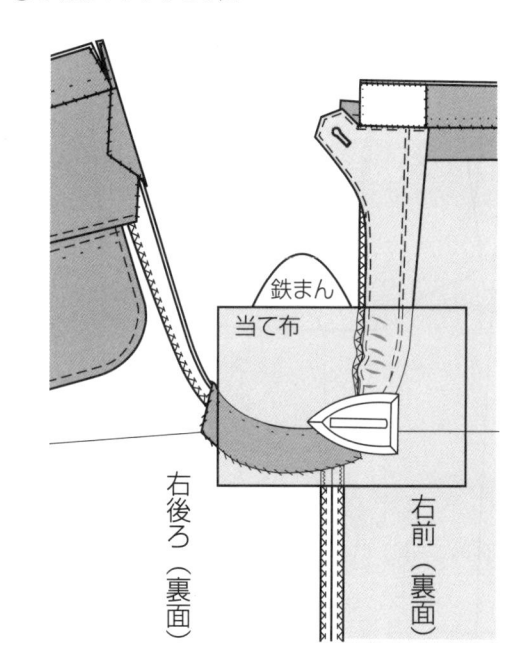

⑤ ポケット袋布

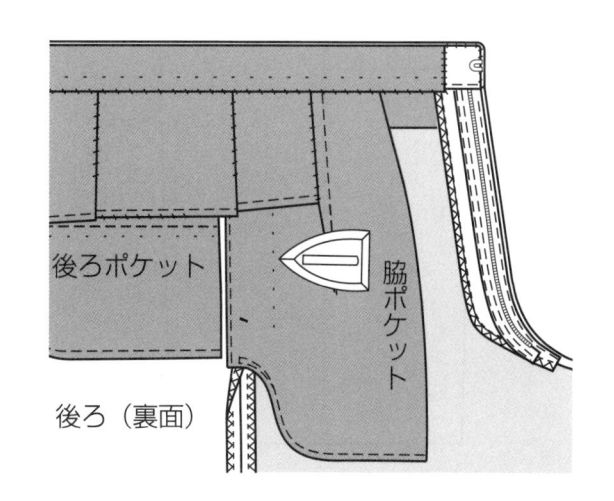

第4章　パンツ

⑥裾口

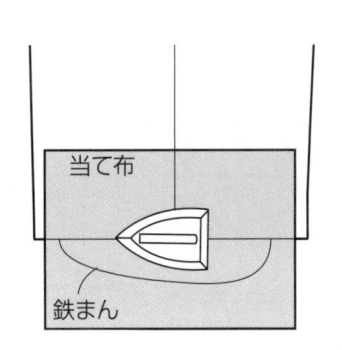

当て布

鉄まん

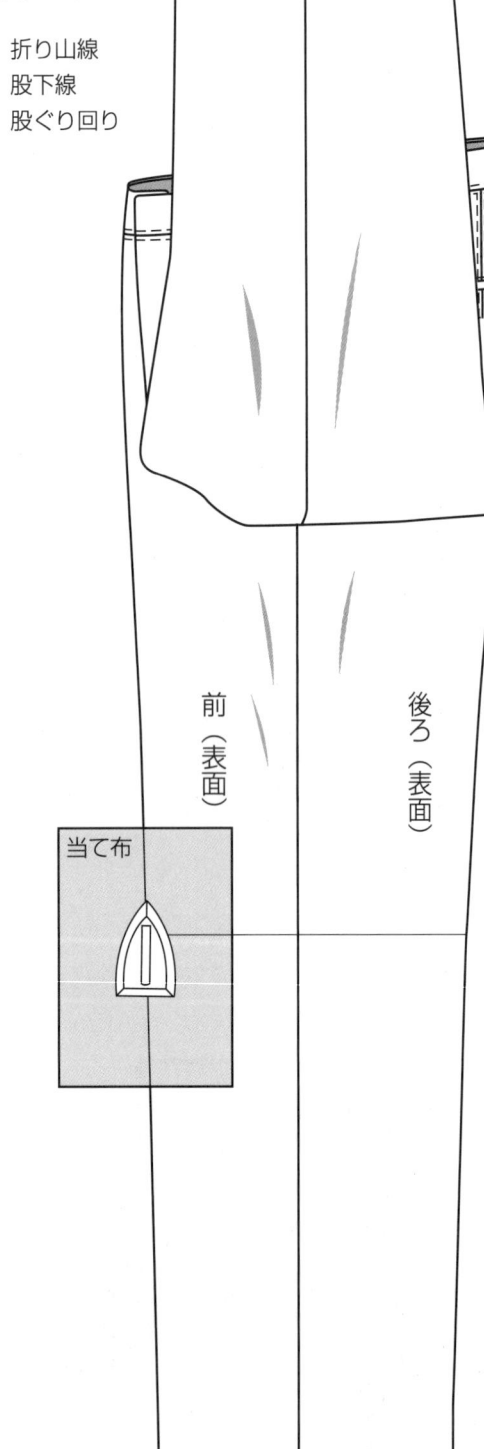

⑧ボタン、前かんをつける

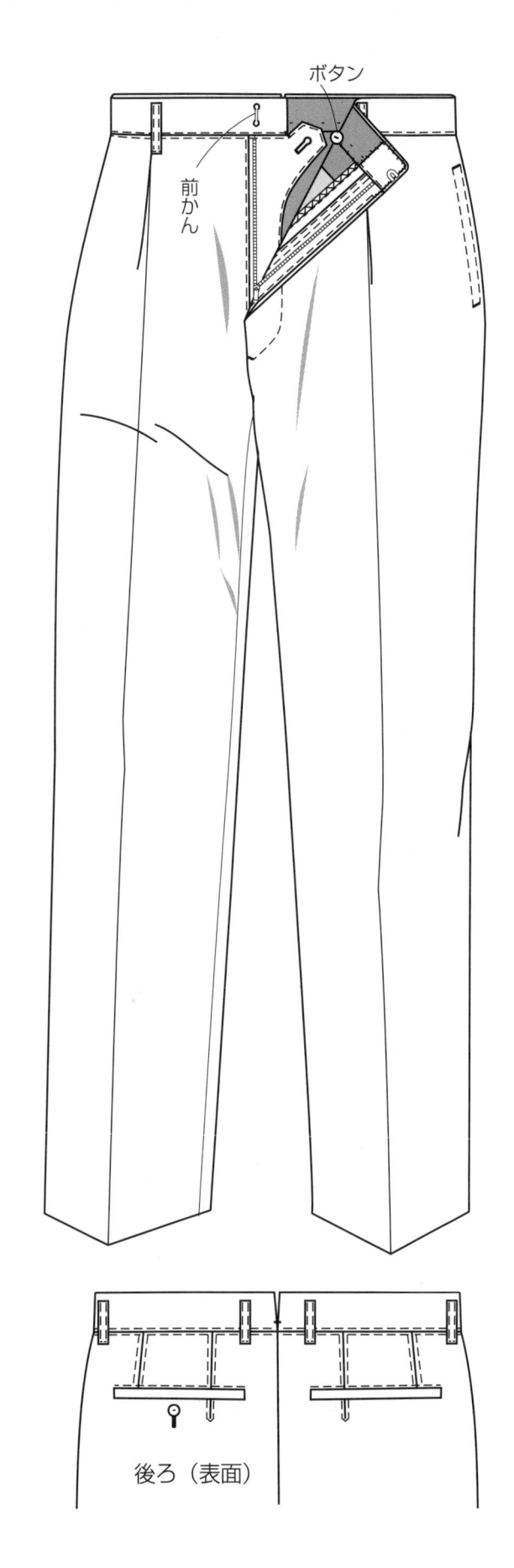

ボタン

前かん

⑦すわりつけ

折り山線
股下線
股ぐり回り

前（表面）

後ろ（表面）

当て布

後ろ（表面）

Ⅵ. パンツの部分縫い

1. 斜め切替えの脇ポケット
(1) 袋布、口布、脇布を裁断する

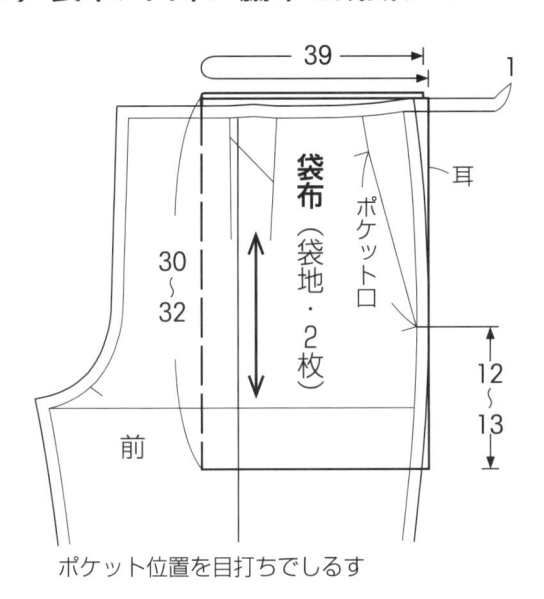

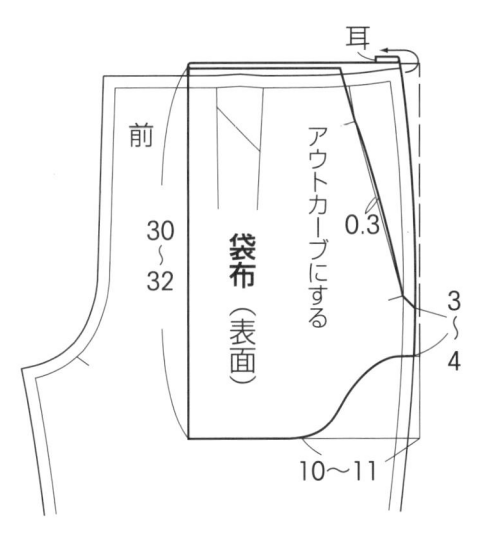

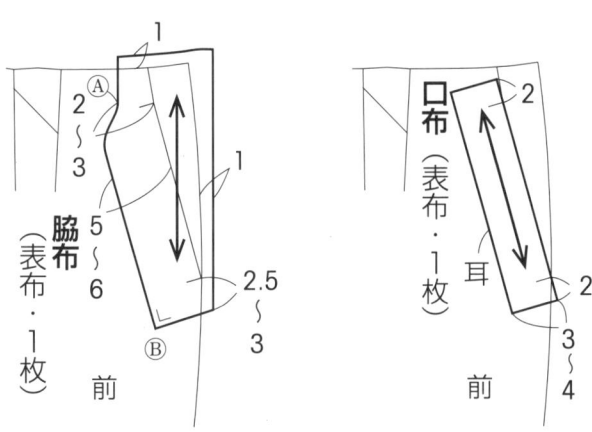

ポケット位置を目打ちでしるす

布目はパンツの身頃に合わせる。ポケットの切替え、脇線、ウエストラインの出来上り線を切りじつけでしるす。Ⓐ～Ⓑまでは縁とり（152ページ参照）をする。口布の布目は原則として、ポケット口の傾斜に縦地を通して使用する。

(2) 本縫い

1 袋布を縫い合わせる
ダーツはとってもとらなくてもよい。縫い方は151ページの脇ポケットの袋布と同様である。

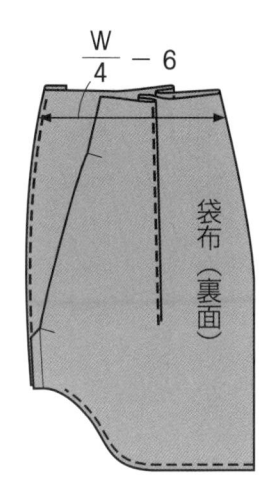

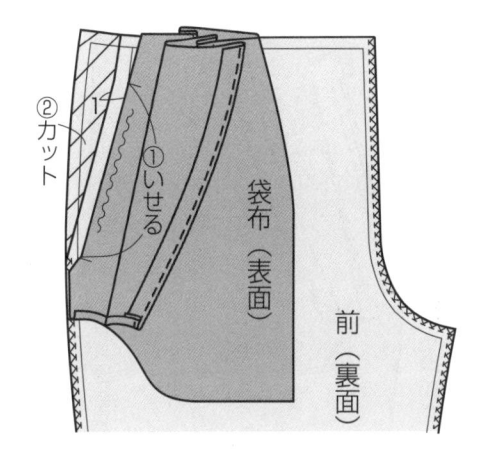

2 前脇に袋布をつける
①袋布のポケット口をいせぎみにして前身頃のポケット口をのりづけする。

②前身頃のポケット口に縫い代をつけ、残りの脇布をカットする。

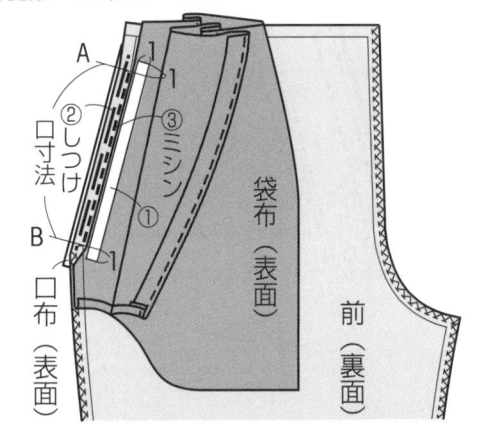

3 前脇に口布をつける
①袋布ポケット口にストレートテープを引きぎみにはる。

②前身頃ポケット口に口布を中表に裁ち端を合わせ、しつけで止める。

③ポケット口寸法のみミシンをかける。このミシンは出来上り線より0.1～0.15縫い代側にかける。

第4章 パンツの部分縫い

パンツの部分縫い

4 ポケット口を始末する

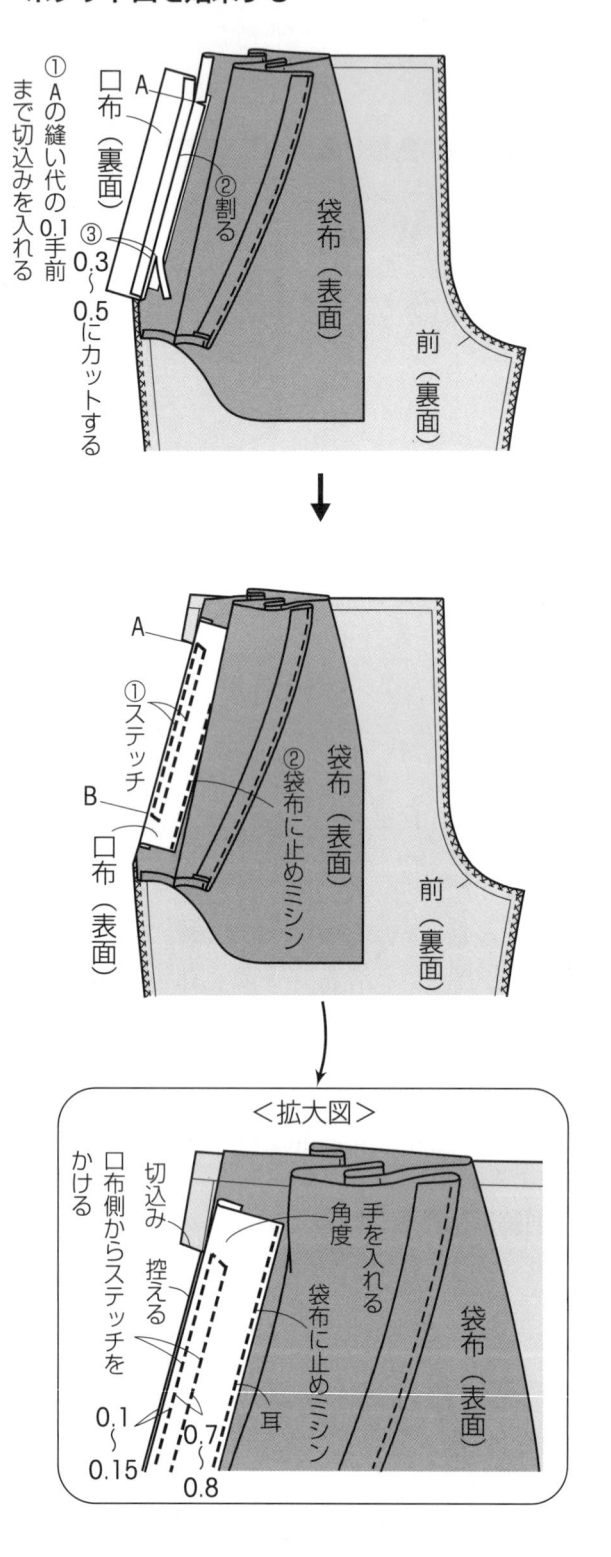

① Aの縫い代の0.1手前まで切込みを入れる
口布（裏面）
A
②割る
③0.3〜0.5にカットする
袋布（表面）
前（裏面）

↓

A
①ステッチ
B
口布（表面）
袋布（表面）
②袋布に止めミシン
前（裏面）

↓

<拡大図>

切込み
手を入れる角度
控える
口布側からステッチをかける
袋布に止めミシン
耳
袋布（表面）
0.1〜0.15
0.7〜0.8

5 脇布をつける

前身頃と脇布のA〜Cの線を合わせてしつけをし、ミシンをかける

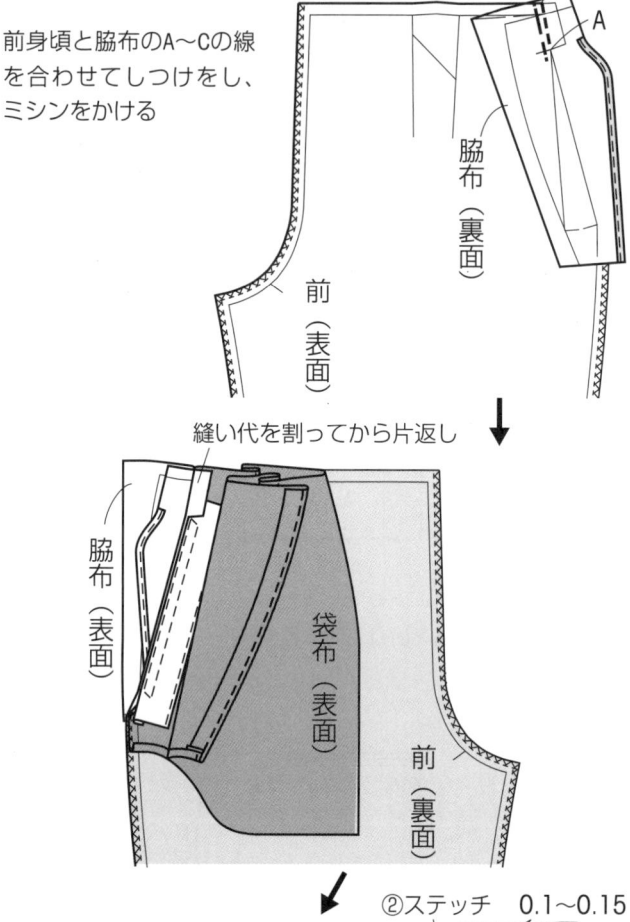

C
A
脇布（裏面）
前（表面）

↓

縫い代を割ってから片返し

脇布（裏面）
袋布（表面）
前（裏面）

① 前身頃と脇布の布目を合わせ、袋布をよけてポケット口をしつけで止める。

② ポケット口より上の部分にステッチ。

③ 脇線を修正しウエスト寸法を確認して、余分な縫い代をカットする。

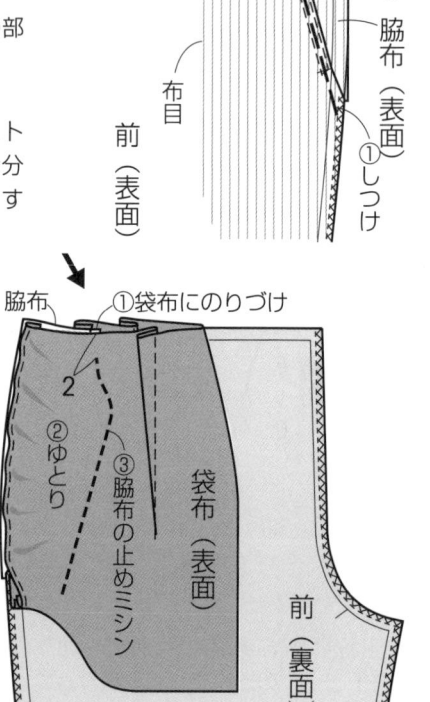

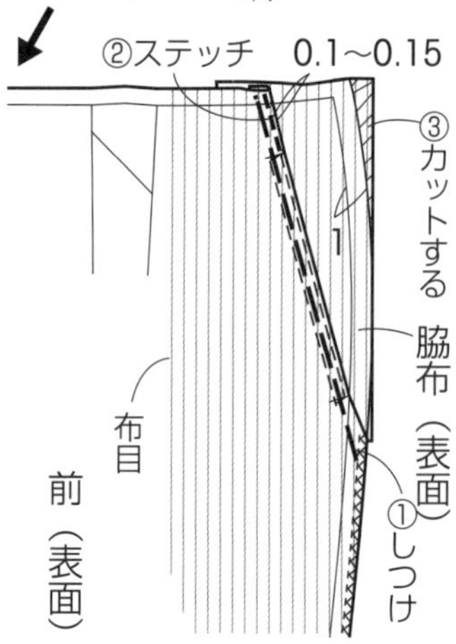

↓

②ステッチ 0.1〜0.15
③カットする
布目
前（表面）
脇布（表面）
①しつけ

↓

① 脇布の裏側の縁とりの部分にのりをつけて袋布に止める。

② 袋布の脇側に縦方向のゆとりをつける。

③ ポケット口のしつけをとって脇布の縁とりの上にミシン、または星止めで袋布を止める。

脇布
①袋布にのりづけ
②ゆとり
③脇布の止めミシン
袋布（表面）
前（裏面）

パンツの部分縫い

6 前後を中表に合わせて脇を縫う

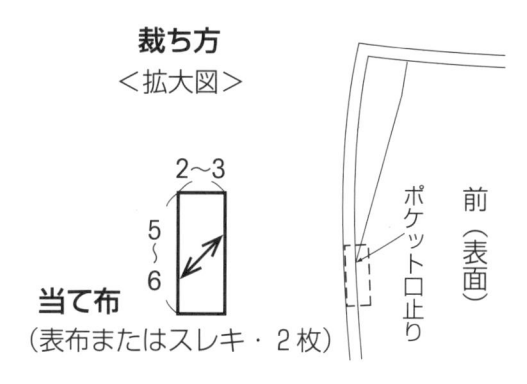

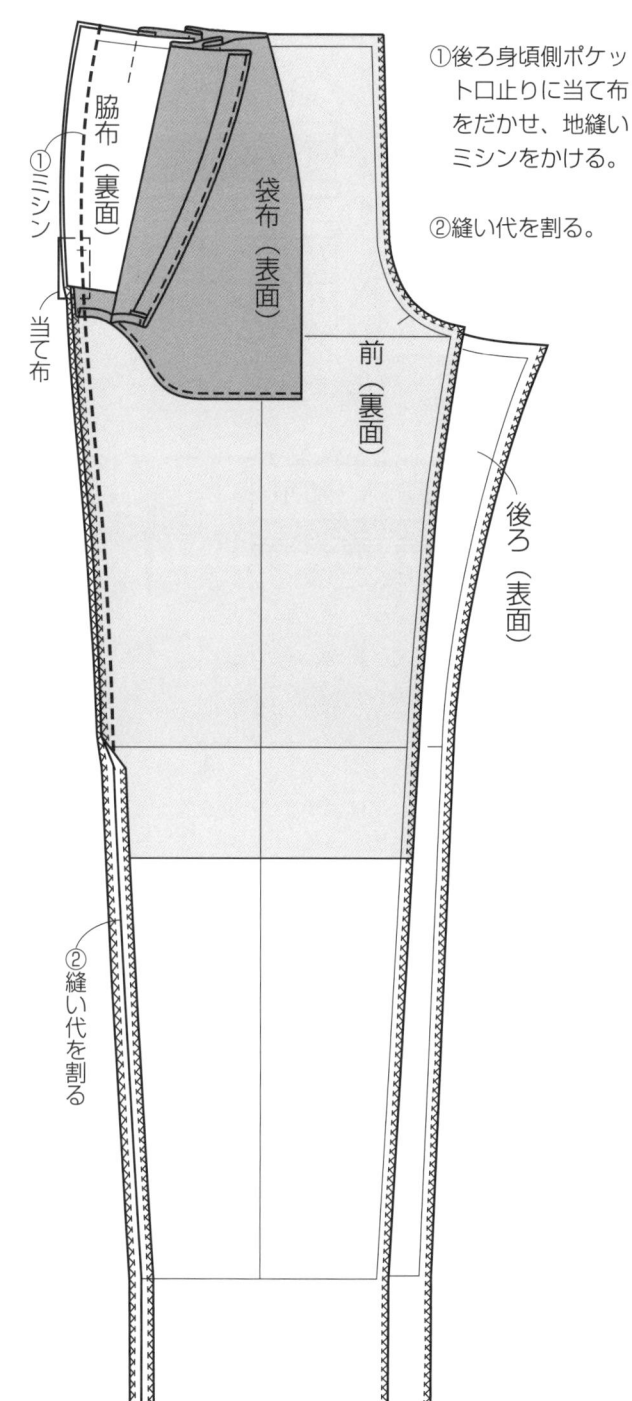

裁ち方
<拡大図>

2～3
5～6

当て布
(表布またはスレキ・2枚)

① 後ろ身頃側ポケット口止りに当て布をだかせ、地縫いミシンをかける。

② 縫い代を割る。

- 脇布
- ①ミシン
- 当て布
- (裏面)
- 袋布(表面)
- 前(裏面)
- 前(表面)
- ポケット口止り
- 後ろ(表面)
- ②縫い代を割る

7 ポケット袋布にステッチ

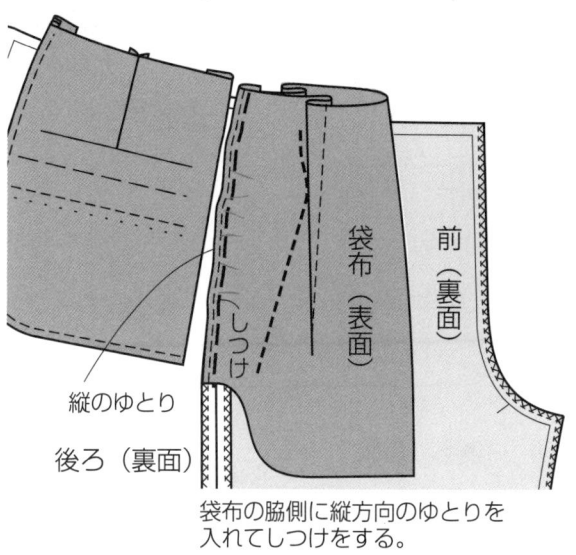

- 縦のゆとり
- しつけ
- 袋布(表面)
- 前(裏面)
- 後ろ(裏面)

袋布の脇側に縦方向のゆとりを入れてしつけをする。

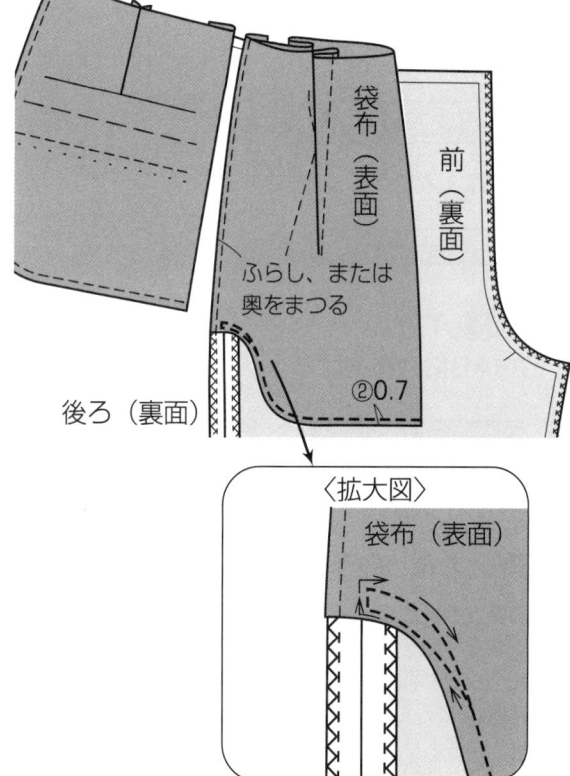

- ふらし、または奥をまつる
- 袋布(表面)
- 前(裏面)
- 後ろ(裏面)
- ②0.7

<拡大図>
袋布(表面)

8 ポケット口にかんぬき止めをして仕上げる

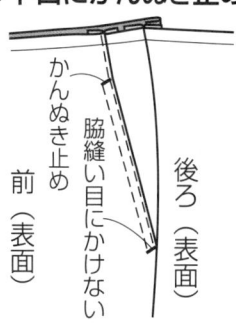

- かんぬき止め
- 脇縫い目にかけない
- 前(表面)
- 後ろ(表面)

第4章 パンツの部分縫い

パンツの部分縫い

2. 両玉縁の腰ポケット
(1) 袋布、口布、力布、向う布を裁断する

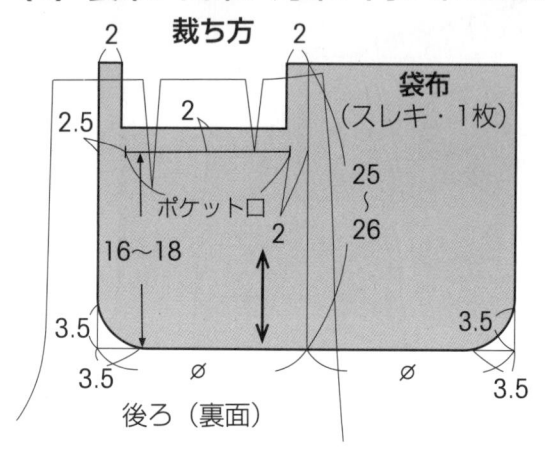

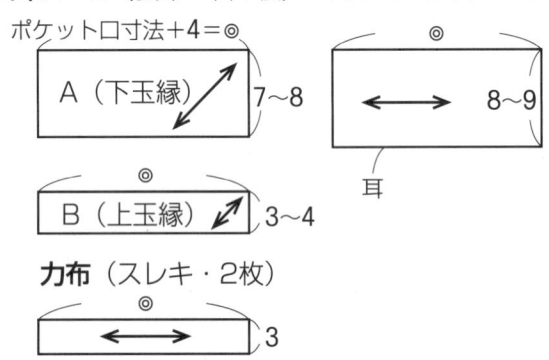

裁ち方

袋布（スレキ・1枚）
ポケット口
後ろ（裏面）
2 / 2 / 2
2.5
25～26
16～18
3.5 / 3.5
3.5 / 3.5
∅ / ∅

口布A・B（表布・各1枚）
ポケット口寸法+4＝◎
A（下玉縁） 7～8
B（上玉縁） 3～4

向う布（表布・1枚）
◎
8～9
耳

力布（スレキ・2枚）
◎
3

(2) 本縫い

1 口布ABに力布をはる

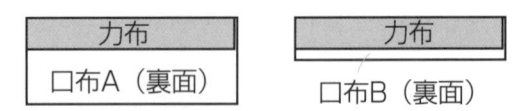

力布
口布A（裏面）

力布
口布B（裏面）

2 口布、力布、向う布、袋布をつける

①袋布表面と後ろ身頃裏面のポケット口を合わせる（146ページ参照）

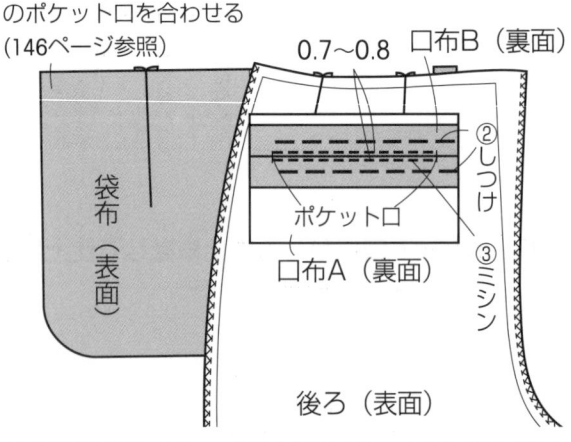

0.7～0.8
口布B（裏面）
袋布（表面）
ポケット口
口布A（裏面）
②しつけ
③ミシン
後ろ（表面）

②後ろ身頃表面に口布A、Bの裁ち端をポケット口で突合せにして、しつけで止める。

③ポケット口にミシンをかける。このミシンは、中央部分をやや細目にかける。

3 玉縁を作る

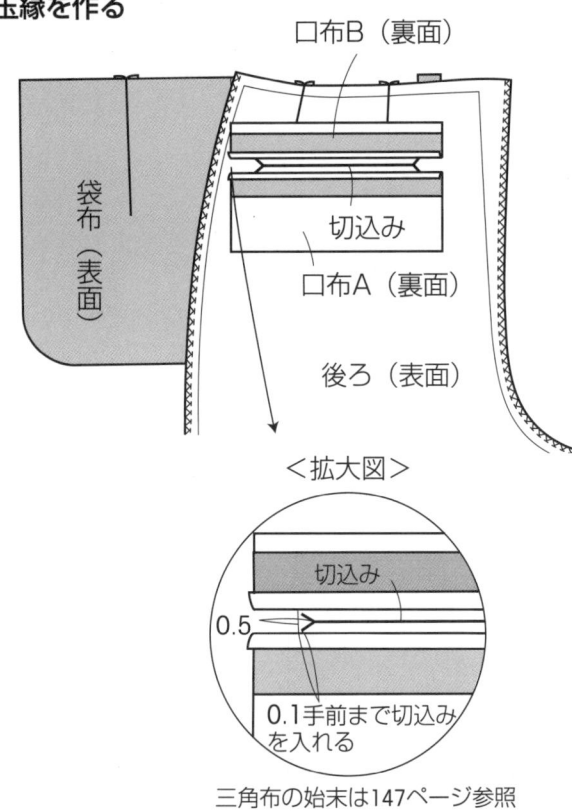

口布B（裏面）
袋布（表面）
切込み
口布A（裏面）
後ろ（表面）

＜拡大図＞
切込み
0.5
0.1手前まで切込みを入れる

三角布の始末は147ページ参照

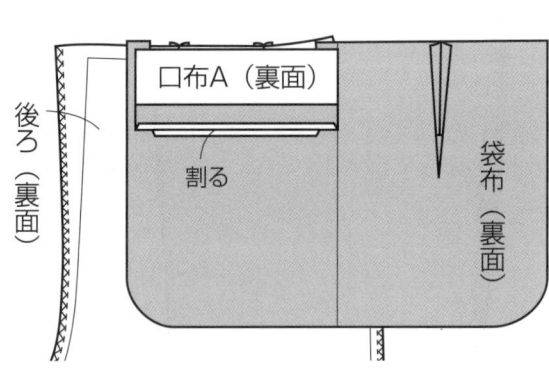

後ろ（裏面）
口布A（裏面）
割る
袋布（裏面）

①口布Aを裏面に引き出し、縫い代をいったん割ってから玉縁に折る。
②袋布側よりアイロンをかけて玉縁を押さえる。

後ろ（裏面）
口布B（裏面）
割る
口布A（表面）
袋布（裏面）

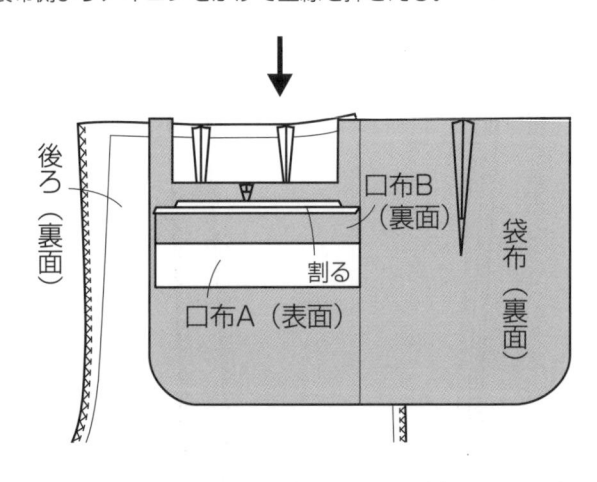

①口布Bを裏面に引き出し、縫い代をいったん割ってから玉縁に折る。
②袋布側よりアイロンをかけて玉縁を押さえる。

4 玉縁を整える

玉縁の上下にしつけをかけて口布A、Bを押さえる。

① 三角布をミシンで3〜4回返し縫いし、口布に止める。

② 向う布を袋布の折り山線に合わせてのりづけする。

① 袋布を開き、下玉縁に落しミシンをかけて止める。

② 口布Aの下端をのりで袋布にはり、固定する。

③ 玉縁に対し直角に穴ミシンをかける。

④ ボタンホールを作る。

5 袋布を縫い返す

149ページ参照。

パンツの部分縫い

3. 縦ポケット（向う布、口布が別裁ちの場合）
(1) 口布、袋布、向う布を裁断する

裁ち方

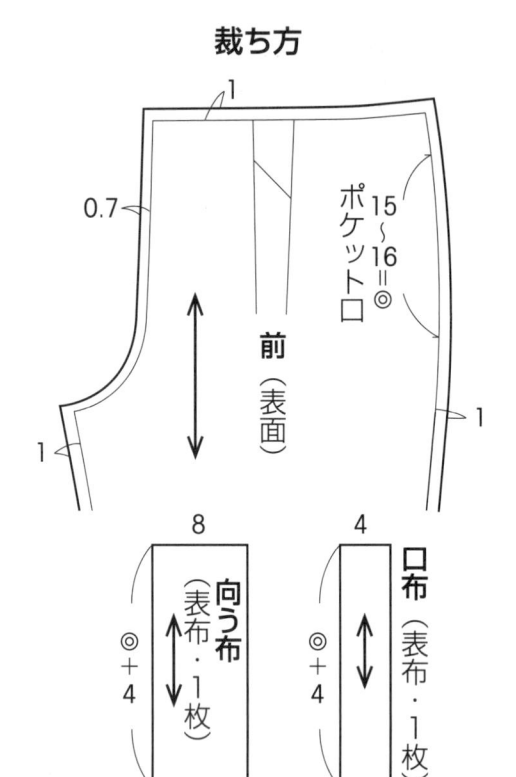

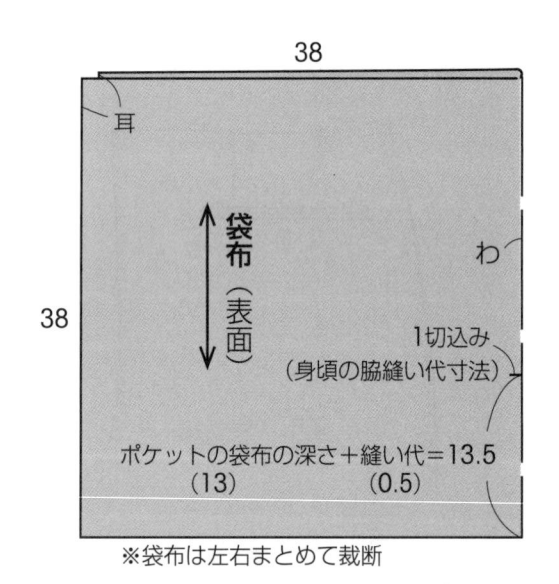

前（表面）
ポケット口 = 15〜16
0.7
1
1

向う布（表布・1枚）◎＋4 幅8
口布（表布・1枚）◎＋4 幅4

袋布（表面）38×38
耳
わ
1切込み（身頃の脇縫い代寸法）
ポケットの袋布の深さ＋縫い代＝13.5
（13）　（0.5）
※袋布は左右まとめて裁断

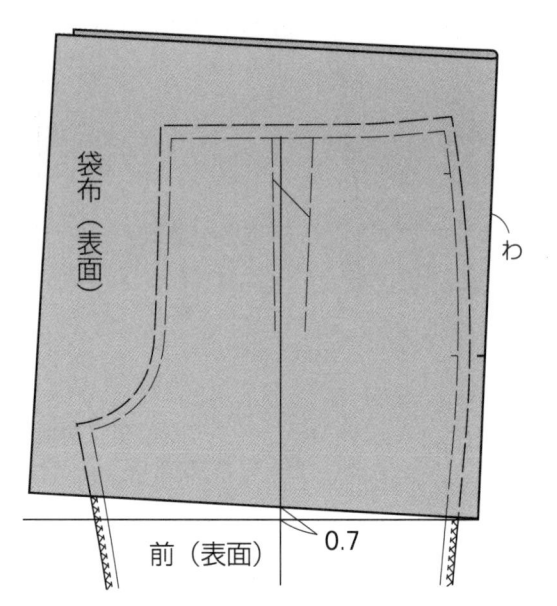

袋布（表面）
前（表面）
0.7

切込みを入れた箇所をポケット口下側に合わせ、折り山線のあたりで裁ち端を0.7傾ける。

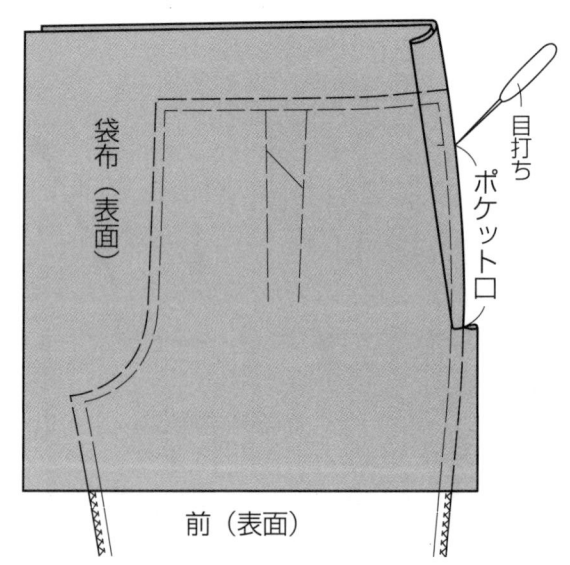

↓

袋布（表面）
前（表面）
目打ち
ポケット口

目打ちでポケット口に印を打ち、身頃の脇線に合わせて袋布をアイロンで折る。

パンツの部分縫い

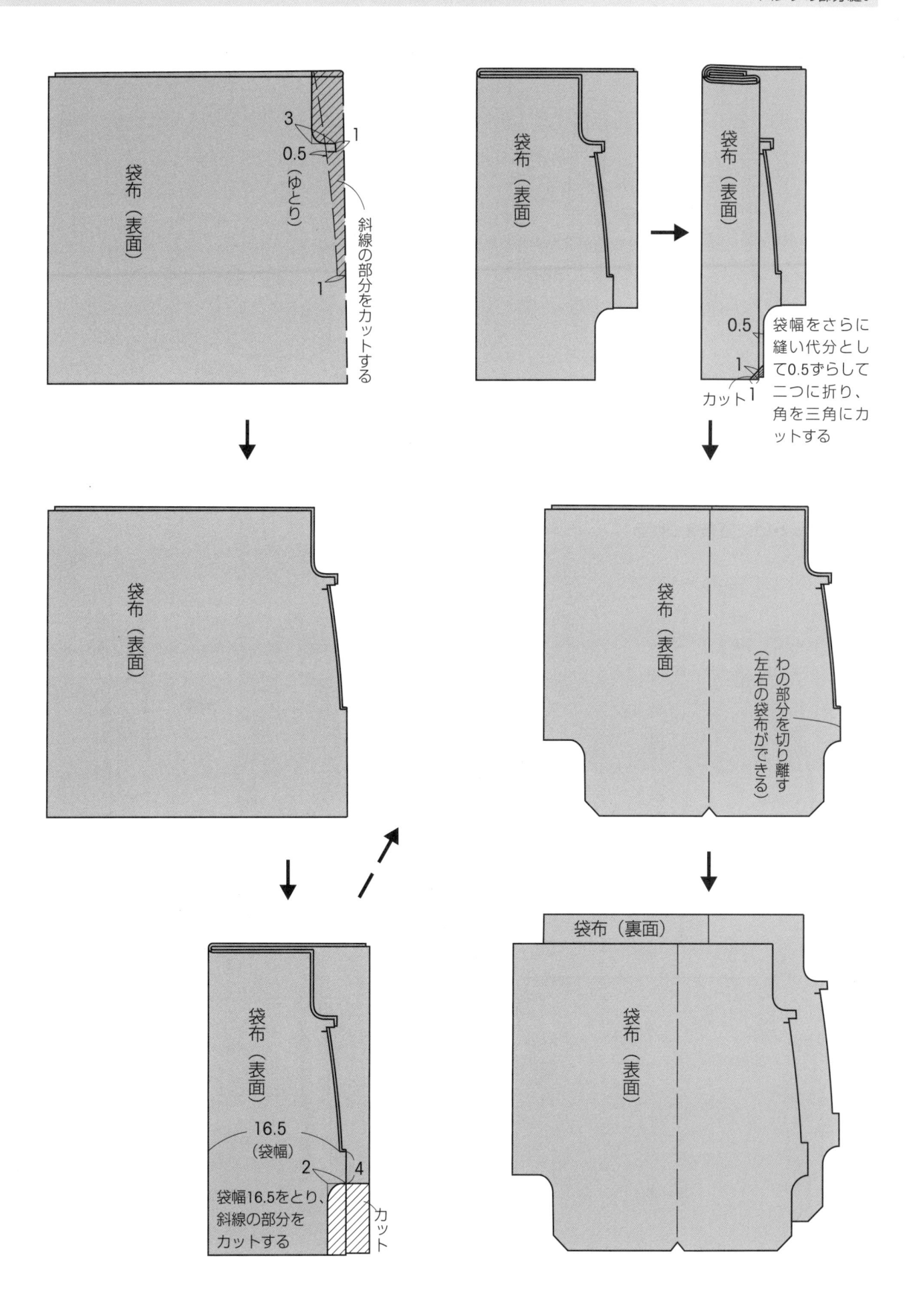

袋布（表面）
3
1
0.5
（ゆとり）
1
斜線の部分をカットする

袋布（表面）

袋布（表面）

袋布（表面）

袋布（表面）
0.5
カット 1
1
袋幅をさらに縫い代分として0.5ずらして二つに折り、角を三角にカットする

袋布（表面）
16.5
（袋幅）
2
4
カット
袋幅16.5をとり、斜線の部分をカットする

袋布（表面）
わの部分を切り離す（左右の袋布ができる）

袋布（裏面）
袋布（表面）

第4章 パンツの部分縫い 173

パンツの部分縫い

(2) 本縫い

1 ポケット口に口布をつける

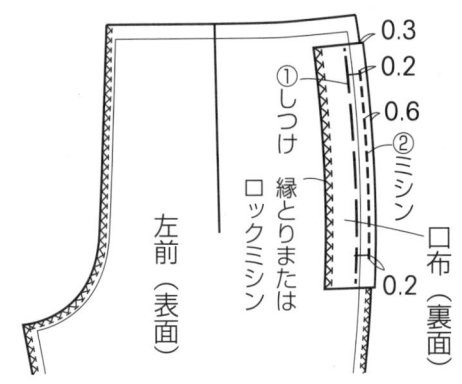

①身頃ポケット口に口布を中表に合わせ、身頃の裁ち端から均等に0.3出るようにしてしつけで止める。

②ポケット口出来上りからそれぞれ0.2先まで地縫いミシンをかける。

2 ポケット口に袋布をつける

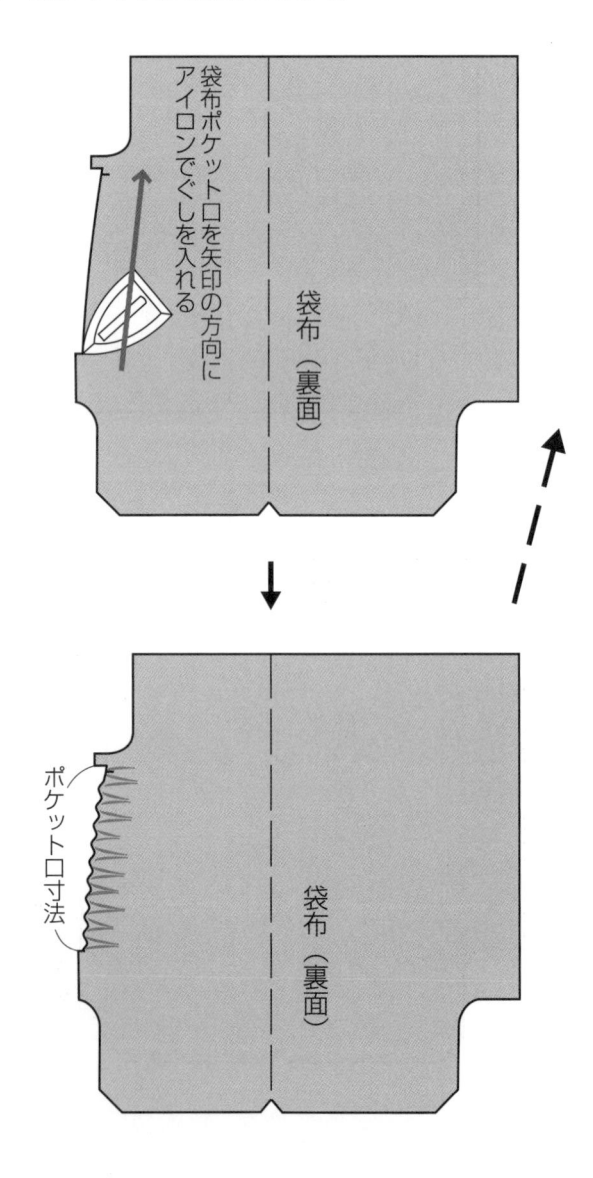

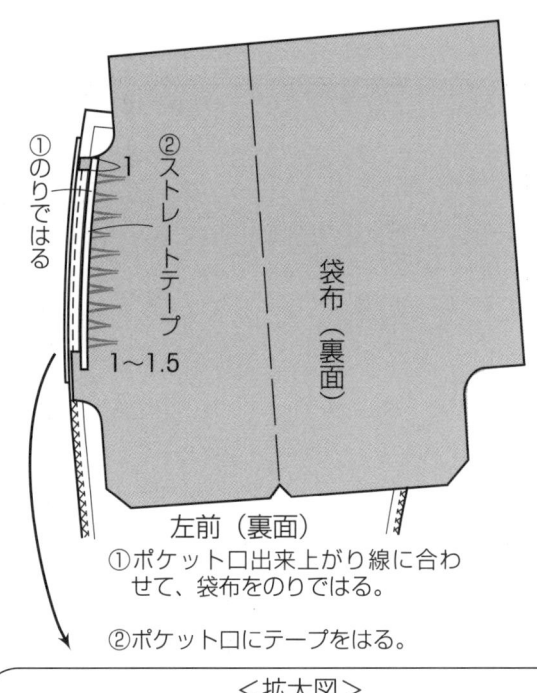

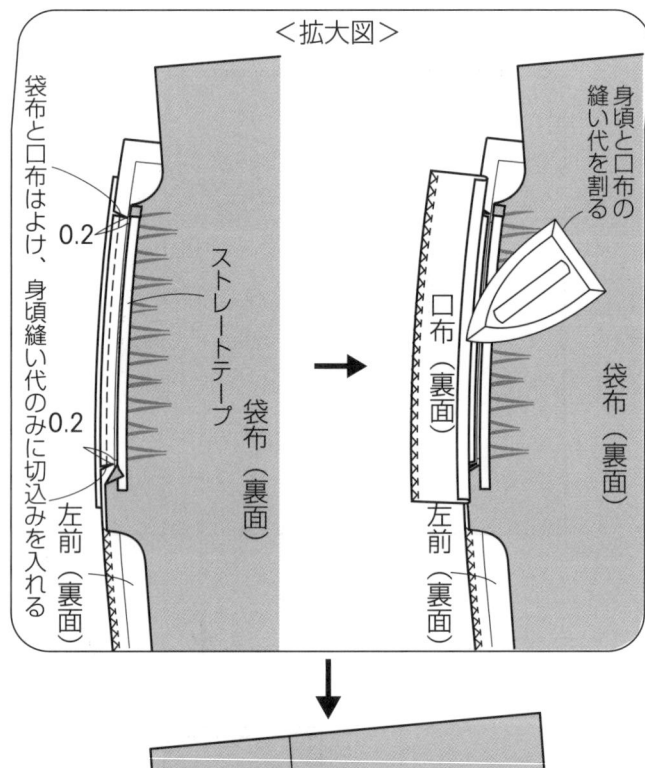

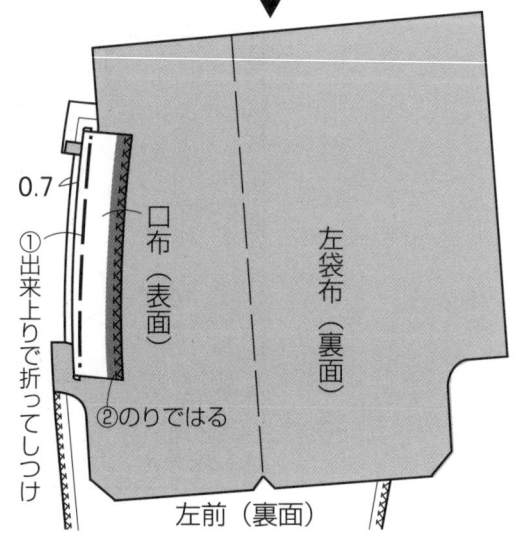

①ポケット口出来上がり線に合わせて、袋布をのりではる。

②ポケット口にテープをはる。

＜拡大図＞

袋布と口布はよけ、身頃縫い代のみに切込みを入れる

身頃と口布の縫い代を割る

①出来上りで折ってしつけ

②のりではる

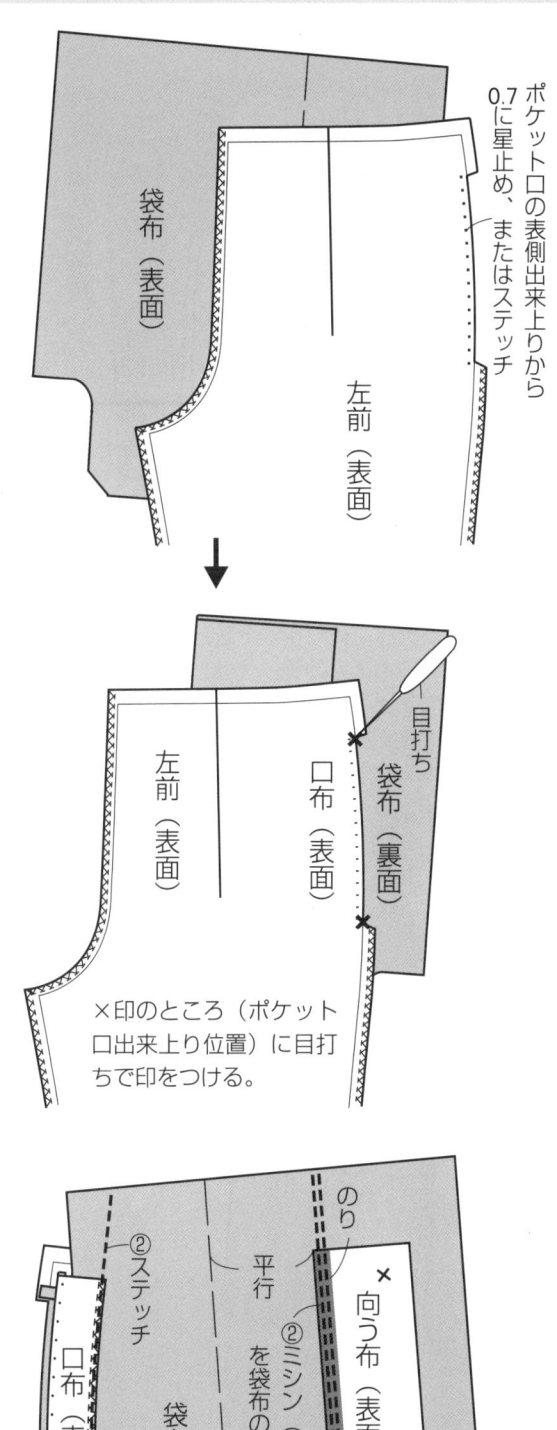

パンツの部分縫い

<右側のみにコインポケットをつける場合>

裁ち方

コインポケット（袋布・1枚） 11.5 × 11

口の部分は0.5の三つ折り、そのほかは0.5で折る。

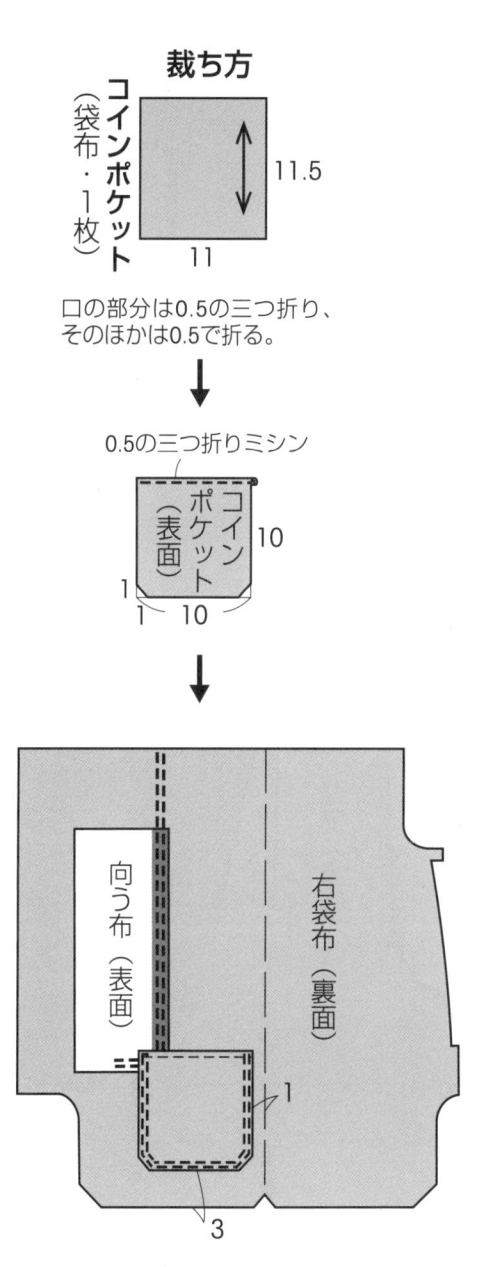

↓

0.5の三つ折りミシン

コインポケット（表面） 10 × 10、1、1

↓

ポケット口の表側出来上りから0.7に星止め、またはステッチ

袋布（表面） / 左前（表面）

↓

目打ち

左前（表面） / 口布（表面） / 袋布（裏面）

×印のところ（ポケット口出来上り位置）に目打ちで印をつける。

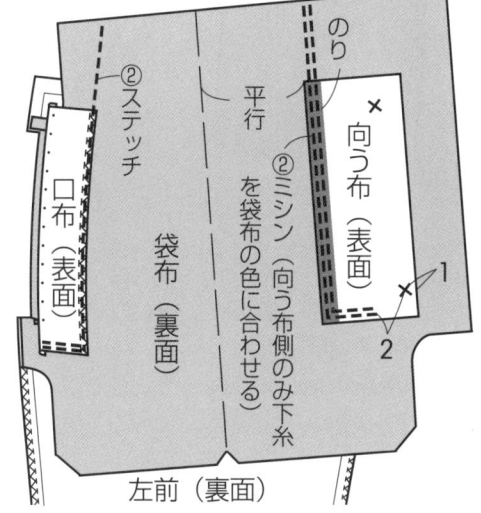

①ステッチ / のり / 平行 / ②ミシン（向う布側のみ下糸を袋布の色に合わせる） / 向う布（表面） / 口布（表面） / 袋布（裏面） / 左前（裏面） / 1、2

①下の出来上りから1出るように、袋布の折り山に平行に向う布をセットする。

②向う布の端にのりをつけて仮止めし、口布、向う布を袋布にミシンで止める。

向う布（表面） / 右袋布（裏面） / 1 / 3

のりで仮止めしておき、周囲に2本ステッチ。

第4章　パンツの部分縫い　175

パンツの部分縫い

3 袋布を縫い返して始末する

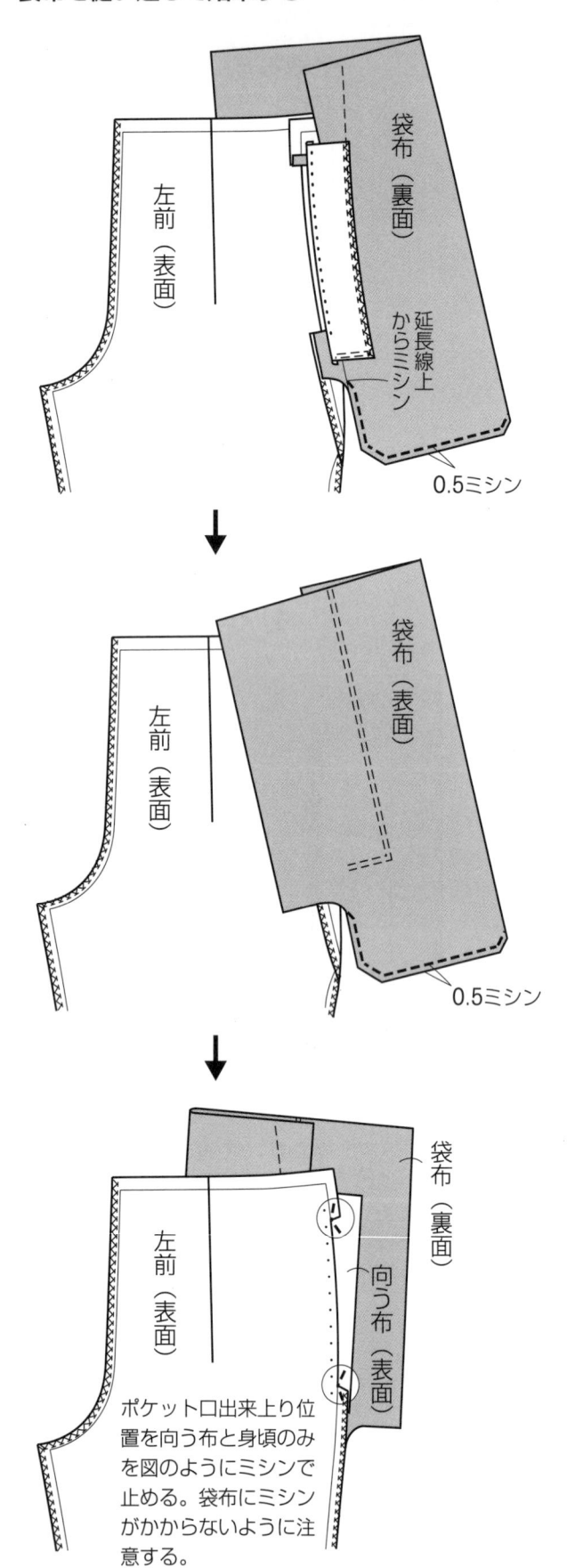

延長線上からミシン

袋布（裏面）

左前（表面）

0.5ミシン

袋布（表面）

左前（表面）

0.5ミシン

袋布（裏面）

左前（表面）

向う布（表面）

ポケット口出来上り位置を向う布と身頃のみを図のようにミシンで止める。袋布にミシンがかからないように注意する。

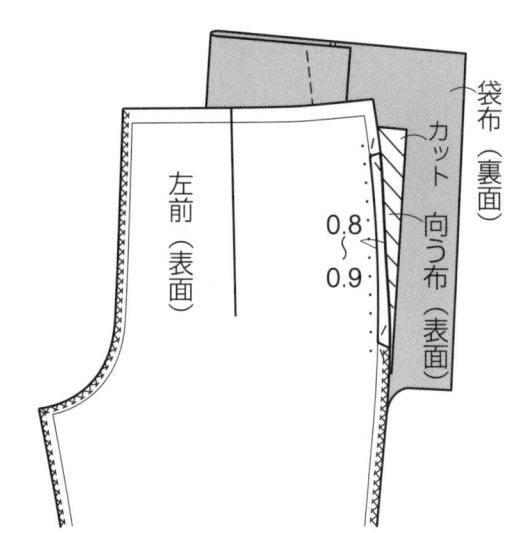

袋布（裏面）

カット

向う布（表面）

左前（表面）

0.8〜0.9

向う布を身頃の縫い代に合わせてカットする。このときポケット口の中心あたりの縫い代を0.1〜0.2多くカットし、脇縫い目を隠すようにする（脇縫いをするときは、裁ち端からの縫い代寸法を1にして縫う）。

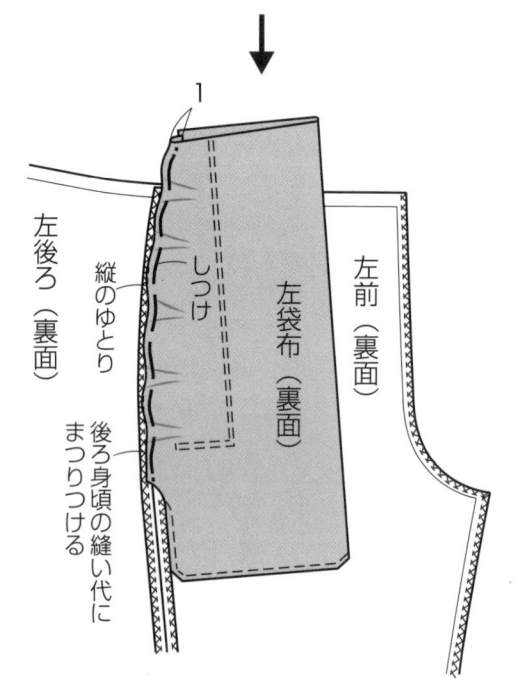

左後ろ（裏面）

縦のゆとり

しつけ

左袋布（裏面）

左前（裏面）

後ろ身頃の縫い代にまつりつける

1

脇縫い目にかぶるように袋布を折り、折り目から縫い代を1つけて余分はカットする。縦のゆとりを入れながら縫い代にしつけで止め、まつりつける。

4. ダブル裾上げ

①股下をプレスする。前折り山線、後ろ折り山線ともよく折り目をつける。ただし、裾線より下は折り目をつけない。

②股下線と股ぐり線の交点から股下寸法をはかり確認する。

③裾線Aを引き、折返し幅（かぶら幅）をそれぞれA線に平行に上下に引く（B線、C線）。

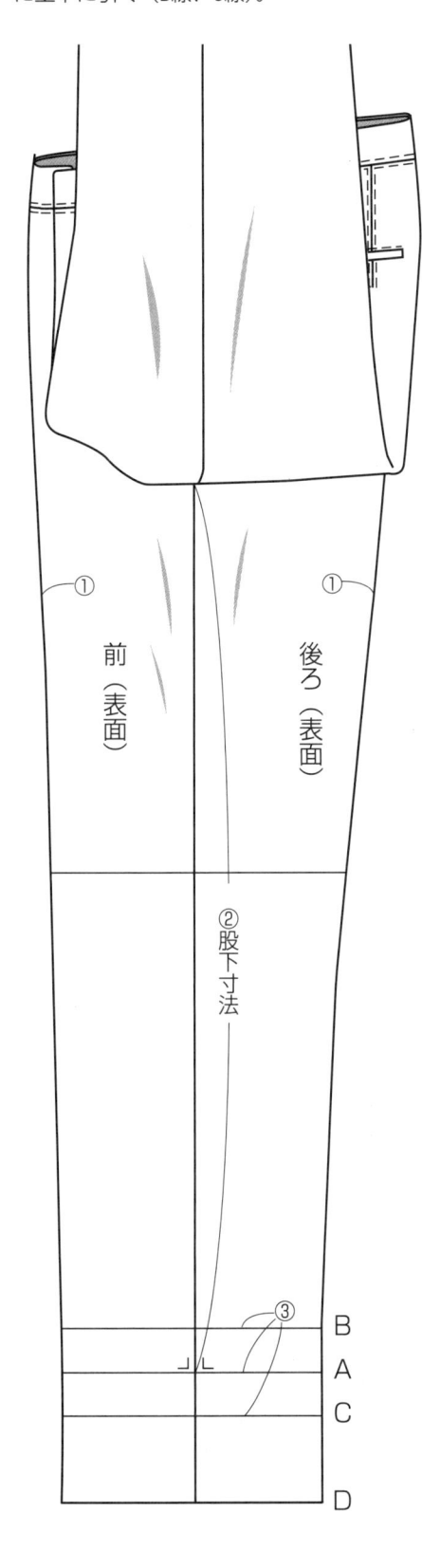

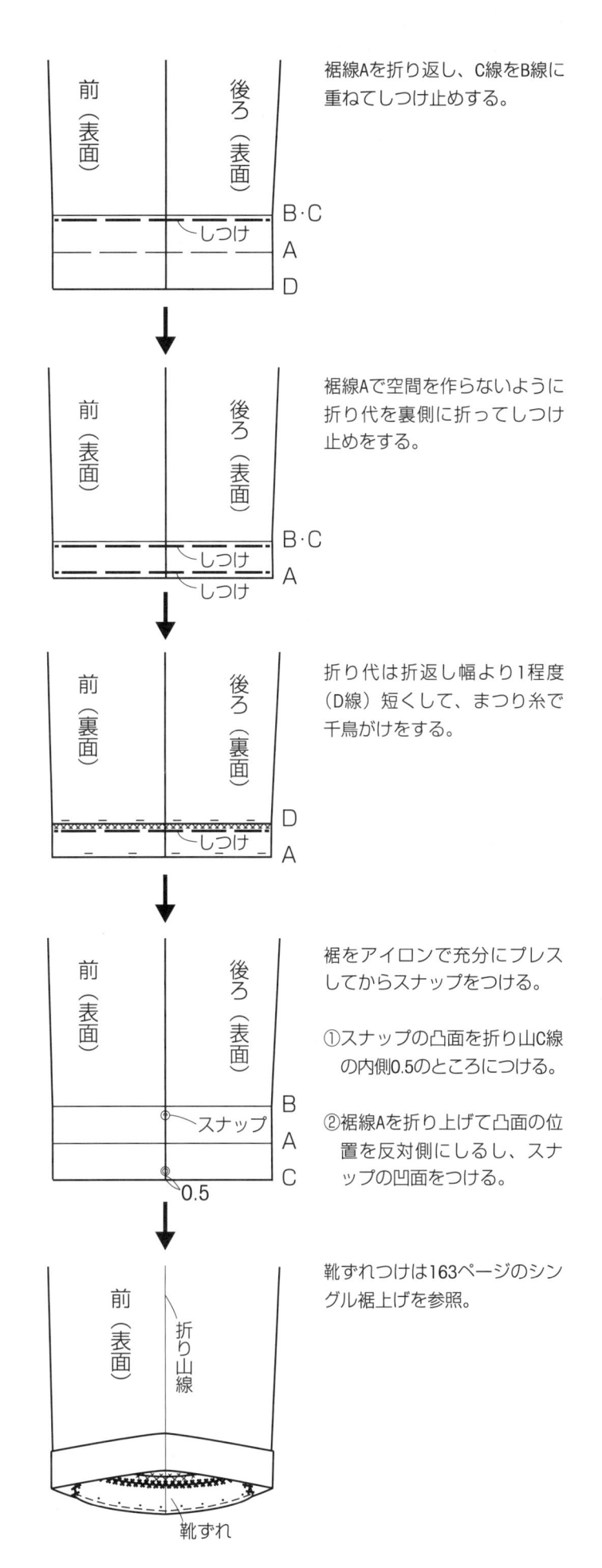

裾線Aを折り返し、C線をB線に重ねてしつけ止めする。

裾線Aで空間を作らないように折り代を裏側に折ってしつけ止めをする。

折り代は折返し幅より1程度（D線）短くして、まつり糸で千鳥がけをする。

裾をアイロンで充分にプレスしてからスナップをつける。

①スナップの凸面を折り山C線の内側0.5のところにつける。

②裾線Aを折り上げて凸面の位置を反対側にしるし、スナップの凹面をつける。

靴ずれつけは163ページのシングル裾上げを参照。

パンツの部分縫い

5. チケットポケット (縦ポケットの場合)
(1) 袋布、向う布を裁断する

チケットポケット

袋布(スレキ・1枚) 12 × 12、わ

向う布(表布・1枚) 8 × 11.5

(2) 本縫い

1 袋布に向う布をつける

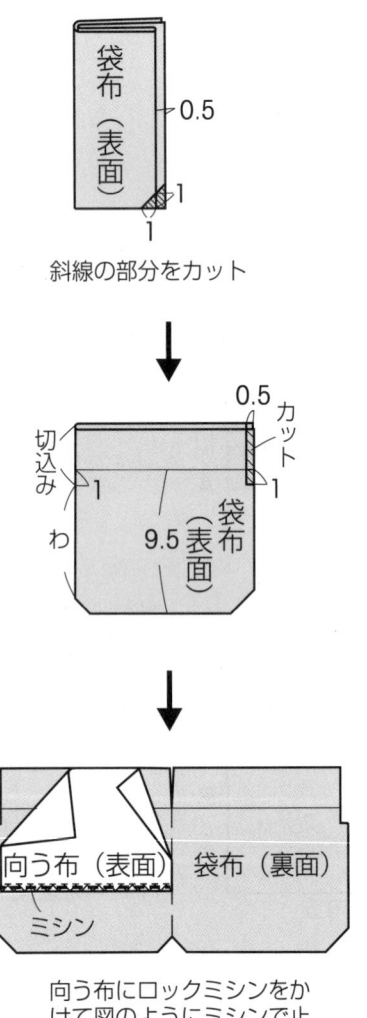

袋布(表面) 0.5、1、1
斜線の部分をカット

↓

切込み 1、0.5 カット 1
袋布(表面) 9.5、わ

↓

向う布(表面) 袋布(裏面) ミシン
向う布にロックミシンをかけて図のようにミシンで止める。

2 袋布を縫い返す

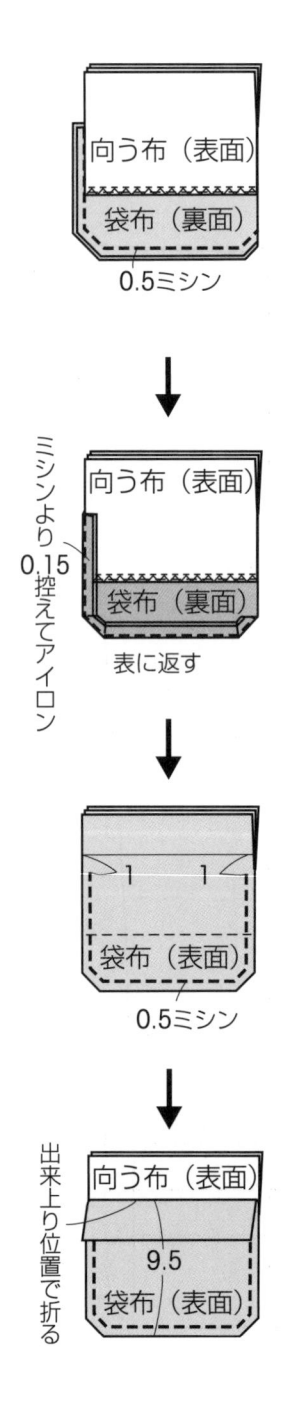

向う布(表面)
袋布(裏面)
0.5ミシン

↓

向う布(表面)
袋布(裏面)
ミシンより0.15控えてアイロン
表に返す

↓

1　1
袋布(表面)
0.5ミシン

↓

向う布(表面)
9.5
袋布(表面)
出来上り位置で折る

3 ポケット口を作る

右身頃の脇縫い目から2.5入ったところから8.5のポケット口寸法をとる。この寸法は定寸法ではあるが、ウエスト寸法によって第1タックもしくはベルトループにポケット口がかかってきてしまう場合がある。こういった場合は脇からの距離を少なくしたり、ポケット口寸法を小さくしたりして調節する。
身頃とウエストベルトを縫い合わせるときに、ポケット口になる部分は粗ミシンをかける。
ポケット口の両サイドは返し縫いをする（仕上げアイロンが終わったら粗ミシンをほどく）。

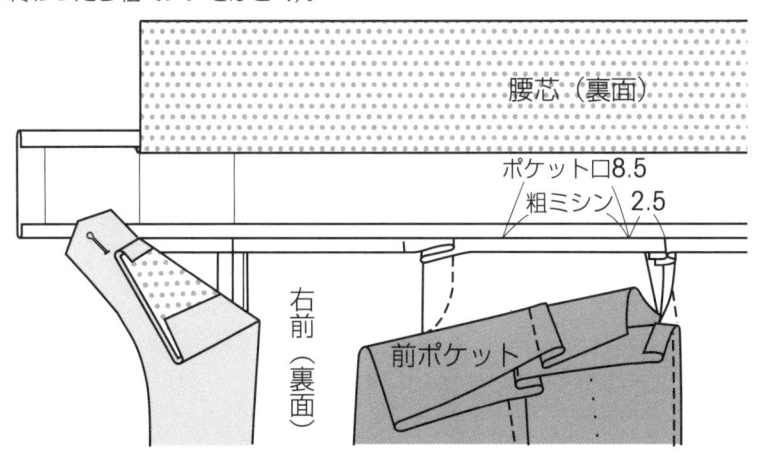

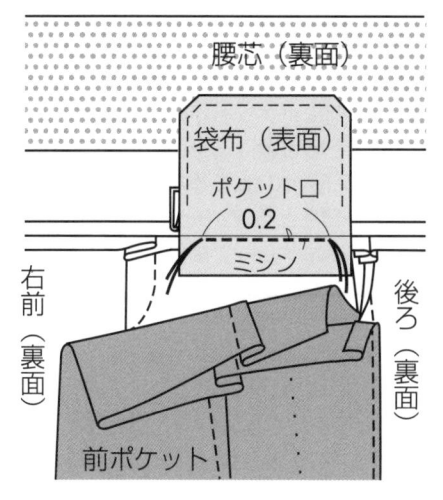

袋布を上によけて表側よりポケット口になる部分に縫い目から0.2下がった位置にミシン。ミシンは返し針を行なわず糸を出しておき、裏側で結ぶ。

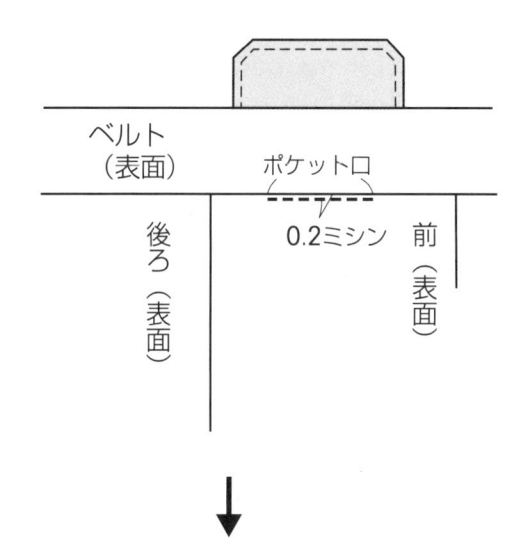

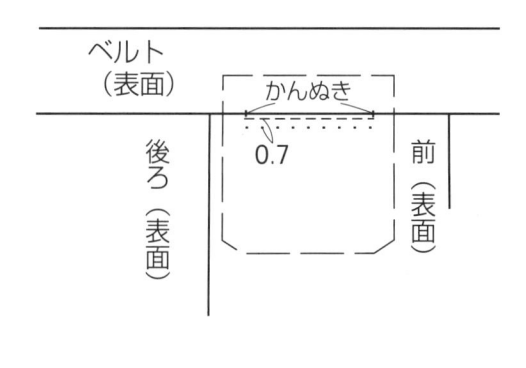

4 ウエストベルトのポケット位置に袋布をつける

袋布の口の部分にのりをつけて身頃にアイロンで仮止めする。このとき、身頃とウエストバンドの縫い目より0.2控えて身頃の縫い代につける。チケットポケット袋布は身頃の脇ポケットの袋布と身頃の間に入ってくる。

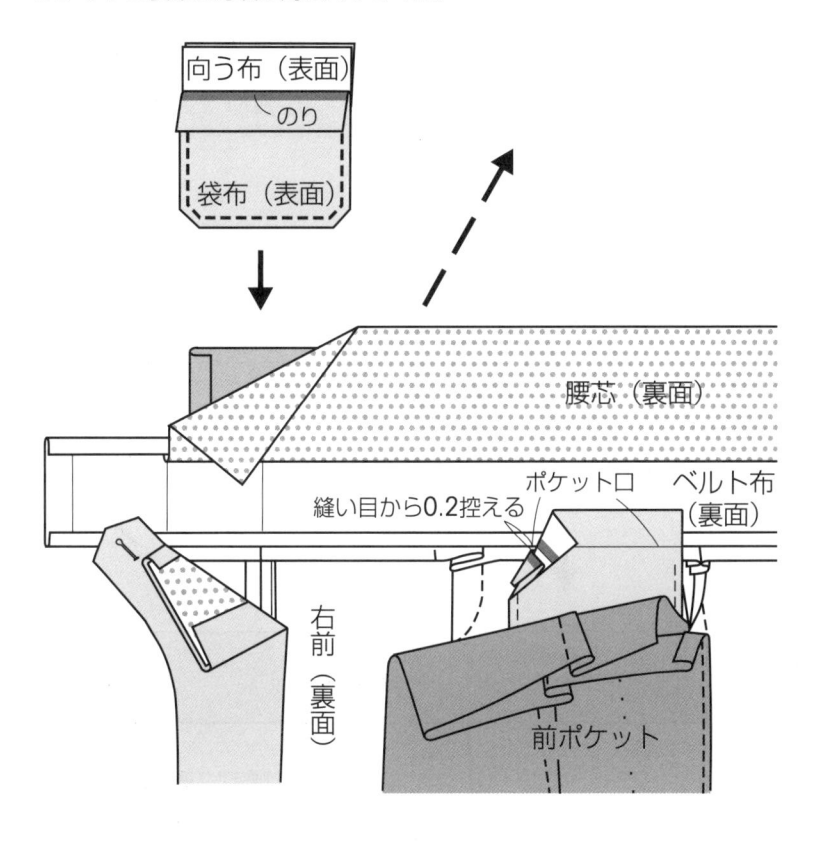

縫い目から0.7下がったところに星止めを入れる。向う布をすくわないように注意する。脇ポケットの袋布を腰芯に据えてからチケットポケットの両サイドにかんぬきを入れる。

パンツの部分縫い

6. チケットポケット（斜め切替えポケットの場合）
(1) 本縫い
1 ウエストの出来上り線にポケット口をしるす

斜めポケットの場合は右前の腰裏とベルト布の間にポケットが作られる。ポケットの位置は、身頃の脇縫い目から2.5入ったところから8.5のポケット口をとる。このとき、ポケット口がベルトループにかかる場合はポケット口がつぶれてしまうので、脇からの距離や口寸法を調節して行なう。

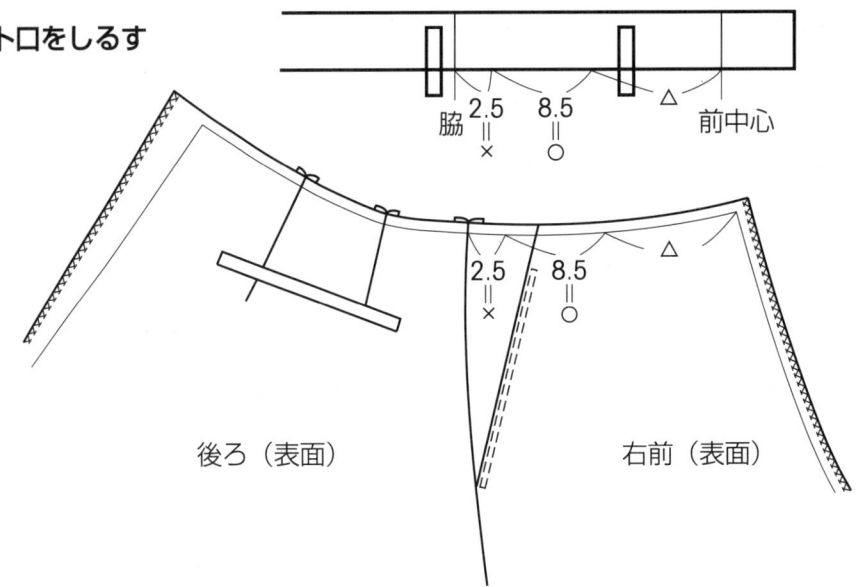

2 袋布を縫い返す（縦ポケットの場合を参照）

袋布は縦ポケットのときと同様に作るが、スレキではなく袋地を使用する。向う布は必要ない。

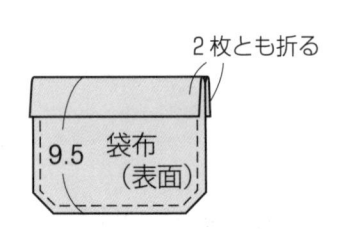

3 ベルトのポケット位置に袋布をつける

腰芯とベルト布をのりで仮止めをする。前にしるしたポケット位置をベルト布にしるし、チケットポケットの袋布をベルトの出来上り線から0.3下がったところにのりで仮止めする。

腰裏をベルト布と中表にのりで仮止めをする。

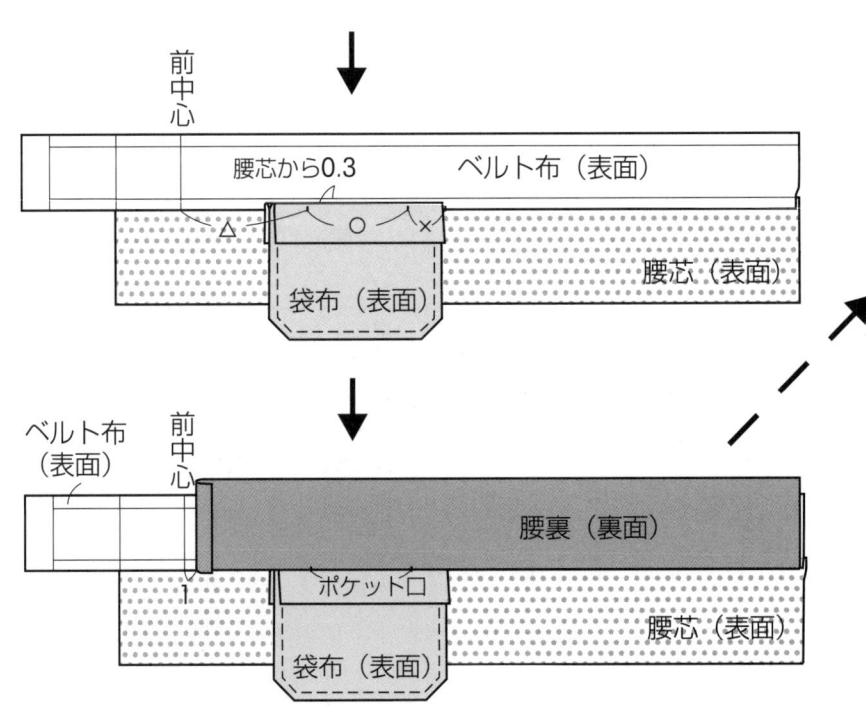

パンツの部分縫い

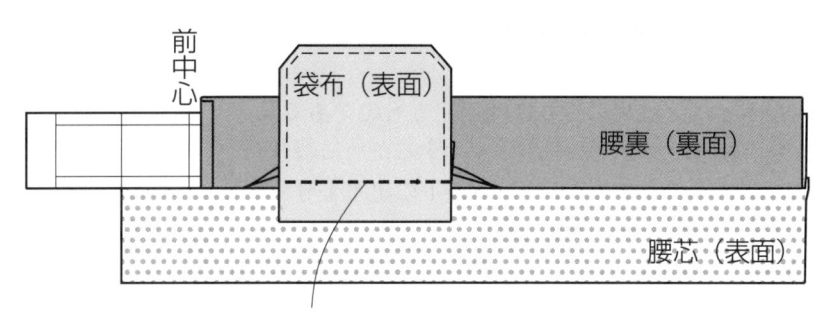

袋布をベルト布側に返しポケット口につけミシンをかける。ベルト布、腰芯、袋布の3枚を一度に押さえる。

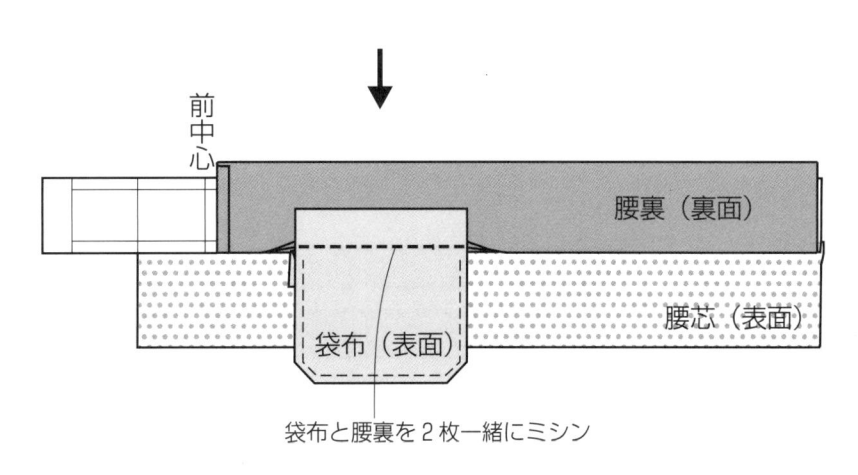

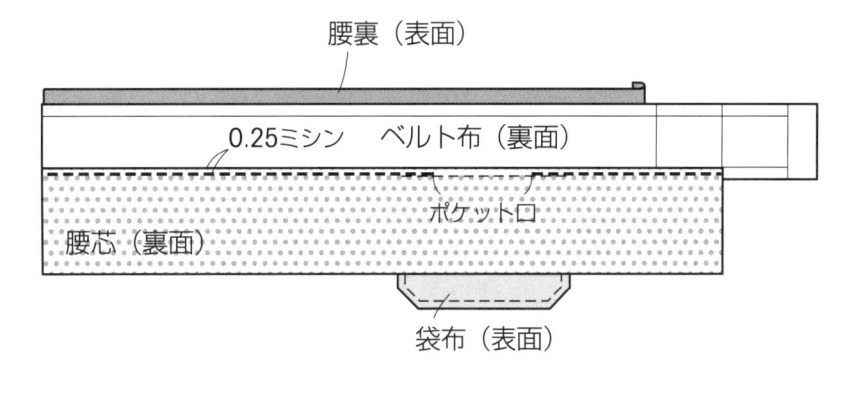

袋布と腰裏を2枚一緒にミシン

腰芯、ベルト布、腰裏の3枚を一度にミシンで押さえる。このときチケットポケット口は避けて、腰芯の裁ち端から0.25の位置にミシンをかける。

ポケット口に星止めをする。

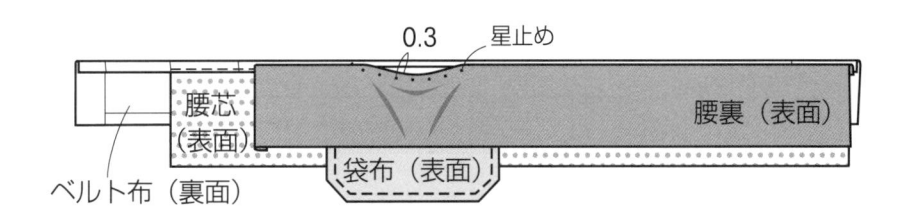

第4章 パンツの部分縫い　181

パンツの部分縫い

7. マーベルト
(1) ベルト布、腰芯を裁断する

　マーベルトとは、腰裏の代りに使用するものである。ドレスシャツなどがパンツから出にくくするために滑り止めのゴムが縫いつけてある。マーベルトの出来上り寸法は、6cmくらいを目安に作るとよい。マーベルト自体にも芯はついているが、腰回りをしっかり作るにはダック芯をベルト幅に合わせて入れたりする。

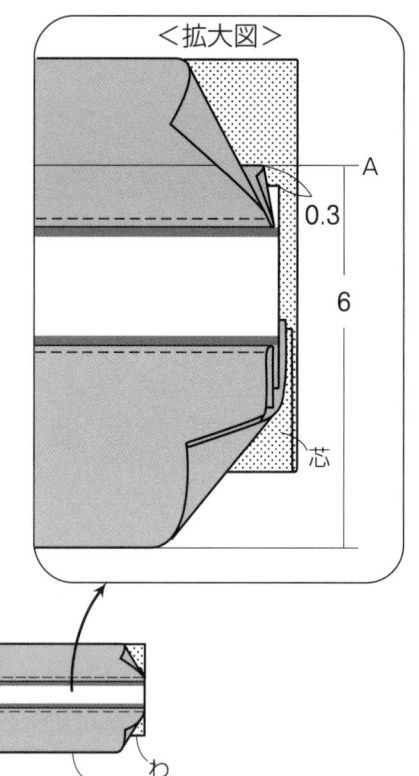

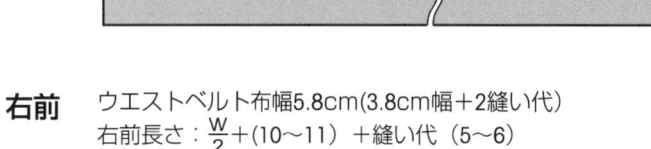

＜拡大図＞

A
0.3
6
芯

わ　わ

右前　ウエストベルト布幅5.8cm(3.8cm幅＋2縫い代)
右前長さ：$\frac{W}{2}$＋(10〜11) ＋縫い代（5〜6）
　　　↓
（天狗幅×2）（前2、後ろ中心3〜4）

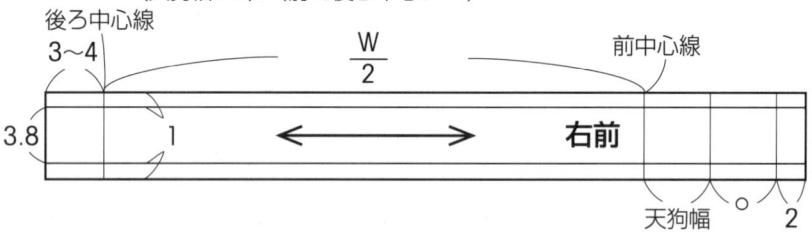

後ろ中心線　$\frac{W}{2}$　前中心線
3〜4
3.8　1　→　右前
天狗幅　2

左前　左前長さ：$\frac{W}{2}$＋縫い代（4〜5）
　　　↓
（前中心1、後ろ中心3〜4）

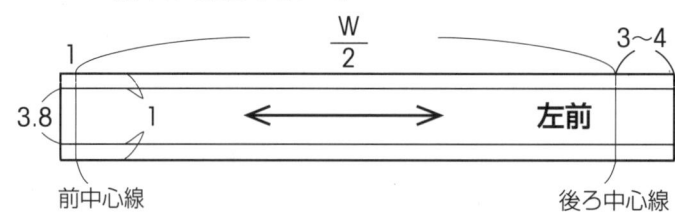

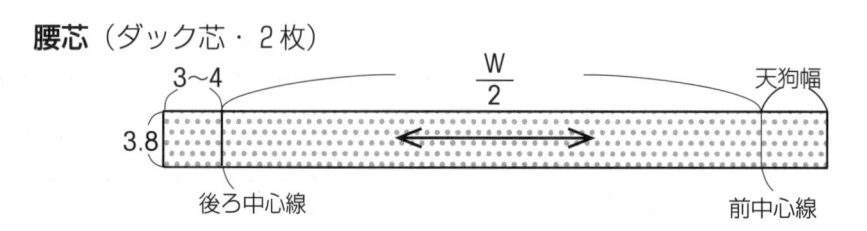

1　$\frac{W}{2}$　3〜4
3.8　1　→　左前
前中心線　後ろ中心線

腰芯（ダック芯・2枚）

3〜4　$\frac{W}{2}$　天狗幅
3.8
後ろ中心線　前中心線

(2) 本縫い
1 ウエストベルトを作る

左前ベルト布の裏側（身頃のWLと縫い合わせる側）の縫い代に腰芯をのりではり、芯の裁ち端から0.5で後ろ端から前中心線までミシン。

マーベルトとベルト布を中表に合わせる。ベルト布の出来上り線より0.3縫い代側にマーベルトの出来上り位置を合わせ、のりではる。ベルト布の裏面よりA線の位置に後ろ端より前中心線までミシンをかける。

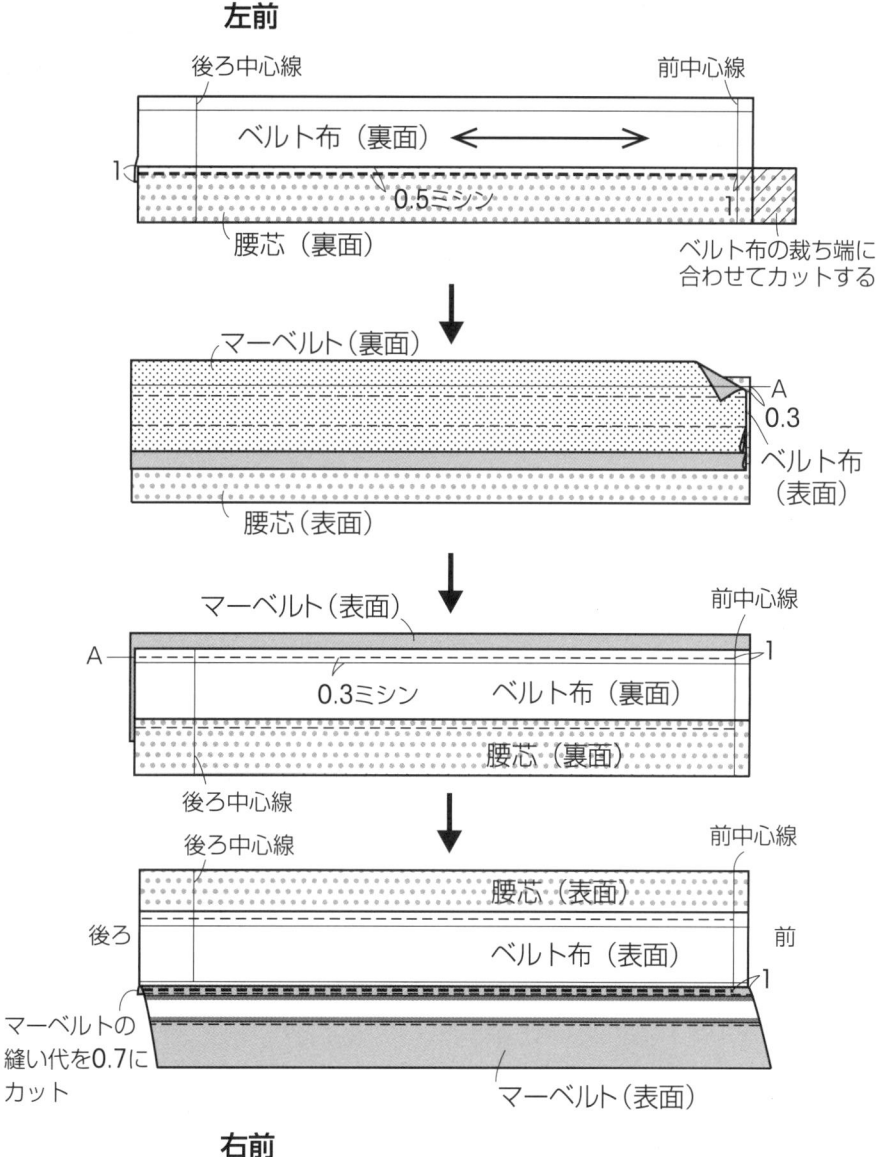

マーベルトを片返しし、後ろ端より前中心線まできわにステッチをかける。

右前も左前同様に腰芯をはり、芯の裁ち端から0.5で後ろ端から天狗のところまでミシンをかける。

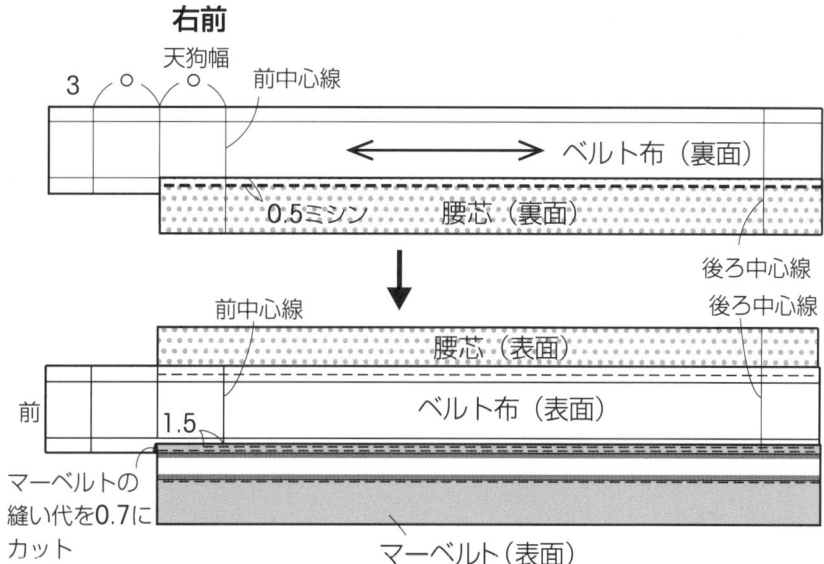

マーベルトも同様にミシンをかけるが、前中心線から1.5出たところまでミシンをかける。

パンツの部分縫い

2　ウエストベルトをつける

①ベルト布と身頃を縫い合わせて縫い代を割り、腰芯をベルト布の中に入れて156ページと同様に袋布を身頃にそわせ、しつけで止める。

②袋布と腰芯を千鳥がけで止めつける。

①ベルトループの上側だけ（後ろ中心以外）ここでミシンをかけておく。

②マーベルトと腰芯を前中心でカットし、見返しをつける。このとき、マーベルトの角を落としておく（ベルトループのつけ方は156ページ、見返しのつけ方は157ページと同様）。

ベルト布を出来上りで折り、見返しの下にマーベルトを入れ、ベルト布の縫い代をマーベルトにからげ止めておく

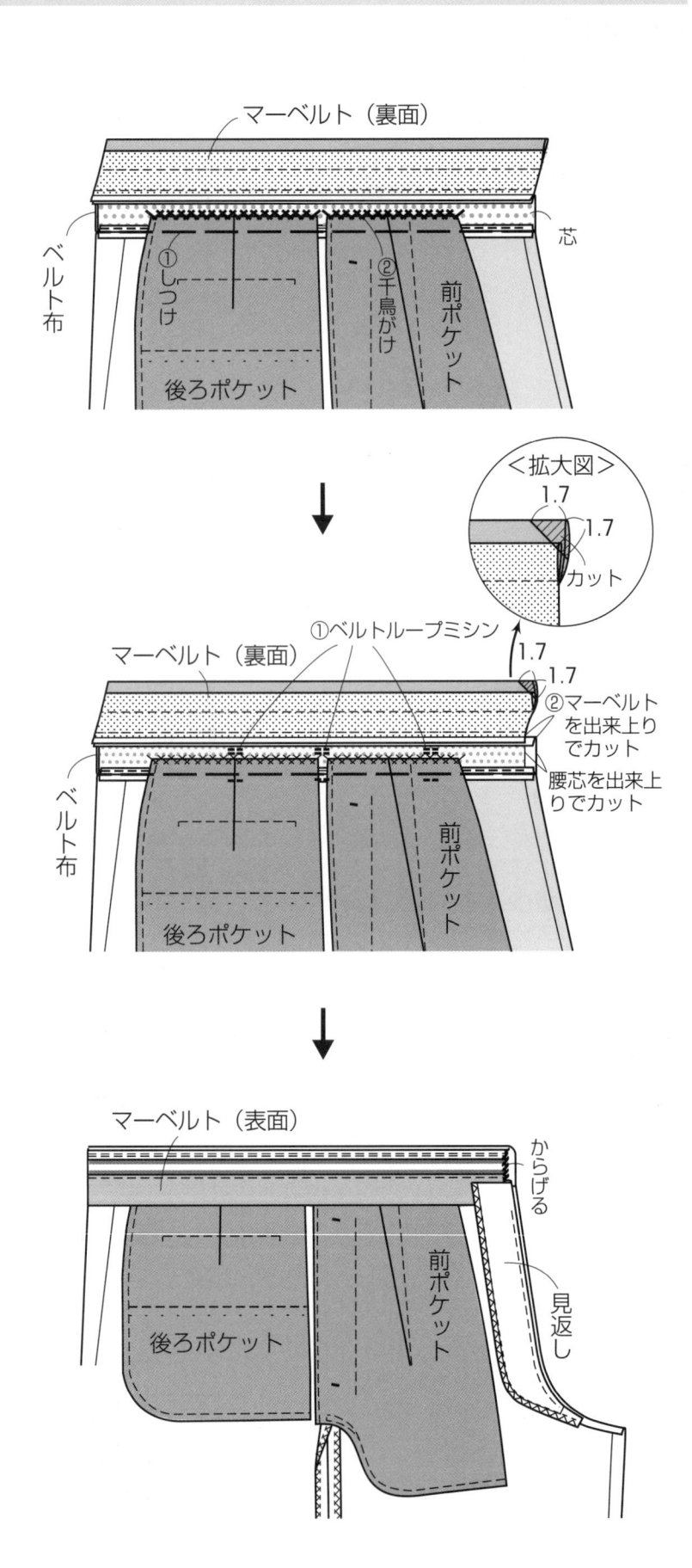

184

パンツの部分縫い

右前も左前と同様にベルト布、袋布の始末を行なう。天狗の下にマーベルトを入れてベルト布で天狗の裏地の裁ち端を隠し、まつり止める（天狗の処理については156ページと同様）。

腰芯　前中心から2でカット

天狗　前ポケット　後ろポケット

まつる　前ポケット　後ろポケット

小股入れは159ページ、左前ファスナーの処理については160ページと同様。

マーベルト（表面）　後ろポケット　前ポケット　ロックミシンまたはパイピング

身頃どうしを中表に合わせ、尻ぐりの地縫いミシンをかける。このとき、マーベルトを図のように起こした状態でかける。

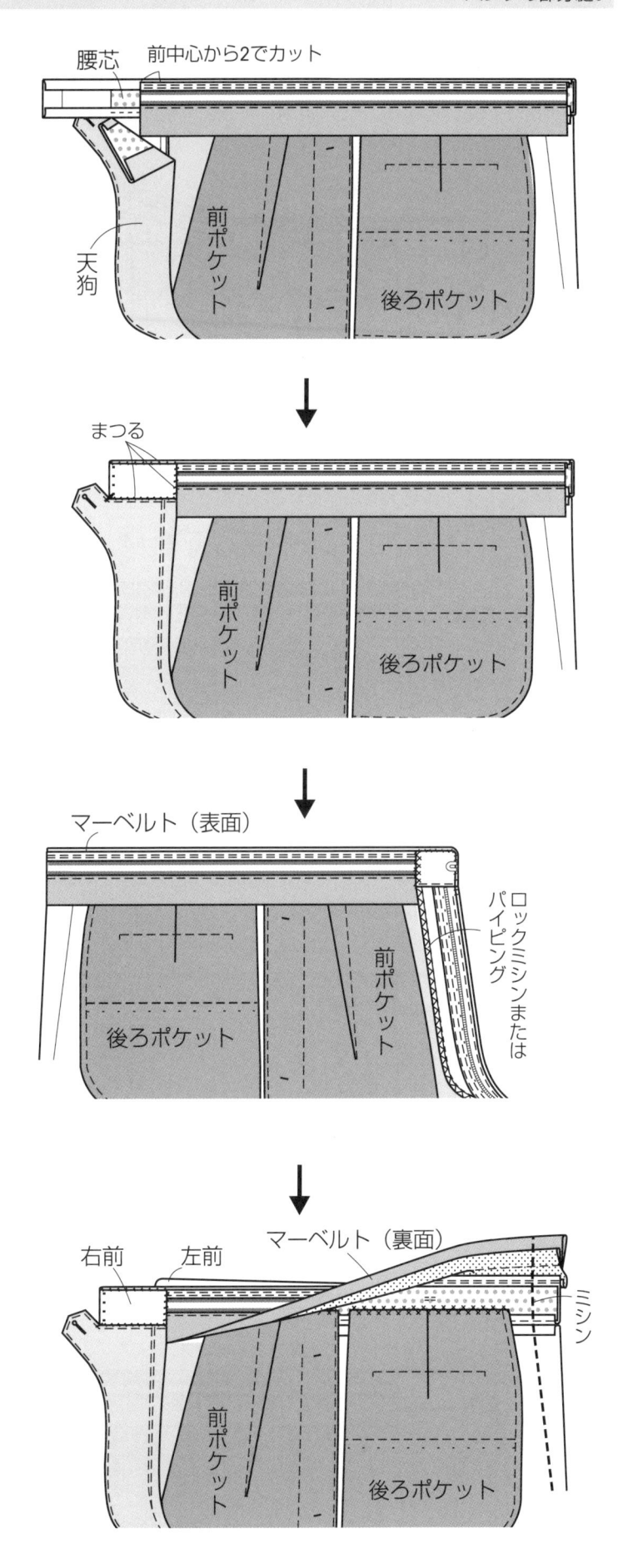

右前　左前　マーベルト（裏面）　ミシン　前ポケット　後ろポケット

第4章　パンツの部分縫い　185

パンツの部分縫い

①マーベルト、身頃の縫い代を割り、ベルト布の縫い代を腰芯に千鳥がけで止める（ここで後ろ中心のベルトループをつける）。
②マーベルトの縫い代は飛び出してこないように角を折り込んでおく。

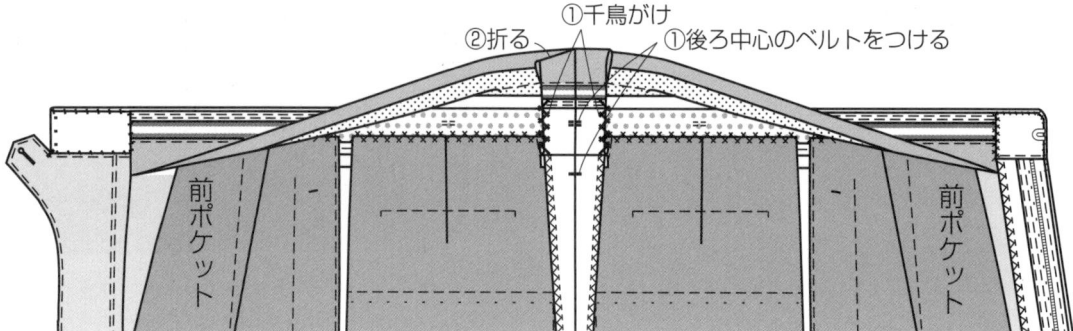

②折る　①千鳥がけ　①後ろ中心のベルトをつける
前ポケット　前ポケット

まんじゅうの上で袋布が外回りになるようにそらせておき、マーベルトにしつけをする。しつけをした際、表側に身頃がたまらないように注意する。

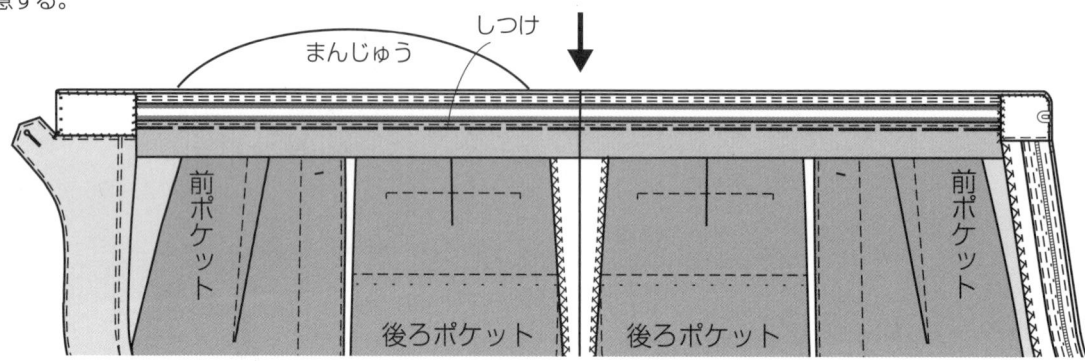

まんじゅう　しつけ
前ポケット　後ろポケット　後ろポケット　前ポケット

①マーベルトをめくり、マーベルトの芯と袋布を千鳥がけで止める。
②ベルトループの下側をミシンで止める。

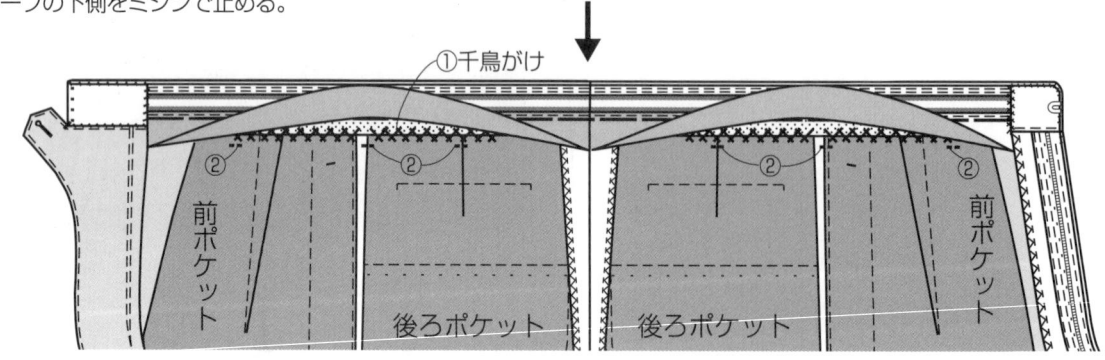

①千鳥がけ
前ポケット　後ろポケット　後ろポケット　前ポケット

①それぞれの袋布を2か所ほどマーベルトとかんぬき、もしくは糸ループで止める。
②後ろ中心のところは尻ぐりの縫い代とマーベルトをまつり止めておく。

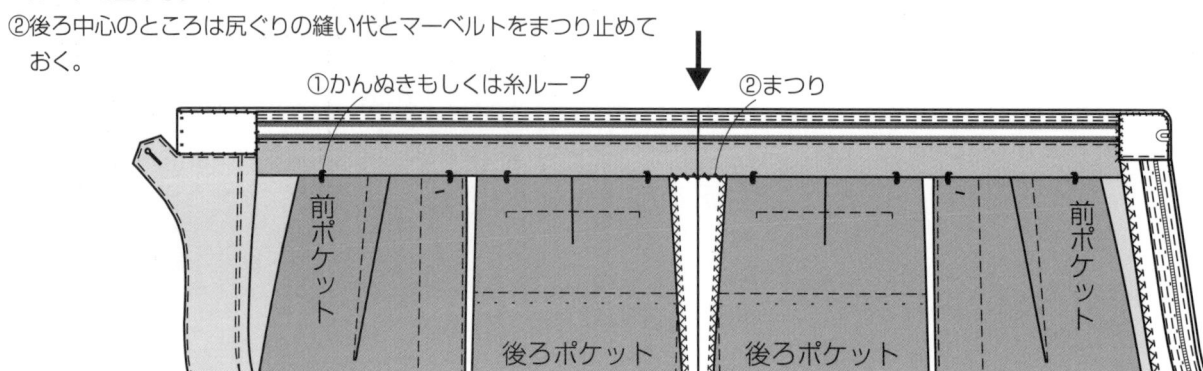

①かんぬきもしくは糸ループ　②まつり
前ポケット　後ろポケット　後ろポケット　前ポケット

8. ボタン止めの比翼あき
(1) 見返し、比翼布を裁断する

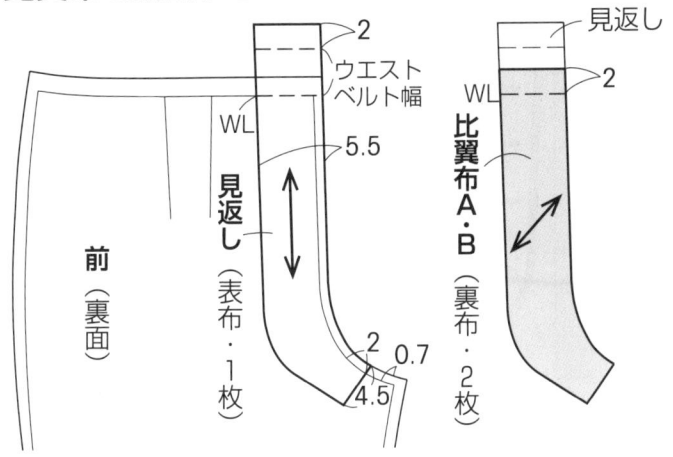

(2) 本縫い
1 見返しを作る

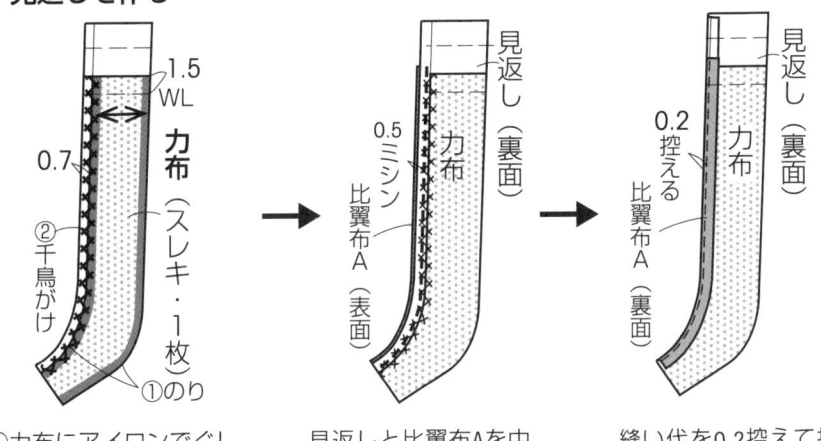

①力布にアイロンでぐしを入れ、見返しの裏側にのりではる。
②上り線に千鳥がけをする。

見返しと比翼布Aを中表に合わせて、裁ち端から0.5の位置にミシンをかける。

縫い代を0.2控えて折り返す。

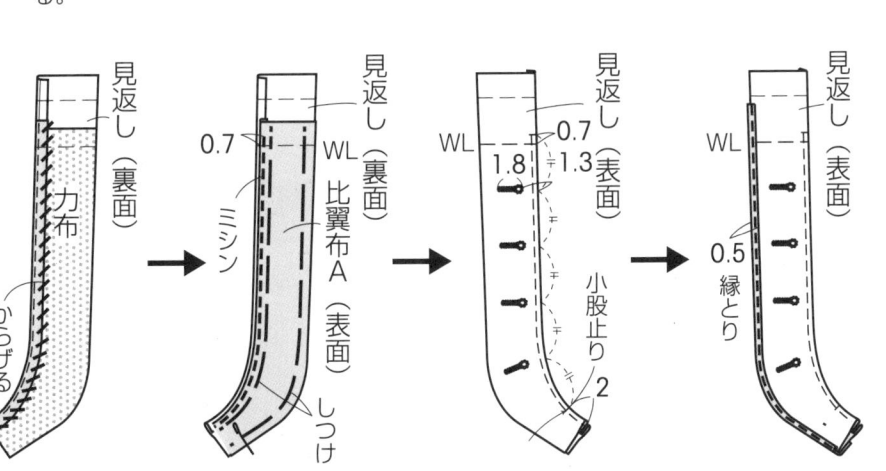

折り返した縫い代をまつり糸で力布にからげる。

比翼布Aを0.2控えて折り返し、見返しの端を決める。見返しと比翼布Aをミシンで押さえる。

穴かがりの位置は、WLから0.7上がったところからあき止りの間を5等分して決める。前端から1.3入り1.8の穴かがりをする。

2.5幅のバイアスに裁った裏布で縁とりをする（152ページ参照）。

2 見返しをつける

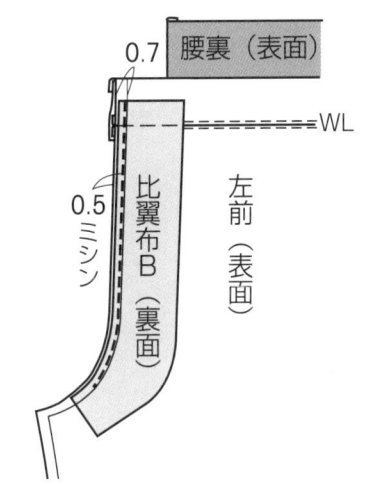

比翼布Bを左前に中表に合わせ、裁ち端から0.5のところをあき止りまでミシン。

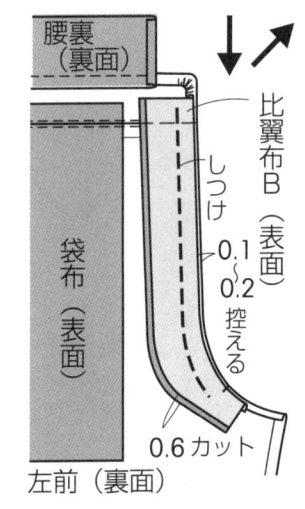

身頃前端線を出来上り線で折り、比翼布Bは0.1〜0.2控えてしつけで止める。このとき比翼布Bの端を0.6カット。

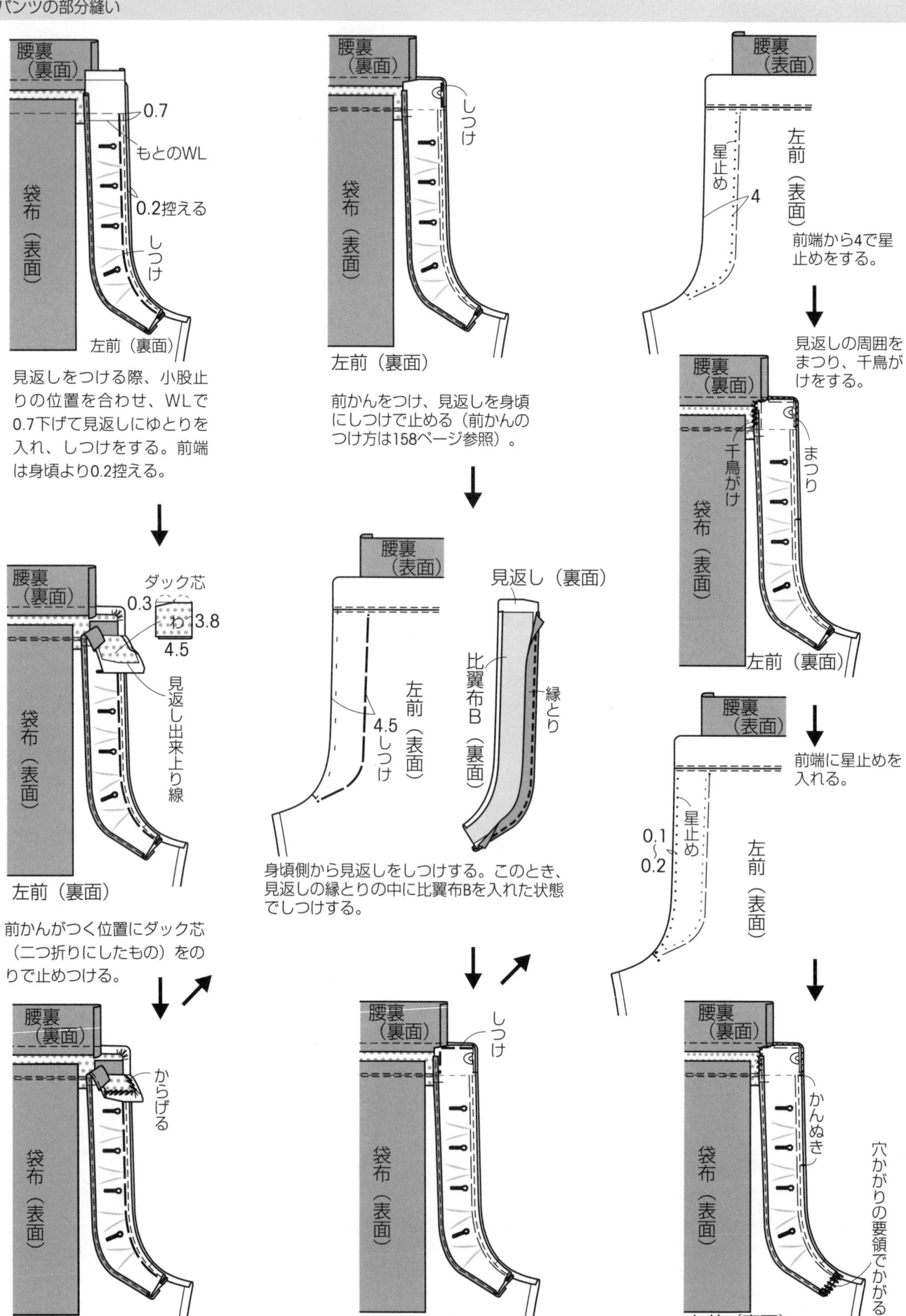

パンツの部分縫い

[左上図] 腰裏（裏面）／袋布（表面）／左前（裏面）／0.7／もとのWL／0.2控える／しつけ

見返しをつける際、小股止りの位置を合わせ、WLで0.7下げて見返しにゆとりを入れ、しつけをする。前端は身頃より0.2控える。

↓

[左中図] 腰裏（裏面）／袋布（表面）／左前（裏面）／ダック芯／0.3／わ／3.8／4.5／見返し出来上り線

前かんがつく位置にダック芯（二つ折りにしたもの）をのりで止めつける。

↓

[左下図] 腰裏（裏面）／袋布（表面）／左前（裏面）／からげる

↗

[中上図] 腰裏（裏面）／袋布（表面）／左前（裏面）／しつけ

前かんをつけ、見返しを身頃にしつけで止める（前かんのつけ方は158ページ参照）。

↓

[中中図] 腰裏（表面）／左前（表面）／見返し（裏面）／比翼布B（裏面）／縁とり／4.5／しつけ

身頃側から見返しをしつけする。このとき、見返しの縁とりの中に比翼布Bを入れた状態でしつけする。

↓

[中下図] 腰裏（裏面）／袋布（表面）／左前（裏面）／しつけ

裏側より見返しの上の部分にしつけをする。

↗

[右上図] 腰裏（表面）／左前（表面）／星止め／4

前端から4で星止めをする。

↓

見返しの周囲をまつり、千鳥がけをする。

[右中上図] 腰裏（裏面）／袋布（表面）／左前（裏面）／千鳥がけ／まつり

↓

[右中下図] 腰裏（表面）／左前（表面）／星止め／0.1〜0.2

前端に星止めを入れる。

↓

[右下図] 腰裏（裏面）／袋布（表面）／左前（裏面）／かんぬき／穴かがりの要領でかがる

WLと第2ボタンと第3ボタンの中間点にかんぬきを表にひびかないように入れる。

<参考文献>

『ファッションの歴史』J.アンダーソン・ブラック著、山内沙織訳、藤川延子監修、パルコ出版局、1979
A History of Costume in the West, François Boucher, Thames & Hudson, 1996
A History of Men's Fashion, Farid Chenoune, Flammarion, 1995
『シャツの知識』日本シャツアパレル協会
『MEN'S CLUB BOOKS・シャツ』婦人画報社、1984
『ズボン教本』日本メンズ・アパレルアカデミー編著、洋装社、1990
『紳士服入門』中西正人著、紳士服トータルシステム研究所、1995
『ファッション辞典』文化出版局、1999

監修

文化ファッション大系監修委員会

大沼　淳　　坂場春美
田中源子　　徳永郁代
高橋澄子　　小林良子
山田倫子　　石井雅子
深澤朱美　　川合　直
閏間正雄　　平沢　洋
高久恵子

執筆

伊藤由美子
櫛下町伸一
齊田信子
菅井正子
鈴木憲道
朝日　真
（西洋服装史）

表紙モチーフデザイン

酒井英実

イラスト

岡本あづさ

写真

藤井勝己

協力

宮本徳夫
文化学園ファッションリソースセンター
文化学園図書館

文化ファッション大系 服飾造形講座 ⑨
メンズウェア Ⅰ （体型・シャツ・パンツ）
文化服装学院編

2005年6月1日　　第1版第1刷発行
2025年1月17日　　第5版第1刷発行

発行者　　清木孝悦
発行所　　学校法人文化学園 文化出版局
　　　　　〒151-8524
　　　　　東京都渋谷区代々木3-22-1
　　　　　TEL03-3299-2474（編集）
　　　　　TEL03-3299-2540（営業）
印刷所　　株式会社文化カラー印刷

ⓒBunka Fashion College 2005　Printed in Japan

本書の写真、カット及び内容の無断転載を禁じます。

・本書のコピー、スキャン、デジタル化等の無断複製は著作権法上での例外を除き、禁じられています。本書を代行業者等の第三者に依頼してスキャンやデジタル化することは、たとえ個人や家庭内の利用でも著作権法違反になります。
・本書で紹介した作品の全部または一部を商品化、複製頒布することは禁じられています。

文化出版局のホームページ　https://books.bunka.ac.jp/